U0737725

苏霍姆林斯基
教育经典

ПАВЛЫШСКАЯ СРЕДНЯЯ ШКОЛА

帕夫雷什中学

[苏] **苏霍姆林斯基** 著

吕玢 译

长江出版传媒
长江文艺出版社

图书在版编目（CIP）数据

帕夫雷什中学 / (苏) 苏霍姆林斯基著；吕玢译
. -- 武汉：长江文艺出版社，2021.4(2023.1 重印)
　（大教育书系）
ISBN 978-7-5702-1257-6

Ⅰ. ①帕… Ⅱ. ①苏… ②吕… Ⅲ. ①中学教育
Ⅳ ①G63

中国版本图书馆 CIP 数据核字 (2021) 第 026174 号

责任编辑：李婉莹　　　　　　　　　　　责任校对：毛季慧
装帧设计：柴拾叁号　　　　　　　　　　责任印制：邱　莉　杨　帆

────────────────────────────────────

出版：长江出版传媒｜长江文艺出版社
地址：武汉市雄楚大街 268 号　　　邮编：430070
发行：长江文艺出版社
http://www.cjlap.com
印刷：中印南方印刷有限公司

────────────────────────────────────

开本：720 毫米×970 毫米　　　1/16　　印张：22.25　　　插页：1 页
版次：2021 年 4 月第 1 版　　　2023 年 1 月第 2 次印刷
字数：284 千字

────────────────────────────────────

定价：45.00 元

────────────────────────────────────

版权所有，盗版必究（举报电话：027—87679308　　87679310）
（图书出现印装问题，本社负责调换）

代前言

苏霍姆林斯基教育思想在
中国的传播及其现实意义

　　苏霍姆林斯基是乌克兰著名的教育家，虽然在苏联早已闻名于世，但是在中国，直到改革开放以后才被介绍进来。最先介绍他的事迹和教育思想的是北京师范大学外国教育研究所，即现在的国际与比较教育研究所。1981年该所连续翻译出版了苏霍姆林斯基的《要相信孩子》《把整颗心献给孩子》《给教师的一百条建议》，后来又翻译出版了《帕夫雷什中学》。几乎与此同时，华东师范大学外国教育研究所的杜殿坤教授翻译出版了《给教师的建议》一书。苏霍姆林斯基的教育思想一经在中国传播就受到教育界的广泛重视，一时间在中小学校教师中掀起了学习苏霍姆林斯基教育思想的热潮。25年来虽然国外各种教育思想像潮水般地涌入中国，但中国中小学教师仍然念念不忘苏霍姆林斯基。这是因为苏霍姆林斯基的教育思想具有普适性、先进性、丰富性，是符合教育的普遍规律、符合儿童的成长规律的。他懂得儿童的心，能用自己的满腔热情灌浇儿童的心灵。他的事迹，只要是教师，看了无不为之感动。

　　苏霍姆林斯基教育思想的核心是人道主义。相信人，相信每一个孩子是他的教育信条。1960年他写了一本书，就叫《要相信人》，中国翻译过来的时候，因为当时正在批判人本主义、人道主义，因此把它译为《要相信孩子》。其实他的原意是不仅要相信孩子，而且要相信人。他教育学生要关心人。他说："我认为，对人漠不关心是最不能容忍、最危险的一种缺点。"他又说："我们内心中应当对人，对他身上的良好开端具有无限的信心。"这有点像我国古代孟子的性善说，认为每个人生下来是善的。至于社会上还有坏人，那是因为没有受到良好的教育，再加上恶劣的环境的影响。教师应该相信纯洁无瑕的学生，这种信念是我们每个教育工作者都应该具备的。我国现在社会正处在转型时期，社会上各种思潮影响到青少年的思想，因此现在青少年的思想有点混乱，出现了不少问题。但是我们仍然坚信每一个孩子的天性是很纯洁的，都是要求上进的，都是可以教育的。只有有了这种信念，才能做好教育工作。我们把这种信念概括为"没有爱就没有教育"。爱学生这是教师最高的职业道德。这种爱不同于父母对孩子的爱，它是一种对教育事业的爱，对人民的爱，对民族的爱，是无私的爱，不求回报的爱。只有具有这种感情才能相信每一个孩子，才能把他们培养成才。

苏霍姆林斯基认为每个人身上都具有某些好的素质，教师要善于挖掘这些素质。他说："每一个儿童身上都蕴藏着某些尚未萌芽的素质。这些素质就像火花，要点燃它，就需要火星……教育最最重要的任务之一，就是不要让任何一颗心灵里的火药未被点燃，而要使一切天赋和才能都最充分地发挥出来。"我认为，任何学校，每一个教师都应该把这种思想作为自己的教育理念，作为自己教育行为的准则。

教师要相信学生，首先要让学生自己相信自己。为了建立孩子的自信心和自尊心，老师要特别注意自己的一言一行，不说损害学生自尊心的话，慎重地对待给学生的评价。

我国教育现实中绝大多数教师都是热爱学生的，但是也有一些教师对学生不那么热爱，有些教师只爱一部分学习好的、听话的学生，从而让有些学生受到伤害。如果我们把苏霍姆林斯基作为一面镜子拿来对照一下，我们就会发现有许多值得改进的地方。

我认为，教师热爱孩子要建立在信任和理解的基础上。教师要理解孩子的需要，理解孩子的想法，同时让孩子理解自己。教师对孩子的要求要让孩子理解，而不是强迫命令。这就需要教师和学生沟通，从而建立起互相信任、互相理解的关系。有了这样的师生关系，教育也就很容易了。

苏霍姆林斯基设计的教育目标是要培养人的和谐全面发展。什么叫和谐发展？他说："所谓和谐的教育，就是如何把人的活动的两种职能配合起来，使两者得到平衡：一种职能就是认识和理解客观世界，另一种职能就是人的自我表现，自己的内在本质的表现，自己的世界观、观点、信念、性格在积极的劳动中和创造中，以及在集体成员的相互关系中表现和显示。"又说："和谐的教育就是发现蕴藏在每个人内心的财富。……就是使每个人在他的天赋所及的一切领域中最充分地表现自己。人的充分表现，这就是社会的幸福，也是个人的幸福。"他的话语中充满了以人为本，以学生为本的精神。他说，每个教师都应该想一想，我们要把学生培养成什么样的人。我们培养的就是和谐的全面发展的人。在人的和谐发展中，苏霍姆林斯基特别强调要培养学生的精神生活。他认为，我们要培养的人，不只是有知识、有职业、会工作的庸庸碌碌的人，而是要培养大写的人，就是有高尚的精神生活，有理想、有性格、关心别人、关心集体的人。他说，我们时刻不能忘记："有一样东西是任何教学大纲和教科书，任何教学方法和教学方式都没有做出规定的，这就是儿童的幸福和精神生活。"他说："我认为教育的理想就在于使所有的儿童都成为幸福的人，使他们的心灵由于劳动的幸福而充满快乐。"要做到这一点，就需要把学校各方面的工作结合起来。

苏霍姆林斯基的和谐全面发展教育思想很值得我们今天来学习。我国十多年来一直在推进素质教育。所谓素质教育就是把提高每一个孩子的素质作为教育的目标。素质包括身体心理素质、思想道德素养、科学文化素养，具有创新精神和实践能力。各种素质中最具统率作用的是人的世界观、价值观等核心观念，也就是苏霍姆林斯基所说的精神生活。培养全面发展、和谐发展的人，就是要培养他们具有高尚的精神生活。要培养学生的精神生活，教师首先要有高尚的精神生活。我们有些老师起早贪黑，辛辛苦苦备课教学，但是脑子里想的是学生的学习成绩，眼睛盯着的是学生的分数，很少思考和关心学生的精神生活。这样的工作虽然辛苦，却缺乏方向，孩子将来能否成为有丰富的精神世界和创新能力的人，却要打个问号。

苏霍姆林斯基认为，学校里智育起着重要作用。但是，智育不等于简单地传递知识。学生获得知识是为了增长智慧、增长才干，以便于以后能创造性地工作，造福于人类，同时成为一个精神充实、文明幸福的人。苏霍姆林斯基说："对我这个教育者来说，一件必须的、复杂的、极其困难的工作，就是使年轻人深信：知识对你来说之所以必不可少，并不单单是为了你将来的职业，并不单单是为了你毕业以后考上大学，而首先是为了你能享受一个劳动者的丰富的精神生活；不管你是当教师还是当拖拉机手，你必须是一个文明的人，是你的子女的明智的和精神上无比丰富的教育者。"他认为，知识既是目的，又是手段。知识不是为了"储存"，而是为了"流通"。教师不只是让学生记住知识，而且要注意发展学生的精神世界。他意味深长地说："不要让上课、评分，成为人的精神生活的唯一的、吞没一切的活动领域。"我觉得这句话好像是直接针对我国当前的教育现实讲的。

这些话对我们也有很大的启发意义。我们现在的教育受到的升学压力越来越重。升学是重要的，是每个家长都期望的。但是如果从我国民族的长远利益来考虑，升学就不是唯一的，更重要的是要把我们的下一代培养成全面发展的，有高尚精神境界的，有创造能力的人才。这不仅对国家、对社会来说很重要，就是对每个人的发展、每个人将来的幸福生活也是至关重要的。教育的任务就是要促使学生和谐全面地发展，将来不仅能为社会作贡献，而且自己能够过上文明幸福的生活。因此，我们的老师不能只顾眼前考试的成绩，让上课和评分吞没一切。

培养学生的精神世界是道德教育的主要内容。他说："形象地说，道德是照亮全面发展的一切方面的光源，而同时又是人的个性的一个个别的特殊的方面。"他强调道德教育要从童年抓起。童年时代由谁来引路，周围世界中哪些东西进入了他的头脑和心灵，这些都决定着他今后将成为一个什么样的人。对祖国、对劳动、对长者、对同志的关系都应从孩子开始观察，开始认识，开始评价周围世界的时候就开始培养。

道德教育需要有自己的独立大纲，需要学校和老师精心设计。同时德育也离不开智育，要防止教学与教育脱节：即在传授那些本来可以培养高尚的心灵的知识时，不去触动学生的思想，不使知识转化为学生的信念。也就是说，道德教育要渗透到教学中。

结合当前我国新的课程改革，这个观点也是很有意义的。新课标强调三维目标，即知识与技能、过程与方法、情感态度与价值观。这三维目标是有机结合的。这和苏霍姆林斯基的观点不谋而合。

苏霍姆林斯基非常重视学生的个性的发展。他认为，学生都是具体的，没有抽象的学生。学生的禀赋、才能、爱好和特长是各不相同的，要让它们充分发展，就要提供良好的条件。他说，为什么经常在一年级就出现成绩不好，落后的学生呢？这就是因为在智力劳动领域中没有对孩子个别对待。他说："教学和教育的艺术和技艺就在于揭开每个儿童的力量和可能性。"他重视研究每一个学生。他在帕夫雷什中学担任校长 23 年，一直坚持不脱离教学，不脱离学生。他担任一门课的教师同时还兼任班主任，从一年级一直教到十年级学生毕业。23 年中，经过他长期直接观察的学生达 3700 多人。他了解每一个学生的个性，注意培养他们的个性。他提出学校要达到三项具体要求：一是让每个学生都有一门特别喜爱的学科，鼓励他"超纲"；二是让每个学生都有一样入迷的课外制作活动；三是让每个学生都有他自己最爱读的书。他说："如果一个学生到十二三岁在这三方面还没有明显的倾向，教师就应当为他感到焦虑，必须设法在精神上对他施以强有力的影响，以防止他在集体中变成一个默默无闻，毫无长处的'灰溜溜的'人。"所以他非常重视培养学生的学习兴趣。

什么叫个性？就是一个人不类同于别人的思维品质、智能结构和人格品貌。个性的核心是创造性，创造就不是类同的。个性的发展首先源于兴趣。我曾经总结一条，就是"没有兴趣就没有学习"。学习是从兴趣开始的。教育要从小培养学生的学习兴趣，有了兴趣，他就会把学习当作快乐的事，就会以苦为乐，刻苦钻研。社会上任何一个成功者都是对自己的事业充满兴趣，同时执着追求，刻苦钻研。每一位诺贝尔奖获得者是这样，比尔·盖茨更是这样。因此，学校不是只给学生死的知识，更重要的是要培养学生对某门学科的兴趣，并使之成为他的爱好。这样的学生将来才能成为有个性，有创造能力的人才。所以苏霍姆林斯基说的，如果孩子在十二三岁还没有什么感兴趣的学科，还没有什么爱好，老师就应该为他感到焦虑，这句话有着深刻的含义，值得我们细细品味。

苏霍姆林斯基也非常重视美育、体育、劳动教育，把它们作为和谐发展的重要组成部分，它们之间是互相联系的，而最重要的都是为了培养学生丰富的精神世界，为了学生的幸福的生活。

以上我只是作了简要的介绍，我们可以看到，苏霍姆林斯基的教育思想具有丰富性、全面性、深刻性。所谓丰富性，表现在苏霍姆林斯基不仅在理论上论述了教育的规律、原则，而且身体力行，亲身实践，有着丰富的活生生的案例。他的理论不是苍白的，而是有血有肉，五彩缤纷的。所谓全面性，他几乎论述到了教育的各个方面：德育、智育、体育、美育、劳动教育都在他的视野之内，都有精辟的论述。所谓深刻性，就是他提出的每一个教育命题都有着深刻的哲理。他讲德智体美劳各育的任务不是孤立的，而是统一的，统一在培养学生的精神生活，和谐发展。他把人的价值放在教育的第一位。因此，我们学习苏霍姆林斯基的教育思想就不能就事论事，应该理解他的教育思想的精神实质，学习他的教育思想的精神。近些年来我国教育界引进了许多西方教育思想，大多是教学的技术层面的。例如建构主义理论、多元智能理论等，都是论述如何使学生在智力方面得到发展，如何主动地获取知识，却很少涉及学生的和谐全面的发展，尤其很少涉及学生精神世界的培养。因此我觉得今天我们有必要重新审视苏霍姆林斯基的教育思想的深刻意义。今天，我们提倡素质教育，就是要让学生和谐全面地发展。培养学生的高尚品质是核心，培养学生的创新精神和实践能力为重点。苏霍姆林斯基的教育思想不就非常切合我们的实际吗？我们要学习苏霍姆林斯基的教育思想，推广他的办学经验，明确教育目标，把提高学生素质，培养学生的精神生活放在重要位置。教育是一门科学，需要认真研究它的规律，遵循教育规律施教，就能事半功倍，取得较好的成绩。教育又是一门艺术，需要每个教师去创造，教师要根据学生不同的素材去创造出一个个具有鲜活个性的人才。

　　苏霍姆林斯基既是一名教育科学家，又是一名教育艺术家。他所创造的美丽的作品永远是我们的楷模。

北京师范大学比较教育研究中心
顾明远

目 录 | CONTENTS

前　言

　　本书总结了帕夫雷什中学多年的教学及教育经验，讲述了教学团队在培养人的全方位个性发展上所做的努力，作者也试图全方位地展示这一成果，不仅阐明其运用的方法，也揭示它们的内在联系和相互联系。

　　作者在本书中倾注了自己三十三年的紧张的探索和思考（深思）。这些年来，我们的国家在国内生活和国际关系中均取得了巨大的成就。在我国社会主义建设的历程中形成的社会主义社会的教育学，过去和现在都是同经济、政治和思想领域的革命性变革紧密相连且不断完善的。正如《伟大的十月社会主义革命50周年》苏共中央委员会提纲中所说："培养全方位的个性发展是漫长而复杂的过程，它取决于物质和文化生活水平，取决于思想政治工作的深度和规模。"[①]

　　帕夫雷什中学面临着一个全新的、空前复杂的难题——为所有年轻一代授予中等教育，将毕业生培养成积极的共产主义社会建设者，不向资本主义思想妥协、为了革命胜利贡献自己的所有力量甚至生命的英勇爱国者。

　　这一使命是建立共产主义社会的物质技术基础、完善社会主义并建立社会主义关系及培养新人这些共产主义建设共同体的不可或缺的组成部分。

　　[①]《伟大的十月社会主义革命50周年》，苏共中央委员会提纲，莫斯科，政治书籍出版社1967年版，第46页。

苏联教育学的主要出发点就是列宁的教育思想遗产，根据卢那察尔斯基的定义，列宁是苏联教育学强大的奠基人。[①] 这些年来，我们的教育队伍致力使列宁的教育思想遗产成为我们创造和经验的基础，指导我们的教育教学工作。

帕夫雷什中学的教学团队创造性地运用克鲁普斯卡娅、沙茨基和马卡连柯的教育观点，不断明确和修正积累的个人经验，试图达到理论和实践的结合，以充分适应共产主义精神下教育正在成长的一代的要求，使之能够深度揭示学校和生活的联系，学校和劳动的联系及学校和社会在社会性、道德和科技进步方面之间的联系诸如此类因素的教育力量。

在我们看来，教育工作的目的是使每个青年男女在道德、智力、实践和心理上做好劳动的准备，揭示每个人独特的天性、志趣和能力。我们试图在友谊和同志关系的基础上，在尊重每一个真诚的人所具有的一切真正人性的基础上，培养我们的毕业生建立具有道德高尚的美的关系。

我校的教育团队将下述观点和信念作为自身教学教育工作的基础，它们已成为我们的教育工作信条。

教育劳动的独特之处是教师为未来而工作。我们今天在孩子身上培养和灌注的将成为几年后，有时甚至是几十年后影响成年人的公民性、道德和精神面貌的因素。"苏联的未来如何，要看今天的十月儿童、少先队员和共青团员如何建设它"，勃列日涅夫在苏共中央委员会、苏联最高苏维埃、俄罗斯苏维埃联邦社会主义共和国最高苏维埃联合会议上的报告中的这番话明确了教育工作的纲领。[②] 教育队伍最重要的教育任务之一就是让学校成为培养学生、

[①] 卢那察尔斯基在自己的文章《弗拉基米尔·伊里奇和国民教育》中写道："按照弗拉基米尔·伊里奇所指的道路前进，教育人民委员部应当永远记得，共产主义的伟大领袖和苏联教育学的强大奠基者在一起。"（《卢那察尔斯基谈教育和教学》，莫斯科，教学出版社 1976 年版，第 145 页）

[②] Л. И. 勃列日涅夫《社会主义胜利五十年——列宁方针》，莫斯科，政治书籍出版社 1970 年版，第 2 卷，第 98 页。

少先队员、共青团员的公民性、劳动意识和道德审美的第一个场所。孩子是未来的公民，在孩子身上浇灌成为一个公民、劳动者、共产主义建设者的牢固的思想核心，这也是教育工作过程中最重要的准则和自我检查的主要尺度。

我们关注学生在劳动方面的公民精神和充实的创造精神。从孩童开始学会用勺子将饭送进口中时起，他就开始劳动了。到了10～12岁的年龄，他已经能看到用双手培育的第一棵长出果实的树。

接下来，为了确保青年获取的知识能够成为提高他劳动生产率的实际工具，我们便培养年轻一代对于劳动、对于人和自然相互作用的辩证观点。学校的儿童、少年、青年在用创造性态度对待劳动的氛围中成长，他们认识到掌握劳动知识的现实必要性，在实践中确信自然力量服从人类智慧的可能性。

社会的社会性和道德如何进步，取决于作为社会组成部分的人们对待劳动的态度，他们把劳动看作什么——只是获取物质的工具还是有过价值的、内容丰富而有趣的精神生活的条件。正因如此，我们立下规则作为教育工作的基础：孩子应当在劳动中，在充实知识中，在为人类、为社会主义社会创造物质财富和精神财富中体验快乐。

我们高度重视大公无私的劳动——为社会劳动而感到快乐的情景。即劳动本身可以使孩子感到快乐，孩子在劳动的过程中获得满足。要想营造这样的情景，就必须将智力活动融入劳动中，将科技渗透到日常劳动活动之中。

而为了实现这些，集体成员之间也要在同样程度上具备完美的道德关系。归根结底，共产主义的劳动基础并不是技术，而在于人的理想和追求，在于那些通过他无私的自愿劳动想要达到的目标。年轻劳动者之间具有深厚的人道关系，认为劳动的首要原则是可以给人民带来幸福和快乐，这是劳动的乐趣的源泉和富足的精神生活的来源，也是生活的高尚道德。

学校同生活相联系，学生的智育和德育相结合，这是学校在社会发展中发挥其作用的一个重要条件。

伟大的教育家夸美纽斯、裴斯泰洛齐、卢梭、乌申斯基、第斯多惠等都主张引导学校和师生学习周围的世界，教导他们研究和解释人类看到的事物，这些思想应用在我们完成教育任务的工作中时便具有另一层意义。重要的是，不仅让孩子能够看到周围世界的表面，而且要使他试图将它改变得更好。与此相关地，教师选择的教学方法的教育作用有了重要的意义。第斯多惠认为，不好的老师只能传授真理，而好的教师能教导学生找到真理。① 要学会引导学生在不断认知的路上自己发现真理，这不仅是教学方法，也是培养学生以正确的观点认识自然和社会，形成坚定的信念，锻炼进行创造性劳动、探索自然和社会生活现象应有的态度的方法。我们在社会发展中可以发挥的作用不仅是帮助学生们获取一定的知识，也是培养他们终生学习的意愿。我们需要帮助他们培养一种信念——知识、受教育程度和精神素养是过上有趣、充实、精神富足的生活的必要条件。没有知识，有趣的生活就无从谈起，因为不可能进行创造性劳动。"劳动把油浇灌在生活的灯上，而思想会让它燃烧"，这是卡尔·马克思在《资本论》中引用的英国经济学家贝勒斯的一句话。② 我们希望通过掌握知识的坚持不懈的顽强劳动，每个受教育的人都能够展现出自己的能力和力量，找到自己的长处。

道德信念同教育紧密相关，但在一定程度上它同一个人受教育的程度和做好创造物质财富的准备无关。一个人可以拥有知识，学会工作，但在道德关系上可能并没有做好生活的准备。道德教育不仅是在掌握知识和进行活动的过程中形成世界观和信念，也是一种特殊的教育工作，它有自己的规律，需要花费时间，以特定的形式和方法作用于一个人的认知、性格和行为。

年轻一代掌握的理论知识范围越宽，他们的高度教养水平越具普遍性，进行专门的教育工作的必要性就越迫切。揭示知识的教育实质，将知识变为信念，在很大程度上取决于学校里与教学过程无直接联系的教育工作做得如

---

① A. 第斯多惠写道："不好的老师只能传授真理，而好的教师能教导学生找到真理。"（《第斯多惠全集》，莫斯科，国家教育出版社1958年版，第158页）

② 参见《马克思恩格斯选集》，第2版，莫斯科，政治书籍出版社，第23卷，第500页。

何，取决于学生在他们的人生实践中形成哪些理想信念，取决于他们的社会行为有着怎样的道德特征，也就是他们的道德土壤的培育问题。

苏联学校里学习的理论知识中，一些重要品质可能对新一代人的精神面貌有重要影响：诚实、正直、原则性、英雄气概、在困难和阻碍面前不屈不挠的英勇无畏的斗争精神等。但光凭掌握知识是培养不出这些品质的。只有少年和青年的人生实践体现了原则性和英勇无畏的品质，理论材料中出现的共产主义原则性和英勇无畏的精神才会深入他们的内心。只有从先进的革命无产阶级道德的立场出发，才能感受到真正英雄人物的伟大气概。

例如，学生被乔尔丹诺·布鲁诺的英勇精神，捷克人民英雄尤利乌斯·伏契克百折不挠、坚韧不拔的精神，亚历山大·马特洛索夫的自我牺牲精神深深折服，他的内心渴望在崇高的场合展现自身的力量。而老师帮助学生找到在生活中、在社会主义现实中实现那种体验的机会，使年轻的心中燃烧的火花不致熄灭，这便是教育的技巧和艺术。如果老师没有找到实践这些的可能性，那么在学生脑中诞生的这些思想将成为空谈。无法实现的思想越多，学生对老师用来影响他意识和行为的那些手段的敏感性就越差。我们创造种种机会和条件，希望学生在理解道德概念的同时实践道德行为。这些机会存在于学生集体的生活方式之中，存在于孩子们的行为及其目的之中，存在于他们彼此之间及与长辈之间建立的相互关系之中。行为的道德意义同时也取决于教师如何参与学生的生活。

教师应当不仅是教育者，也是学生的朋友，同他们一起战胜困难，共同经历快乐和忧伤。我们希望学生不要将道德行为看作自己的一种特殊的练习，一些教师为了实现他的意图而特意事先安排好的举动。

年轻的心灵厌恶有意地造作。对学生来说，高尚行为是一定要做的事，应当出于集体内部关系的要求本身。对孩子来说，最好的老师是能够忘记自己老师的身份，和他们进行精神交流，把自己看作学生的朋友和志趣相投者的人。这样的老师能够了解到他的学生内心深处最秘密的角落，他口中的话语便成为对年轻的、正在形成中的个性起作用的强大武器。营造能激发道德行为的情境，恰恰要靠老师对学生内心世界的敏锐理解。教师的这种品质对于少年教育尤为重要。在少年教育中遇到困难的最大的原因在于，教育实践活动是以完全赤裸裸的形式出现在他们面前的，而这个年龄的学生天性上不愿意被他人教育。

众所周知，最完备的社会教育就是学校－家庭教育。家庭和其中家长和孩子们的相互关系是孩子德智体美教育的第一所学校。父亲、母亲、哥哥、姐姐、爷爷、奶奶都是孩子学前教育的第一批老师，孩子入学后他们还会继续担任这一角色。家庭生活中的精神和道德美的财富，是在家庭环境下，也是在幼儿园和学校环境下实现成功教育的极重要的条件。孩子在七岁时上小学一年级，但是他最好能提前两年，五岁时就受到学校教育的影响。我校的教育队伍认为，孩子在两岁至七岁间所处的德育、智育和审美的环境极为重要。孩子身边的人们和多面的人际关系在他生命的最初几年对成长起着决定性作用。科学上已知 32 个孩子在早年被野兽夺去养育的案例。这些"野"孩子被救回人类社会后，没有一个能成为真正的、名副其实的人，因为他们童年的早年时期不是在人的社会中度过的，他们在对外部影响最敏锐的时期未能认识人际关系。这是唯一能阐明人类教育过程实质的事实，它不容置辩地证明，随着年龄的增长，人就会变得愈加保守和不易教育。自然本身为孩子教育提供了漫长的神经系统的幼年期①，如果错过这个阶段，日后也将无法弥补。然而，在人类社会中并非所有的孩子都能在这个阶段受到极为丰富的人际关系的影响，而这是使孩子的心理、智力、思维、意志、情感和性格得到充分发展的唯一保证。因此，我们认为，让每个孩子——未来的学生，都能在人际关系中最大限度地获得、找到、看到和感知一切，这在教育方面极为重要。而我们需要向父母普及教育知识才能达成这一目标。

―――――――――――

① "神经系统的幼年期"——这一术语由苏联科学院通讯院士 B. JI. 雷日科夫引入科学。（参见雷日科夫《记忆的分子基础》，载《自然》杂志，1965 年第 7 期，第 2 页）

实施学校－家庭教育不仅有助于教育年轻一代，同时也是改善家庭和父母的道德面貌的重要条件。如果没有对子女的教育，没有父母积极参与学校的生活，没有父母和孩子间经常地心灵交流和内心相互充实，作为社会最小组成单位的家庭也就不会存在，学校作为最重要的教学培养机构也不会存在，社会的道德也不会进步。

生活坚决地驳斥了未来属于脱离家庭的寄宿学校的主张。凡是主张削弱家庭对孩子教育的日常参与的，同时也在削弱学校的参与度。从这里可以看出，学校最重要的任务之一便是向家长传授基础的教育知识。学校应密切联系家长。家长代表应当作为校务委员会的成员、讨论教育和教学问题的参与者，直接参与教学教育过程。

经验证明，学校选址在有绿地且有水的自然环境中，不远离各家住所，使孩子在上学路上不花费过长的时间，家长也可以在空闲时间常来学校，这是学校开展工作的最有利的条件。如果学校周围的自然环境资源较贫乏，应当逐步在附近修建绿地保护，哪怕先在学校邻近的四周修建。

学校教育工作的一项重点任务应当是关注孩子的体育，首先是增强孩子身体的抵抗力，抵御疾病的侵袭。关心孩子们的健康，使他们不生病，机体对疾病有所免疫，这和关注孩子的智力和道德发展同样重要。

教育的力量和可能性是无穷尽的。没有智力问题的孩子，无一例外都可以完成中学教育。成绩不及格、留级，这都是对教学教育关注不够的结果。学校的任务不仅是向学生们传授从事劳动和合乎要求的社会活动的必要知识，也是让每位同学感受到精神生活的幸福。没有充实的内心世界，没有劳动和创造的喜悦，就无法获得自身的尊严感、荣誉感和自豪感，幸福也就无从谈起。

学校教育的理想是培养全面和谐发展的人、社会进步的积极参与者。全面和谐的发展意味着劳动和人类在所有活动领域的充实内心的统一，意味着行为和同其他人相互关系的道德纯洁，意味着身体的健全、审美需求和趣味的丰富、社会和个人兴趣的多样化。能力和需求的协调使人的内心生活充实，使人体会和感受到幸福。和谐发展意味着人可以成为：首先是物质生产领域和社会精神生活领域的创造者；其次是物质财富和精神财富的享有者；再次是有道德和文化素养的人，是人类创造的文化财富的鉴赏者和守护者；然后是积极的社会活动者和公民；最后是基于崇高道德的新家庭的组建者。

全面和谐发展的核心是高尚的道德。我们希望通过高尚的道德理想的鼓舞，使集体中的生活、劳动、学习和相互关系更加崇高。我们希望少先队和共青团的队伍将"人和人是朋友、同志和兄弟"作为准则，并在生活中尽可能充分地贯彻它。

实现全面发展需要智力、体力、道德、劳动和美学的教育相互作用，使教育的这些方面成为一个统一的、整体的进程。学校教育给予学生的和学生给予社会的一切，其最终目的是一致的，就是培养明理，有着高尚的心灵、灵巧的双手，以尊重的态度对待社会的其他成员，珍惜、爱护、尊重他人的劳动、精神尊严、智慧和美的人。所以，智育的目的不仅在于发展和充实智能，也在于塑造高尚的道德和美的品质——将自己的知识贡献给他人的意愿、勤劳的品格、对自然和社会生活的美感。学生不仅是人类创造的财富的享有者和鉴赏者，也是新的财富的创造者，这些财富能够以某种形式贡献给社会，造福他人。

人的全面发展需要实现体力生活和脑力生活的统一。发扬创造精神，进行研究，开展试验，根据科技成就改进劳动，是学校集体的精神生活中极其重要的特点。孩子在思考中工作，也在工作中思考。劳动过程中的创造性思维是勤劳的源泉之一。我校全体教师认为，让从学校走出的人具有较高的劳动素养，他们不仅能够创造物质财富，也能改进劳动，这是教育的重要使命所在。

人在智力发展的每个阶段都有对应的劳动技能和劳动成熟度的等级。学生在数学课上能运用三角函数解题，说明他处于较高的劳动发展水平：能掌握电气安装和无线电技术中相对复杂的技能，能操纵内燃发动机，能调整金属加工机床，制作木料和金属加工工具，等等。

在智力和劳动发展的统一中蕴含着学校的重要使命：取得中等教育学历的苏联公民在少年和青年早期就要尽可能广泛地掌握一些复杂的技能，以免到成年时才从头学习技术。

现今苏联学校关于人在童年时期的力量和可能性的观念有了根本性改变。学生在低年级（7～11岁）掌握的知识和技能比他们以前掌握的要广泛得多；教学可以从六岁开始，而不是七岁；初级教育可以用三年完成，而不是四年。这些可能性的根源在于智力和劳动发展的统一（可以为9～10岁的孩子教授如何在车床上工作，这项技能又开拓了他的智力劳动的领域）。孩子在幼年时掌握的技能越复杂，他在中学毕业时智力发展达到的水平就会越高。

如果学生只是享受社会为学校创造并提供给学校的物质财富和精神财富，那么真正的教育是无法实现的。教育寓于积极的劳动中，寓于巩固和加强教育过程的物质基础中，寓于对生活、劳动、智力发展和审美能力发展来说不可或缺的物质财富的创造中。这种劳动是智力和劳动力的成熟程度一致的重要前提。

科学、技术和思想的发展是我们国家科技进步的基础。普通学校的任务就是培养学生对知识、课本和科学的热爱。这个任务要靠师生对科学和智力创造的浓厚兴趣来完成。

通向科学之路始于普通中学，但需要创造必要的物质条件作为基础。每个高年级同学均有机会超越大纲范围，选择自己最感兴趣、最能施展其天赋和能力的课程。因此除了必修课程，教师可以合理地制订促进智力和劳动发展的专项大纲。我们的教育团队力求做到让每个学生都能展现他的天赋，找到自己热爱的事情并成为该领域的能工巧匠，从而感受创造性劳动带来的幸福。

在教育的过程中，每位同学的能力和才干都在不断得到拓展。日后他们有些人会成为科学家、思想家、艺术家，另一些人会成为工程师、技师、医生、教师，还有一些人会成为钳工、车工、农业生产机械师，但是他们都有一个共同的特征——智慧和创造性在他们的劳动中起主导作用。钳工和车工、电气装配工和建筑工、畜牧学家和植物栽培家的创造性，与数学思维家或设计师、作曲家或画家的创造性并无区别。学校的使命就是开发每位学生的天赋和能力，使他们用有趣的智力劳动造福社会，造福人民，也为他自己带来幸福感。关注每个个体，关怀每位学生，以关切而又深思熟虑的态度对待每个孩子的优缺点，是教育过程的根本之根本。

学生集体的兴趣、爱好、能力是多样的。将这种多样性套在某个统一模式上是不可行的。实践证明，学校的高年级学生均学习同一门专业的生产化教育方式是行不通的。

普通中学是综合技术学校。中学的主要任务是传授深刻而巩固的科学基础知识，使学生能够了解现代化生产的最重要的领域；是加强理论知识和实践技能的结合，最大限度地开发学生的个人天赋、能力和倾向。

学校的教育工作要营造有趣的、多样化的智力生活氛围。不是所有知识都能运用在劳动中。每个同学在精神上和实际上为劳动做准备时，不要认为掌握的知识一定要与日后从事的某种具体劳动活动有直接关系，这是我们教学教育工作体系的方针。孩子们掌握知识不仅是责任，也是需求：如果智力不能持续发展，那么他们的生活将平淡无趣。培养这种精神需求是使才能和兴趣协调的重要条件之一。高年级学生在学术辩论会上、座谈会上、晚会上讨论科学技术、社会、道德和美学等方面的发展问题，这些问题被青年男女视为切身问题，深受他们关注。

个性的全面发展与掌握高深的知识，与积极参与社会活动和劳动活动，与自由选择职业的可能性相联系。这些都需要个人兴趣和社会需要的结合，选择的职业也应当符合人的天赋和志向。而这一重任就落在了我们教师身上。我们认为，要充分发挥人的个性，就要让每个人都能从事自己喜爱的劳动，他越深入劳动，个人的能力和天赋越能得到发展，他的生活也会越幸福。

卡尔·马克思写道："……人的不同志趣和才能为自己选择了适合的活动领域。如果对活动领域不加限制，他们在任何领域都做不出成就。[①]"我们的任务在于帮助每位少年和青年早期的学生有意识地发现自己，发掘自己，为自己选择一条能够使其劳动达到创造高峰的人生道路。而其中最重要的就是发掘每个孩子的强项，找出他本人出色的天赋才能，从那里开启个性发展之路，在最能够展现他天赋的领域达到在他的年龄能达到的伟大成就。

教育队伍的另一个关注点便是与那些喜好智力活动（或者艺术活动）的孩子的个性化交流。在课堂教学法、课外工作法和打造集体精神兴趣的体系中都采用特定方向的教育，那就是使那些将来可能会成为科学家、思想家、作曲家、画家的孩子的天赋得到充分的发展，智慧和创造能力得到培育。教师的技巧在于善于察觉孩子的天赋，确定足以使其施展智力和创造力的领域，提出一些在完成中需要克服某些困难的任务，从而使其能力得到提升。我们希望学生能够在课余时间开展丰富的智力生活，并使这种生活能影响集体在精神方面的发展，提升所有学生的智力水平，也发展天资较低的学生的才能。

孩子个性发展的一个重要条件便是拥有充分的、可支配的课余时间。每天利用空余时间根据自己的爱好从事喜爱的劳动，这样孩子的天赋才能得到开发。因此给孩子们提供空余时间有利于他们创造宝贵的财富。尤其要减少花费在课上必须掌握的大纲材料上的时间，相应地增加学生的课外时间，这是我们完善教学进程的重要目的之一。我们立下以下准则：学生应当享有同花费在学校课堂上的时间一样多的课外时间。这在学龄晚期尤为重要。

学校教育的一个关键因素是自我教育。我们会组织学生开展一些展示他们智力、道德和意志力的集体游戏，开展各位同学感兴趣的、能激发他们新

---

① 《马克思恩格斯选集》，第 2 版，莫斯科，政治书籍出版社，第 23 卷，第 378 页。

的兴趣和需求的自愿活动。

师生集体的多面性的精神生活，可以是他们的劳动、道德、智力和审美能力的发展，也可以是社会活动。这些不仅是学校校长和教师施行教育领导的对象，也是一种教育力量。教育的技巧在于激活这股力量，将之运用到生活中，并在日后引导它。学生的精神生活能达到如此高的独立程度，以至于他们会在一定程度上忘记老师是同志，也忘记老师是教导者。

众所周知，任何一种教育现象，孩子从中感受到的老师的意图越少，就说明它的教育效果越好。这个规律性是教育技巧的核心，是找到通向孩子内心之路的基础，是能够那样接近他，以至于孩子被吸引着投身的任何事情都成为他的需求和迷恋向往之事，而教师就是他的同志、朋友、志同道合者。学校的领导者掌握这种技能的水平到底有多高，决定了整个学校生活的教育目的性如何，而这也是校长得以凝聚学校教师教育力量的保障。这种技能同对孩子的爱、全面的学识、一般素养和教育素养结合在一起，乃是成功领导教育队伍的最重要的条件。

自我教育在于学生在认知周围的世界——自然、劳动和社会生活的同时，也在认知自己，并用最高标准——共产主义道德标准来评价自己的见解、行为和品德。

如果没有使儿童、少年和青年感动、钦佩、赞叹、受鼓舞的榜样和理想，自我认知和自我肯定就不可想象。受榜样的鼓舞和对榜样的钦佩可以激发人奋发向上，唤起对自己的思考，教会人们看到自己的优缺点。学生便开始自觉地考验自己的意志和精神力量，如同检验自己一样。

对处于从童年向少年过渡的精神发展阶段的学生，教师和学校管理层应具备敏感细致的态度、适当的分寸和对学生人格的高度尊重。少年不仅希望从组织方面支配自己集体的活动，也希望支配那些能触动他想法、情感和感受的内心活动。应当敏锐地对待少年的内心世界，不可粗暴地把自己的意愿强加在他们身上，要耐心地倾听他们的意见（有时甚至是错误的意见），以平等待人的态度参加他们的争辩。

对自我教育的指导是一项非常细致、需要花费很多精力的工作，它的意义在于在学生的童年和少年时期就教会他们劳动，遵守一定的制度，克服困难，克服自己的弱点。还应当使学生认识到，人并非只有在特殊情况下才能检验自己的意志力，人也可以在平常的生活环境下创造不平凡的事迹，可以在平凡的劳动中、在克服困难中，甚至在与自身弱点斗争时成为意志坚强的人。

我校对自我教育的指导考虑到了我国的普通中学学生具有多年龄段的特征。在我们看来，这不仅不会增加，反而会减小教育工作的难度。在多种年龄的集体中，自我教育有着长幼道德社会关系的特征。教育的一个重要使命在于让青少年们成为低年级同学的"老师"。只有在这种条件下才能充分照顾年龄特点。

在集体的自我教育中，幼年时期的道德概念、理念和价值借助鲜明而饱含情感的相互关系而确立，而这种相互关系大多是在年长同学和年幼同学的友谊中和开展的有趣的集体活动中建立的。当青少年们将自己的精神力量倾注到年幼的同学身上时，他们在这种行动中不仅表现了自己，也认知了自己。

教育在一定程度上是独立于教学的特殊过程，其最重要的任务是帮助学生培养意识，即形成有关世界观、道德和审美的概念、观点、信念和激发他们道德行为的动机。

形成意识，就是变知识为个人信念和个人对真理至上的坚信。

学生如果能在积极的活动中认识真理，深深倾注理性、道德和审美情感，信念便形成了。吸引了他的那些思想不仅会变得十分崇高和清晰，而且会使他的内心和行为更加伟大和美好。这一过程是自我教育中极其重要的一面。我们希望集体的精神生活能尽可能地使思想支配每个学生的情感和意愿，成为他们人生的指路明灯。当学生被新的思想所支配并力图将它付诸实践时，学校生活的环境就应当促进学生的这类积极活动。

积极的活动、行为、劳动和与困难的斗争，都是坚定信念的最重要的先决条件。无论在教学过程中向青少年学生阐释的科学真理距日常生活有多遥远（例如，宇宙时间和空间的无止境，有智慧生物在其他星球定居的可能性），让那些貌似远离生活实际的材料里的知识服务于他们的兴趣爱好，激发他们做好事的意愿和为真理的胜利而贡献全部力量的意愿，这仍是我们力求引导他们的智力生活的方向。

在掌握科学知识中形成意识，就要把个人精神生活的各个部分，特别是情感都投入认知过程。学生赞赏为科学宇宙观的胜利而斗争的人们伟大、英勇的内心美，由此激发起更加深入认识周围世界的意愿。他专注地观察现象、事件和人们的行为。最后，他不安地发现，世界上还有很多和人的高尚名字不相符的事，认识到不仅要消除不公平现象、战争、自杀式核威胁，也要消除我们日常生活中存在的一切因循守旧的、庸俗的恶习。所有这些想法都会激发青少年去行动，通过某种方式表达自己对待世界的积极态度。

教育集体和每位老师要特别关注的问题是，对那些学生在学习和生活过程中认识到的善与恶做出一个清晰的思想政治评价。我们的理想是：学校培养的人要有公民的觉悟、科学的世界观以及在邪恶面前英勇斗争的精神。我们念念不忘，这个世界仍存在共产主义和帝国主义的激烈的斗争。当代最大的邪恶就是帝国主义及其罪恶的战争和仇视人类的思想。我们希望青少年的内心憎恶并反对这种邪恶。这种崇高的情感是伟大的公民精神和共产主义原则的基础，是不向资本主义意识形态妥协的原则性。知识同当代的社会紧密相连，成为学生最珍贵的财富。他把知识看作个人的精神财富，捍卫知识。他愿为祖国的荣誉和伟大而奋斗。他通过自己的劳动为祖国而奋斗。

在学生能够利用知识获取新的知识，开阔视野，用自己的能力找到劳动、社会活动和精神生活过程中产生的众多问题的答案的情况下，知识就能变成信念。

通过阅读课外补充科学读物的方式，不断扩充和加深在学习必修大纲的过程中习得的知识，对于信念的形成非常重要。这种阅读可以让孩子掌握比大纲要求的更多的知识，开阔他的眼界，简化他的日后学习，因为这会使他产生新的智力需求。而在阅读过程中，通过实验了解、解释、考察和深入探索这一或那一问题的需求越多，学生的精神生活就越丰富，他的科学唯物主义信念就越能得到深化。

学校的中心任务之一就是培养学生关于道德、理性和审美的崇高品质。崇高品质首先指的是热爱祖国、热爱人民、热爱劳动、热爱文化，尊重每一个同胞的优点，尊重地球上的每一个诚实的人，崇尚对劳动者的友谊、同志和兄弟情谊，感受认知和改造世界的喜悦，无私享用人类创造的文化财富。真正的人一定拥有善良的品质。教育是从培养真诚的关切之情——会回应周围世界发生的一切所带来的情感和想法——开始的。真诚的关切是和谐发展的基础，人类的智慧、勤劳和才能等品质在这个基础上获得了真正的意义和最光辉的发扬。

我校教师团队将情感教育渗透到孩子所作所为、所见所闻的各个方面。同时孩子对他所看到的周围的一切、对他所做之事给出合乎逻辑的智力评价和情感评价。不仅如此，如果认知不带有感情色彩，说明孩子没有看透他面前的事物。情感态度首先是体现在那些揭示善和恶、公平和不公平、正直和耻辱的思想政治实质的事件和事实中的。

让孩子在得知或目睹不良的行为时感到愤慨，这是我们进行道德教育的重要准则之一。不满于现状的奋发向上的愿望以及将其落实在积极的行动中，是培养这些情感的最重要的前提，诸如对祖国和人民的责任感和热爱，友谊，对女性的尊重等情感；又如开放的思想、自信、新鲜感诸如此类的智力情感，以及审美方面的情感——美感、英雄感和戏剧感。对周围世界拥有情感关切正是我们教育年轻一代的精神所在。

要让孩子尽可能多地感受到良好的行为所带来的快乐，让由良好行为产生的道德和美感的满足之情充实他的精神生活，这也是学生集体生活的主要原则之一。这些行为主要体现在关心他人。孩子在为周围的人带来快乐的同时，自己也由此获得道德和美的享受，这样就培养了高尚的情操。那些漠视他人痛苦和不幸的人，则没有履行苏联人民的义务。

人不可能为经历某种情感而做好准备。斯坦尼斯拉夫斯基认为，情感是不能被支配的。[①] 由此可见，教育的技巧和影响学生的能力，对于引导他们表达情感是何等重要。

这种技巧的实质是学会寻找、发现，有时是创造那些能激发对周围世界现象产生情感态度的心理情境。这些情境能否丰富多样，取决于教育者深入孩子的内心世界的深度；取决于教育者能在多大程度上激发孩子对于所见事物的情感关切，并在其中建立儿童的情感态度，引导他通过积极的活动表现这些崇高的情感。

学会运用和创造此类心理情境，使孩子能深刻感受思想和观点，特别有意义。在这种情况下要特别注意让所有的孩子都能被激发行动的高尚情感所触动。

目标的道义崇高性越吸引人，伴随行动生发的情感就表露得越强烈。发挥这种吸引力，激发道德和美感以及在此基础上追求目标的志向，是培养学生意志的教育技巧的重要前提。教师在向学生说明相应活动的意义时，要让学生意识到，他们为克服困难所做出的努力乃是为树立个人优秀品质而进行的有意义的斗争的重要部分，尤其在这类行动能够展现社会责任感的动机、为确立人与人之间的共产主义关系而奋斗的动机的时候，更应如此。

---

① K. C. 斯坦尼斯拉夫斯基在揭示对演员的要求时写道："千万不要为了嫉妒而嫉妒，为了爱而爱，为了痛苦而痛苦。不能强迫表达情感，因为这样只会以最可恶的演员表演而结束……不要演出激情和形象，而是要沉浸在角色中，在激情的影响下表演；奥秘就是不要强迫自己的情感，自然地展示出来，不要思考激情的真理，因为激情并不取决于我们，而是自然而然表达出来的，不是通过命令和强加的方式就可以实现的。"（K. C. 斯坦尼斯拉夫斯基《演员的自我修养》，莫斯科，艺术出版社 1951 年版，第 1 和第 2 部分，第 54～55 页、第 67 页，第 13～14 页）

少年，特别是青年渴望通过严肃的事件锻炼自己的意志：青年本性驱使他们面对超出学习范围的困难。青少年应当参加具有社会意义，对于建立和巩固苏维埃社会的物质技术基础起到一定作用的劳动，从而达到锻炼意志的目的。要在对集体劳动的情感评价中鲜明地体现社会和公民精神，这是对形成学生意识和培养公民精神非常重要的一点。但凡能使青少年感受到自己是公民和战士的劳动，都是最具教育作用的。

目的的道德性能够提高劳动的意义，学生在其中得到考验，确定自己的意志力。掌握好每个孩子的体力、智力和意志的紧张程度，使他既能达到目标，感受到成功的快乐，同时也不会被耗尽精力，搞得精疲力尽，这一点尤为重要。如果教育者无法估准孩子的力量，孩子就无法找到足以考验其意志的劳动，或者因力不胜任被劳动耗尽精神和体力，那么不管在哪种情况下他都会知难而退。在学习和公益劳动中利用意志因素时遵守该准则，是教育和自我教育统一的重要条件。我们也总是细致地观察每个孩子意志的紧张程度能否和他的内心精神力量相适应。

善于在学生的劳动中加入意志因素是教育技巧的重要特点。每位教师都悉心研究孩子的个人能力，并在日后留心，让学生完成某项需要付出体力和智力的工作时，不仅能够完成目标，而且能从中获得精神上的满足。不要使孩子在教学劳动中失望，要教会他们尽量不白白浪费时间，这是让学生养成支配自己习惯的极其重要的一个条件。

培养学生良好的习惯，防止养成不良的习惯，是一项重要的教学任务。

良好的习惯首先涉及劳动和集体中的相互关系。我们认为，良好习惯的形成和情操、情感生活的培养是相联系的。我们组织一些儿童生活和劳动，希望既能有助于他们形成良好的习惯，又能唤起和加深他们乐观愉快的情感，在他们心中留下某种愉快的痕迹。对情感的美好愿望会把日复一日的劳动变成内心需求。只有当人感受和体验到这种需求时，他的个人意志力才会变为自我教育的源泉，而自我教育是巩固良好习惯的最重要的因素之一。

　　转变为学生习惯的日常劳动活动越多，他们道德的进一步发展、新的道德品质的形成、新兴趣和新需求的形成的前景就越广阔。这样一来，每位教师在帮助每一位同学发掘个人天赋和才能方面都有无限可能。

　　以上就是我校的教育信念，这些信念是在共同的、有明确目的的创造性劳动中形成并确立起来的。

　　有了一致的教育信念，我们就能满怀信心地达到目标。我们的目标就是尽可能地使每一个走向生活的青年男女的全部潜能得到充分的发挥。发掘每一个进入我校的孩子的天赋和才能的目标贯穿在我们的所有教学教育工作之中。而居于首位的则是培养道德和公民精神的成熟性。多年经验证明，才能、天赋、人的个性只有在思想政治和公民精神成熟的背景下才有充分发挥的舞台。人拥有了坚定的公民立场，他才可能有所创造。

　　我们竭力赋予人的个性发展以正确的方向，让每个学生都认为自己是有能力的人，这是我们的教学教育工作建设的方向。例如，一个年轻人的创造性思维能力平平，但是他可能在某种劳动活动上有着与众不同的才能，只是需要加以发展。我们就力求使他在这方面精益求精：使某个人在植物栽培学上，另一个人在技术创造中，第三个人在建筑工程中，第四个人在家禽饲养方面的技能趋于完美。教育追求的目的就是让每个人不仅在今天，而且在未来都能领悟到劳动的幸福。

　　在工作中我们坚持每个学习日都要取得成绩和效果的原则。对于那些学习有困难的同学，我们都要耐心细致地做个别工作。通过发展这些学生的个人倾向，使他们在学业或劳动中取得成绩。这种成绩便成为他们在学习中克服困难的精神支柱。

　　我们没有留级生。只有那些长期请病假的学生才会留级。我们列出近十二年来学校的及格率（参照下表）。

学年	在校学生人数	留级生人数	其中因病留级人数（生病2~4个月）	及格率（%）
1955~1956	418	15	12	96.5
1956~1957	406	14	12	96.6
1957~1958	407	9	6	97.8
1958~1959	422	6	4	98.5
1959~1960	463	6	5	98.7
1960~1961	477	5	4	99.0
1961~1962	516	4	3	99.3
1962~1963	560	3	3	99.5
1963~1964	614	3	2	99.6
1964~1965	640	2	2	99.8
1965~1966	630	4	3	99.4
1966~1967	570	2	2	99.7

这些数字反复提醒我们，关注孩子身体状况是提升青年一代的培养质量的首要保障因素。

我们在密切结合生活、结合实际地进行教学教育工作时，力求在教育进程中融入社会生活中最先进的现象。每一位学生以自己的亲身经历证明，只有在参与具有重大社会意义的创造性劳动后，才能得到精神和文化上的提升。只有他的内心充满公民意识、理性和创造性构想时，劳动才会更有意义，更具吸引力。因此，我们努力实现那些使孩子们团结为一个集体的、孩子共同感兴趣的活动的多样化：其中既有创造性劳动的有趣构思，也有引人入胜的书，又有社会关注因而也为孩子们所关注的社会、道德和审美方面的问题，还有课余活动、旅行、长途行军、游戏，等等。

我们努力在教育工作中尽可能清楚地反映社会正在经历的将科学变为直接生产力的趋向。我校学生的农业劳动具有试验性和研究性。技术小组的学生的创造性思想旨在使机械替代手工劳动。年轻的化学家们关注如何以化学手段提升土壤的肥力。体力劳动和科学思维的结合，是劳动过程中自我教育的重要来源之一。

　　为了实现学校和生活的联系，我们给学生灌输以下道德理念：物质富裕和精神生活丰富的源泉是生产钢铁、煤、石油和机器、电能和化肥的那些工人和生产粮食和肉类的农民的劳动；劳动是人类幸福之本。我们的道德教育和劳动教育体系的目的就是在那些即将踏上独立的劳动生活道路的同学的意识中树立为社会更广泛的人群创造物质福利和财富的志向。我们的学生自童年起就从为社会、为他人做贡献中获得满足，并渐渐将此当作从长辈中获得福祉的精神报偿。

　　如果没有自我教育就没有真正的教育，这是我校教育团队在创造性劳动中秉持的非常重要的信念。我们把学生看作独立的、能动的教育力量，而领导这支力量要分析周围环境，从中找出积极参与社会生活的现实可能性。集体的社会自我认知的形成和发展，对社会的集体责任感的培育，是主动性和独立性的基础。为组织而组织，为服从而服从，为领导而领导是不可取的。例如，如果学生得不到统一思想的鼓舞，感受不到自己的劳动是人民劳动的一部分，感受不到他们的理想就是人民的理想，那集体和主动性也就无从谈起。

　　对学生主动性的教育在于善于利用生活提供的机会，为学生之间创造多种多样的精神联系，在全校的统一集体中又存在多个基于共同的兴趣、活动、意向和爱好组成的集体。这个问题对于每位同学的个性发展都具有头等重要的意义。

　　每个人都有自己的精神需求和兴趣，没有一个包罗万象的集体能完全满足大家所有的精神需求和兴趣。而只有当每个学生的精神生活寄托于不同集体，而且每个集体都有特定的宗旨和活动领域时，学生才能获得精神的满足。在第一个集体中大家感受到与智力发展相关的兴趣带来的满足感；在第二个集体中发展审美喜好；在第三个集体中感受到创造性劳动使大家团结一致；第四个集体为学生安排了闲暇时间；等等。一些集体设在学校中，另一些设在学生居住地；一些集体由不同年龄段的学生组成，另一些集体由同一年龄段的学生组成。集体联系的多面性保障了真正的自主性。但是有一支无法替代的教育力量——一个作为公民精神教育和思想政治教育场所的集体，这就是共青团和少先队集体。

第一章　全体教师团结一致是取得
　　　　教学教育工作成功的保障

　　一位好老师意味着什么？首先他要热爱孩子，在与孩子的交往中找到乐趣，相信每位孩子都能成为一个好人，善于和孩子们交朋友，关心孩子的快乐和悲伤，了解孩子的心灵，时刻记得自己也曾是个孩子。

一、深思如何领导学校

　　要把学校领导好，意味着要精通教育的科学，并使这门科学成为科学地指导教育以及组织全校师生活动的基础；意味着要成为教育教学的能手，掌握影响儿童和青少年的艺术。要知道，广义上的教育就是精神不断丰富、不断更新的过程，不论对教育者还是对受教育者来说都是如此。而且，该过程具有高度的个性化特点：不管哪一条教育真理，在一种情况下是正确的，在另一种情况下是中性的，而在第三种情况下则变为荒谬的。

　　学校领导人只有不断完善自己既作为教师又作为领导者的技巧，才能充当师生的优秀而有威信的教导者。不仅对上自己课的学生而且对全校师生来说，一个好校长首先应当成为一名好组织者、好教育者和好教师。

校长肩负的重大责任对他的精神世界——道德情操、智力素养、意志品质，均提出了许多要求。首先，一个最主要也是最重要的品质（不具备这个品质，就无法成为一名校长，就像不是所有人都能成为教师一样）就是深深热爱着孩子，有着跟孩子们在一起的内心需求，有着深刻的人道精神和深入到儿童精神世界中了解和察觉每个学生的个性和个人特点的能力。

这种能力，从某方面讲，是教育水平高度发达的结果，但它首先取决于一个人用心灵去认识世界，即善于理解和体察他人喜忧并乐于相助的特性。

热爱孩子是不可能在任何学府中或任何课本里学到的。这种能力是一个人参与社会生活，在与他人的相互关系中发展起来的。但就其本质来说，经常与孩子们交往的教育工作本身就是在不断加深对人的热爱和信任。献身教育工作的志向是在学校里、在教育工作的过程中不断得到发展的。

这本书根据我的个人经验写成，在某种程度上是我在帕夫雷什中学任教33年，其中包括26年担任校长的工作总结。从事学校工作和教育孩子已经成为我的志向。在进师范学院之前，我曾做过两年的小学教师和少先队辅导员。进师范学院学习时（我曾经有过3年函授和1年住校学习的经验），那时我就确信，学校的工作是最有趣、最吸引人的工作。

每逢回忆起母校波尔塔瓦师范学院，回忆起教育学、文学和历史学科的老师，我总是倍感亲切。老师们传授的教育学不是枯燥无味的结论，而是关于教育的艺术，关于如何影响孩子的认知和情感的生动而清晰的阐述。在那里，老师们教我爱上了语言。我永远不会忘记我们在师范学院写作文的情景：瑰丽的晚霞和严冬的暴风雪在我们笔下展现出来。

语言文学系毕业后，我怀着激动的心情踏入了中学校门。我教的是高年级学生，却总是感到离不开低年级学生。于是我当上了一个中队的辅导员，还帮助少先队总辅导员做工作，常和孩子们一起去远足旅行。

如今，当我思考教师工作时，得出一个结论：孩子们所喜欢的是那种喜欢孩子，离开孩子就不行，并且能从和孩子们的交往中得到幸福和快乐的人。

我在教师工作的头几年里并没有思考这一规律，只是孩子们使我感到愉快而已。每当学年一结束，我就和孩子们一道去远足旅行，去田野、森林、河边旅行。跟孩子们一起在南方晴朗的星空下宿营，架锅煮饭，讲述书中的内容，讲传说和童话故事。这些对我来说是一种幸福。或许正因为如此，孩子们才兴致勃勃地在炽热的阳光下背着沉重的行囊跋涉。

到了夏天，许多幼儿无人看管（当时农村还没有托儿所和幼儿园），我就把大家召集起来，跟他们一起玩，在池塘边上为他们举办类似现在自办的少先队夏令营。

少年们夏天想进行"水上旅行"——乘船经过池塘到河流，然后在某个荒岛登陆……只是现在我才意识到，正是我自己使他们产生了这个想法；而当时我觉得，他们产生这个念头与我给他们讲故事无关。但是我们没有船，于是我从新学年伊始就开始攒钱，到了春天我就从渔民那里买来两条船，家长们又买了一条船，于是我们的船队便出航了。可能有人认为我想借这些事例炫耀自己特别关心孩子，但是事实并非如此，买船是因为我想给孩子们带来快乐，而对我来说，孩子们的快乐就是我最大的幸福。

每个孩子都能引起我的兴趣；我想知道，他的主要精力倾注在什么上面，他最关心和最感兴趣的是什么，他所快乐和忧伤的是什么，等等。我的小朋友圈子一天天扩大，后来我才意识到，连我不曾教过的学生也成了我的朋友和受我教育的人。

我是语文老师，组织课外文学小组的任务就交给了我。学校给了我一本教学方法指南，但是一开始，我就没有按照指南上的方法来做。我开始给孩子们朗读自己的诗。当然，我并没有打算激发孩子们的诗歌创作才能，但不知怎么的，我周围自然而然地形成了一个年轻诗人和文艺爱好者的圈子。

在春天宁静的夜晚，在阳光明媚的假日，我们去田野间、池塘边、树林里找一片草地坐下来，将我们的所见、所闻、所想编写成诗歌或进行诗意的描述。这些诗文和故事汇集成册，我们将其称为文学杂志。

有些孩子显现出真正的诗文才华。我记得阿廖沙的诗给我留下强烈的印象，他的诗总是描绘出整幅整幅的画面。当我得知阿廖沙语文成绩不及格，在算术课上不愿做习题等情况时，这种现象就显得十分荒诞了。我对阿廖沙了解得越清楚，就越发确信正常的孩子不可能成绩不好。每个孩子都有某方面的才能，我认为不存在无才能、无天赋、生来懒惰的孩子的信念也就越坚定了。我没有一个成绩不及格的学生；可是在我工作的头几年，有个别教师教的学生不愿做功课，考试得2分（差），以至于留级，这些现象都使我十分惊讶。当时我觉得，促使儿童学习的最主要动力应当是对老师的尊敬，对自己能力的信心，对知识的兴趣和对求知的渴望。

我希望尽可能充分地满足孩子们多种多样的兴趣和志向。换句话说，我希望孩子们的生活和学习可以有趣。

在那些岁月里，苏联飞行员最初的几次远程飞行、北极考察探险、原始森林区新城市的建设等事件引起了全国关注。我和孩子们不仅写诗歌颂英雄，而且玩考察队和新土地开拓者的游戏。村边有一座被废弃的半坍塌的旧农舍，我们把它布置成一间类似轮船船舱的舱室，并把我们想象中的这艘船命名为"北方鲁滨孙号"。我们在这里阅读关于著名探险家的书籍，绘制我们想象中的新发现的地图。

我永远也忘不了那些秋天的夜晚：窗外大风呼啸，雨点敲击着我们的"舷窗"玻璃，而我们聚在熊熊燃烧的炉火旁，屏住气息经历阿蒙森和米克鲁霍-马克莱的奇遇——跟他们一道在北极的冰山中和赤道的原始森林里艰难地跋涉。冬天我们堆砌雪屋和冰山——玩"契留斯金号"探险队游戏。

而今，25年过去后，还是在那个半坍塌的（稍做了修缮但依然特地保留了半坍塌状态的）农舍里，我的第一批学生的孩子们又在玩宇航员游戏了。这里仍然充斥着浪漫主义气息，在漫长的秋日夜晚，"舱室"的火炉里依然有木柴烧得噼啪作响。我坚信，没有浪漫主义精神，没有家庭式的友爱气氛，没有在像我们的"北方鲁滨孙号"那样的角落里使孩子和老师待在一起，是无法培养孩子的。

在学校工作的最初几年，即我被任命为校长之前的那几年，对我来说是幸福的、尽管往往也是痛苦而艰难地发现儿童心灵中那些隐秘角落的几年。在那些角落里隐藏着快乐，隐藏着对成年人的无限信任和向他们敞开心扉的愿望，但也有另外一些相反的特性——戒心、不信任、痛苦、委屈、怨恨、有意地执拗和固执。儿童的心灵有时竟遭受着多方位的伤痛乃至存在恶意，这令我震惊。我相信，人生中最可怕的因而最需要用爱、温柔、关怀、关注和善意去抚慰的，就是遭受伤害和毁坏的心灵。我遇到过几个那样的孩子，其中每个人的生活遭遇都能写一本书：科利亚目睹过杀人事件；奥科萨娜既没有父亲，也没有母亲，在远房亲戚家长大，这个亲戚不仅恣意虐待她，而且给她灌输了一些非人道的生活观；维佳出身于富农家庭，养成了仇视人类的道德恶习；娜佳不知道是谁的女儿，是一个弃婴，她以凶狠和极不信任的方式自卫，回应他人的嘲笑；等等。

人类的恻隐之心促使我像亲近其他遭遇同样不幸的孩子一样去亲近这些孩子。因此我在工作的头两年就已经与这类孩子中的许多人成了好朋友。

总之，我在被任命为校长前就坚信，教育只有建立在相信孩子的基础上，它才会成为一种现实的力量。如果对孩子缺乏信心和信任，那么所有的教育智慧、一切教学方法都将像纸牌搭小房子一样定然倒塌。此外，要使孩子相信自己的力量，从不向困难低头，他应当相信自己的老师，不仅把老师当作自己的榜样，还从老师那里获得支持和帮助。

教师在课堂上与学生的交流只是教育工作的一部分。孩子的教养、他的精神发展和道德面貌的形成，在很大程度上都有赖于那些在课余时间和课表之外开展的教育工作。对于一个教师来说，只有当他进入孩子们的精神生活，建立彼此间的道德关系，成为这些集体的组织者和领导者时，他才能被称为教育者。早在那些年，生活就使我确信，少先队和共青团集体是培养公民战士的强有力的手段。

　　我担任班主任的班级共青团组织于 1938 年提出一个指标：培植出比当时集体农庄每公顷产量高两倍的小麦。我们的这种劳动具有鲜明的公民意义。我们不只在劳动，也在用劳动树立一个信念：科学能够帮助人们提高劳动生产力。共青团员们种植出每公顷单产 38 公担的小麦，这份胜利使我们得到了自我认同，我们感受到自己是社会主义建设的参与者。

　　每个孩子的思想、观点、情感、感受、快乐、不安、悲伤和忧虑都是一个独特的世界。教师应当看到和了解自己学生的精神世界。但是他不能把他们当作研究对象来对待。教师要忘记自己教师的身份，成为孩子的朋友，深入到他的兴趣中，与他共欢乐，同忧伤。这样，孩子才会向教师敞开他的心灵。只有当学校成为孩子们度过愉快和有趣的生活的园地，并号召孩子们走向知识和科学时，学校才能成为教育的家园。

　　当我被任命为校长时，我十分高兴，我将有机会和全体教师一道实现我的教育信念，每位学生都将接受我的教育。当时正值卫国战争前夕，我已经拥有 5 年的教学经验，但我无法想象今后没有孩子的生活会是怎样的。

　　战前时期苏联学校创造的精神财富在决定祖国命运的时刻发挥了巨大的作用。这种精神财富表现为：青年一代热爱祖国，愿为祖国而献身，坚定共产主义理想，热爱劳动，崇尚知识。优秀教师们一向把组织得当的劳动视为有力的教育手段。战前我们每个班级就有各自培育果树苗木的地块，少年技师和设计师们在教学工厂和工作间里进行劳动，暑期期间，高年级学生则去从事拖拉机手和联合收割机手的工作。

　　苏联学校培养的青年一代的道德潜力在卫国战争期间得到了充分发挥。战前我校六届毕业生共计 147 名青年男女，其中有 42 名在前线为祖国的自由独立献出了生命。留在法西斯占领区的女青年们参加了地下反法西斯组织。其中一个叫维拉·波夫莎的姑娘领导了一个青年小组，该小组编写并向居民散发传单。她被捕后遭到惨无人道的虐杀。维拉在鲜血涌流、生命将息的最后时刻依然顽强地高呼："祖国万岁！"

　　我在战争一开始就上了前线，先后参加了斯摩棱斯克、莫斯科市郊和加里宁格勒前线的战斗，1942 年我在勒热夫市郊受了重伤，在乌瓦和乌德穆尔特的镇医院住了几个月。出院后，我作为残废军人复员，担任了乌瓦中学的校长。这对于我来说是一段艰苦的时期，但是一年半的工作给我留下了愉快的回忆：师生集体都很团结友爱，我们关心每一位孩子。

　　我们的村庄刚从占领中解放，我就回到了原来的学校。29 个月的法西斯侵占不仅在经济上，也在人们的精神生活上留下了可怕的印迹。我们在战前怀着那份热爱建立起来的一切——办公室、图书馆、树木繁茂的果园等，都被毁坏殆尽，连课桌椅也尽遭焚毁。我们教师和高年级学生一道，通过艰苦的劳动修复了教室和备课办公室，登记了全部学龄孩子。

　　战争给孩子们带来了巨大的不幸——孤儿生活。如果没有师生之间的真正友爱，学校教学没有高尚的道德做基础，就无法想象让孩子们来学校上学。许多孩子的精神世界变得畸形，这不仅是由于沦陷区的残酷遭遇，而且是某些家庭形成的冷漠无情和对命运麻木不仁的气氛所致。村里出现一些来历不明的孩子，他们凄惨得无处栖身，当时国家还无法把所有无人看管的孩子都收容到孤儿院去。

　　每一位教师都应当把同情、友爱、集体主义融入学校的精神生活。我认为，当时最主要的任务应该是使所有老师认同我的教育理念。在教学开始前和之后的一段日子里，我竭力使他们相信：只有依靠真正的人道精神，我们才能克服面临的许多困难。要知道来到我们身边的许多孩子没有享受到温暖和关怀。他们怀有戒心，不信任他人，有些孩子还有怨恨情绪。教师要相信这些孩子实质上都是好孩子，只要给予他们帮助，他们心中美好的一面终将展现。只有抱有这样的信念的教师才能成为一名好教师。我告诫我的同事们，切不可由于自己对孩子的不信任，由于怀疑他们的诚实和善良动机而使孩子不敢接近自己，不要向孩子们探问他们的过去，以免刺痛他们心灵的创伤，但又必须尽可能详细地弄清每个孩子的情况，特别是那些很早就遭遇不幸的孩子的情况。要弄清造成这种不幸的根源，但又要做得使孩子们察觉不到我们的探询之意。

这些建议过去是，今后也将永远成为我的坚定信念。对我来说，相信他人是最珍贵的东西。过去和现在我都竭力维护它免遭怀疑和冷漠的玷污。

在困难的时刻，教师的真实、诚实和直率尤为重要。我曾向教师们建议：如果你怀疑某件事情，你就直说，不要把疑问，特别是对孩子的不信任放在心里，这对教师来说是危险的负担。我一旦发觉教师的某种行为或言谈表现出对他人和对教育力量的怀疑，我总是想方设法（现在仍是这样）证明他的错误，说服他确信自己错了。而我正是通过说服，而不是采用强迫的行政手段与教师沟通的。

校长对教师做工作的主要方法是进行个别的、亲切友好的、推心置腹的谈话。要知道，教育是一种细致的精神活动。教育者对受教育者的影响可以与音乐对人的影响相比拟。列夫·托尔斯泰写道："对精神活动施加作用，无异于捕捉阳光：无论用什么去遮盖，它还是会表现出来。"我仍然记得上千次与教师们的谈话，其中有一些在我心中留下了愉快的印象，有一些则相反。我不止一次地不得不为教师的一句话，甚至一个微笑或愤怒的眼神而与他进行一小时、两小时甚至三小时的谈话。有一次，在五年级的一个班上，一位教文学课的女教师在检查家庭作业，她叫起来一名成绩比较差的同学。女教师不满意他造的句子。她一句话也没说，挥了一下手，而小男孩却为此哭了一晚上。随后我只好花很长时间与这位女教师谈话，向她证明她的错误所在，向她说明，她这一挥手反映了她的教育观念——漠视学生，不相信这位学生可以做出什么好事，默认坏学生永远是坏学生这一错误观点。

只有成功说服了教师，而且他开始用实际工作证明他已心悦诚服的时候（当然，这不是通过一次谈话，也不仅仅是通过谈话就能做到的），我才能认为自己完成了作为领导者的使命。我从未草拟过一道涉及教育进程的指令，这对于校长的工作是毫无意义的。同样，我也从不把与某个教师的任何一次最复杂的争论拿到校务委员会上讨论。

尽可能深入地了解每位孩子的精神世界是教师和校长不容违背的第一行为准则。每当一名新生来到学校，我总是仔细地观察他，寻找与他进行精神交流的方法，从而唤起他的积极活动，让他明确表露他的愿望和兴趣。孩子应当用他的行动自我表明我所要了解的有关他的情况，这是对儿童集体开展教育领导的原则之一。

全校有几十个教学和课余活动集体，每个集体都在开展促进学生的精神生活多样化的活动；校长是这些集体活动的积极参与者，并首先是学生们的朋友、同志。通向儿童心灵的道路需要友谊和共同的兴趣、爱好、情感和感受的指引。我能举出几十个真实的事例，来说明那些看似最难接近和最内向的孩子只是由于我和他因同一项活动、同一本书、同一场游戏和同一次旅行而感到愉悦，就向我敞开了心扉。

我还记得有一个执拗的、精神上深受折磨的、因为某些原因内心充满怨恨的孩子来到了我校五年级。他事事与老师作对。我便建议教师要找到与孩子的共同兴趣，那样他才会向我们敞开他的心怀，我们才能了解到需要了解的东西。于是，探寻他兴趣的行动开始了。整个集体都行动起来了。我相信我们必定会在某个场合与这名执拗的五年级学生相遇：或者是在文学创作小组里，或者是在考察故乡自然资源少年小组里，或者是在少年探险家俱乐部里（我们有时在"北方鲁滨孙号"聚会），或者是在绿色实验室里，或者是在少年电工技师小组、无线电技师小组、少年摩托手之家、少年生物化学家小组、少年畜牧业专家小组里。

我与他相遇过两次：第一次是在少年自然考察家小组里，第二次是在科学幻想爱好者协会里（我们学校有这样一个协会）。当时我们很久都没能成功使南方的珍贵果树——桃树适应我们这里的气候。最终，我们尝试把这种喜温树木的几棵幼苗嫁接在耐寒性强的杏树上。春天来了。性急的孩子们每天都要跑到园地去看杏树的芽苞是不是开放了。我总是一大早就到园里去。有一次我看到一个孩子蹲在杏树旁。我觉得他好像屏住了气息，生怕损伤了在阳光明媚的清晨刚刚冒出的闪亮的嫩绿叶芽。我同样为这第一枚叶芽而兴奋激动，以至于没来得及思考是谁比我先来的。我随即抬起头来，或许是为了同这位朋友分享喜悦。他也举目相迎，显然，他也想同我分享喜悦。我们的目光相遇了——原来在这里的就是他，沃洛佳。我们互相拥抱，从此我们成了好朋友。展现在我面前的不仅是一个聪明、极端敏锐而又真挚的孩童的心灵，还有曾经伤害他心灵导致他不信任他人的那些可怕的过去。

这一切我不再多阐述，我提及这次和沃洛佳真正的人性相遇是为了证明我的信念：要以人对人的方式对待孩子，善于发现他心中能响应我们召唤的那一隅，这样你才会容易克服阻碍教育的不利因素。我总是努力使教师们相信：如果你只限于从讲台上看到学生，如果他来找你只是因为你叫他来，如果他跟你的交谈只是回答你的问题，那么任何心理学知识都帮不了你的忙。应当像跟朋友和志同道合者见面一样和孩子见面，与他分享胜利的喜悦，共担失败的忧伤。

如同一个医生为预防和治疗疾病，必须十分清楚哪些因素能增强体质，哪些因素会削弱体质一样，一个校长作为一所学校的首要教育者，也应当分析和研究儿童入学前的生活环境。从这方面来讲，我最关注的仍是那些最难教育的孩子（因为如果他们不在学校里朝好的方向转变，那么好孩子也会朝坏处发展，会从难教的孩子身上染上坏习气和不良习惯）。每周我都会走访这些困难孩子的家庭，深入了解他们道德形成的最初环境，与家长们、家长的邻居们、原先教过这些孩子的老师们进行交谈。每个"困难孩子"的思想、情感和愿望等诸方面都以一个独特的世界呈现在大家面前，而这一切的和谐遭到了冷酷无情和自私自利的人们的毁坏。

例如，11岁的科利亚来到了我们学校，他的孤僻和凶狠使我们感到震惊。他认为老师的真心善意和温柔不过是一种诡计和圈套。他总是喜欢一个人独自待着，不愿和同学们交流，不愿意劳动。我造访了科利亚父母生活的村庄，了解到一些令人震惊的情况。原来，科利亚居住在一个偏僻的、与世隔绝的小地方，那里充斥着虚伪、欺骗和犯罪行为。科利亚原先上学的那个单班制学校的女教师灌输给学生的那些道德概念，完全是说给某种抽象的学生听的，而孩子们却把这些当作需要记忆的材料来接受。科利亚本来是一个肯钻好问、求知欲很强的男孩子，按照老师的说法，他经常提一些"奇怪"的问题。

女教师对这些问题总是不予理睬，孩子内心却困惑不解：一方面，书中的故事讲到，一个人应当成为怎样的人等；另一方面，继父却教导他不欺骗就无法生存，工作喜欢傻瓜，而傻瓜赞美工作等，尽是一些人们低声讲的恶意。孩子对光明、纯洁和正义的事物失去了信心。他产生了怀疑，认为巴夫利克·莫罗佐夫和卓娅·科斯莫捷米扬斯卡娅的英雄形象只有在神话里才出现，就像美丽绝伦的公主、起死回生的神水、英勇无比的壮士一样。科利亚凶狠起来了，变得不听话、易动怒，冲着女教师和母亲说粗鲁的话语。

我又到那个村庄去过两次，了解那里的人们和那个小劳动团体，力图弄清孩子周围那些人们的精神需求所在。老师们就科利亚的精神生活进行了多次讨论。我们得出了一致的结论：在我们国家还有一些死角，那里包围孩子的是一种追逐私利、贪图财富的小私有者的腐朽习气。如果在这种情况下，我们不好好开展学校的工作，那么渴求光明、善良和正义而又敏感的孩子则无法得到精神上的支持，就会在情感上惶惑不安。年幼的孩子不愿向不公正现象妥协，从而产生抵触情绪，但这种情绪与自觉地以善抗恶还相距甚远。孩子对一切人和事物都怀有怨恨。对这个学生的教育是一个十分复杂和艰难的过程。要让他相信，在我们的社会真善美会取得胜利，一个人不是命运旋风中的一粒尘沙，而是为真善美而战的积极斗士。

对"困难学生"的教育及关于他们的道德根源问题的讨论，增强了我们教师的同情心、专注度、教育的敏锐性和观察力。

我们在帕夫雷什中学研究并了解每位学生家庭的精神生活，但这只是家庭－学校教育的开始。我坚信，教育学应当成为众人的科学，不论对教师还是对家长来说都是如此。我们竭力给每个家长传授最起码应当掌握的教育学知识。为此我们学校设有家长学校，家长们可以在自己的孩子上学前两年就进入家长学校，一直学习到孩子从学校毕业为止。家长学校开设的心理学课和教育学课共计 250 个课时（顺便说一句，这远远超出了任何一个师范学院或大学的课时数）。家长学校的学员分为 5 个班（按照孩子的年龄划分）：1. 学前班（5～7 岁孩子的家长）；2. 一、二年级班；3. 三、四年级班；4. 五至七年级班；5. 八至十年级班。每班每月授课两次。教学的主要形式是由校长、教导主任和最具经验的教师做讲座和谈话。心理学和教育学的理论知识与家庭教育的实际紧密相连。

教学大纲涵盖师范学院相应课程的全部章节，但我们着重关注年龄心理、个性心理和德智体美教育理论。我们力求使所有父母能将在家长学校所学的理论知识与自己孩子的精神生活联系起来。这要求我们教师掌握严格的分寸，具备高度的敏感性。我们从不"抖搂"儿童的内心世界，从不公开谈论家庭关系中的尖锐痛处。我们只会在个别谈话中涉及这些问题。

没有家长学校的存在，真正的家庭－学校教育就无从谈起。

校长也经常关注孩子的健康状况。成功的教育离不开我们对增强学生体魄的持续关心。患有疾病和身感不适的孩子有时仅仅因此而无法接受教育。

为了尽量清楚地了解孩子身体的健康状况，我攻读了专门的医学著作，从而日益确信：对教师来说，了解学生身上的内在的生理、心理、年龄、性机能发展等过程有多么重要。许多事情都有赖于这些知识。孩子在学习上开始落后往往是由于他身体不适，而他却不自知。教师无权不去了解孩子身上发生了什么情况：他为什么身体不适，他的健康状况如何影响他的智力发展。

在我国，整个社会生活制度营造了爱科学、爱知识、爱学习、爱教育的氛围，而教师在教育孩子热爱学习方面发挥着决定性作用。知识的掌握应当给孩子带来愉快和充实的精神生活。培养孩子热爱知识的源泉是教师的，首先是校长的高度知识素养。缺乏对教学大纲中各门学科的知识掌握就无法指导学校的教学教育进程。我从担任校长的最初那些日子起，就开始研读物理、数学、化学、地理、生物、历史，3年内自学完成了所有学科的教科书和主要教学法参考书。我在数学方面下了更大的功夫：解完了数学习题集里的所有习题和补充习题集中的许多习题。我逐渐按照章节和专题在笔记本里把习题划分开，每年我都会在笔记本里补充新的习题。

但这仅仅是个开头。密切关注教学大纲中各学科的最新成就和成果已经成为我的准则。了解数学、物理、生物、生物化学、电子学等学科的最新成就尤为重要。在我的实验室里（我这样称呼我的办公室）摆放了一摞笔记本（每门学科或学科问题都各有一个单独的本子），笔记本里有成千上万条期刊摘录和剪报。我的兴趣和爱好直接地，特别是通过教师们间接地传递给学生们。

例如，我对研究土壤的生化过程深感兴趣。国内外在该领域的经验为提高农作物产量开辟了极为广阔的前景。我同热爱植物栽培学和园艺学的老师们谈论这个有趣的话题。生物学老师和几位低年级教师逐渐对这个问题产生了兴趣，他们给孩子们讲述土壤生命活动的引人入胜的情景，讲述帮助土壤创造营养物质的种种奇妙微生物。这个问题也引起孩子们的极大兴趣，他们在生物专用教室、绿色实验室、教学实验园地、温室里做起实验来。对校长来说，这既是同学生进行精神交流的一个领域，也是接近较难教育的孩子心灵的一条道路。

我抱着极大的兴趣阅读遗传学、自动化技术、电子学、天文学等领域的科学著作。物理教师们都知道，我们不会错过任何一件新事物。我与物理教师的每一次交谈，都会产生一个新设想、一个新计划。自动化技术和无线电电子学少年爱好者小组、少年无线电技师和少年电工技师小组、少年天文学家小组开展活动的工作室和教室深深吸引着我。我和孩子们一样兴致勃勃地装设语音教室的仪器和模型；和学生们一起架设气象站和儿童天文学观察台，观测星体和星系，幻想遥远的世界，并为此感到激动万分。

我焦急地等待大地回春，等待树木汁液流动，等待第一批嫩叶和花蕾萌发。我们在学校的果园和教学实验园地里开展了许多实验，培植着数十种粮食作物、经济作物和果木。几批少年植物爱好者考察队在春、夏、秋三季赴田野考察。我们挑选耐旱的麦穗和其他禾本植物的穗以备育种，收集土壤标本，寻找新的（可能是科学上至今未发现的）、能够增加土壤肥力的有益微生物品种。冬季，在我们的温室和柠檬苗圃里，花朵散发着芳香，金色的柠檬正在成熟。这些盛开着花朵和成长着果实的角落吸引着那些应当对劳动美产生兴趣的学生。

我是文学教师，我承认我热爱自己的学科。我的教学体系的基础是善于阅读、理解和欣赏原著的能力。我校教师认为，对语言的热爱和语言美感是成功地开展文学课教学的决定性条件。我校教师均在不断提升自己的语言修养水平。在我校看来，文理不通、说话含糊、口齿不清等同于无知。"说话力求正确：每个词语都有自己的含义，不善于选用恰当的词，无异于美术课上不用削好的铅笔，而用钉子去绘画。"——这些话挂在教师办公室的陈列橱里，陈列橱里还展示了言语表达课程的各类材料（优秀课堂的叙述、报刊文摘）。

我拥有丰富的藏书，我一般只是挑选那些具有重大艺术价值的书籍。我希望我的藏书可以成为审美修养的标准。师生和家长都会向我借书。跟读者的每一次交谈都给我带来极大的愉悦：我们总是自然地攀谈起来，我从中了解到种种有趣的生活经历，开阔了我的教育视野。

照料结满果实的葡萄藤和朗读描写自然和人的抒情诗，都能给我带来极大的享受。我写东西并不是为了发表，而是为了自己，为了教会自己的学生抱着爱惜的态度使用语言。我在从事教育工作的岁月里写下了上千篇短文，每篇短文都描写了自然现象、感受和体会。下面便是一些短文的标题：

《日出前的露珠》《阳光照射在鲜花怒放的桃树枝上》《桃园》《绽放

的向日葵》《亚麻开花》《苜蓿遍野》《蜜蜂出箱》《秋日大自然的枯萎》《林间簌簌声》《霞光下的河流》《雨前的日落》《林间雷雨》《夏日酷暑》《夏日蓝天中的云雀》《第聂伯河边浅蓝色的远方》《春汛》《小麦将熟》《与列维坦的〈桦树林〉的几次相遇》《秋日艳阳天》《林中早秋征兆》《草原夜静》《蝈蝈的音乐》《夜莺歌唱》《草原暴风雪》《秋日的阴天》《夏日的阴天》《积雪覆盖下的生命》《朝霞下森林的苏醒》《林中道路》《铃兰》《第聂伯河边的夏天》《基辅的栗树》《塔拉斯·谢甫琴科的陵墓》《一束野花》《少年植物爱好者》《星夜》《晚秋初寒》《柳枝上的霜》《池边垂柳》《篝火旁的夜晚》《小男孩如何救出了小狗》《温室里的一串串葡萄》《清晨严寒》《乌克兰土地上的白俄罗斯花楸树》《洋槐花开》《苹果树花开》《八月之夜》《入秋初雨》《第聂伯河边的幼松》《西徐亚人古墓上的阵亡将士纪念碑》《与英雄母亲的见面》《谷中丁香林》《沟壑——土地的伤痕》《孩子迈出的第一步——母亲的喜悦》《我的孩子们如何在林中找到一只雏鸟》《好人无处不在》《我如何无意间委屈了小男孩》《毕业晚会上的悲喜交集》《和过去的学生见面》《书——我的朋友》《书架旁的遐想》《栽下自己的一棵树》《身后给世界留下一些美好》《什么是真正的友谊》。

　　我有时把自己的短文和诗读给大家听。和他们谈心，分享有关周围世界——大自然和人类的感想，能给我带来一种愉悦感。我发现，孩子们每当听到他们感同身受的短文和诗时，会格外激动。一旦我的文章和诗触动了孩子们的心灵，他们便自己动起笔来，抒发自己的情感。我觉得，对语言的感受，用语言去表达人类内心世界最细腻的活动的愿望，是真正的人类文明素养的重要源泉之一。

　　我无法想象，不去故乡旅行游览，不观察自然景色，不用语言抒发情感，将如何传授语言。在河岸上，在田野里，在夜晚的篝火旁，在外面有秋雨沙沙作响的窝棚里，我教孩子们表达他们对周围事物的感受。我对语言的热爱也传递给他们，触动着他们的思想和情感，这令我深感欣慰。他们感受着语言的美好、词语的芳香和细微的词语色彩，创作描写大自然的小作文和诗。对词语美的敏感性是推动孩子精神世界更加高尚的一股巨大力量，这种敏感性是人类文明素养的一个源泉所在。

我竭力把教育问题，而不是事务性问题放在校长工作的首位。每天清早上课前，我与总务主任交谈 10～15 分钟，之后这一天内便不再过问事务性问题。我把事务性工作中我感兴趣的一切问题都记在笔记本里（以备下一次谈话时跟教师们共议——我们学校的很大一部分事务性问题都是在教育框架下依靠师生队伍的集体力量解决的。教育工作优先于事务性工作）。

指导教育进程，参与学生集体的生活，深入孩子们的精神世界——这一切都要求校长高度重视脑力劳动的素养问题。应当善于把教育理念融入各式各样的千百件事情中，同时看到集体的发展前景。学校的生活中有成千上万种教育现象，越发深入地思考每种现象，思考个别同学的境遇和行为时，就越能发现需由集体解决的实际问题。对教育进程的逻辑分析要在一天工作结束后进行，要在和某位教师、家长、教导主任及学生的谈话中进行，这样效果更佳。下面是谈话的主题和需要思考的问题：

如何做到让儿童热爱集体？哪些内心的精神联系——思想、情感、感受，可以成为增强集体、友谊和同志关系的牢固基础？如何做到使每个孩子个人的幸福、快乐与集体和社会的利益和谐地结合起来？为什么有些孩子会产生个人主义的不良习惯，如何预防此种现象的发生？为了使师生因共同的思想、兴趣和意愿而联系在一起，我们做了哪些，正在做哪些事情？通过何种方式为孩子们传授人类创造的精神财富？如何培养孩子们的诚实、正直和原则性，以及对邪恶、不公正和欺骗的不妥协精神？如何从小培养孩子因享受到物质财富和精神财富及幸福的童年而感受到自己对祖国和老一辈负有的义务？如何将劳动转化为内在需要？如何做到德智体美的全面和谐发展？如何使道德因素在受教育者身上贯彻终生？每个受教育者能否在自己为社会所做、所贡献的东西中感受到幸福和个人的满足？人能否在从长辈处获得的东西与贡献给祖国和社会的东西或将来准备做出的贡献两者间寻求一种和谐？孩子们的前途引起我们的特别关注和焦虑，他们生活的中心是什么？集体的智力生活丰富到何种程度？为发展学生的智力兴趣，教师是否做了应做的一切？学生们在阅读什么书籍？高年级同学关注的科学技术问题有哪些？知识在实践中运用得如何？学生的个人需求和兴趣能否得到满足？我校毕业生的就业情况如何？

深入思考以上问题，是实际地规划明天以及一月或一年之后应做之事和确定集体力争达到什么目标的最重要的基础。上述每个问题不时地成为教师们讨论的焦点。我们力求做到使学校全体工作人员——从校长至保安，均能关注和实践这些教育理念。

二、我们的教师和教育者

一位好老师意味着什么？首先他要热爱孩子，在与孩子的交往中找到乐趣，相信每位孩子都能成为一个好人，善于和孩子们交朋友，关心孩子的快乐和悲伤，了解孩子的心灵，时刻记得自己也曾是个孩子。

其次，一位好老师应精通以所教科目为基础建立的科学，热爱它并了解它的发展前景——最新的发现、研究和成果。其中，热衷于研究本门科学中的热议问题并具备独立研究能力的老师将成为我校的骄傲。一位好老师所掌握的知识应远远超过中学教学大纲中规定的内容。教学科目中的内容对他来说只是科学的基础知识。具备深厚的知识储备和广阔的视野，对科学问题保有浓厚的兴趣，是老师能够引发学生热爱知识、学科和学习过程的必要条件。在学生眼中，老师应当是智慧的，是了解、思考并热爱知识的个体。老师掌握的知识越深厚，其全方位科学知识就越广博，他就在最大程度上不仅是一个教师，更是一个教育者。低年级教师要具备全方位的学识，也要对某门科学或知识领域有独特的兴趣。

再次，一个好教师要精通心理学和教育学，明白并能体会到如果缺乏教育科学知识就无法做好孩子们的工作。

最后，一个好教师要精通某项劳动技能，成为某项工作的能手。学校里要有出色的园艺家，有热爱机器的人，有电工技术学家，有细木工，有热爱教学实验园地作业的植物栽培家。在一所好学校里，每位老师都应当有从事某项劳动的热情。

到哪里去找这种全面发展的人才呢？他们就在我们身边，要善于找到他们。我总是力争独立自主地选任教师，这是办好一所学校的不可或缺的条件。

如果没有全体教师从精神上对我的校长工作给予的支持，那我在学校里连一天都待不住。每次新学年开始前，全体教师分配职责，分配每位教师的周工作量，同时由集体做出决定：谁担任校长，谁当教导主任①，谁做少先队总辅导员，谁当班主任。

一名好教师初来学校时并不一定具备成熟的素养。我们往往不得不挑选只是具备上述全面素养的发展条件的人，然后开始对他进行细致而耐心的指导。得益于全体师生的创造性劳动环境的熏陶，他会成为一名好教师的。

在教育部门为新进教师办理手续之前，我力求尽可能多地了解他是一个怎样的人，了解他的兴趣、眼界和精神生活。了解一个人最好的办法就是开展一次毫无拘束的友好谈话。我们谈论双方都关心的话题，阐述自己的观点

---

① 通常校长和主管教育教学的副校长的任命由所在区（城市）、所在州的国民教育局决定。如今在中等普通学校中没有教导主任一职，只有主管教育教学的副校长一职。（参见《校长手册》，莫斯科，教育出版社1971年版，第21页，第326～327页）

和信念。这样可以清楚地了解他的生活重心是什么，是什么促使他产生了献身教育事业的念头。那些将热爱孩子和对科学问题的创造性志趣有机结合的老师可以享有最高评价。

教师是学生智力生活中的第一盏，也是最重要的一盏指路灯。是他激发了学生的求知欲，教会他们尊重科学、文化和教育。

多年的经验证明，教师们拥有丰富多彩的全方位智力生活，拥有多样的兴趣、广阔的视野、顽强的钻研精神和对科学新事物的敏锐性，是全面培养孩子的重要条件。

集体的智力财富由个人的智力财富汇集而成。每位教师的多元化的知识、丰富的智力生活、广阔的眼界和不断增长的学识，是学校及学校所从事一切活动赖以确立的基础。教师在大学毕业3～5年后所掌握的知识应当是他工作头一年时的3倍、5倍甚至10倍，否则他的学生将饱受死记硬背之苦，从而趋于愚钝。造成这种现象的原因则是教师缺乏求知欲，失去了对教学的热情。教学对他来说成为苦差和负担，学生的求知欲也因之丧失殆尽，智力上的禀赋和才华遭到扼杀。学识的增长，知识的不断丰富、更新、补充、加深和完善，是教师们，尤其是那些已有10年、20年、30年教龄的教师的致命问题。思想僵化的危险对老教师们的危害不亚于甚至更甚于年轻教师；防止发生此类现象是事关集体的重大问题。

我校每位教师都指导一个、两个或若干课外活动小组，学生在里面的精神生活丰富多彩，生气勃勃。对集体来说，教师是知识的源泉，是热爱科学的榜样。每位教师都用自己的道德面貌、劳动、兴趣和求知欲为集体的全方位精神生活做出贡献。我无法想象，哪位教师不与学生（不仅不与学生，而且不与整个学校集体的成员）在精神生活上保持密切的联系。我校共有35名教师、1名少先队总辅导员和1名图书管理员。他们每个人都有各自的个性特点和独特之处。

现在我们来介绍一下我们的集体，介绍其运行的根本所在，并说明一位教师如何成为学生精神生活的指导者、教育者和鼓舞者。

我校 35 名教师中有 25 名拥有高等师范教育学历,高校肄业者 1 名,7 名教师拥有中等师范教育学历,2 名拥有普通中学教育学历。教龄在 25～35 年的有 4 人,20～25 年的有 9 人,15～20 年的有 7 人,10～15 年的有 3 人,5～10 年的有 6 人,5 年以下的有 4 人。在我校工作的教龄为 25～30 年的有 2 人,20～25 年的有 6 人,15～20 年的有 12 人,10～15 年的有 5 人。由此可见,有 25 位教师在我校工作已逾 10 年。人员的稳定性是保证我校多年积累的丰富的教育素养得以精心保留并传递给青年一代的重要条件之一。

尽管我校许多教师教龄很长,但是年龄在 50 岁以上的教师只有 2 人,我校教师的平均年龄为 39 岁。

大多数拥有 20～30 年教龄的我校教师在 17～20 岁时就开始了自己的教育生涯,有的人开始任教时还只是 16 岁的小伙子和小姑娘。所有教师都把自己的命运与乡村和学校紧密相连,没有人想要离开这里或脱离教育工作。除两人外,所有教师都组建了自己的家庭,有孩子。30 位教师的家庭中总共有 69 个孩子,其中 28 人已中学毕业,18 人是学龄前儿童,23 人正在我校学习。我校教师性别构成情况为:男教师 15 人,女教师 20 人。

这些数字对于说明我校的特点和品质具有实质性意义。目前有 276 个孩子在我校就读,他们的父母也是我校的毕业生。当你朝小孩子或少年看去,观察他在课堂上的学习活动,看他如何思考,如何解题,喜欢什么,便会情不自禁地把他与他的父亲或母亲对照,要知道他的父亲或母亲当年也坐在这个教室里,甚至坐在同一张课桌。现在已有第三代在我校就读的学生了,他们是在我校工作 20 年以上的教师们当年教过的学生的孙辈。我们十分了解所有孩子的家世,我们目睹了孩子们的精神世界是如何形成的,这一切都有助于我们开展对孩子的教育。

集体中男女教师的比例也有很重要的意义。集体的构成不宜为清一色的女教师。我们竭力保持集体的性别平衡,这是正确教育男孩子和小伙子的重要条件，他们不仅需要友好的建议和教导，也需要来自男性的父亲般坚强的力量。

我们的集体是逐渐形成的。在过去 20 年间有 5 位教师离开了我们的学校，他们不符合集体的要求。

关于某人是否符合教师称号以及他在我校的去留问题是由集体即校务委员会做出的严格决定，必须遵循集体一致通过的原则，也就是说，要决定其前途的那位同志本人也得出他不适合从事教师工作的结论，这样才有效。离职的同事要找到符合他志向的工作也很重要。我们离职的 5 位同事正好全部顺利地做到了这点。[①] 一个教师如果能做到勤奋，有着强烈的求知欲，那么他在教学法上的缺失和任教之初知识上的空白并不可怕。我校 25 位具有高等教育学历的教师中，有 12 位就是在我校任教后修完师范学院或大学函授课程的。不具备高等教育学历的 10 位教师中，有 6 位正在参加高等师范院校的函授学习。如果一个人不相信孩子，稍有挫折就沮丧、绝望，如果他认为孩子会一事无成，在学校不会有所作为，那么他不仅会使孩子们痛苦，自己也会终生感到苦恼。

集体的智力财富之源是教师的个人阅读。真正的教师必定是读书爱好者，这是我校集体生活的黄金准则，而且已经成为我校的传统。热爱书、尊重书、崇拜书的氛围是学校和教育工作的实质所在。一所学校可能什么都齐全，但是如果没有人的全面发展和丰富精神生活所必备的书，如果大家都不喜爱书籍，对它持冷淡态度，那么就不能称其为学校。一所学校可能缺少很多东西，可能在很多方面物资匮乏，但是只要有能为我们永远打开世界之窗的书籍，那么就足以称之为学校了。

我校图书馆藏书 1.8 万册，教师们的私人藏书 4.9 万册。校图书馆是全体教师自修的场所之一。馆内收藏有俄罗斯、乌克兰、白俄罗斯、保加利亚、

---

① 普通中等学校校务委员会不做出教师的任命、开除和调动的决定。（普通中等学校校务委员会条例（1970）——《校长手册》，莫斯科，教育出版社 1971 年版，第 101~102 页）

波兰、捷克、德国等国文学中最有价值的作品，许多东方作家的著作，适合学龄前和学龄早期阅读的书籍，藏书中还涵盖了被列入世界文学宝库的所有著作，这些著作是一个人在童年、少年和青年早期必读的最低限度的书籍。

我校每位教师都订有几种杂志（其中包括一两种文艺杂志）和几份报纸。教师们互换浏览各自订阅的报刊。教师办公室设有陈列橱，用于陈列科学和文艺方面的新书。教师如对其中某种书感兴趣，便购买并纳入个人藏书之列。

我们会就某些书开展集体讨论，往往在涉及共产主义教育的重要问题上引起激烈的争论。我们不会错过人类的，尤其是我们国家的社会政治、思想、科学生活领域的任何一个事件。

对科学、技术、艺术、社会精神生活等方面的问题认知，对教师的全方位发展和学识增长具有重要的意义。我校教师平均一月两次面向自己的同事们开设科学问题的讲座。讲座涉及以下题目：

《大脑与意识》《生物化学进程与思维》《记忆的生理学基础》《社会生活与道德教育》《知识与道德》《当代青年的道德理想》《脑力体力劳动的结合与学校的任务》《科技进步、劳动与学校的任务》《传统遗传学与学校生物学》《人的心理病态偏差》《青少年犯罪的社会和生活的原因》《地球生命起源论》《天体演化学理论》《未来的动力》《相对论》《控制论与程序教学》《群众性电气化教育（列宁语）① 与中等学校的任务》《细胞内的生物化学过程》《生活美与艺术美》《审美教育与学校的任务》《列宁的反映论与认识过程》《健康与人的全面发展》。

在教师办公室陈列橱或校图书馆都会陈列每个专题的相关文献。如果接触某一问题后即刻开始深入阅读相关学术著作和刊物，那么讲座的最终目的

---

① 《В. И. 列宁全集》，1963 年，第 42 卷，第 160 页。

也就达到了。供教师们使用的学术性刊物有：

《哲学问题》《自然》《知识就是力量》《技术——青年》，各学科的百科全书（《哲学百科全书》《物理百科全书》《历史百科全书》《地理百科全书》《世界各民族和国家的艺术》《戏剧百科全书》《艺术通史》《世界历史》《简明文学百科全书》），系列书籍《世界民族》《儿童百科全书》，数学、生物、化学、自动化和遥控技术等方面的学术杂志。

教师掌握的知识越多，他的学生们掌握基础知识就越容易，他在学生和家长中的威信和信任度就越高，孩子们就越把他当作知识之源而亲近他。

如果教师只局限于教科书，不开阔孩子们的科学视野，不向他们展示尚未学习的、期待他们用好奇的头脑和勤劳的双手去探索的那些领域，孩子们就会厌恶那些每日要掌握的定量知识的"份饭"。为了向学生们开拓和展示那些未知领域，教师要掌握比大纲要求多得多的知识。

只有当知识、科学、文化和孜孜不倦的劳动光辉照亮了个人点滴的禀赋、能力、爱好和才干时，后者才会闪耀出光芒。

"什么是遗传学"这个讲座题目看起来跟一至四年级的教师有什么关系呢？可能只是为了开阔眼界？这当然也很重要，但问题不仅仅在于此。每一个有关科学、技术、艺术的问题都会影响学生教育工作的实践，以知识之光照亮学生的智慧。当这一专题的讲座结束后，一些喜爱园艺学和植物栽培学的低年级教师和文学教师便做起了不甚复杂但十分有趣的实验，这些实验的实质在于：研究各种不同的化学物质对胚芽、对粮食作物和经济作物以及对果树的染色体产生的影响。这原是教师们的个人爱好，但它对学生的教育起了多么大的作用啊！（或许，教师的个人爱好、热情和着迷之处恰恰就是点燃学生智慧和心灵之火的炽热火花。）我校出现了好几个使学生入迷的课外兴趣小组，少年自然科学家们在研究化学物质对染色体的影响。这种探索钻研精神的火光照亮并激发了学生潜在的天赋和能力。

教师的知识越丰富，他越能经常而又巧妙地开阔学生们的科学视野，学生们就会表现出越发强烈的探索志趣和求知欲，他们的问题和不明白的东西就越多，他们提的问题就会越有趣，难度也越大。这些问题反过来又促使我们教师去思索、去阅读。"既然我们的宇航员乘坐的那艘绕地球飞行的宇宙飞船的密封舱里，靠惯性自由飞行时一切物体都处于失重状态，那么宇航员是怎么呼吸的呢？空气如何进入他们的肺部？要知道，空气粒子也应当处于失重状态呀！"为了回答这个问题，物理教师不得不阅读很多文章。

我校教师们认为，我们的职责就是了解每一位学生的一切，即了解他的思维、情感、天赋、能力、兴趣、倾向、爱好。只有在每个孩子亲身感受到许多教师在影响他，而且每一位教师都在把自己的一份精神力量传递给他的情况下，教师队伍才能成为一种教育力量。我校任何一位教师都了解 570 名学生中的任何一名学生：了解孩子来校前以及当前他的个性形成的环境；了解他的思维、他认识周边现实及从事智力劳动的特点；了解他的性格特征；了解他的能力、才干、兴趣、爱好、困难和喜忧。如若达不到如上所述，真正意义上的精神生活也就无从谈起。我们力求把对孩子在家和在校情况的研究放在科学的基础上。我校每月两次于周一举行科学－校务委员会或心理学研讨会，专门讨论儿童问题。没有任何事情比讨论儿童问题更必要、更有益、更有趣了。

周一的校务委员会的第一部分内容就是某一位教育者（班主任，课外小组指导教师，少先队总辅导员，家庭文化、知识、爱劳动和创造性劳动的组织员）讲述自己集体的精神生活，相互交流精神价值和财富，分享集体的志向、快乐、苦恼、感受。接下来，教育者会着重谈某一个或两个学生，以鲜明的事实讲述他们的个性、行为、举动。其他熟悉该生的教师，或在与他交流中遇到困难的教师也会发表自己的看法。于是，关于这个孩子的那些我们还不了解的、忽略的，或尚未察觉出的东西也就明了了。最后，教育队伍指出，已经在某种程度上成为这个孩子的教育者的教师需要做些什么，教师中有谁能够并且应当成为他的另一个教育者，以及这件事情应当如何做好。所有这一切的意义在于丰富孩子的精神生活，培养他的有道德意义的需求和兴趣，发现他的优点，了解他的优秀才能，即经过一定的磨炼和加工的才能，而这将决定他的个人品格和精神财富。

我们经常讨论的是在集体中并不突出，任何方面都无所表露的孩子们。那种在任何事情上都不显示个性，对什么都不感兴趣，谁都不打扰，既不让人操心也不惹人不愉快的孩子，才是最棘手的孩子。某个周一的校务委员会上，我们研究了关于五年级学生科利亚的教育问题。所有人对他本人、他的家庭十分了解，但是大家说起他都心怀不安，因为没有人知道科利亚对什么感兴趣，他有什么爱好，有哪方面的倾向。他总是很安静，不动声色，单独一人。谁也想不起来科利亚在任何一件事情上表现过坚定，坚持过自己的意见。从未发现过他淘气，然而这也使我们感到不安，就如同为这个孩子对什么都不感兴趣、对学习十分冷漠感到不安一样。我们得出结论：应当使科利亚沉浸在能激发他表现坚毅精神的，感到对某事负有责任，体验到个人义务的环境中。应当为他找到某种活动，这一活动对他来说不仅是责任，而且首先是他感到有趣的事情，使他认为是自己切身的事情，并因此产生自豪感。我们商定了应当由哪些教师和家长（我们的头号助手）与科利亚进行每日交流，应当吸引他参加哪些课外小组。通过我们长期和耐心细致的工作，科利亚终于取得了一些个人成绩，我们唤起了他的一些爱好，他为自己的创造力和创造性成果感到自豪。

周一校务委员会的第二部分内容通常是有关教育和个性的全方位发展的某一主题的理论报告，报告一般由校长、教导主任或经验丰富的教师们认真准备。每个报告都建立在集体教育工作的鲜活事实上，旨在改进工作。报告后教师们一般会展开热烈的讨论，大家对重大的教育问题发表自己的看法。不论在报告中，还是在讨论中，我们的焦点都是活生生的孩子和他的精神世界。

报告中对所涉及主题的科学和实验资料进行分析，指出了我校工作中的成就和不足，提出了关于改进教育和教学方法的看法和建议。

报告中也使用了一些教育书刊刊载的教育教学实践实例。这些实例以及从中得出的结论都被系统性归入教育资料中以供大家使用。这些资料中藏有书籍、小册子、教师们写好的某些书籍的书评、剪报和杂志文章。我校全体教师都关心收集关于国内外院校的做法的资料。建立在这些资料基础上的报告能够激发教师们思考：为了把改进建议付诸实践，我们已做的、未做的有哪些，我们是否已具备了采纳先进经验的条件。

报告结束后大家相互交换看法，展开热烈的讨论，但谁也不对争论做任何规定；每个人都可以多次发言，发言不仅可以是经验总结或者我们对某个学术问题的意见，而且可以提出新的问题。我们集体分析刚刚出现在生活中的问题（例如加速度现象，即孩子身体发育的加速）。由于争论的中心始终是儿童的命运、他的智力和道德发展，因此这种研究分析更加明确了集体的教育信念。

在某次周一的校务委员会上，我做了题为《学生才能和需求的形成》的报告。在报告中我分析了关于才能和需求的教育学和心理学方面的问题，举例说明我国一些先进教师如何在创造性劳动的基础上发掘孩子多方面的才能，培养他们丰富的精神需求。杰出的苏联心理学家列昂季耶夫关于发展缺乏音乐天赋的孩子的音乐才能的科研成果，引起了大家的极大兴趣。①

在分析了我校和其他学校先进教师的经验后，我校教师们得出一个结论：才能是在活动中得到发展的，"劳动"一词应当包含比我们通常理解的更为深刻的含义：劳动不仅仅是人与自然的相互作用和在此基础上形成的对周围世界的认知，而且是人对自身的认知。学生的任何一项劳动不仅是物质财富的

---

① 参见列昂季耶夫《心理发展的问题》，莫斯科，思想出版社1965年版，第532~540页。

创造，也是自身价值的创造，而后者建立在由于意识到自己精神上的提升，意识到自身的创造和技能而深感精神的高度满足的基础上。我们常说的劳动的本能需求，首先应当出于对自我完善和自我教育的精神需要。教育者的任务是让人在造福社会的劳动中获得精神的满足，感受劳动带来的个人幸福。要让学生从事的劳动建立在研究、实验科学和理论构想的基础上。无论儿童完成的工作有多简单，他都在通过这项劳动把自己的点滴创造性融入与自然相互作用的过程中。因此，自然科目的所有教师，各种技术和农业课外小组的辅导员，有着某种劳动喜好的教师，都要关心自己的学生在劳动中实现的精神的提升。

我讲述了一名六年级学生别佳的经历，他的精神发展我观察了 5 年之久。小男孩不仅没有数学才能，对他来说，学习最基础的算术知识都很困难。在一、二年级时，他连最简单的习题都不会做，因为他看不懂题目要求。老师认为他永远也无法掌握乘法表。然而，小孩子很快对少年数学家小组产生了兴趣。他迷上了数学匣的制作，这是一种运算教具，它能以直观的形式概括许多数量关系。这项有趣的劳动激发了别佳的智力。别佳产生了强烈的求知欲，展示出爱钻研和好学的精神。过去被他视为沉重负担的脑力劳动变成了他的需求。我阐述了我的信念：如果一个人有了思考的需求，如果他在脑力劳动中看到了想达成的目标，那么惰性和思想上的束缚就必然会消失。别佳就是这种情况。后来，别佳成了班上最优秀的数学家。

最后我想提醒大家，关于能力和需求的协调还有很多问题尚未解决，应当对其加以思考。这些问题如下：如何把认识过程和学习活动跟创造和创作结合起来？多方面的创造才能（从事几种劳动活动的才能、从事审美创作的才能）的发展规律是什么？既然幸福寓于创造性劳动之中，而创造又离不开智力的不断提升，那么如何才能把求知欲这种"精神弹药"装入儿童的心灵并保持终生？怎样安排普通学校的教育工作，使创造性劳动接近课余科技活动（要知道这是保证我们国家科学事业繁荣发展的重要条件）？如何做到使学生在脑力劳动单调的情况下感到自己是一个能进行创造的人？

报告引起了教师们热烈的争论。创造的本质、才能的多样性和才能的运用等领域成为思考的核心和争论的对象。一些早先形成的僵化的观点，即认为某些人似乎拥有创造活动的才能，而另一些人则不具备这种才能，遭到了批判。报告指出，共产主义就是进行创造的幸福，每个人都有权利享受这种幸福。如何毫无例外地把学生们提升到在劳动中创造的高度呢？有些教师说，应当把发掘个人天资提升到首要地位，爱惜人在童年时期就显现出的这种创作才能。另一些教师不否认个人从事某种特定的创造性劳动时天资的作用，但同时肯定，天资和个人倾向只有在各种劳动中才能显现出来。全体教师得出一个结论：真正的学习就是儿童个人的创造性劳动。儿童只有在学习过程中的脑力劳动触及了他的情感，他感到真理的获得是他个人努力的成果时，他才会感到自己是一个能进行创造的人。对于有经验的教师来说，学生是学习过程的积极参与者，而且不单是教师眼中的积极参与者。在认识周围世界的过程中，学生也在认识自己。脑力劳动是多方位的自我教育，一个人只有在认识世界的同时认识自己，他才能体会发现的快乐，他的智力才能得到发展。

我校教师队伍是一个志同道合且友爱协作的集体。每个人都为集体性创造做出自己的贡献；每个人借助集体的创造得到精神充实，同时他又使自己的同事在精神上感到充实。

老一辈教师在我校的教师队伍中占有重要的地位。他们几乎所有人都是从十二三岁的少年时期开始了自己的劳动生活，费了很大力气才获得教育。他们是教师队伍的思想和信念的活生生的化身，是核心。集体中并非事事都顺利简单，我们总是不得不克服一些重大困难。每次当我们的集体遇到困难时，老一辈教师都会承担组织者的工作。我们最大的困难是在似乎无计可施的情况下，找到接触学生的方法。老一辈教师是这样教导他们的年轻同事的：任何时候都不要绝望；教育首先是一种劳动，一种异常艰难却又高尚的劳动。

老一辈教师们经历了社会主义建设这所巨大的生活学校的锻炼，年轻教师从他们身上学会了尊重那些为自己争取到自由、学习和享受丰富的精神生活的机会的先辈。老同志们十分熟悉学生们的家庭情况，因此能帮助年轻教师们深入孩子们的精神世界，正确地理解他们的情感和感受。我并非偶然提及我们的教师们培养了并且正在培养多少自己的孩子。教育其他孩子的人有责任首先把自己的子女教育成为真正的人。而我校的老一辈教师的确也有引以为豪的理由：他们的子女已成长为优秀的、诚实的劳动者。

丰富的生活阅历、高深的教育理论知识，使老一辈教师不仅能把教育技巧，而且能把心灵之美和人道精神传授给年轻的同事们。老一辈女教师和姑娘们谈论婚姻、家庭生活，谈论孩子的教育，谈论诚实和尊严问题。老一辈男教师和小伙子们谈论男人的尊严和名誉，谈论男子在与姑娘和妇女的道德审美关系中的责任，谈论父亲的职责和对子女的教育。

我校有一个传统，每逢暑假每位教师都要带孩子们到野外去宿营几天。孩子们尤其喜欢在草场露营。他们迫不及待地期盼着那些令人神往的夜晚，期盼着在繁星闪烁的夜空下，在散发清香的干草堆上，聆听关于远方国家和遥远星空世界的故事，倾听夜间的簌簌声。闪烁的繁星、可口的粥、燃烧的篝火、黎明前那逼人躲进草堆里的寒气、河流中的戏水——这一切都在孩子们的心灵中留下了不可磨灭和无法忘怀的印象。

与孩子们在精神生活各领域的交流是我校教育工作的一条原则。"如果我只是一个教书匠，我就不是一个真正的教师，通往孩子心灵的小路就会对我紧闭。"我校每一位教师都有这样的想法和感受。

我校教师队伍颇为重视低年级教师在思想和学识上的提升以及眼界的拓宽。引导孩子进入自然和人类社会的人应当是有知识、有聪明头脑和有全面素养的人。一个人的精神发展在很大程度上要看他在童年时代是如何学会思考、阅读、写作以及如何观察周围世界和表达自己的思想的。奠定道德信念的基础是小学生精神发展的最重要的因素。实现把低年级教师广博的道德教养转化为孩子间的道德关系——建立在科学世界观、实事求是、诚实、原则性、热爱劳动、集体主义、忠于对人民的义务的基础上的关系，是学龄早期的主要教育任务。这一任务要依托教师的一般素养和教育素养才能完成。低年级教师认为，孩子们的道德关系中要清晰地体现出善恶、是非、荣辱的初步概念和观念，这是教师的任务所在。这样，每个低年级教师也为集体的教育素养做出了自己的一份贡献。

我校低年级教师的经验使我校教育集体确信：儿童应当尽早开始其劳动生活，儿童的劳动是形成他们初步的道德观念的最稳固的基础。

低年级教师的工作成果使我们确信另一个充满智慧的信念：教育不是什么无忧无虑、安逸舒适的生活，它的每一步都会遇到困难，教育的技巧就在于发现并克服它们。我校的低年级教师一致认为，教育中潜伏着许多"暗礁"，教育中最大的困难在于能否正确地判断，什么是儿童力所能及的和力所不及的，能要求他做到什么和不能要求他做到什么。低年级教师和全体教师尤其注重研究和发展每位孩子的智力才能，分析儿童入学前已经达到的道德教养程度。教育中的巨大困难恰恰就在此，不是所有孩子都拥有同样水平的智力发展和道德教养。只有熟悉儿童精神生活最细微的特点，才有助于我们克服这些困难。

音乐在我校集体精神生活中占有牢固的地位。在学校节日时、少先队集会上、徒步旅行中，在野外营地的休息时刻，到处都能听到音乐之声。

在我校看来，体育是健康的重要因素，是乐观的源泉。我们不主张追求个人记录和学校的运动成绩；对于我们来说，体育就是为健康而奋斗，为加强学生们身体和精神力量的统一而奋斗。

体育老师同医生一起为每个学生制订个人锻炼制度和运动量，并过问遵守和执行的情况。我们一致认同体育老师的观点：每个人一生都应当保持对体操的热爱，因为这是最有益的运动项目之一。

为方便学生们从事体操运动，我们创造了一切必要条件：体育馆和运动场都配置了器械和各类器材。我校代表队每年照例都会获得区运动会的第一名。

我们从本校毕业生中选拔少先队总辅导员，这是我校的传统之一——我们选拔的标准自然是要热爱孩子，能够歌唱、演奏乐器，热爱自然美和艺术美。

少先队工作中最重要的是，形象地说，就是善于点燃孩子们心中的浪漫火花，善于激励他们，并以自身为榜样引导他们。任何计划和想法，多半是当孩子们能从中感受到奋斗和战胜困难的浪漫时，这些计划和想法才会产生鼓舞的作用。

这一成果再次证明，只有当集体的领导者、少先队总辅导员作出满怀热忱的表率时，儿童集体才会受到鼓舞。如果自己是冷淡的、冷漠的，他就不可能鼓舞他人。这个原则对少先队的各种活动来说尤为重要。我校每位教师都参加少先队工作，和孩子们一起劳动，用自己燃烧的热情激励孩子们的心灵。

少先队各中队及十月儿童队的辅导员是我们教育孩子们的第一批助手。共青团委员会按照教师的建议委派辅导员从事工作，他们选派的辅导员正是善于丰富儿童精神生活的共青团员。一个中队的辅导员组建了一个木偶剧团。她和孩子们一道以儿童民间创作为基础，编写各种小剧本，孩子们在她的指导下为学前儿童表演这些戏剧。在游览和旅行、途中休息、夜间篝火时，少先队员们朗读描写英勇无畏的人物和探险旅行的各种有趣书籍。辅导员认为，每本书都应当在特定的环境下读。在她看来，有些书只适于在秋雨绵绵的深秋夜晚，在窝棚外风声呼啸的环境下阅读。

校图书馆是学校的精神生活中心，是精神生活的重要基地之一。儿童的兴趣在这里得到满足，激发梦想的火花在这里被点燃。

书籍爱好者们时常晚上来图书馆"灯下聚会"。图书馆有几个少年书籍爱好者小组，孩子们在小组里阅读有趣的书籍，装订和修补破损的书籍。图书管理员和教师们都致力于让孩子们阅读入选世界文学宝库的每一本书。每个孩子都读过安徒生和格林兄弟的童话以及盖达尔的那些引人入胜的短篇和中篇小说。每个少年或青年都读过《从彼得堡到莫斯科旅行记》《叶甫盖尼·奥涅金》《战争与和平》《静静的顿河》《被开垦的处女地》《青年近卫军》《母

亲》《钢铁是怎样炼成的》《浮士德》《哈姆雷特》《堂·吉诃德》《强盗》《阴
谋与爱情》《神曲》《约翰·克利斯朵夫》《绞刑架下的报告》等名著。校图书
馆就其中每一部著作举办展览，并做剪辑陈列。通过校图书馆，我们对那些
由于家庭生活的种种情况陷入精神生活空虚的学生做教育工作。我们力争使
每一个人都能在书海中找到自己的生活天地。

三、校务委员会的组成和作用

我校力求把校长对学校的领导和集体讨论并决定教育教学工作的重大问
题的会议制结合起来。

会议制的成效取决于决定教育方向与本质的原则性问题的观点是否能达
成一致。得益于教育观点和信念的一致性，教师们能够在校务委员会上集体
解决学校生活与劳动中的各种实际问题（校务委员会每年举行 7～8 次）。每
位教师都要遵行集体对各种问题做出的决定和建议。

我校校务委员会成员由教师、少先队总辅导员、图书管理员、长日班教
导员、校医、课外小组辅导员、校长、教导主任、总务副校长、5～7 名家长
委员会委员（每年由全校家长大会选举产生）和共青团组织的代表组成。校
务委员会的主席、副主席、秘书一年改选一次。校长照例被选为主席，副主
席则从教师中选出。

校务委员会每年选举校长和教导主任，为教师们分配教学科目和班级，
指定班主任和课外小组辅导员。[1] 每门科目都会确定一名老教师担任联合教
学小组组长。校务委员会还确定少先队辅导员，由共青团委员会从高年级学
生中推荐人选。

---

① 根据 1970 年普通学校校务委员会条例规定，校长长期统领校务委员会。条例未规定
副主席的选举问题，仅规定从其成员中选举校务委员会秘书，其职务期限为一年。（《校长手
册》，莫斯科，教育出版社 1971 年版，第 101～102 页）

校务委员会审批年终呈报国民教育局的学校工作总结报告。集体会议每年批准关于呈报奖励优秀教师的决定，奖励类别包括：教育部颁发的奖金、荣誉证书、"优秀国民教育工作者"奖章和"功勋教师"称号。校务委员会委托其委员填写相应的评语。

校务委员会在分配教学任务和课外工作时，把有利于工作作为首要方针：每位教师应当保证高水平的授课和教育孩子的工作。在这方面，校务委员会不仅会重视教师队伍的意见，而且会重视家长们的意见。

在分配授课任务和课外工作时，校务委员会会考虑教师们的利益，尤其是他们的工资收入。如果没有分配给教师足够的授课时数（即保证必要的劳动报酬的工作量），那么再分配给教师有偿的课外工作。我校严格遵守这项规则，哪怕只有一位教师的利益受到损害，那么校务委员会也不会通过这个授课任务和班级工作的分配方案。

校务委员会还关心孩子入学前的准备情况。我们会登记居住区的 4 岁以上的所有儿童。他们未来的教师和医生一道走访这些孩子的家庭。他们会同孩子的父母交谈，帮助家长制订保障孩子身心发展的合理生活制度。校务委员会时常听取医生关于这些孩子身体状况的报告。

我们关心生病儿童的医治工作和体弱孩子的体质增强工作。经校务委员会介绍，1955～1967 年这 12 年间，集体农庄和企业（铁路车辆厂、水电站、汽车制造厂、制油厂——我校孩子们的家长在这些企业工作）的工会组织划拨出资金用于 45 个孩子的营养补助和 63 个孩子的治疗，从而预防了孩子因病长期耽误学业的可能。

校务委员会还审议决定，为哪些孩子在学校食堂免费提供补充营养的伙食和牛奶（由国家、集体农庄和企业工会资助）。①

校务委员会关心师生的作息制度，审批为学龄初期、中期和晚期学生制

---

① 学校的此类问题按照惯例由家长委员会直接负责。（1970 年普通学校的家长委员会标准条例——《校长手册》，莫斯科，教育出版社 1971 年版，第 103～105 页）

订的作息时间表。家长学校课堂上，校方对这些时间表手册做出说明。校方为个别孩子（曾患重病的、体弱的、容易伤风感冒的）规定专门的作息制度。教师、医生、家长委员会委员研究学生在学校的疲劳程度和家庭作业的负担程度，医生报告个别孩子每个季初和季末的健康状况。医生定期报告学生心血管系统、呼吸道、视力和听力等方面的状况。正是得益于这些措施，1948~1965 年这 18 年间，我们阻止了学生中 28 例严重心脏病、肺病和眼病的恶化。医生和受委托担负这项工作的教师每年向校务委员会报告一次学校家具和课桌椅规格是否符合学生身高的情况。

校务委员会负责审查和批准教学工厂、工作室、实验室、儿童电站和教学实验园地等处的工作安全制度。校务委员会还审查各年龄段学生公益劳动的量力性和时长问题。

课程表和课外活动计划由校务委员会确定。校务委员会会尤为细致地审查假期教育工作计划：劳动与休息的结合要做到暑假的劳动不影响休息。制订秋假、寒假、春假、暑假计划时，应当考虑每位教师除法定的两个月假期外，每年能在学生休假期间享有不少于 20 天的休假。教师的工作是十分劳神的，如果没有定期的休假就无法保证他们得到精神的充实和提高。

校务委员会关注教育教学过程中物质基础设施的创建、充实和完善及体力劳动的减轻和机器的使用。教师们把应当为学生配备哪些直观教具、工具和设备的建议提交集体讨论，大家主要从教育和教学法方面考虑这些问题。校务委员会由此做出的决定由整个集体执行（例如，供低年级学生使用的儿童用具及浇灌树木的器具由教师和高年级学生制作）。

校务委员会于年终讨论校图书馆的藏书情况，并决定为校图书馆和阅读室购置哪些图书。

校务委员会在每年开学前讨论教学大纲的内容，列出教学大纲无法详细规定的实际技能和技巧的清单。例如，确立低年级学生应当牢固掌握其正确写法的那些字的目录已成为一个传统。教师根据对学生的观察对这个存在多年的目录做出补充的修订。校务委员会还审议数学、物理、化学、生物等各科教师的建议,其中包括:学生一学年需要做的习题有哪些类型,要做多少;学生应当制作哪些机器、机械和装置的模型作为实践考查作业;他们在暑假应当采集哪些腊叶标本和实物标本。校务委员会每年还讨论并确定书面作业的题目,即各年级的作文题目以及高年级学生撰写的论文题目。

校务委员会讨论校长和教务主任在一定时期内的听课情况报告。这些报告研究并分析了教育教学过程中的一些关键问题,如:学生脑力劳动的积极性、教学过程中知识的增长和深入、知识在实践中的运用、不及格现象的预防、道德信念的形成等。简要地汇报工作经验也是教师参与学校集体领导的一种形式。教师们提出的一些建议往往给整个集体的实际工作带来很大的影响。

低年级联合教学小组组长以《情感在早期学龄儿童的道德教育中的作用》为题做了一个报告。这份报告涵盖了许多令人信服的鲜活事例,阐述了儿童行为的情感修养的重要意义。整个集体都接受了她的经验。儿童精神生活的情感范畴成了集体实际工作中的一个专门领域。

校务委员会讨论关于学校的环境美及其创建和保护,关于语言文明及关于遵守学校卫生标准和准则的问题。

校务委员会的决议是整个集体集思广益的产物,每一位教师都把它当作集体的意志来执行。

四、我们如何在校长和教导主任之间实行分工

我和教导主任一道做同一项工作,就是帮助教师们完善他们的教育技巧:聆听教师授课并给予分析,组织学生的课外活动,研究教育经验,监督作息制度的遵守情况,参与少先队和共青团的工作。在共同工作中我们互相商议,总结优缺点。为了协调一致,我们每逢学年、学季和教学周开始之前都会讨

论已经完成的工作，分配新的具体性工作。例如，有一学年，我和教导主任做了如下的分工：一年内我旁听并分析了 7 位教师的系列课程，教导主任则旁听并分析了 8 位教师的系列课程（这也意味着，我们旁听了每位教师的若干节课，这些课程教授的是教学大纲中一个完整的主题或章节）；我帮助指导一至七年级教师的作文教学，教务主任则负责八至十年级；我和教务主任分别做两名年轻且缺乏经验的教师的工作。

在新学年的准备工作中，我帮助低年级数学、物理、历史、画画、绘图、唱歌等科目的教师研究教学大纲；教导主任则主要帮助语言、文学、化学、生物、地理、劳动等科目的教师。我参加低年级以及物理和数学教师联合教学小组的工作；教导主任则参加化学和生物、地理和历史、语言和文学诸科联合教学小组的工作。我负责指导和举办 3 次观摩课；教导主任则负责 5 次。我负责检查 17 名需要长期特殊观察的学生的作业；教导主任则负责 14 名。我同四至七年级的同学就课外阅读和完成家庭作业情况进行谈话；教导主任则负责同八至十年级的学生进行谈话。我检查一至七年级的学生的知识（包括检查测验作业、做笔记、完成绘图的情况和班级日志反映的情况）；教导主任则负责检查八至十年级的学生。

在每季度开始前，我们就商定好，我参加哪些少先队集会，教导主任参加哪些少先队集会。

我对听课的分析材料加以总结，然后在校务委员会上做了几次报告，报告题目有：《学生在课堂上学习新教材过程中的脑力劳动》《课堂上知识的最初接受、发展、深化和运用》《学会学习》。教导主任根据听课的分析材料准备的报告题目则是：《教学过程中如何对学生因材施教》《教师如何准备系列课程》《教学的直观性》《备课时教科书材料的教学法的加工处理》。

除旁听和分析系列课程外（这是研究师生劳动最有价值的一种方式），我同教导主任还一道定期旁听所有教师的课程，每年听每位教师课程的数量大概是 8 节到 10～12 节（我们每周旁听和分析的课程总计达到 10～12 节）。我们大致每月两次商定定期听课的问题。

我跟教导主任每周要花两三个小时进行交谈，互相交流彼此在分析课堂教学和研究学生课业劳动过程中产生的想法。往往某个微小的细节会促使我们深思某个重要问题，提出一个大的课题。通过交流各自的想法，我们更加明确了教育观点，加深了对教学法知识的了解。通过这些交谈，我们也产生了一些新构想，这些构想在教育队伍日后的创造性劳动中得到不断发展。

在分析低年级有经验的教师及数学教师的课堂时，我注意到一个自认为很重要的细节：有经验的教师时不时地会返回到已经学过的内容上，但这不是简单地重复，而是把学过的内容引入到新问题中，用新的知识、理解和规律阐释已学过的内容。我把自己的观察同教导主任分享。思考了众多实例，分析了众多教师和自己的经验后，我们得出结论，认为这关系到发展学生的知识。我们通过进一步的观察和与教师们的交谈，更加确信，知识的提高是一个完整的教学法问题，要解决这个问题，教师要采用专门的方法，对教材做出专门的分析。对这一问题的讨论在教师群体的工作中占据了一个重要地位。教师们交流自己提升学生知识水平的经验；每个教师在学年初着手工作时，就思考需要发展哪些概念、事实、规律和定理方面的知识。

我们也协商了校长和课外活动组织者的分工问题。课外活动组织者负责指导技术和农业方面的课外小组，帮助教师们准备和开展选修课，组织共青团员的社会政治活动。我负责组织家长学校的工作，计划并指导在集体农庄开展的公益劳动，我同时也关注少先队的工作。我们——校长、教导主任、课外活动组织者在分配年度工作时，商议由我们当中的哪位同志负责过去几年中遇到困难和挫折较多的工作。例如，1967～1968学年，我实际负责指导的工作是保证理论知识和实际技能相结合；教导主任负责做思维迟钝儿童的个别工作；课外活动组织者的任务则是培育低年级的儿童集体。

五、帮助教师完善教学技巧

校长的一项任务就是帮助每位教师建立个人的创造性实验室。

对教师做个别工作有两方面的含义，一方面是分析他所采用的教育方法，另一方面是给予他实际帮助。这项工作的内容、方法和性质取决于教师的教育素养、眼界、兴趣和精神需求。每学年开始前，我和教导主任就商定，我们各自做哪位老师的工作。按照惯例，全年内这项工作和分析系列课程同步进行。我们不仅把自己的经验、教育观点和信念传授给教师们，也把其他教师的经验传授给他们，我们都有各自的学生——教师。这项工作最重要的一点就是向教师揭示一个道理：他的工作成效取决于他的知识和素养水平，取决于他阅读的书籍，取决于他如何学习、如何充实自己的知识。

我所获得的教育经验应当归功于我旁听和分析过他们课程的那些充满智慧又善于思考的教师们。当教育工作的新的一面展现在我面前，无论我怎样仔细观察和思考都无法理解其实质时，我就会一连旁听这些教师的5～7节课，力求找到触动我心思的问题的答案。

如果一位教师肯用心深入地分析自己的工作，他就一定会产生对自己的经验进行理论性理解的兴趣，力求解释学生的知识状况和自身教育素养之间的因果关系。教师对自身的工作进行分析必然会促使他把注意力集中在他认为在教学过程中起到重要作用的方面，促使他考察、分析事实，研读教育学和教学法方面的书籍。这样就开启了教学创造活动的高级阶段——实践与科研因素的结合。这样经过一年、两年、三年后，教师便可以在研讨会和校务委员会上做报告了。

每一篇报告都是下章我将要谈到的集体研究工作的一部分。我校有出版的手稿汇编《教育思想》。我校有26位教师在教育杂志和报纸上以论文形式发表过自己的报告。

教师需要有空余时间思考科学的新成就，充实自己的知识，总结已有的经验。我校严格遵守一项规定：教师每周只有一天花费在理论研讨会、校务委员会或者联合教学小组的活动上。其余时间教师可以用于独立工作和休息，用于与学生们进行精神交流而使自己获得道德和审美上的满足。教师之所以需要有用于自行支配的时间，最主要还是为了阅读。教师若不阅读，缺乏书海中的精神生活，提升他教育技能的一切举措也就失去了意义。

我想给校长们提几点建议。无论教师面临的任务多么紧迫，都不能一蹴而就。不论教育领域的新手，还是有经验的教师，对校长来说，重要的是辨别他的能力、他的教育素养和一般素养、他的眼界和学识，重要的是防止他在课堂上出现各种各样的缺点和错误。在旁听几节课后，校长们就应当得出结论，知道需要采取哪些措施提高这位教师的工作质量。

个别工作的成效主要取决于教师如何借助校长的建议和意见掌握独立分析自身成绩和不足的方法。在我校，这些建议和意见的性质和语气都符合这个目标，这些建议和意见在我们和教师一同对教学过程进行分析时产生。每堂课都会产生一些新问题，思想随之深入到那些不易察觉的细节中。校长的思想能吸引教师，双方被共同激励着探索，成为教学过程的共同研究者，这一点尤为重要。最具经验的教师绝不应当在已取得的成绩面前止步不前，因为不前进就必然会落后。

在做有经验的教师的个别工作时，校长的任务就是和教师一起（更多时候借助教师而非校长的能力）寻找可以从那里开始进一步完善教学技巧的创造领域。完善教学技巧的工作没有止境。

如果你在做经验缺乏的教师的工作，那就要在开始前向他展示一些教学技巧，哪怕只是一点点。但正如砧木上的汁液没有开始畅流之前，嫁接在上面的幼芽不会复苏一样，在尚不具备条件，即不具备一般文化素养、相应的眼界、教育学和教学法知识及理解儿童内心生活的能力的情况下，优秀的经验并不会如你所愿，不会在他身上开花结果。为教师创造这些条件比展示现成的经验，使他清楚地理解这种经验的实质更为困难。

因此我要再三忠告：永远不要忘记关注教师在读什么书，他如何对待书籍和科学。只有当阅读成为教师很重要的精神需求，教师不仅有书籍而且有时间阅读时，他才能借鉴经验。时间是教师的精神财富，应当通过合理安排好教育教学进程来珍惜时间。

真正的教育者身上能体现出在教育年轻一代方面所取得成就的全部精髓。对年轻一代来说，教师是满腔热情的劳动者和献身于崇高理想的贡献者，是拥有丰富的精神生活的榜样。

六、集体研究"思维与情感的统一"这一问题

当每位教师日益深入地研究教学进程中的细节和奥秘，分析自己的工作和学生的脑力劳动时，可以这样形象地说：活跃的思想便开始燃烧，集体便为生活中出现的问题寻找答案。教育的思想就是集体创造活动赖以飞翔的翅膀。思想激励着集体，学校生活中最有意义和最不可少的集体研究工作便得以开展。

大约 20 年前，我在分析一堂我旁听过的课程时冥思苦想，为什么学生的回答如此贫乏、平淡、毫无表现力？为什么儿童的话语中没有他自己活生生的思想？我开始记录学生们的答案，分析他们的词汇量和言语的逻辑性及修辞成分。我发现，学生们使用的许多词语和词组在他们的意识中并没有鲜明的形象，没有和周围世界的事物和现象发生联系。

我通过分析同事们和自己课上观察到的现象，力求回答以下问题：词语如何进入儿童的意识？词语如何成为思维的工具？儿童如何借助词语学习和思考？思维又怎样反过来发展语言？作为受教育学指导的学校精神生活中最复杂、最微妙的元素，儿童思维存在哪些缺点？

我首先从研究自己的教学工作、自己的课堂和自己的学生开始。比如，

一个孩子讲述一滴水的旅行。这里本应该讲早春的溪流、春雨、彩虹、平静湖水的轻声拍溅。孩子本应是在讲述他周围的世界，他是这个世界的一分子。然而我听到的是什么呢？是一些勉强拼凑的、笨拙的、死记硬背的句子和词组，它们的意思连孩子自己也感到模糊不清。我一边听，一边思考孩子们的言语，我逐渐确信，是我们教师没有教孩子思考。从他开始迈入校园生活的最初的日子起，我们就把他面前那扇通往周围大自然的迷人世界的大门关闭了，他再也听不到小溪的潺潺流水声，听不到春雪融化时水滴的叮咚响，听不到云雀的婉转鸣唱了。面对这些美好的事物，他只是背诵那些枯燥乏味的语句。

我把五年级学生带到了花园。当时，灰蓝色的雨云遮着半边天空，太阳点燃一道彩虹，苹果树上开满了鲜花——乳白色的、玫瑰色的、粉红色的；蜜蜂发出轻轻的嗡嗡声……我对自己的旅伴们说："孩子们，你们看到了什么？什么东西使你们感到激动、赞叹和惊异？"他们的眼睛里泛着喜悦的神情，可是他们很难表达自己所想并找到合适的词语描绘这一切。我真为孩子们痛心：词语并没有以鲜明的形象进入他们的意识；词语从一朵朵散发芳香、生机盎然的鲜花变成了一片夹在书页当中的干枯叶片，只能使人从表面上回忆它的生机勃勃……

不，不能再这样下去了。我们一旦忘了知识最重要的源泉——周围的世界、大自然，我们便会让孩子们死记硬背，从而使他们的思维变得迟钝。我们把夸美纽斯、裴斯泰洛齐、乌申斯基、第斯多惠对教师的忠告全忘了。

我开始一堂课接一堂课地将孩子们领到永远常新的、取之不尽的知识源泉——大自然中，到花园、森林、河边、田野去。我和孩子们一道学习用词语表达事物和现象的细微差别。

云雀在天空中歌唱，延伸到天边的、一望无际的田野上，风掀起了层层麦浪……远方蓝色的烟雾中矗立着西徐亚人的古墓……在百年老橡树间，在茂密的丛林里，清澈的溪流潺潺作响，黄鹂在小溪的上面唱着纯朴的歌谣……我们必须准确而优美地表达这一切。

我的桌上不断出现各种新书：有关于实物课的教育文集，有字典，有植物学、鸟类学、天文学、花卉学等方面的书籍。每逢春天清静的早晨，我就去河边、森林和花园，细心观察周围世界，力图尽可能准确地表述它的形状、颜色、声音和动作。于是我又准备了一个专门写短文的本子：写一丛玫瑰，写一只云雀，写火红的天空，写美丽的彩虹……我把大自然中的课叫作寻找鲜活思想源泉的旅行。渐渐地，这些课程变得更加有针对性，培养孩子脑力劳动的形式也越来越多样化。

我有时把自己写的短文和小诗读给学生们听。和他们交流思想，交流对周围世界——大自然和人们的观感，能给我带来愉悦。我发现，能在其中找到自己有所感的短文和小诗最使孩子们激动。当我的短文和小诗能够触及孩子们的心灵时，他们自己也会动起笔，以求抒发自己的情感。我认为，对语言的感受和用话语表达人类最细腻的内心活动的愿望，是人类真正的文明素养的重要源泉之一。

下面援引两篇这样的短文作例子：

秋

秋天到了。正值温暖的金色时节。空气格外清爽明净。草原显得异常开阔，远处的西徐亚人古墓在柔和的阳光照射下呈现出一片浅灰色。路旁开着鲜艳的洋甘菊。清晨，洁净的花瓣上闪耀着晶莹的水珠——这是融化了的雾凇。花儿却依然生机勃勃，没有花瓣凋谢坠落。

傍晚时分，天空呈现灰调的玫瑰色。在灰暗的橙黄色晚霞的映衬下，展翅飞翔的归巢乌鸦的黑色身影像是某种神奇的幻想之物。森林陷入沉思般的寂静中，只是偶尔有某处的树叶在带有寒气的秋风中颤抖着发出簌簌之声。田野渐渐昏暗：夜色如潮水般从沟壑中漫溢开来，覆盖大地，遮蔽森林。一颗流星在灰色的天空划过坠落而下。

日 出

天空燃起了朝霞。我站在繁花似锦的苜蓿田野旁。五颜六色的巨大的地毯在颤动闪变，时刻都在改变自己的色彩，宛如上面洒落着千万颗彩色小石子——天蓝的、浅紫的、粉红的、橙黄的、深红的、金色的。看上去满是天蓝色的小石子。可是眼睛还未看清这个色调，天蓝色已变为浅紫色，浅紫色又变为粉红色，然而顷刻间粉红色又消失了，整个田野呈现为燃烧的火焰。而在天地相接的地方出现耀眼的金色边缘。太阳很快要从这里升起。

云雀从苜蓿中蹿出，飞向高空，停下了。一转眼，这个颤抖着的灰色小团在阳光照射下变成了金黄色。不一会，阳光在苜蓿的露珠上闪射出光亮的火花。蜜蜂在盛开的花萼上嗡嗡叫。整个田野就像在歌唱，整个世界都像在歌唱，美妙的音乐在大地上回荡。

随后就回到我校课堂上。我首先给学生们上思维课程。例如在一节课上，我和学生们讨论现象、原因和结果。孩子们遵循我的建议从周围世界寻找因果关系，并对它们加以描述。

我亲眼所见，孩子们的思想变得越来越鲜明、丰富、富有表现力，词语有了感情色彩，就活泼、生动起来了。我面前展现出一个异常丰富的、无限美好的教育技巧的境界——善于教孩子们思考的本领。这个发现使我无比激动，我体会到了创造性活动带给我的不同寻常的幸福。

我把我的思考和观察告诉了同事们，他们也来听我的大自然课程。我给他们读自己写的短文。有一次在初秋时节，我同教师们一道来到橡树林，欣赏树木五彩缤纷的秋装，以便过后尽可能鲜明而又富有表现力地描述这种美景。

教师们对这种探寻鲜活思想源头的游历产生了兴趣，他们自己也开始带领孩子们开展这种游历和旅行。我们把春秋季几乎三分之一的课程都改到大自然中上，也没有人抱怨时间不够用了。低年级教师开始和我竞赛，看看谁的短文写得更好。

语言与思维统一的思想逐渐深入全体教师的认知。我们常常聚在一起讨论这一有趣的问题，进行争论，在争论中诞生出几条真理：每位教师不管教授哪门课程，他都应当是一名语文教师；语言是我们最重要的教育工具，任何事物都无法替代它；大自然以及它无限的丰富性和多样性是思想的主要的源泉，是培养智力的主要学校。

这些真理逐渐成为全体教师的教育信念。低年级教师手中都有了写短文的习作本。

深入儿童思维奥秘这项集体科研劳动把我们从精神上团结在一起。我和低年级教师齐力撰写一本记述到活的思想源泉上旅行课的书。书中每一篇内容都与一种自然现象或季节有关（例如：《自然界的生物和非生物》《自然界的一切都在变化》《太阳——生命的源泉》《大自然从冬眠中苏醒》《冬天森林中的鸟儿们》等）。大家互相传阅、讨论、评论这些记述。有趣的是，这些记述对物理、数学、化学等科的老师也颇为有益。这项有趣的集体劳动已持续15年之久。我们编写了一本《三百页的自然之书》，记述了300次户外自然课堂。我们教孩子们思考，继续集体研究这一课题。

如今，我校教师又对新的探索课题产生了兴趣：研究在观察大自然的过程中产生的词语的感情色彩问题。思维与情感的统一是我们关注的问题。我们还日益深入地探索课堂的教学法细节——研究不同教学阶段的思维接受问题。

教师队伍的创造离不开对个人劳动的科学研究和对儿童的深入研究。

七、我们的传统

毫无疑问，童年、少年和早期青年时代的记忆会伴随学生一生，在他们心中留下最温暖和亲切的印迹。学校生活中的一些活动已代代相传，成为我校的传统。

我们来谈谈最重要的传统。

八月中旬，少先队员与两年后上一年级的 5 岁小朋友会面。与小朋友们会面的是两年后即将担任十月儿童团的组织者——带领孩子们做游戏、游览参观及组织其他儿童活动的少先队员们。少先队员们把孩子们领到果园。孩子们在葡萄架旁的草地上观看儿童木偶戏表演，听唱歌和诗朗诵。然后少先队员们给"小客人"抬来几筐葡萄招待他们。

六月初，与 7 岁的小朋友——未来的一年级学生见面。他们的老朋友——少先队员们前来迎接，这时少先队员们已经是六、七年级的学生。每位小朋友都有一个礼物：一本课外读物——普希金诗集或谢甫琴科的《科布扎歌手》。少先队员们请小朋友们吃学校果园自产的水果。从这一天起小朋友们每天都来学校，就算作我校的学生了。

第一天上课时，一年级学生会迎来"第一次铃声"节。毕业班学生祝贺小朋友们加入学校大家庭，给每位新同学送一本写有赠言的书，带领新同学到校园，把他们十年前第一天来学校时亲手种植的树移交给新同学们照管。随后，举行传统仪式——栽植见证校园永恒友谊的树木：毕业生和新同学们同栽一棵苹果树苗。

我们致力于发展学生们的浪漫主义思想：只要校园里友谊树常青永存，我们的友谊、同志关系和兄弟情谊就会不断加深。

毕业生上课的最后一天会举行毕业生的"最后铃声"节。毕业生和一年级学生班对班排成两列。一年级学生为每位毕业生献上鲜花和写有赠言的一本书。赠送书籍已经成为这个节日的传统，赠送的书目有：普希金的诗集，谢甫琴科的《科布扎歌手》，歌德的《浮士德》，塞万提斯的《堂·吉诃德》，荷马的《伊利亚特》或《奥德赛》，亚当·密兹凯维奇、裴多菲·山陀尔、博泰夫等人的诗集，拜伦的《恰尔德·哈洛尔德游记》，雨果的《悲惨世界》，但丁的《神曲》，伊拉塞克的《捷克古老传说》，鲁斯塔维利的《虎皮武士》，

《大卫·萨松斯基》（亚美尼亚民族英雄史诗），日本和阿拉伯的民间故事等。毕业多年的学生——如今学生的家长，甚至老年人也来参加这个庆典。小朋友们在赠书上用儿童大字母写下了感人的祝福，象征着学校集体永存。其中一个男孩子走向铺着天蓝色桌布（这是我校的传统）的桌子，拿起系着天蓝色丝带（这也是传统之一）的铃铛。铃声响起时，从高年级学生队列中走出一名小伙子或者姑娘代表集体向老师们致简短的谢词。这篇谢词是他们准备许久的成果，在典礼开始前一直保密。

祝贺学生毕业的庆祝典礼（颁发中学毕业证书）。最年长的教师向毕业生们致临别赠言。临别赠言是全体教师郑重思考的成果，这其中凝聚了我们的教育理想和集体的教育信念。我们非常重视赠言的内容和形式。

临别赠言会为整个典礼添加庄重感，也会使男女青年们激动无比。教师团队的临别赠言会使受赠者铭记终生——毕业多年的学生们是这么说的。临别赠言的教育力量是巨大的。

每年1月30日举行的老校友聚会也是我校的传统节日之一。应届毕业生们、大学生们、工农业劳动者都会在这一天相聚母校。这种聚会能够培养学生对母校的敬重，他们在聚会上做年度工作总结，向教师团队展示他们的劳动成果。

母亲节。每位学生为这个节日的到来都准备许久。在3月7日晚上，也就是母亲节前夕，他们向母亲们献礼：有图画和诗歌的纪念册或者亲手制作的小小手工制品。许多孩子都在这天把在学校温室里培育的鲜花或盛开的杏枝作为礼物献给母亲。礼物的价值是以孩子们为此倾注的个人劳动来衡量的。三八节这天，孩子们把自己在劳动中和在学校学习的愉快的事情讲给母亲听。例如，向母亲展示获得老师最高评分的作文，或者把自己在课外活动小组取得的成绩讲给母亲听。这一传统在孩子们心中树立了为他人带来快乐源泉的正确观点：快乐首先在于要做好事，在于树立家庭的荣誉和尊严。

女生节。在寒假的第一个周日，男孩子们向女孩子们赠送礼物——鲜花、图画等。

在列宁诞辰纪念日，也就是 4 月 22 日这天，我校八年级学生（15 岁的少年）向加入少先队的同学隆重转交少先队红领巾。这天，退出少先队的八年级学生们举行他们的最后一次队会。由一名少先队员代表八年级学生向三年级学生致辞。他先报告他们中队的活动情况，然后号召新接班者们珍惜和爱护红领巾的荣誉。当三年级学生宣读完少年列宁主义者的最后的庄严誓词后，八年级学生走近他们身旁，每个人为自己的小同志系上红领巾。活动在少先队队歌的歌声中结束。许多成年人也会在这天来到学校。隆重授予红领巾的仪式也逐渐成为各自家庭生活中的一件大事：父母们认为，通过这件事，他们的儿女在人生路上迈出了重要的一步。得益于这一良好传统的熏陶，迈向青年早期的少年得以改变他们对少先队工作的冷漠态度。

春天的节日——有"歌节""花节""鸟节"。在"歌节"这一天，校合唱团、小合唱队及一些学生演唱新歌曲，作为对集体的献礼。"花节"在五月底举行。每位学生带来他在专辟的小畦里（即在父母宅院旁的园地里）栽培的或从野外、森林采来的几枝花，向大家展示他们可以独立制作一束小而美丽的花束。放学后，孩子们便去同学家观赏他们的花坛和盆花。少年花卉栽培家小组举办玫瑰和花坛观摩活动。家长们也会来学校，每个人都可以在温室和小畦里挑选花苗。9 月底还会举行秋季"花节"，这是一种特殊形式的秋季花卉栽培艺术竞赛。

"鸟节"在燕子飞来的时节举行，这是小男孩们的节日。他们把冬天捡来的因寒冷而生命垂危，随后又在鸟类医院康复的鸟儿放归大自然。孩子们在这天还互赠鸽子。这一传统培养了孩子们善良的道德和美学情感，加深了同志般的友爱关系，培养了孩子们对大自然的热爱和珍惜之情。

卓娅·科斯莫捷米扬斯卡娅纪念日。我们的少先队大队就是以这位英雄的名字命名的。在纪念日当天我校召开少先队会。① 大厅的中央悬挂着这位

---

① 1941 年 11 月 29 日，卓娅·科斯莫捷米扬斯卡娅在德国法西斯侵略者手下身亡。

巾帼英雄的大画像，画像周围用秋天的鲜花装饰成一个花圈。少先队员们以诗朗诵歌颂她的功勋。按照传统，大会最后，由在卓娅牺牲的那个月份（即11月）出生的一名男共青团员或女共青团员发言。

向朋友们汇报。我校与白俄罗斯戈梅利州科尔姆区的学生很久之前就建立了友谊。每年一次，通常在9月初，大家以集体的形式给白俄朋友们写信，每个少先队都讲述自己做过和经历过的美好事情。这一传统是培养国际友谊的情感教育的良好方式。

无名英雄纪念日。在乡村中心的广场上，在卫国战争阵亡英雄的陵墓旁，矗立着一座无名英雄墓。每年在我们村从法西斯占领下解放的那天，都有一个少先队（通常是最年长的少先队员们）到墓前献花。少年列宁主义者在陵墓前默哀一分钟，悼念为苏维埃祖国的自由和独立献出生命的英雄们。

为最小的小朋友举办新年枞树晚会。届时会邀请一些刚学会走路和说话的最年幼的公民，他们在妈妈的带领下来到学校。这天要给小客人们赠送礼物，为他们演出木偶戏，他们的大朋友——一年级学生为他们做文艺表演（这大概是这个传统节日中最有意义也最有趣的事情：一年级学生以年长者的身份帮助小朋友们为即将到来的节日提前做准备，教会他们诗朗诵。每个小孩子要在这里进行诗朗诵首秀）。

堆砌雪城的冬天节日。参加这个节日的不光是小孩子和少年，也有高年级学生的身影。在森林旁、草地上，孩子们用雪为冰雪老人堆砌雪城，雪城中有房子，也有塔楼。这天在小小雪城，在堆好的小房子旁吃午餐已经成为一项传统，这寒冷的午餐格外香甜。日后，学前儿童将在这座雪城中玩耍，直到它被阳光融化为止。

我校认为，培养学生的同志式互助精神及互相支持和援助的精神是学校的一项重要任务。我们力求培养和激发幼小的孩子从小关心同学的情感；学会把一个同学的痛苦看成集体的痛苦；培养团结一致的集体感和随时准备相助的意念，这是预防利己主义产生的最重要的条件。每个孩子在校期间都会遇到不幸：第一个同学生病了，第二个同学的母亲生病了，第三个同学的鸽子窝被大风摧毁了，第四个同学的小狗失踪了——所有这些遭遇都需要其他同学以同志般的分忧与同情予以安慰。我们鼓励孩子们从小就为遇到不幸的同学做好事。有一个女生患重病两周，接着奶奶又去世了。同学们便请求老师在她没有平复之前不要检查她的作业，不要叫她到黑板前。而在这段时间里，男同学和女同学每天都去帮她补课，使她不落下功课。

"如果你自己会，而你的同学不会，你就要教会他。"——这是我们从孩子入校起就培养和引导他们树立的思想。在工作室、教学工厂和实验室里都设有用于开展同志间互助的小桌子。

劳动的传统在我校集体生活中占据着重要的地位，正是它们的存在使得劳动具有了浪漫的色彩，并伴随着鲜明而强烈的情感和感受。孩子们在劳动过程中体会到的高昂情绪给他们带来了快乐；劳动和幸福交织在一起，成为他们的精神财富。

放暑假之前，孩子们制作直观教具，布置教室和少先队活动室，作为献给学校的礼物。一年级结束时，孩子们送给学校一本《描绘我们最喜欢的事情的故事画集》，每一页上是一个同学的故事画。二年级结束时，孩子们送给学校一本镶嵌画——《小男孩在盛开的玫瑰旁》，此画用禾谷类作物的秸秆镶嵌成。三年级结束时，他们制作了一个"像大人建造的、真正的"小房子模型。再过一年，他们赠给学校的礼物是粮食作物和经济作物标本集，标本被装在一个像用蚌壳镶嵌的、拼接成的木质薄板做的、包装精美的盒子里。

随着孩子们的年龄增长，他们送给学校的礼物就更具意义。学龄中期和晚期学生们的劳动过程本身就具有节日活动的性质。这个活动跟期待大功告成，作品展现在集体面前的这个庄严时刻紧密相连。中高年级学生的制品既反映了不同年龄的学生的不同兴趣，也反映了他们对各种劳动的爱好。例如，1963～1964学年结束时，各年级学生制作了这样一些礼品：五年级学生赠给学校的作品是卓娅·科斯莫捷米扬斯卡娅和奥列格·科舍沃伊的肖像，他们把这两位英雄的画像绣在了织锦上；六年级学生为物理教室制作了一台汽轮机活动模型，还以民间故事为题材绣了一幅画；七年级学生制作了一台播种机活动模型；八年级学生制作的是热电站活动模型，还绣了一幅列宁画像；九年级学生制作了一套悬架式电气化铁道活动模型，送给学校几棵他们用3年时间培植出来的柠檬树；十年级学生制作了一个无线电汽车模型，还装配了一台电子管无线电收音机。

对学校的依恋之情、对母校培养教育的感恩之情和别离前的忧伤，使十年级学生心潮起伏。他们希望给学校留下某种有意义的，能让一代代新同学铭记他们的学长学姐们劳动的东西。1964～1965学年，毕业生们为学校制作了两个礼物：一个是按照自动化原理设计的初轧机模型，另一个是以乌克兰民间故事为题材的刺绣画。

第二项劳动传统是在暑假为生物教室配备直观教具，如土壤、种子、昆虫的实物标本、腊叶标本，用沙土制的可保持原有形态与色泽的干花卉，植物压机，等等。孩子们在开学第一天就把自己的礼物带到学校来。

第三项劳动传统是在新学年伊始和考试前美化教室和校园。暑假最后一天，8月31日，师生都会来到学校，每个班级把自己的教室布置成过节一样。他们用鲜花编成花环，用它们装饰英雄人物肖像，在老师的讲桌上摆上一束鲜花。一年级学生的教室则由高年级同学帮助美化。随后，学生们去美化校园，平整学校果园的林荫道，为花坛松土，给花浇水。三四个小时后，整个学校便呈现出一派节日景象。到晚上，大家聚在一起参加少先队篝火晚会。多年前的毕业生带着自己的孩子也来到学校。新学年的开学日是孩子们生活中的一件大事，给他们带来极大的快乐。

第四项劳动传统是春秋两季的"果园周"活动。"果园周"从周日开始，学生们都会在这一天来到学校。每个班级从学校苗圃中挖掘出树苗，挖好树坑，备好稀肥和浇灌用的水。一年级以上的所有学生都参与种树。四年级同学帮助一年级同学种树也是我校的传统之一。一年级同学每年在学校园地栽

1～2棵树，中年级各班各栽 3～4 棵树，高年级各班各栽 7～8 棵树。各年级均在专门的《果园周记录本》中记下所栽的果树品种和栽种日期。当高年级学生翻阅他们在几年前做的记录时，他们栽种的苹果树、樱桃树、欧洲甜樱桃树、梨树都已结果了。一想到这些，便唤起了他们的劳动自豪感。

由于进行普通的农业劳动都举行某种隆重的仪式，所以孩子们总能够体验到一种崇高的审美情感，劳动美则使集体的道德关系得到充实。

日后，孩子们便分组或单独在公共园地里，或在父母宅院旁的园地里干活。每个学生把树栽在合适的地点，这样将来不仅可以给自己的家，也可以给别人带来愉悦和益处（例如栽在道路旁）。正如我之前所说的，每个一年级学生要在上学后的第一个春天在家里为父亲、母亲、奶奶、爷爷各栽一棵苹果树，并在日后负责照料，这也是传统之一。几年后，树开始结果。孩子们把第一批苹果和同批栽下的葡萄树所结的第一串葡萄献给父亲、母亲、奶奶、爷爷，这是培养他们人道精神的一种优良方式。

学生们在几年前开辟的公共葡萄园和公共果园里参加集体劳动也是我校的传统。孩子们也体验到了为所有人创造财富和福利的喜悦。

跟"果园周"相关联的一个传统是学生互相交换果树苗，并栽下作为纪念。一个学生把核桃树苗带到学校来，别的同学则带来欧洲甜樱桃树苗、李子树苗、苹果树苗、桃子树苗，等等。他们互相交换树苗，然后把树苗栽在家里或校园里。对每个人来说，学生时代栽下的树都是对同学之情和牢固友谊的鲜活的纪念。

第五项劳动传统是"首捆庄稼节"。在收割庄稼的第一天，所有学生清早就到学校。老师们对他们致以节日的问候。男女青年分别去田野，在机械师队和畜牧专家队劳动。年幼的同学则收集小麦和其他作物的最大粮穗，用于在教学实验园地播种。晚上大家都来到学校，在铺着绣花台布的桌子上摆着一捆象征丰收的庄稼，庄稼旁则摆放高年级学生烤制的面包。高年级学生载歌载舞，庆祝丰收。

第六项劳动传统是"新粮面包节"。这是小学生的节日。孩子们在自己的小块园地上收割小麦，用小型脱谷机给小麦脱粒，然后送到磨坊，拿到面粉后，母亲们帮助自己的孩子烤制面包。孩子们邀请妈妈们来学校，用自己种的新粮面包款待妈妈。这个节日鲜明地体现了劳动与美的统一。筹备这一节日的那些日子充满深刻的美感。

第七项劳动传统是夏季割草。7月初，男女青年在黎明时分乘车到浸水草地。在那里干一周活，用割草机和镰刀收割牧草，把干草搂成堆，垛成垛。少先队员们也参加若干天的劳动，他们为牛犊配制含维生素的饲草。这项劳动的魅力在于集体的友爱生活、野外的露营、河中的捕鱼、篝火上的烹食、草原上的日出和仲夏的黄昏、繁星的闪烁……

第八项劳动传统是美化乡村环境。学校集体每年都会为乡村的绿化事业贡献力量。这项工作始于战后的首个春天，当时，学生们在乡村的一条街道的两旁栽满了白杨。自那时起，美化乡村环境就具有了全村居民集体劳动的性质。我们开辟了新的公园，在公墓旁栽上了树木，为农村青年建造了体育场，绿化了托儿所的庭院，开辟了两个公共果园和两片葡萄园。

第九项传统是班集体帮助同班同学的父母。这项传统也始于战时和战后头几年的艰难岁月，当时很多人都需要物质和精神上的帮助。一位同学的父亲刚动工盖房子就生了重病，母亲一人无法胜任建房工程。于是高年级同学都来这位同学家里帮忙。九年级全体同学连续工作了几天，直到主要工程完成为止。然后，其他班级也对班上同学给予帮助：帮忙种植菜园、储备燃料、收割庄稼等。学生们在完成此类助人为乐的行为时，也在自己的劳动中倾注了崇高的情感和思想。有两名九年级学生——16岁的青年在隆冬的寒夜，冒着呼啸的暴风雪把一位患了重病的老人送到10公里外的医院就诊。由于救助及时，老人的性命保住了。类似的事情不胜枚举。这些举动中最重要的一点是：他们受良心驱使而为，毫无私心杂念。

由于我们把愉快和崇高的思想和情感与劳动联系起来，学生的心灵也变得高尚了。

第二章　学校的物质基础和学生周围的环境

　　我校校园的陈设布置是教育环境的组成部分。我们要
创造这种环境，使在鲜明的形象中、画中、优秀人物们的
聪慧思想里所表达的人类的道德经验渗入学生的精神生活。

一、培养对自然财富的珍爱态度

　　学校的物质基础（我们把学生周围的一切环境包括在内）①首先是完善
教育进程必不可少的条件；其次，是影响学生的精神世界的手段，是培养他
们观点、信念和习惯的手段。孩子周围的一切均可以用来服务于他们的德智
体美的教育。

　　我们的苏维埃国家为培养青年一代提供了大量的物质财富和精神财富。

　　教育的艺术在于，能对人起到教育作用的不仅仅可以是人际关系、老一
辈人的榜样和话语、集体保持的传统，也可以是物质财富和精神财富。在我
们看来，用环境、用学生自己创造的情境、用丰富集体生活的事物进行教育，
是教育过程中最微妙的领域之一。

---

　　①　此处的学校的物质基础是广义概念。通常学校的物质基础指的是所有（教学和辅助）
处所、绿色地块和相应设施的总和。

　　我校认为，学校的物质基础与包括大自然在内的周围环境以及周围人们的劳动和社会活动紧密相连。这里的许多事物都是学生或者是已经毕业的学生创造的，这其中饱含着他们的亲切情感，因此这些东西对于他们每个人来讲都是珍贵的，在他们的记忆中是同一些事件、人际关系、情感和感受联系在一起的。我面前摆着几十封毕业生的来信，他们的童年、少年和青年早期的岁月都是在这个亲切、舒服、热情好客的母校——他们的第二个家中度过的。他们想知道，母校最近有什么新闻，集体在搞什么有趣的活动。每封信中都有关切的话语："我在毕业考试①前栽的那棵苹果树如今长得怎么样？您还记得那棵开始要枯萎，经我们移栽后又复活的玫瑰吗，它现在情况如何？白俄罗斯朋友们寄给我们的那些花楸树都扎下根了吗？"

　　得益于这些事物中饱含的情谊以及孩子们对它们感到亲近的珍爱之情，物质财富和环境中的事物深入每个孩子的精神生活，加深了他们的集体关系。

　　学校果园中有一棵不知是何年栽种的老苹果树，据老住户讲，已经有一百多年的历史了。在这棵高大的老树下总有交心的对话，少男少女们互诉衷肠，表达爱意。然而，这棵老树开始枯萎了。孩子们决定把老树的叶芽嫁接在幼树苗上，希望有朝一日再长出这样一棵参天大树来。毕业生们在信中经常问到，"我们这棵苹果树"近况如何。这不仅体现出他们对于大自然事物的热爱，也体现出他们对于留存在他们精神世界中的事物的爱护和关怀。

　　当时对于孩子们来说，他们在环境中创造的东西只是有实际需要的事物，而从长远来讲，则会成为往日集体生活的珍贵纪念。

　　我们的学校坐落在距离克列明楚格市15公里的一个村庄旁。学校占地约5公顷，毗邻一片森林和集体农庄的肥沃农田，南部有奥麦利尼克河流过，这是第聂伯河的一条不大的支流。这条小河在这里被截断，形成了一座大水库。

---

　　① 自1962年起，中等教育阶段颁发毕业证书。

整个村庄都被茂密的树木遮蔽着。我们在校园和农庄的田地中间栽植了几片用于防护的小树林。学校旁边是一个周围栽植了苹果树的体育场。校园西北方向有一道深谷。我们沿沟壑边栽种了橡树，沟坡上遍植了丁香树，现在已经长成橡树林带和繁茂的丁香树丛。

校园地形是一片起伏不大的多丘陵的地块。登上小山冈，第聂伯河旷野的美景尽收眼底。天气晴朗时，从较高的山冈上看，连第聂伯河对岸波尔塔瓦地区的原野和克列明楚格水库的碧蓝水面也清晰可见。地平线上能看到水电站的轮廓，雾霭中依稀可见铁路车辆厂和汽车制造厂的厂房。西边和南边是一望无际的田野，散布着西徐亚人的古墓。

学校地处村边僻静的环境，周围被大自然环绕，附近又有大面积的水域，这一切对于孩子们的身体发育和健康都极为有益。学校四周田野中种植的是小麦、苜蓿、荞麦和牧草。科学证明，一平方公里土地如果没有绿色植物覆盖，空气中通常所含的浮尘有 500 吨，而有植物覆盖的土地，则不超过 40 吨。城市每立方米的空气中含细菌 5000 单位以上，而遍布植物的地区的空气中，则只有 400 至 500 单位。[①]

孩子经常呼吸田野和森林地带含氧量高的空气，会活跃机体的新陈代谢，预防疾病。我们尽力做到让空气中饱含植物杀菌素，以消灭微生物。校园里随处都种植核桃、樱桃、杏树、栗树和针叶树木，这些都是饱含植物杀菌素的品种。例如，在榛树林中从来都没有苍蝇。这一切都是孩子们亲手创造的，而且是每个学校都能做到的。

许多农作物（尤其是禾本科植物）中的植物杀菌素可以消灭呼吸道和血管中的引发感冒、风湿和结核病的病原体。凡是在水库旁从事了两个月割草或收麦劳动的学生，他们在随后的六个月中既不会感冒，也不会患扁桃体炎。在整个春季和夏季呼吸饱含由树木、禾本科植物和牧草散发的植物杀菌素的

---

① 参见 B. 蒙蒂亚普《处于危险中的达日博格》，《文学报》，基辅，1961 年 5 月 5 日。《苏联大百科全书》，第 15 卷，第 327～329 页。

空气的孩子们，在作息制度合理、营养良好的情况下，从不会得结核病。

校园内及周围的大量树木形成了一个特殊的森林性微气候。在最炎热的月份，我校气温比周边无树木遮蔽的地带低 3~4 摄氏度，而在最严寒的时节则高 2~3 摄氏度。不论夏季还是冬季，我们这边比周围地区的降水都要多些，可以清洗掉树木上的微粒尘埃的露水尤其多。我们开展的专门研究[①]表明，水库附近露水充裕的地区，露水可以从每公顷植物表面吸附 70 公斤的尘埃到土壤中。由此可见，校园里每一平方米的面积都需要实现绿化，这项规定非常重要。我们同医生一起对那些入学时就带有隐性肺结核或关节结核病征候的孩子进行了系统性的多年观察。含有大量植物杀菌素的空气、良好的饮食和合理的作息制度会创造奇迹，孩子们面目一新，变得面色红润、生机勃勃。在大自然中生活同吃新鲜的、富含维生素和植物杀菌素的食物同理，都有着健康的积极作用。合理的作息制度则使我们感受到安静、傍晚和夜间的凉爽和早晨的清新。

我们认为，未来的学校应当把大自然赋予的和人所能做到的一切尽可能充分地运用于人的和谐发展，使大自然服务于人类。为了达到这个目标，我们也应当爱护和充实大自然已有的自然财富。我校的学生在相对较短的时期（20 年）内为充实自然财富付出了大量劳动，使周围的环境得到很大的改善。我们在这 20 年间把 40 公顷黏质土壤的贫瘠土地变为肥沃的田地和树木繁茂的果园。

学校也不应当远离工业中心。例如，我校毗邻一些大型机械制造厂（火车制造厂、汽车制造厂）、水电站、农业试验站，这些地方是科学、知识和劳动技能的中心，与其为邻在很大程度上决定了我校学生的劳动素养和需求的水平，决定了他们课外活动的内容和性质，尤其是对技术设计和模型制作的

---

① 研究方法：测量一平方米禾本科植物上的灰尘重量。晚上在露珠生出来之前，切掉植物并测重。清晨当露珠蒸发后，再切掉同样面积里的植物（这些植物上的灰尘已经被露珠洗刷掉），然后把植物称重。重量差就是露珠带走灰尘的重量。

爱好。

二、课堂教学和课外活动的环境

我校的课堂教学分布在四幢楼里进行。主楼设有 10 间教室,供五至十年级使用(五至七年级在一层,八至十年级在二层)。相邻的其余三幢楼由一、二、三、四年级使用。每幢楼里都设有教员休息室。

每幢楼里如同住着一个不大的家庭,里面所有的孩子都互相认识,他们渐渐融入校集体的生活。这里没有那种使小孩子很容易疲惫的嘈杂忙乱和拥挤现象。孩子们从自己的楼里跑出来就是花园和绿地;不管天气好坏,他都可以通过水泥小路走到任何一幢楼中去找大伙伴和小伙伴,而不致沾湿双脚。

学生到校后即脱掉大衣并挂在衣架上,直至放学回家时才去重新穿上。不论从一幢楼走到另一幢楼多少遍(他总需要走几遍),都不需要穿上大衣。

供低年级班级使用的每幢楼和主楼的每一层都设有一个阅览室,这是推动孩子们德育、智育、美育诸方面发展的一个基地。他们在这里可以读到不断更新的各类书刊:科普读物和科学书籍、各种杂志和小册子、儿童科技文选、《儿童百科全书》及文艺书籍等。楼道里也设有书籍陈列架,陈列了供相应年龄段学生阅读的图书。这些图书的陈列和更换由学生们自行管理,这是少先队和共青团委托给他们的任务。每个人都可以在校内阅读或借书回家阅读。各个阅览室配备的图书旨在使学生关注教学大纲以外的内容,培养他们读书的爱好。划出读书专用间,经常关心学生个人兴趣的发展,是智育的重要方面。

老师们按照阶段内对孩子们的精神生活具有特殊意义的主题,以推动学生智力发展基础为标准挑选图书,放入书橱,每个知识领域的图书都有一个独立的空间。例如,供一至四年级的学生阅读的图书是按照以下类别分格摆放的:

无生物界；生物界；花卉；果树；飞禽；劳动；人；艺术；我们的祖国和人类的过去；世界各民族；名人生平；少先队员英雄人物的生平事迹；技术；世界各国民间故事；游戏、谜语、谚语、俗语等。

五至七年级阅览室的图书分为以下类别：

动植物界；祖国的大自然；花卉；果树；飞禽；无生物界；世界各国与人民；祖国的往昔；名人生平；人与人是朋友、同志和兄弟（关于集体主义、友谊和互助的书籍）；数学和物理；机械学；电工技术；化学；自动化技术和无线电电子学；科学幻想；专业与职业；世界各国民间故事；关于英雄主义的书籍；游戏、谜语、谚语、俗语等。

八至十年级阅览室的图书分类体现了年轻人认识世界的多样性意愿，他们对科学尖端问题尤其感兴趣。以下是分类名目：

个人与集体；未来的社会；何为道德；人与人是朋友、同志和兄弟；伟大的思想家——空想社会主义者；各个时代各国人民争取社会和道德进步的斗士；著名的科学家、作家、作曲家、雕塑家、画家、演员；优秀的劳动人物；物体、物质和能量；粒子世界、力场、引力、电子学、控制论、遥控技术、仿生学；化学；生物化学；天文学；航天学；我们的同龄人——我国和别国的当代青年；生活中永远存在建立功绩的机会；尚未解决的科学问题；关于当前的社会生活、文学、艺术的现实性问题的报刊讨论文章；幻想、探险的世界；爱情与友谊；职业、技能；《苏联小百科全书》、辞典、手册等。

此外，各阅览室配有以下杂志：

《知识就是力量》《技术青年》《少年技师》《少年自然科学家》《知识
与劳动》（乌克兰语版）、《大自然》《寰球》《新世界》《十月》《物理学问
题》《艺术》《少年》《青年与技术》（德语版）、《友谊》（法语版）、《美学
教育》（捷克语版）等。

如果没有课外阅读，课堂阅读就会变为死记硬背。

补充购置各类书籍的经费来源是图书专用基金。如果不补充阅览室的书
籍，就意味着斩断为课堂智力劳动输送营养的根源。

五至七年级阅览室的"无生物界"类别的书目列举如下：

加涅依泽尔著《江河为什么流入大海》、梅津采夫著《我们周围的
水》、马尔著《谈谈普通的铁》、卡尔马申著《风及其利用》、阿尔汉格尔
斯基著《一滴水的旅行》、利亚普诺夫著《关于大气的故事》、西多罗夫
著《从松明到电灯》、科马罗夫著《寒冷》、莫罗佐夫著《模型的奥秘》、
帕夫洛维奇著《无生物界的仪器和模型》、斯米尔诺夫著《物理实验和自
制设备》、阿尔曼德著《可怕的力量》、扎瓦里茨卡娅著《火山》、戈尔什
科夫著《地震》、巴耶夫著《地球——天体》、奥戈罗德尼科夫著《地球
靠什么支撑》、伊万诺夫斯基著《太阳和太阳系》、巴耶夫和希沙科夫合
著《社会学入门》、布勃列伊尼科夫著《地球的奥秘》《地球与钟摆》《地
球的结构和成分》《地球的财富》、费尔斯曼著《有趣的地球化学》《有趣
的矿物学》《宝石的故事》《关于岩石的回忆》、莎斯科莉斯卡娅著《晶
体》、布亚诺夫著《奇妙的原子》、热姆丘日尼科夫和戈尔合著《煤》、吉
洪拉沃夫著《石油的故事》、雅科夫列夫著《岩石中的世界》《寻找矿藏
之路》、拉祖莫夫斯基著《怎样辨别矿石》、苏斯洛夫著《水及其利用》、

泽尔泽耶夫斯基著《大气海洋》、切斯特诺夫著《电离层之谜》、斯捷科利尼科夫著《闪电与雷雨》、伊林著《人与自然现象》、沃尔佩著《大化学》、别姆和道尔吉合著《原子巨人》、沃尔科夫著《天与地》。

教学主楼里除教室外还设有专门的数学教室、语言文学教室、外语有声资料库教室、无线电实验室（内设校广播站）、音乐室、少先队室、共青团室、校博物馆、教研室、家长活动角、摄影实验室、造型艺术角、体育馆、安静角（学生可以在这个僻静的地方单独待着，思考、幻想，和同学们交谈，看看书报）以及自我服务工具储藏室等。

五至十年级的学生都在主楼上课，物理、化学、生物和劳动教学等课程则需要到其他楼的专用教室和工作室去上。在天气暖和的日子，体育课一律在户外操场上进行。

各年级学生在课余时间都可以到数学教室活动。少年数学家小组也在此活动。因此，这里的橱柜里既有适用于学龄初期和中期的数学游戏，也有适用于学龄晚期的数学史书籍、习题集、计算仪器和装置等。自建校以来的毕业考卷也存放在数学教室里。

语言文学教室里收集了两百部文艺作品，每个人都需要利用在校上学的时间读完这些书，这样他才能成为一个在艺术上有教养的人。这比通常一个人迈入成年前所看过的书要少得多，然而要做到让学生把这些书看完（有些著作需要反复看几遍）也不是一项容易的教育任务。这里还有面向各年龄段同学的推荐阅读书目和单独列出的需要反复读几遍的著作目录。我们认为，缺乏这些基础，道德和美学教育就无从谈起。这里有学生自编的对优秀艺术作品的评介，有致少年读者的建议，有建校以来的优秀作文集、文艺壁报专刊，有手抄杂志《我们的创作》的汇编本。

在推荐学生反复阅读的著作目录中，我们写下了这样几句前言：青年们！在你们面前的是进入人类艺术宝库的著作的书目，这些书需要反复阅读。它们将教会你们如何生活，向你们展现艺术之美。

列入书目的作品有：

> 拉吉舍夫著《从彼得堡到莫斯科旅行记》、格里鲍耶陀夫著《智慧的痛苦》、莱蒙托夫著《当代英雄》、普希金著《叶甫盖尼·奥涅金》、屠格涅夫著《父与子》、托尔斯泰著《战争与和平》《复活》、涅克拉索夫著《俄罗斯妇女》、果戈理著《死魂灵》、车尔尼雪夫斯基著《怎么办》、萨尔蒂科夫－谢德林著《戈洛夫廖夫老爷们》、契诃夫著《草原》、高尔基著《伊则吉尔老婆子》、肖洛霍夫著《静静的顿河》《被开垦的处女地》、奥斯特洛夫斯基著《钢铁是怎样炼成的》、法捷耶夫著《青年近卫军》、波列沃依著《真正的人》、列昂诺夫著《俄罗斯森林》、扬诺夫斯基著《骑士们》、冈察尔著《旗手》、莎士比亚著《李尔王》《哈姆雷特》、塞万提斯著《堂·吉诃德》、歌德著《浮士德》、席勒著《威廉·退尔》、海涅著《德国》、拜伦著《恰尔德·哈洛尔德游记》、雨果著《悲惨世界》、查理·德·考斯脱著《蒂勒·乌伦什皮格勒》、伏尼契著《牛虻》、巴尔扎克著《驴皮记》、罗曼·罗兰著《约翰·克利斯朵夫》、杰克·伦敦著《马丁·伊登》、密兹凯维奇著《塔杜施先生》、伐佐夫著《轭下》、伊拉塞克著《捷克古老传说》、鲁斯塔维利著《虎皮武士》、谢甫琴科著《科布札歌手》、亚美尼亚叙事诗《大卫·萨松斯基》、伏契克著《绞刑架下的报告》、霍斯罗夫·鲁兹别赫著《托付给风暴的心》。

大家就读过的和反复阅读过的书籍内容谈话交流，用这种方式唤起学生们对已读书籍的进一步兴趣。

外语教室里有我们学校所授两种外语（德语和法语）的课外读物，另外还有英语读物，每位同学都可以（在小组）任意选修英语课。这里还设有录放设备，有课堂教学和诗歌朗诵、散文朗诵的录音磁带，有教师、作家、工程师和社会活动家们的讲话录音资料库。另外还单独存录有一部分学生在外语课上的回答及对他们的发音所做的语音学分析。卷宗里还保存有与外国中学生的集体往来信件（外文），以及标记着与我校学生通信的国外通信者所在国家和城市的地图。

无线电实验室里有从事无线电实际活动必备的各种设备：组装新无线电收音机的成套元件，用来向无线电操纵的模型动力机械发射指令信号的无线电发射机。这里还配有成对的无线电收音机（一架用来收听和收录节目，另一架则放在台上）以及电视机（另一台电视机放在物理教室，供学生们集体收看节目）。无线电实验室里还设有校广播站，用来转播每周的电台专题广播节目（每个教室、活动室和工作室都装有扬声器），还有磁带录音设备（可用来收录课余文艺团体的演出、个人表演及学校的来访者和家长对孩子们的讲话等）。学生安装了两个广播站：一个位于无线电实验室，另一个在物理教室。

音乐室是用来进行音乐和歌咏等课外活动的场所。这里配有供学习音乐知识使用的设备和直观教具，收集了古典和现代音乐的唱片。我们希望这些作品成为学生们的精神需求：课余时间来这里听听音乐。音乐室里还配有各种民族乐器。

少先队室放置了少先队大队的家具什物和象征物（大队队旗、中队旗帜、古巴、民主德国、捷克斯洛伐克等国少先队授予我们学生的红领巾、鼓号等），保存了孩子们入队时写的决心书卷宗。有的父亲出席儿子入队仪式时会拿出他在二三十年前写的决心书给儿子和全大队看。家长对儿子和所有孩子的祝词使孩子们十分激动，触动了孩子们的内心深处。为少先队小型图书馆配备的图书包括杰出人物的传记；还有汇集了介绍我们祖国及各国人民英雄儿女生平事迹的书；陈列了关于各国人民团结友好的事例、保卫和平的斗争以及关于各国儿童生活情况等方面的书籍。我们的孩子清楚地明白，世界各国劳动人民儿女的思想和追求是一致的。

少先队室的墙上，和我国少先队员英雄人物肖像并排挂着的是曾因美国原子弹爆炸而严重受伤的日本广岛女孩佐佐木贞子的画像。同世界上所有孩子一样，我们的少先队员得知小女孩遭受死亡的威胁时，给她寄了许多纸鹤（按日本习俗来说，纸鹤可以带给人幸福）。未寄出的纸鹤（当时正准备寄发时传来了女孩去世的消息）陈列在她的画像下面。这里张贴着饱含义愤之情的标语："我们永世诅咒那些向和平城乡投掷及企图投掷原子弹的刽子手。我们苏联儿童希望大地上永远是明朗的晴空。"

少先队室挂着我们引以为傲的前辈少先队员的画像——他们是优秀的工人和农民，还陈列着他们赠给学校的礼物——书籍和图片等。这里还有儿童音乐作品的录音。我们希望为孩子们打造更多的角落，让孩子们可以在那里听一听最喜爱的音乐，畅想未来，和自己的朋友们在一起或单独待一待。

在共青团室，孩子们可以和朋友谈心，可以看书，也可以像在少先队室一样听听音乐。这里配备了从《杰出人物生平》丛书中选出的书籍和介绍共青团历史的书籍；在单设的书架上还有讲述为崇高理想建立功勋的书，讲述胸怀宽广、理想崇高的火热生活的篇章。这些书如同摆在书写着关于生活目标的语句的红色标语牌前的鲜花一样具有象征意义，这些名言出自那些争取社会进步的英勇斗士：乔尔丹诺·布鲁诺和康帕内拉、扬·胡斯和加里波第、柯斯丘什科和科舒特、恩斯特·台尔曼和赫里斯托·博泰夫、圣·卡塔亚马和帕特里斯·卢蒙巴、尤里乌斯·伏契克和尼古拉·奥斯特洛夫斯基、车尔尼雪夫斯基和亚历山大·乌里扬诺夫、马克思和列宁。年轻的人们在这个安静的角落阅读，思考生活。共青团室里经挑选后的音乐作品主要符合年轻人的情感和感受。

校博物馆中收藏了被全校师生视为我校荣誉和尊严的一切，这一切让我们团结为一个和睦的家庭。陈列品中有体现同学们劳动技能的实物（活动模型、仪器和绘画等），有为祖国建立功勋的校友肖像，有已退休的教师的肖像及他们对学生集体致辞的录音带。这里还保存了记载班集体做好事的记事簿及多年前的毕业生的优秀作文和作业本。博物馆还陈列有报刊剪辑，文章记述了本村乡亲们对学校、对个别师生的美好回忆。

教研室是供教师们工作、阅读和思考的场所。这里的教育类藏书涵盖教育理论和教学、心理学、伦理学和美学等方面，还有百科辞书和各类手册。这里还有涉及教育和教学问题的文章的剪报，这些文章是按以下类别单独存放的：道德教育理论与实践；智育；体育；美育；综合技术教育与教学；勤劳精神的培养；个人爱好和志向的培养；学生的精神生活；知识掌握过程的心理；学龄初期、中期、晚期儿童的心理特点；职业选择；集体中的男生和女生；科学基础知识教学法（按各科分卷存放）；低年级教育教学工作；学生的书面创作；科学技术新闻（分自然科学类和人文科学类）等。个别卷宗的材料贴在大张纸上，可供张贴使用。教育教学类的张贴材料向教师们展示了描述人的道德面貌和英雄事迹的特写、随笔和报道，这些内容为年轻一代树立了榜样。新书陈列架上展出了新出版的教育图书。

家长活动角陈列了反映孩子的劳动、学习和创作的各种展品。每一位家长都可以在此看到自己孩子优秀的一面：完美完成的书面作业；自己亲手在工作室制作的工具或活动模型；练习本、图表、绘画等。老师可以在这里与学生的父亲或母亲单独谈话（这种单独的谈话非常重要）。

教员休息室除了课程表之外，没有任何其他使人感觉置身学校环境的东西：桌上摆着鱼缸；旁边是绿化角，有净化空气的观赏植物（柠檬树、月桂等）；桌子旁是一些软椅，桌上摆着一些杂志和象棋。

造型艺术角是二楼的一间教室和一段走廊，这里常常举办小画家们的画展。橱柜里放着美术画册和书籍，它们讲述了世界上最重要的博物馆的珍宝。《艺术新闻》陈列橱里有剪报。

安静角是一间不大却舒适的房间。墙上挂有著名画家作品的复制品（挂两幅作品，定期更换；例如，近三年挂出的名画有：列维坦的《金色的秋天》、库因吉《白桦林》、瓦斯涅佐夫的《阿廖努什卡》、瓦西里耶夫的《雷雨前》、特鲁托夫斯基的《月夜》、波希托诺夫的《冬日黄昏》等）。桌上摆放着名画翻印册和音乐作品录像带，可以引起大家的思考、回忆和幻想。

女生角设在一个小房间，里面放置了关于解剖学和生理学、少女和妇女卫生以及母性的书籍（书库会不断更新）。少女们很乐意看这些书籍。

每幢教学楼里都有存放自我服务物品的储藏室。每个班级都有自己的水桶、浇花的喷壶、长把笤帚、抹布等。每层楼都有吸尘器。每件东西都有固定的存放地点。

学生进入教学楼之前要擦洗两次鞋：第一次在学校围墙旁的洗鞋池，走过水泥小道进楼之前再在另一个池子里彻底洗净。值日生要检查鞋是否干净，方法是：让学生站在白色粗麻布上蹭鞋底，布上不留痕迹，便可进入校舍；如果布上显出污迹，学生就得去重新擦洗，并把粗麻布也带回去洗净。每个学生在这些程序（洗鞋、检查）上每天花费的时间不超过两分钟，但是这两分钟可以大大减轻清洁工的劳动，节省学生自我服务的时间。

楼与楼之间的过道总能够保持绝对干净，即便在雨天被淋湿后，孩子们脚上沾到的也只是雨水，而不是泥泞。

每个教室都设有家务角，里面备有针线、纽扣、布头和小布块。

一、二年级上课的教学楼里设有游戏室和故事室。游戏室里有供小孩子玩的玩具，旨在拓宽孩子们的眼界，培养他们的机敏性和种种实际技能和技巧，而最主要的是树立他们对周围世界的人生趣味态度。每逢天气特别寒冷时，孩子们就在这里玩耍。

大部分玩具都是电动的，有些是由高年级学生按自动化原理制作的。在玩具的配备和使用上，我们遵循以下原则：玩具应当成为推动学生全面发展的工具，特别是在智力及电学教育方面更应如此（弗拉基米尔·伊里奇·列宁）。①

---

① 《В. И. 列宁全集》，1963 年，第 42 卷，第 160 页。

故事室里的布景和各类模型营造出童话的意境。例如，一个角落是森林、鸡爪支撑的小木房和猫头鹰的树洞家，让人联想到关于老巫婆的俄罗斯民间故事；另一个角落里是用胶合板制作的模型，讲述的是关于小男孩被天鹅驮走的乌克兰童话；第三个角落是安徒生童话中的一个场景；第四个角落是日本童话的某场景。这一切都是为了对孩子施加情感上和审美上的影响而设。有些阅读课和言语表达课会在此进行。课余时间在这个环境中阅读和讲述故事，会在孩子心中留下不可磨灭的印象。

每幢教学楼都设有生物角，这里有孩子们栽培的花草，孩子们还会在此进行农作物和土壤实验。

低年级的某些课堂是在大自然中、温室里或教学实验园地里进行的。在春秋两季的暖和时节，一、二年级的课都挪到"绿色教室"来上；而冬季高年级的课有时在"冬季教室"里上，这种教室是专门为此而设的。

每个班级都有自己的一些常用物品：一两盆花、柜子（存放练习本、铅笔、直观教具、手工劳动的材料等）、直尺或米尺（供在黑板上做题用）、圆规、指示棒、彩色粉笔匣、算数尺或计算尺。讲桌里存放本班贵重物品（小书库、钱财和其他物品）。

各学科专用教室和工作室都设在距主楼 30～40 米之外的一幢专用楼内。这里设有物理、化学、生物和土壤学、机械学和电工学等科的专用教室（供高年级学生用）；学龄初期和中期的学生的电工技术工作室；无线电技术工作室；少年设计师、少年自动化和无线电电子技师的工作室及一至四年级的学生的手工劳动工作室。楼后面另有一道门通往学校发电站和小"铸造车间"。危害健康的化学试剂存放在地下室保险库里。物理和化学教师备课有专门的实验室。

物理教室和化学教室各设有 20 张双人试验台、放映教学影片的银幕（放映机设在隔壁的放映间内）、黑板和电气化的门捷列夫元素周期表。每张实验台都装有泄水池，以便做实验时排放污水和残液。每个操作台都安装有电路和水管。柜子里备有供个人做实验和进行电工和无线电装配用的仪器和材料。每个操作台都配有"轻便实验室",其中包括供个人使用的一套种类不多的固体试剂、坩埚、喷灯、镊子、研钵、玻璃棒、小铲、吸管、滤纸、盐酸、焊接管、固体酒精及乌洛托品储备等。学生自己装备的轻便实验室对他们的独立活动,特别是对少年地质家的远足起到了很大作用。

生物教室里有用于放映教学影片和幻灯片的银幕,每个操作台都配有显微镜、成套的放大镜和切片,以及学生采集的各类标本和收藏品。

物理教室、化学教室、生物教室里各有一个《科技新闻》文件夹,里面收录了师生们剪辑的报刊和翻译的外国儿童和少年科技刊物中的文章。

近三年间,物理教室添置了三套程序教学设备。教师的桌上是控制台,和每个操作台都有电路相连。每个操作台上都有接收控制台指令的设备。教师可以同时发布 36 项不同的作业指令,每个学生分别接收各自的单独作业。学生完成作业后,向控制台汇报结果,获得评分并接受新作业。这套教学设备在数学和物理课上也适用。数学和外语教室也安装了这种设备。

教室的设备不仅考虑到了按照教学大纲学习的学生,也照顾到了更有才能的学生,他们对某些科学问题在课堂讲授前一年乃至两年就已经熟悉了。学生掌握的大纲以外的知识越多,整个集体的智力生活就越丰富,能力较差的学生智力发展水平就越高,落后和不及格的危险性就越小。

各教室里还有一些演示资料(在需要时可以展出供集体阅读),涉及的主题有:《日常物理》《日常化学》《日常生物学和生物化学》《日常数学》。其中一些资料还配备了仪器设备,通过生动有趣的形式揭示大自然规律的实质。

为高年级学生设置的机械学和电工学教室装配了可运转的电动机模型、电瓶充电装置、变流器、可运转的电气化火车模型、各种机器和机械模型及其他模型和示意图,等等。这里有用于分组上课(可供 15 人,即班上半数同学使用)的操作台和进行集体活动的空间。高年级学生在这里装配各类活动模型、机器及各类电气仪表和装置。

　　中低年级的电工技术工作室则是供少年电工和电气装配工活动用的。室内配备了供 15 名学生使用的操作台；在一些桌子上有通电的机器和机械模型。每张操作台上都有设计和制作电气仪表和模型所必需的元件、材料以及电气装配工具。配备机器和机械模型的目的在于使学生看到机械能、热能和化学能的相互转化过程。电工教室里除了有能解释电工原理的机械和装置外，还有能反映前景的机械和装置（用半导体制作的热电装置，能解释无电机发电原理的模型等）。低年级电工爱好者的活动基础也设在这里，为他们配备了桌子和几个专门配置成套工具的操作台。孩子们在这里制作小型发电机模型，用现成的部件、零件和单个机械装配机组模型。

　　无线电技术工作室里有 12 个操作台，只有那些喜好无线电技术的学龄初期和中期的学生才在这里活动。这里几乎所有的机器、仪器和装置都是课外活动小组组员在更有才能的八至十年级的学生的指导下亲手制作的。每个操作台均配备了完成各种难度的劳动作业（装配无线电收音机、制作操纵无线电模型的装置等）所需的材料和工具。工作室是为开展长期和集体共同协作的活动而设的。

　　少年设计师、少年自动化和无线电电子技师的工作室里配有金属和木料加工机械和工具（虎钳，车床两台，钻床、铣床、刨床各一台）、电熔炉、电烙铁、细木工电锯等。我们为年纪最小的学生单独划出一个角落，配备小型钻床两台、车床两台和铣床一台。孩子身边的各类机械能够激发他们对于技术性创造的兴趣。

　　工作室的另一部分供自动化技术和无线电电子学小组活动。此处配备了进行金属精密加工的五个操作台，配有测量仪器、电烙铁、制作各类继电器的材料及制作根据自动化原理运转的机器和机械模型材料等。工作室中央是一台加工塑料和软金属零件的程序控制车床。工作室的一些基础设施也能使人想起组员们的劳动特性：室内灯光的开关是自动的；进行焊铁时有通风柜排废气；规定小组活动时长的钟表也是自动启停的。

一至四年级的手工劳动工作室设有供一整个班进行学习活动的操作台，操作台配备了存放材料和工具的橱柜、细木工电锯和两台木工车床。四年级结束前，孩子们已经学会使用这个小车床了，这和学习使用剪刀一样，是劳动的初步技能。手工劳动工作室并不是随便设立在其他工作室旁边的：要让低年级学生每次可以看到高年级同学在做什么，可以接近那些少年设计师、少年自动化和无线电电子技师和少年电工技师能手。他们会亲身体验到，光有从事某项有趣活动的愿望还不够，还要学会锯、刨、粘、磨才行。一般来说，年幼的同学应当多目睹年长的同学是如何学习和工作的。

校发电站分两部分，具有教学功能。

第一部分装配一台16千瓦的交流电发电机的动力装置，一台4.5千瓦的交流电发电机的动力装置，一台两千瓦的直流电发电机动力装置，一台热电发电机、电池充电装备、电熔槽、电熔炉、电焊设备、铣床、研磨装置和圆锯等设备，安装这些设备的目的是发电站在教学运转时不白白发电。

第二部分是儿童发电站。这里装配了低压小功率交流电发电机的动力装置。发电机可以连接各类活动模型。高年级学生在这里安装了几个装置，可以自动启停小内燃机，避免不幸事故的发生。

发电站旁边是"铸造车间"和锻工炉。

专用教室和工作室里的一切几乎都是师生亲手制作的。我们的专用教室和工作室中每年都会添置新机床、活动模型和装置、试验台及设计和制作模型台案。1963~1964学年，师生们制作了一台金属铣床、一台木工万能机床、一架圆锯、两台程序控制旋床、6台供中低年级学生使用的小型金属车床、15台交流电发电机活动模型和45台无线电收音机。我们制造的金属加工机床不仅可供自己使用，还能为临近的学校供货。近十年来，我们向其他的八年制学校提供了18台车床、45件数理化各科直观教具。

教学主楼旁边是教学工厂。学生进入工厂要更换长工作服或连裤工作服（视工种而定）。工厂工作间分为木工、钳工和电工三部分。木工和钳工部各设 20 个操作台，电工部设 18 个操作台和一个装配台案。

木工部装配了 5 台木工旋床、一台刨床、一台铣床、一台万能床、一架圆锯和三台小型旋床。每个车床工作台都配有工具箱，箱内每件工具都有固定的位置。室内装有排气管，可以清除空气中的粉尘。这里还有学生们装配的木屑制砖机，可以把木刨屑和木屑制成用于卫生技术上的隔热材料。

钳工部有 4 台车床、一台钻床和一台铣床，还有两台小型车床和一台小型钻床、小型虎钳和 5 块电烙铁。每个操作台都备有虎钳和一套工具。

电工部的每个操作台都配有供装配发电机和制作电气测量仪器及电动制品用的零件和材料。

各部设置的操作台会比课堂需求的多一些。这样设置是考虑到中、高年级学生都有自己的小朋友，而这种友谊的基础则是共同的兴趣、天赋和爱好。无论年长的同学在哪里劳动，他们总会考虑到年幼同学的劳动。这也是每个分部里都有小型机床的原因。

现今工厂人口处有一个金属网，下方安装了一个小空室和排气管相连。当人一踏上金属网，通风器就会自行启动，气流便把他鞋上的尘土清除干净。

校图书馆也设在教学工厂所在的那栋楼里（有单独的出入口）。图书馆里收藏的是孩子们需要熟悉的书籍，其中一部分是在阅读室、语言和文学教室、少先队室和共青团室会读到的。教学大纲中涉及的任何一本书都可以在校图书馆找到。图书小组负责管理读书登记簿。登记簿里有学生名单，纵列标出了每名学生必须阅读的书名。学生每读完一本，便在簿上做标记。

若干书橱专门用来存放"世界文学不朽之作"的书籍，这类书籍有丰富的存量。教学主楼大厅里便张贴了这份书单。没有读完这些书籍的学生会被贴上缺少文化和无知的标签。如果有学生因为某种原因很少阅读这份书单上的书籍，校务委员会会专门讨论这桩"事件"。

供高年级学生阅读的学术著作是按照科目挑选的——文学、历史、数学、物理和化学等。

供家长阅读的专栏也在不断扩充中。

三、校园及其教育作用

校园的南部、西部和北部是一片占地两公顷的果园，果园里培植了乌克兰生长的所有果木——苹果、梨、李子、杏、桃、樱桃、欧洲甜樱桃、核桃等。20年前学生们开辟的这片果园如今每年都在不断扩大。教学主楼旁边是一片葡萄园（占地0.2公顷）——它是全体师生的"宠儿"。每年从五月到十一月，孩子们先是欣赏茂密的叶蔓之海，随后则是日渐成熟的累累果穗。

学校各幢楼都被樱桃树、杏树、苹果树、梨树、核桃树等各类树木遮蔽着。学校里栽种的杏树和梓树很多，还有一些在我们这里少见的乔木和灌木——花楸树、垂柳、松树、松树、云杉、雾松、扁桃树等。

由于有茂密的树木覆盖，在春秋暑热季节，校园里的空气也总是清新凉爽的。

果园和葡萄园之间是一号温室和绿色实验室。温室里培育的是花卉和蔬菜，也是开展实验的场所。有一道竖架立在温室中央，周围是一些折叠凳和供班级活动的地方。温室是学生们搭建的，他们还为温室安装了中央供暖和自来水管道。在严寒的冬季，温室的气温也能保持在27摄氏度以上。

通向一号温室的小路旁架设了一排金属拱架，上面盘绕着耐寒品种的葡萄枝蔓。

这条小路的另一端通向设在教学主楼的校食堂。

绿色实验室是少年自然科学家和其他科学学科小组进行实验活动的中心。这里有一间用于课堂活动和实验的明亮房间和一间存放什物用具的储藏室。房间里有许多板架，架子上摆放着盛放土壤标本的箱子，储藏室里则存放各种器皿、土壤混合物样本及用具（铲子、小锄、耙子、喷壶、喷雾器、花木剪刀等）。南侧是镶玻璃的走廊。冬天在这里可以开展锻炼植物的且温度要求较低的实验；春季这里又可以作为培育花卉幼苗的另一间温室。走廊和地窖出入口相连。地窖的冷藏室里可以开展生物和生物化学实验，能够储存在发育上需要在低温环境下储存一段时间的植物的种子和幼苗。

绿色实验室里设有干燥室，用来干燥种子和果实或植物的个别部分（根、茎、叶）。两个橱柜里放着植物标本、土壤和矿物肥料样品。绿色实验室也和其他建筑一样由校中心水箱供水。水箱中有浮子继电器，可以自动控制所需的水位，继电器同自动开关水泵的装置相连。这套装置是高年级学生在物理教师指导下制作的。绿色实验室也是学生们亲手修建的。

一号温室旁是玻璃温室，以生物燃料供暖。

专用教室楼旁是二号温室，也是学生们亲手修建的：这个温室用于培植柑橘类植物——柠檬苗圃。

温室后面，在茂密的果林中是教学实验家兔养殖场的小房子。对学生们来讲，修建这座房舍是一次特殊的劳动学习：他们在那里学会了砌砖、拌和灰浆和制作混凝土板。兔舍里有兔笼、饲料槽和用具存放室。兔舍地面有暗管，可以把兔笼中排出的液态污物输送到教学实验园地作肥料。

我们把离学校不远的集体农庄奶品场的一个小部门也纳入我校的物质基础范围之内。少年畜牧家小组的组员们在那里照看奶牛和小牛犊。

奶品场的劳动文明程度较高。机械化减轻了体力劳动，让劳动变得有趣。如粪水通过机械输送至菜园。学生们在菜园种植的蔬菜产量很高，他们还学习驾驶拖拉机和操纵灌溉机械。

兔舍和专用教室楼之间是一片桃树林。春天，当桃花盛开时，一部分果园被一层粉红色薄雾所笼罩。青年男女时常来到这里欣赏这大自然的美丽景色。置身于此等美景中，干起活来也会更有趣，干劲十足。

葡萄园一旁的树荫下是养蜂场。这是最安静的一片角落，学生们可以在这里独处、交谈、畅想。

离养蜂场不远处是一条栗树和云杉林荫小道。云杉幼苗是我们的白俄罗斯朋友——戈梅利州科尔姆寄宿学校的同学送给我校的礼物。我们一道种下了象征友谊的云杉林荫道。

校舍北侧是孩子们的剧场和电影厅。戏剧小组的活动室也设在这里，这里会上映戏剧和课余文娱小组的演出，也会放映电影。放映的影片由校务委员会负责指导选取：学生们应当只观赏电影艺术中最优秀的作品。

剧场左边是橡树林，由近及远树林逐渐变为灌木丛。这是低年级学生游戏和休闲的一片极好的活动区域。树林后面便是操场，操场上设有跑道和排球、篮球、网球、冰球等球类场地。

池塘上是一个小型的学校水上活动站。池塘的一旁是水地草甸——这是暑期休闲和到大自然游览的好地方。

学校的西边是少年建筑家小组的小房子。从春季到秋季，组员们都在这里制作学校生产设备所需的钢筋混凝土板、砌块、管件及其他零件。小房子旁是地理模型场地和气象站，那里有必备的仪器，用于测定气压、风力、风向、气温、降水量等。地理模型场地旁边是一座不大的风力发电站，所生产的低电压电力可以用来驱动小型活动模型。

果园旁是一块占地两公顷的教学实验园地。园地里有粮食作物和经济作物轮作的田地、果树苗圃、儿童肥料场。孩子们在实验园地里进行各种实验，研究植物的生活条件。收获的粮食留作种子或分给集体农庄和其他学校。果园和葡萄园的收获物几乎全部由孩子们（既有我校学生，也有其他学校学生，他们常来我们这里做客）共享。

果树苗圃里栽培了各种果树苗木。另外还有培植葡萄幼苗和各种观赏树木（栗子树、核桃和梓树）苗木的苗圃。每年培育出的近半数苗木都会无偿分送给附近的学校，本校学生家长和那些热爱自然、愿意从事园艺的人们。每逢春秋两季"果园周"，生物学教师在这里向居民作有关树木养护的介绍。剩下的半数苗木则按价出售，所得收入用来补充学校的物资设备（特别是用来购置适合我校制作的金属和木材加工机床用的电动机）。

肥料场占地 0.03 公顷。学生在这里配制各种有机和无机混合肥料，研究各类肥料对土壤成分和对有益微生物生机活动的影响。肥料场内建有混凝土沤肥池，可把各种有机废物转变为肥料。

教学实验园地后面是机械学教室和停放两辆教学用的汽车和拖拉机的车库。农用机器和机械（播种机、犁、松土机、果树喷雾机等）也都停放在这里。机械学教室所在的房舍和两个车库（除主要车库外，还有一个停放组员们自己装配的两辆微型汽车的小车库）也都是高年级学生自己修建的。小车库还附设有少年发动机手小组的活动间，装配发动机需要的工具及制作模型的材料也都存放在这里。大家在活动间开展有趣的活动——搞小规模机械化，设计并安装一些电动机械，以代替手工劳动。

校长的住所在教学主楼。校长应当尽可能地接近孩子们，感受整个集体的生活脉搏。住所有一个通向林荫道的门。我们和学生有一种默契，他们从不打扰这个角落的宁静，如同不论校长还是教师也从不打扰学生们所需的那些独处场所的宁静一样。

校园里到处都是花草树木。学校不需要空旷的院子，以免起风时尘埃从窗户刮进来。我校有许多草坪和绿树成荫的幽静角落。绿化地段很多，即使学生有时在草坪上走动或坐在上面，也不可能把它完全压坏。

校园里培植了众多花草林荫道和小树林。由教学主楼通向专用教室和工作室及厕所的甬道两侧栽有玫瑰花丛，这条玫瑰林荫甬道是散步的绝佳之处。在果园里、桃树林里、橡树林里有不下三十处散发着花草清香的幽静角落，孩子们可以在那里沉思、遐想或聊天。跟人的生活相关的一切都应当是美的，所以我们才如此重视周围环境的美化。

那些为寻求僻静、获得休息和进行谈心而设的幽静角落里的花草树木都不是随意种植的，而是考虑了每棵花木所能赋予人精神生活的某种审美和情绪色彩。培植和照料新的玫瑰花丛，把玫瑰嫁接在野蔷薇上，都是整个学生集体的劳动；将于一年后来我校学习的小朋友们也参与此项劳动（他们采集种子种植野蔷薇砧木）。

有一处种了成片的锦葵。锦葵是快乐之花，人们在有所思或有所忧的时候总喜欢寻找锦葵。在一片锦葵中间长着一株很大的葡萄，藤蔓攀附在一棵樱桃树树干上。葡萄果穗在锦葵的鲜艳花朵的衬托下显得格外有生气，使得陷入忧伤的人们感受到大自然永无止境的生机勃勃。

紫罗兰、康乃馨、翠菊、唐菖蒲、虞美人等花卉分别长在各自的僻静角落。在一片比较偏僻的地方有一片铃兰花，这是中年级学生种的，他们常在这里欣赏那碧绿的茎叶和雪白的铃状花朵。大家很少采集花卉做花束。我们一向很少使用大把花束，作为装饰点缀的花也都是开至极盛的花朵。人们创造富有生气的美景，并从中得到美的享受。学生们春天观赏繁花满园的果林，而夏季和秋季则欣赏垂挂枝头的累累硕果，樱桃、李子、苹果、梨、桃子，无所不有。

一处偏僻的地方保持着原始密林的幽静。学生们总是去那里迎接早春的来临，欣赏那初吐花蕾的雪花莲。垂柳的长长枝条在两处僻静的角落形成了天然的凉亭（其中一处变成了夜莺的栖息之所）。青年们常常来此抒发忧伤和欢乐之情。各年龄段孩子们的思想和体验都带有自己的情感审美色彩。小孩子们都喜欢热闹欢快的草场和色彩明快清晰的小树林。我们把几片这样的草地和小树林划给了年纪较小的孩子们专用。他们在此处建了鸟禽养护基地，在树上为山雀和其他鸟类飞禽架设饲料槽。这里还有几处"秘密"之所，小学生们在这里做游戏，收藏他们的"宝物"。有一座半坍塌的旧窝棚，只有小学生们可以进入。他们在此做装扮印第安人或宇宙探险者的游戏和其他游戏。

青少年则喜欢追求那些激烈的、不同寻常的、富有浪漫性的东西，喜欢玩一些需要克服种种困难的体力游戏。他们在丁香丛中、在草木丛生的沟谷中、在森林里开辟了几块角落，这些地方都是不易进入的。这里有神秘的"洞穴"，有已经毁损的旧建筑物（以前的砖瓦堆放处）。学生们在其中一处砌了炉灶。少年们在深秋阴雨天的傍晚或者假日常常聚在一起，在那里讲故事，做幻想旅行。我们总是装作不知道他们的那些秘密角落，但对活动则多方给予支持。有一次，他们向我们提出一个不寻常的请求，他们事先想好了某些理由，有些难为情地开口问我，是否可以从哪里拿一节铁烟筒，我也未加细问他们要铁烟筒做什么（即使问，他们也不会讲）。我校其他教师遇到这种情况时，也会这样处理。而且，无论哪位教师有幸受到少年们邀请他到某个"洞穴"，他都会觉得这是幸福的一天，而并非人人都能享受到这种幸福。

在另一个僻静的角落里有一个饲养动物的小屋子，这是一间小茅舍，里面放着几个笼子。这里是孩子们的一些"小朋友"的栖身之所，其中有折了脚掌的小狐狸，伤了眼睛和撕裂了耳朵的两只小兔子，一条游蛇，一只刺猬，带着几只小猫的来历不明的老猫，不知被谁抛弃而被孩子们喂养起来的一只小狗等。到秋季，这里也会出现被打伤了翅膀的野鸭。此外，这里还是收留那些不慎从巢窝里跌落在地的雏燕和麻雀的"托儿所"。这些小动物都得到了孩子们的精心照料。

有时，孩子们还可以从集体农庄饲养场抱出一只被畜牧家认为无药可救的病羊羔。这时，这个简陋的偏僻茅舍里便出现很多大自然的少年保护者。这间简陋的茅舍是道德教育的基地之一。拾起一只从巢中跌落的小麻雀，把它喂养好再放生，这一举一动里的善良之情在孩子的心灵里逐渐生根发芽。

果园的中心是一个鸽窝。一个镂刻花纹的精致的小木房架在一根木柱上，耸立在树木之间。

学校庭院里还有家燕筑巢区，孩子们架设了木板屋檐，许多燕子在那里筑巢。学校楼房也给燕子筑巢创造了条件。另外，学生还在树上为山雀悬挂了开有洞口的鸟屋。对燕子和山雀的关心能培养人道精神。

从初秋时节起，果园和学校旁边森林中的树木便披上五彩斑斓的秋装：橙黄色、金黄色、深红色和绛紫色交相辉映。随着时间的推移，这种色彩每周都会变化。许多树木的叶子过冬也不脱落，而一片橡树林则整个冬季都呈现深红色和橙黄色。

按照传统，每个年龄段的学生都有属于自己的角落。常来葡萄凉亭的是年纪最小的同学，八年级学生较喜欢玫瑰和锦葵花丛，垂柳之间则是青年人的林荫小道。我们作为教师，都十分慎重地维护少年和青年男女们处理个人的、私密的、不可干预的事情的权力。如果教师们走进高年级学生经常独处的角落，则会被认为行为不当。同样，高年级学生也以维护我们安静休息和独处的权利作为报答。校园里有些地方学生从不进入，而其中有一处偏僻幽静之所是专供青年教师使用的。这一切并没有经过有意的协商，而是自然而然形成的。各集体之间关系的基础是师生间的互相尊重，尤其是对彼此情感的尊重。

要使孩子们创造的并生活在其中的环境能培养他们的道德审美观，加深道德关系，就必须有一种可以称为（如果可以这样认为）经济创造性的精神。例如，众多花草树木需要大量的水来灌溉，我们便安装了一系列设施，使校园及周边任何一滴降水都不白白流失。各建筑旁都安置了收存雨水的水箱，积存起来的雨水均用于浇灌植物。学校园地都筑有防止土壤侵蚀又可聚积雨水的网格，使雨水全部渗入土壤。大雨来袭时，校园四周及道路上的雨水都可顺着水沟流进我校的教学实验园地和果园。多余的水则可贮存在水泥壁面的蓄水池里。校园内一年所得水量约等于本地降水量的 5 倍。积雪也可提供大量水分，孩子们整个冬季都从大路上收集积雪，在果园里堆起高高的雪堆。这项劳动也培养了孩子们的高尚情操，因为它的目的是带来快乐。

四、校园内部陈设的教育作用

孩子在他周围——学校走廊的墙壁上、教室里、工作室里看到的一切，对于他精神面貌的形成都具有重大的意义。这里的任何东西都不应随便安排。孩子周围的环境应当引导他，对他有所启示。我们希望孩子们看到的每幅画，读到的每句话，都能启发他们想到自己，想到同学。

每座教学楼及每一层楼的陈设布置，都符合该年龄段孩子的情趣和精神生活。

一、二年级的学生上课的楼道里有图片展览橱吸引孩子们前去观看（图片定期更换），这些图片的含义即使不加说明也可以理解，适合刚入学的孩子看。

在学年刚开始时，孩子们可以从图片中了解到，学校里年纪最小的同学可以从事哪些有趣的活动。这个独特的"图片世界"向孩子们介绍了他身边的环境。小学生们饶有兴致地观看图片上那些和自己一般大的小朋友怎样在游戏室、生物角、绿色实验室和温室里活动，怎样在工作间里在小钻床或铣床上、在小型台虎钳上做工，怎样用小锯或细木工锯制作东西。接下来便是介绍低年级学生——少先队员课外活动、休息和劳动的图片。小孩子们从这些图片中可以看到和他们年龄相同或差不多的小朋友怎样驾驶微型汽车，这就更有趣了。这样，图片上介绍的一切便如同真实的世界展现在孩子面前了。

下一个橱窗图片的标题是"如果全国每一位一年级学生……"。这些图片介绍了孩子们能胜任的劳动，以及这种劳动在全国范围内所能取得的成果。如果每一位一年级学生都从地里捡回一棵麦穗，那祖国就可以多获得 5 车厢小麦。如果每一位一年级学生栽种一棵小树，并照料它成长，那祖国就会有 200 公顷面积的森林。这些图片的结束语是："你的劳动就是如此伟大。好好劳动，为祖国创造财富！"

当孩子们刚刚掌握一些阅读能力时，他们就努力去读每幅图片下面的说明。许多孩子在设法弄懂这些说明的过程中也学习了阅读。

我们还给小孩子们展出一些帮助他们理解周围现实的图片。例如，有一组图片以"这是为什么？"为标题。图片上展示的都是孩子们司空见惯的事物——大自然和劳动，但同时每幅图片上都包含一些不同寻常的东西，一些令人疑惑不解因而不得不多加思索的东西：一根柳树枝插在湿润的土里就能发芽长成一棵树，而橡树枝就会枯死，这是为什么？春寒料峭的夜里，当北方有寒流袭来时，果园里生起篝火烤正在开花的果树，树木却不会被烤坏，这是为什么？

第二组系列图片回答"为什么要这样做？"的问题：为什么冬天要在覆盖池塘的厚厚冰层上凿一些窟窿？在酷暑时节，为什么要在干旱土地上的蔬菜秧四周抛洒一些粉碎的腐殖质？为什么夏天人们总是把盛牛奶的罐子用湿毛巾裹起来？要把一块铁做成斧子或铁锤时，为什么要先把铁烧红？等等问题。

第三组系列图片回答"图片上有什么错误？"的问题，每幅图片上有有意安排的错误：在橡树的浓荫下红色的番茄在成熟；集体农庄的队员从瓜地里拿着西瓜从繁花盛开的苹果树旁走过；排排杨树的树影都倒向有太阳的那个方向；人们把蜂箱运到田间，放在播完种的麦田里；等等。这些图片可以引发孩子们对自然现象和劳动的思考。

第四组系列图片的主题是："这是在哪里？"图片上是孩子们已经熟知的一些现象，这些现象是他们从大人们给他们读过的书本上和讲过的故事里，从电影中了解到的，如：一架飞机降落在冰山环绕的一片雪原上，这是在哪里？农民在灌满水的稻田里插秧，这是在哪里？放牧人在用套马索套马，这是在哪里？火箭在满天繁星中飞行，舷窗里是孩子们熟悉的苏联第一位宇航员带着微笑的面孔，这是在哪里？等等问题。

孩子们的年纪越小，他们对于在图片上看到的、对于为扩大他们对周围世界的认知而介绍给他们的事物就越感到新奇和惊讶。这种新奇和惊讶之感便是他们思考的开端。我们展出的图片引发了孩子们对周围世界的兴趣，激发起他们的好学和求知精神。

在一、二年级的学生休闲的走廊上，张贴了剪切下来的儿童报刊。教师们和十月儿童队辅导员们帮助孩子们选取那些介绍我国及国外劳动人民生活的材料，特别是介绍儿童生活的材料。有时他们会把一些题材广泛的剪报材料合在一起，用来布置那些介绍儿童事迹的角落，涉及的主题如：被法西斯统治者枪杀的争取希腊自由的斗士尼科斯·别洛扬尼斯的儿子、受日本广岛原子弹事件之害的小女孩佐佐木贞子等人。

有一个陈列橱和小桌子是专门用来陈列儿童作品的，如手工作品、设计和模型及纸质和混凝纸浆作品等。走廊中心位置的陈列橱里展出了孩子们的绘画。

走廊里最舒适的地方是列宁角。这里摆放着沃洛佳·乌里扬诺夫（即少年时代的列宁）的半身塑像和经过精致布置的陈列橱，内容分为以下三个部分：沃洛佳·乌里扬诺夫当时是怎样学习的？沃洛佳·乌里扬诺夫怎样教导我们？怎样做一个十月儿童队队员？列宁角旁边是一幅以"你看过这些书吗？"为题的画。画上一个女孩用手指向二年级学生应读的书单。书单上的书目时不时会更新。

各教室都设有一块"布告牌"，上面公布值日生名单和课外阅读书目等。每个班都设有自己的作业本展示台，台上标着"要写好，要写对"的字样。

三、四年级上课的校舍室内布置也是以图片为主。图片内容仍然是帮助孩子认识世界和培养他们对于大自然和劳动的兴趣的东西。这里陈列材料的安排也和一、二年级的一样，由近及远，由简及繁。

例如其中有一个陈列橱的标题是——"注意看看发生了什么，想想为什么"。图片展示了一只蜜蜂怎样先飞近苜蓿的花朵，刚一接触又高高飞起，在这样的动作之后才落回到花上采蜜。为什么？向日葵的花盘总向着太阳，为什么？也许你能断定。花盘"追随"太阳的器官在哪里？有时垂柳枝头较低的叶片上会出现水珠，这个时候垂柳发生了什么，为什么？

这些问题会促使学生思考周围世界的现象，激发他们的探索精神和求知欲。

陈列橱"为什么要这么做？"系列的图片下面标着这样一些问题：冬季为什么要在机器的金属部件上涂抹含油物质？为什么雨后一两天要耙地？土豆种子为什么要在下种前在阳光下暴晒？煤在进锅炉燃烧前为什么要泼水湿润？等等问题。

另一组图片的思考问题是:"怎样才能知道……"在任何一根树权都不锯开的情况下,怎样才能知道果树的树龄有多大?怎样能在冬天就知道苹果树春天会不会开花?怎样知道是什么飞机在飞,是螺旋桨式还是喷气发动机式?

画着各种各样机器(联合收割机、脱粒机、中耕机及其他机器)的零部件的图片下面的问题是:想一想,这是什么机器的零件?它在机器上起什么作用?为什么机器没有这个零件就不能正常工作?如果这些事你还不知道,你就观察,想一想!

在一些杰出人物——争取祖国独立自由的战士、作家、画家、科学家、旅行家——的肖像下面的总标题是:"这些都是谁的肖像?关于他们的生平事迹你都知道些什么?"

在"想想看,这个问题如何解决?"的陈列橱里常常列出一些问题(附图片),解答它们都需要你发挥机敏性并对各类自然现象和劳动之间的相互关系有深入理解。另一个陈列橱里是一些技术性创造、构筑和模型制作等方面的智力训练问题。例如图片上是几个零散的部件,图片下面的问题是:"用这些部件能装配什么样的活动模型?"

在"想想看,这些小朋友是哪个国家的?"的标题下的图片上,是日本、土耳其、阿拉伯及其他民族的孩子。孩子们在游戏、劳动,而且他们的活动都带有本民族独有的某种特点。

在"我们的朋友遍天下"的标题下陈列着我校学生收到的从国外寄来的照片、明信片、图片、邮票、书籍等物。

在三、四年级的楼里有一个陈列橱的标题是"诅咒万恶的战争挑拨者和奴役人民的罪人"。这里展出的是报刊剪贴(带图片),揭露了帝国主义分子和法西斯国家统治者的血腥罪恶,揭露了死亡贩卖者——军火垄断资本家惨无人道的阴谋。

三、四年级的列宁角时常摆出有关列宁生平以及有关少先队英雄人物的新书。

这些班级的布告牌上除了一至四年级各班的共同材料外，有时还会以"对少年技术家的建议""对少年自然科学家的建议"为主题张贴一些儿童报刊的剪辑、图纸和实验说明等。三、四年级同学作品的展览内容比一、二年级的要丰富得多，较有才能的少年设计家已经能展出他们亲手制作的木制和金属活动模型了。

五至十年级教学楼内的布置，考虑到了少年和青年们的精神生活特点及他们的智力兴趣和需求。

一楼走廊的布置针对12～14岁的学生，作为学校的门脸，这里反映了教师队伍的教育思想、工作风格、观点及师生的劳动素养。

入口迎面墙壁上是一块色彩鲜艳的标语牌。天蓝的底色衬托着致学生的话语："在学校探索的最主要的内容就是生活目标。认真思考这些杰出人物的卓越见解吧。"

标语下面悬挂着一些杰出人物的画像，画像旁是他们的语录。

少年和青年们反复诵读这些语录，深入思考它们，将它们记录到自己的日记本里。对青年人提出的一些问题也在启发他们，使他们审视刚刚开始的人生道路，思考未来的理想。这些问题有：你是否思考过自己的人生目标？你为自己确立了什么生活目标，达成了哪些，中间又克服了什么困难？你是否在某种对人们有益的事情中尝试过考验自己的意志，锻炼过自己的性格？你如何回忆自己的青年岁月？你要警惕，避免日后在回顾所走过的道路时，为虚度年华而蒙受良心的谴责。

另一块标语牌的主题为劳动。标语牌四周装饰着麦穗、葡萄果穗和橡树叶，中间是名人像和名人语录。

名人关于劳动的思想激发学生们批判地评价自己的行为，进行自我教育。

"青年岁月的功绩"的标语牌蕴含着巨大的教育意义。在这里悬挂了肖像的科学家、社会活动家和作家，都在青年时期就已取得杰出成就，为人类精神生活做出了卓越贡献。

标语牌下面写着:"鼓起勇气努力干吧,为别人创造幸福才是你的幸福之源。不要忘记,在任何劳动中都能诞生诗人、艺术家、发明家。要敢于向往科学和艺术的顶峰。这里,就在我们学校也会诞生拉斐尔和柴可夫斯基们,培养出肖洛霍夫和爱迪生们。要劳动、劳动、再劳动,这样才能发掘你的天赋和才能。伟大的人物首先是伟大的劳动者。劳动的生活就是你的理想信念。"

这块标语牌近旁有一个幽静的角落(摆着长沙发、几把椅子、花卉和象棋桌)。希望少年们在此处停留下来,思考自己的人生目标。

走廊尽头是少先队的列宁室。在列宁半身塑像背后的墙上,悬挂着为祖国献出了生命的少先队员英雄们的肖像。小桌上摆着瓷花瓶,孩子们精心插放鲜花。标语牌上的话语采用了犹如牺牲的英雄与即将投入生活的年轻朋友直接对话的口吻:

少先队员们、共青团员们,请你们停一停!请以片刻静默来追念我们!我们为你们的幸福而牺牲。我们原来和你一样活泼愉快,朝气蓬勃,也和你一样喜欢蹦蹦跳跳、玩耍、游泳和嬉闹。当祖国临难之时,我们每个人都能奋不顾身,英勇战斗。我们为祖国献出了生命。请你此刻思考一下自己的生活,想想你的幸福背后付出了多么高昂的代价。你是否善于珍惜它?你如何充实自己的生活?你是否做好了在劳动中建立功勋的准备?你是否准备好为祖国献出全部力量,甚至必要时献出生命?

这个角落的整体环境使人暂时忘却平凡和日常的一切,沉浸在非同寻常的英雄主义的氛围中。列宁塑像一旁是卓娅·科斯莫捷米扬斯卡娅的肖像,然后是以"列宁对我们的遗训"和"少年列宁主义者守则"为主题的标语牌。

一楼有一条装饰醒目的标语:"知识是巨大的财富。要顽强不懈地掌握知识,把世界改造得更美好,成为一个幸福的人,也为他人带来幸福。"标语下面是杰出的科学家、作家和社会活动家的肖像和他们关于科学、关于知识的语录。

我们希望墙壁上的话语也发挥自己的功能。

标语牌上的深刻思想之所以会深入学生的精神生活，引发相应的共鸣，首先是因为它们是我们的德育、智育和美育体系的组成部分。如果上面那些语录的思想与集体关心的主题无关，那这些言论便不会深入学生的心灵，只能成为一番空谈。所有陈列橱和标语牌的内容都会随着教育工作的内容时时更换。

一楼的前厅也有专门针对学龄中期儿童的标语画，其目的在于激发孩子的求知欲、探索精神和对知识的兴趣。其中有一幅标语画对少年提出的思考题是："请你想一想，人能不能把那些还未被利用的自然力量利用起来？"题目下方是这样一些图片：汹涌的巨浪冲击海岸；闪电穿过乌云；广阔的荒漠上照射着灼热的阳光；地下深处是热水……"请你阅读这些关于自然力量的书籍"（下面是推荐书目）。

第二幅标语画的主题是"你懂机械吗？"一系列画面展示了一些用内燃机或电动机驱动的机械（脱粒机、碎石机、铡草机、分液器、碾谷机、抽水机等）。每幅画下面都有一个思考题，如"想一想，假如把发动机轴的转数增加××转，那么在机械结构上要做哪些改变？""想一想，假设动力机的飞轮直径是××，那么工作机的飞轮直径应该多大？"等等。

第三幅标语画叫作"日常数学"。一系列图片向我们展示了各类（手工和机械）劳动过程，开展这些劳动就一定要懂数学。学生要估算某一劳动过程、选择工具等，需要思考选择哪条公式。另一半则是益智游戏和一些训练机敏性和注意力的题目（这些材料时常更换）。

第四幅标语画的主题是"到处都有'为什么'"。画上展示了一些司空见惯的自然现象和生产过程，但仔细观察这些现象和过程时，需要做出一些解释，这些问题有："为什么天气晴朗时能从较深的井底看见星星？""为什么冬季很少有暴风雨?""为什么天气潮湿有雾时森林里听不见回声?""为什么司机在急转弯处要减速",等等。

第五幅是"你读过这些书吗?"在五至七年级应读书目旁,是对少年读者的一些指导性意见(建议应当怎样读书、怎样做读书笔记、怎样编辑读书摘录等)。

第六幅是"怎样写作文?"这里有一些关于为创造性书面作业收集素材和提升脑力劳动素养方面的建议。同时,这里还陈列了优秀的作文、诗歌、随笔等作品。

在一张不大的世界地图旁,是《世界一周时事》剪报栏,学生在这里张贴一周内有关世界动态的重大事件的报刊文章剪贴,从每篇报道文章到地图上与该事件相关的地理位置拉一条线。报道文章下面有致学生读者的一段话:"请你思考思考,发生这些事件的原因是什么? 可能导致什么后果?"我们希望通过这种方式唤起青少年对于人类命运的思考。

另一幅标语画的主题是"要热爱母语,说话要确切、清楚、富有表现力"。这里列举了应当如何说话和不应当如何说话的实例。这些实例由文学创作小组的学生负责时常更新。

前厅有一个角落的陈列橱专供陈列新书,里面包括机械学、电工学、无线电技术、生物学、天文学、化学和地质学等方面的科普读物。学生在这里还可以阅读文艺和科学方面的新杂志。

少年方志学家的角落里挂着本区地图,图上标注了曾发生重大历史事件的地点。图上还不断加入少年方志学家们的一些新发现。这项工作既增长了知识,也培养了学生们对祖国的热爱之情。

一楼还有全校性的儿童绘画展览。

通向二楼楼梯过道陈列的图片反映了少先队员们的生活和劳动场景:五年级女生在栽树,八年级男生在开拖拉机,等等。

我校校园的陈设布置是教育环境的组成部分。我们要创造这种环境,使

在鲜明的形象中、画中、优秀人物们的聪慧思想里所表达的人类的道德经验
渗入学生的精神生活。我们深信言语力量的强大，深信直接与人的精神世界
对话的力量。但是，我们也不会忘记，只有听讲这些话语的人在努力探索所
关注问题的答案，学习如何生活，追求真理，而这种探索、追求和愿望又取
决于集体的生活内容及集体中激励每个人的理想时，人的思想和心灵才能被
触动。

第三章　关注健康与体育

体力劳动和脑力劳动结合的作息制度是身体健壮和精神振奋的一个重要条件。自觉遵守制度则是培养自我意志的重要因素。

一、学生健康和精神生活

良好的健康状况和充沛旺盛的精力是朝气蓬勃地感知世界、焕发乐观精神、产生战胜一切艰难险阻的意志的最重要的源泉之一。而生病、体弱、有疾病倾向则是众多不幸的祸根。

20年来，我们一直致力于研究学生学习差是怎么回事，原因在哪里。我们根据对学习差和跟不上进度的学生的身体和智力发展所做的科学研究得出结论：85％的学生学业落后、知识贫乏、课堂作业和家庭作业不合格及留级，主要原因就是健康状况不佳，身体患有某种疾病或身体不适，而且这些情况往往是医生无法察觉的，只有在父母、医生和老师的共同努力下才能弄清。我们发现一些心血管系统、呼吸道和肠胃系统的疾病在孩子们活泼好动的掩盖下，起初并不易被察觉。我们逐年清楚地认识到，体力的充沛对于孩子的精神生活——智力、思维、注意力、记忆力和专注力起到决定性作用。例如，观察证明，所谓思维迟钝在绝大多数情况下并非是大脑皮层细胞的某种生理或功能性改变所致，而是整个机体不适造成的，这是连孩子自己也感觉不到的毛病。这种孩子在上课之初能专心学习，但是 10～15 分钟后，他们的眼睛便显得无神，目光毫无目的地投向别处，他们不能紧张地思考，不能集中注意力听老师讲课。而当课堂的每一分钟都充斥紧张的脑力劳动，老师充分利用每一分钟的时候，潜伏的病症和不适就显现出来了。上课进程的加快，这种快速急进（例如一堂算术课上让学生连解五六道难题）致使某些学生精疲力竭，两眼失神，精神萎靡。因此不禁要告诫那些主张所谓快速有效教学的老师们：切莫以儿童的健康为儿戏。

当我们认清，孩子的脑力劳动乃至整个精神生活在很大程度上取决于孩子的健康状况时，我们便决定从研究孩子的健康状况入手。校医对进入一年级的孩子们的健康情况进行仔细的体检后，要向校务委员会报告。对于那些被发现有心血管系统疾病、呼吸道系统疾病及新陈代谢不正常的孩子，我们都要对其进行定期的教育观察。

我们努力防控疾病的发展，增强孩子们的机体防御能力：我们同家长一起为孩子制订作息和饮食制度。那些由机体全面虚弱导致思维迟缓并由此导致大脑皮层细胞不活跃和受抑制的孩子，春夏秋三季他们都需要露天睡眠，我校为他们提供富有维生素和植物杀菌素的食物（蜂蜜、牛奶、黄油、蛋类、肉类、水果等）。这些措施对孩子的健康和智力发展都有十分显著的促进效果。

我们逐年越来越坚信，预防疾病和疾病征兆、增强体质，是儿童脑力劳动和整体精神生活全面健康发展的主要条件。如果我们每年仍有两三名学生留级的话，说明对于改善这些孩子的健康状况我们已经无计可施，这主要是他们遗传性的深刻的病理异常现象造成的（如父母嗜酒过度致使子女大脑皮层细胞不活跃等）。

这个问题也有它的另一面：在很大程度上，健康也取决于精神生活，尤其是脑力劳动的素养。我们不允许老师们热衷"追求效率""快速"的教学方式。这些方式依据的观点是把孩子们的头脑看作能无休止地运转的电子机器。孩子是活生生的个体，他的大脑是极其敏感、细嫩的器官，须悉心谨慎对待。用 3 年时间授予初等教育是有可能做到的，但是前提是经常关心儿童的健康，保证他的机体正常发育。① 脑力劳动的全面健康发展不是来自脑力劳动的节奏和紧张程度，而是源于正确的体育、智育和美育等多方面的培养。教育者要特别关注少年时期学生的精神生活和身体健康。

感觉生活富有乐趣，精力充沛，全然不知疲倦，这才是青少年精神力量的源泉所在。我们说感觉，是因为人在这个年龄从不会考虑自己的健康状况，不会珍惜它。我们期望教师委婉而细致地关心学生的健康，不要使其他同学对那些被家长过分娇惯、怕感冒、怕劳累的同学有轻蔑之感。至于青少年把需要猛烈使劲，乃至冒着损伤身体的危险的行为视为英勇这点，这绝不是像长辈们有时所认为的不顾一切的蛮干行为，而是与自我人格的确立、与精神成熟性的形成相关联的深刻道德过程的实质表现。我们致力于与学生有更多的接触点和共同志趣，从而能更加体贴入微地关心他们的健康。

青年对与身体和生理相关的一切事物都保有隐秘性和不可侵犯性。稍有不慎，就触动了敏感的年轻心灵，一旦被他（她）认为是对其身体发育某方面的不尊重、指责或讥笑，就会被视为对他们精神尊严的伤害。尤其要忌讳提及某个青年男女竭力隐瞒的那些生理缺陷。

对侵犯个人生活的隐秘领域保持敏感性是体现人的心灵美的一种品质。我们千方百计地培养青少年男女身体上的独立性和同志关系，尤其是自尊感，这对女青年尤为重要。女青年越能保持自尊，男青年对她的爱慕之情就越高尚纯洁，因而女青年对男青年精神面貌的教育影响也就越大。

应当考虑到，青少年总是希望通过锻炼体力来锻炼自己的精神意志品质。

---

① 苏霍姆林斯基的结论是基于大量的实验研究和依据《1969/70～1971/72 学年新大纲》实施期间的工作经验得出的。

出于效仿自己敬重的英雄人物——"牛虻"、帕维尔·柯察金、尤利乌斯·伏契克、穆萨·扎里尔、卓娅·科斯莫捷米扬斯卡娅的想法，他们希望借助一些事情检查和考验自己的体力和精神力量。男女青年之间甚至会进行某种默不作声的竞赛。

青年男女对自己的身体发育的审美方面的感受也很敏感。他们非常注重别人对自己外貌的看法。对他们来说，关注美和关注健康一样重要。我们从一批又一批学生中注意到，学生们愈加关注自己的外表。

马克思描述剥削社会的贫困生活时写道："忧心忡忡的穷人甚至对最美丽的景色都没有什么感觉。"① 在我们的社会，人的物质需要逐年得到更充分的满足，家长对子女的要求有求必应，这样便促进了当代年轻人审美需求的发展。对他们来说，外表美成为和品德高尚一样的精神需求。鉴于此，我们注重将这种需求同劳动、同创造精神和谐地结合起来，融为一体。但切不可让年轻人一味地只追求外表美，否则他的灵魂会变得空虚。

青少年时期生理的急剧发育要求教育者首先关注学生的体力劳动和脑力劳动的和谐。我校教师经过多年的观察得出结论：搞死记硬背这种畸形和力所不及的脑力劳动，可能给正在发育的学生带来过劳致病的巨大风险。我们不会让12~15岁的少年（除在学校上五六个小时的课之外）每天花四五个小时做家庭作业，这样会摧毁少年，使他的健康终生遭受不良影响，会破坏他的美丽：脊柱弯曲、胸廓狭窄、眼睛近视。本书介绍了我们在指导脑力劳动时，如何同时关心学生的健康和身体美。

我们不让女生承受过大的体力劳动强度，不让她们参与需要剧烈用力的体力劳动。女教师也免除此类劳动是我校的传统之一。这一传统对青年来说也是一个好榜样。

---

① 《马克思、恩格斯早期作品》，莫斯科，政治书籍出版社1956年版，第594页。

二、对学生的生活环境、劳动和作息制度的卫生保健要求

体力劳动和脑力劳动结合的作息制度是身体健壮和精神振奋的一个重要条件。自觉遵守制度则是培养自我意志的重要因素。

试看，遵守劳动和作息制度的卫生保健要求会如何促进学生身心的和谐发展。

我校每位同学平均有十多棵树木，而这个"氧气工厂"还在逐年扩大。春秋两季，一、二年级的一部分课会挪到"绿色教室"来上，即在四周爬满葡萄藤的草地上露天上课。长日制班的课堂也在此进行。

我们禁止低年级学生一天在室内进行 3 小时以上的脑力劳动。乡里各户家长和年长的孩子都为小孩子修建了绿化凉亭，供他们在那里念书、写字、画画和做手工劳动。我们特意开辟了一个栽培野生葡萄的苗圃，并且乐意把培育的插条和藤苗分送给需要的人家。

我们常常在校务委员会上研究，我们还应该做些什么才能保证学生们呼吸富含氧气而又没有细菌的清洁、新鲜的空气。大家决定在工作间周围竖起一道绿色屏障。我们沿着墙壁栽种了葡萄，使藤蔓从下到上把整个建筑物都遮盖起来。工作间的窗外是一片绿色的海洋，遮盖了强烈的日光，将干净的空气送入房间。我校还培植了许多柑橘类植物，使得冬季的空气也富含氧气，二氧化碳被净化。

我校只按一个班次上课，所以所有的课堂都在自然光线的照射下进行。尽管如此，我们仍然对孩子们的视力进行医学监督。一旦发现孩子的眼睛发育稍有异常，我们就采取措施增强体质，以预防眼病或弱视。孩子们得到富含植物和动物维生素的强化营养；为弱视的孩子们安排特殊的阅读制度，增加中间休息的次数，变换脑力劳动的方式。个别孩子可以在课间出去散步几分钟。

除了定期检查课桌椅是否符合学生的身高外，还要为驼背孩子的课桌椅在结构上做出某些个性化的改变。而学生本人和班集体则都看不出这种改变。学生的身体和体态能否得到正常的发育，就要看课桌上的学习制度制订得是否合适。尽量要求教师和家长给学生在校和在家在桌旁学习（做作业）的时间安排如下：一年级学生不超过两个小时，二年级不超过两个半小时，三年级不超过三个小时，四年级不超过三个半小时，五、六年级不超过四个半小时，七至十年级不超过五个半小时。①

作息制度的核心问题是劳动和休息、清醒和睡眠的恰当交替。对学生劳动的观察表明，这个领域存在许多可能对健康和精神状态产生不良影响的危险。劳动不均衡，闲散和不适宜的过度紧张交替出现，不仅对健康而且对品德修养都十分有害。我们曾经不得不花费很多时间在家长学校和对家长的谈话中向父母们说明孩子晚睡觉的危害。睡眠不足、精神萎靡以及由此产生的经常性的身体不适，既影响自我感觉，也影响智力发展。

睡眠的恢复作用并非单单取决于睡眠时间的长短，而要看夜间睡觉的时间段以及一天中在什么时间劳动，如何劳动。要想自我感觉良好，就要有早睡的习惯，睡眠时间充足，苏醒时间早而且要在醒后的头 5～10 个小时内（视年龄而定）从事紧张的脑力劳动，在随后的活动时间中则应降低劳动的强度。切忌在睡前 5～7 小时内进行紧张的脑力劳动，尤其是背诵（而体弱和患病的孩子在睡前 8～9 个小时内就不要从事此类劳动）。如在这一时间段进行紧张的脑力劳动，不仅会导致工作效率显著下降，而且会导致睡眠质量下降，因而导致孩子醒后也无法投入紧张的脑力劳动。许多实例证明，一旦孩子在睡觉前一连几小时地做功课，他就会变成落后生。课堂上脑力活动不活跃，往往正是孩子本应在户外——在果园里活动或打雪仗玩的时候，他却坐在屋

① 花费在家庭作业上的时间的相关规定由中等普通学校章程决定，1970 年 9 月 8 日苏联部长会议通过这一决议。（参见《苏联的国民教育、普通中等学校、1917～1973 年文件集》，莫斯科，教育学出版社 1974 年版，第 230 页）

里啃书本造成的。

如果学龄初期的孩子早上 6 点钟起床，那么在 12～13 小时后，他就不能再进行紧张的脑力劳动了。而在学龄中期和晚期的孩子在同样时刻起床的情况下，紧张脑力劳动的持续时间则可延长二、三乃至四个小时。①

这些结论都是根据 30 年的观察得出的。观察了脑力劳动在不同的清醒时期的效率后，我们认识到，在 6 点钟起床的情况下，学龄初期儿童在 12～13 小时后，学龄中期和晚期的青年则在 14～16 小时后从事紧张的脑力劳动对健康和智力发展都有不良影响：记忆力和认知程度明显减退，思维功能减缓，睡眠变差，食欲下降。我们对 32 名学生的脑力劳动做了观察记录，调查结果表明，他们之所以长期跟不上班级进度是由于他们身体不强，却经常守着课本熬夜。消除这种不正常现象后，在确立健康的饮食制度，增加孩子们在户外新鲜空气中的逗留时间等措施的推动下，这些孩子变得能够胜任脑力劳动，可以实现正常学习了（其中 8 人以全优成绩、12 人以优良成绩念完了七年制或八年制学校）；所有同学均已顺利中学毕业（读完中学的 19 人中，4 人荣获奖章，5 人的成绩均为优良）。

我们努力保证学龄初期儿童（7～8 岁至 11～12 岁）的睡眠时间为 10 小时，学龄中期和晚期儿童的为 8～8.5 小时，并使睡眠时间的 40%～45% 分配在前半夜（午夜 12 点之前），其余时间则在翌日之初（午夜之后）。

这种休息安排和醒后前 7～11 小时内从事紧张的脑力劳动（而且脑力劳动要安排得当——这个问题我们会在后面讲到）相结合，是第二夜睡眠正常并充分恢复精力的重要条件。早睡早起，在早操后即刻开始学习，不白白浪费时间，这是我们教育工作体系中对作息制度的一条主要的原则性要求。睡眠对于神经中枢和整个机体具有巨大的保护作用，而大自然在人的发展进程中又安排了夜晚睡眠，我们认为这些都具有非常重大的意义。改变这种安排

---

① 我们在长日班也严格遵守这条规则。课后仍然留校活动的一至四年级的学生在教室里的脑力劳动时间不超过 20～30 分钟，其余时间他们都待在户外——果园或田野中。

就意味着孩子的机体会遭受重大损害。

在孩子开始上学前两年，我们就在家长学校的讲课中给他的父母推荐合理的作息制度——早睡早起。因此，待孩子入学时，他们已经对我们的作息制度做好准备。对家长的工作还要持续进行：我们教给家长如何使孩子自己入睡和自己起床。幼儿会饶有兴致地练习跟随闹钟起床。只要睡眠时间够长，而且 40%～45% 的睡眠在午夜前度过，这是不难做到的。早起的习惯便会随之形成。我们观察了许多孩子的脑力劳动和健康状况，他们都有早起的习惯，而且是在学校学习的整整八年或十年中都能保持在同一时间起床。他们的精神都很饱满，都能积极地接受课堂内容。

低年级学生一般在晚上 8 点睡觉，早上 6 点起床（假期中睡觉和起床时间都延后 1 小时）；中高年级学生晚上 9 点睡觉，早上 5 点半起床（假期中，作息制度根据生活、劳动和休息条件有所改变，但早起的原则不变）。学生在洗漱、早操和早餐（这一切总共不超过 20 分钟）后，便开始学习劳动。在去学校之前的 1.5～2 小时内（住址离学校近的则有 2.5 小时）做家庭作业。这样一来，工作日便从最难的工作开始。完成家庭作业的主要方式不是背诵，而是阅读、思考、分析事实。绝大多数家庭作业都和创造性劳动结合在一起。清晨是从事脑力劳动的最佳时刻。之后要逐渐降低脑力劳动的强度，这项要求很重要，遵守要求有利于保持精神奋发、朝气蓬勃。而且，紧张的劳动和休息要交替进行。第一次可观的休息时间就是由家到校的途中。我校学生要花费 5～30 分钟在上学途中。对于那些离校较近的学生，我们逐渐培养他们课前散步 10～15 分钟的习惯。

脑力劳动方式的多样化及劳动和休息的交替安排，对低年级学生的健康和智力发展都很重要。一年级一节课的时长和其他年级一样，均为 45 分钟。不过，一年级学生在一堂课上要进行不同类型的活动：书写、算术或阅读。课堂上，教师还要让学生们到讲台或到室外观察观察。我校一年级没有那种把全部时间都用来只写字或只算算术的课。待到第一学期末，课程会逐步向

"纯粹的"算术、习字和阅读课过渡。与紧张的记忆相关的掌握知识的活动与主动运用知识的活动交替进行。例如，学生在解完题后，就进行一些丈量、算术、计算和测定的活动。学生在课堂上经过几小时紧张的脑力劳动后，这一天就不再接触课本。家庭作业都在早上上课前做。经验证明，在整体教育教学工作（特别是课堂上学习新教材的过程）安排得当的情况下，早晨用一个半到两个小时（有时两个半小时）进行脑力劳动，可以比课后用同样的时间多完成一倍的工作量。一、二年级的学生早晨用 20～25 分钟完成全部作业，三至五年级的学生则用 40～45 分钟完成。实践证明，取消家庭作业是不可行的。需要花费较多时间的作业（作文、画复杂的图）可以分几天完成（教师向学生建议完成的方法）。孩子早晨的脑力劳动从复习应当背诵和牢记的东西开始。

按照脑力劳动的难度和性质安排课程是制度要求中重要的一条。如绘画、声乐、体育、手工课以及在教学工厂、教学实验园地里的劳动一般都安排在末节课；劳动教育活动都排在周末。阅读讲解课和文学课按其性质和主旨来讲，显然不同于其他科目，都在工作日中段进行。数学、物理、化学、生物等自然科目和语法课排在头几节课。

课间 30 分钟休息时，学生加餐，并置身于户外新鲜的空气中。

下午的课程主要在户外进行，孩子们从事有趣的创造性智力劳动以满足个人需求。装配、钳工、电气装配等方面的工作都从室内挪到室外来做。每个孩子在家也有一个户外劳动的角落。假期（包括周末）时作息时间没有实质性改变，不同的只是学生全天（而夏季则是整昼夜）都在户外度过。

如同上课期间不从事力所不及的脑力劳动一样，放假期间智力生活也不可缺失。假期我校学生的脑力劳动与在大自然（教学实验园地、集体农庄田间、果园、养蜂场、畜牧场）中的实验，与模型设计和制作，与机器操纵等紧密相连。

在新鲜空气中的紧张的体力和脑力劳动的时间越多，各器官的发育及其功能的发挥就越协调，学生就越不容易感到疲劳，睡眠的恢复作用也越好。学生睡觉都开着通风窗，夏季则睡在院子里、干草垛上、庄稼地和牧草地旁。禾本科植物和草地植物产生的植物杀菌素可以消灭容易引起肺部疾病的致病细菌。如果学生整个夏季呼吸的都是饱含由禾本科植物和草地植物散发的植物杀菌素的空气，他就不会患因伤风引起的疾病——咽喉炎、支气管炎、呼吸道黏膜炎等。

我校学生暑假一般均在自己家乡度过，不专门为休假外出旅行。他们每天都洗几次澡，或在池塘、河流中洗，或淋浴。多数学生家里都装有淋浴器，可以从春季一直用到深秋。男生夏天穿背心，12 岁之前穿短裤。从春天到秋天，不论天气好坏，从学龄前到十三四岁的孩子一律打赤脚。锻炼脚是培养机体抗病能力的一个重要条件。我手边存有 980 个孩子的健康卡，从 7 岁到 14 岁，不论刮风下雨还是炎热酷暑，他们整个夏季都打赤脚。他们当中从来没有人生过病。

上课前完成家庭作业，不在午后进行紧张的脑力劳动是一个决定性的条件，这样不仅可以增强体质，而且可以为丰富精神生活和全面发展创造条件。这也正是空余时间这个无价之宝的源泉所在，没有空余时间，真正意义上的生活就无从谈起。

然而，下午不进行紧张的脑力活动并非为了完全摆脱智力劳动，而是为了让学生过上富有意义的、丰富多彩的精神生活。只有当孩子每天按自己的意愿随意支配不少于 5~7 小时的空余时间，才有可能培养出聪明的、全面发展的人才。抛开这点谈全面发展，谈培养天赋、爱好、能力和志向，只不过是一些空话而已。

我们不会让学生在经过几个小时课堂紧张的脑力劳动后再去学习课本，这样会使大脑疲惫不堪，使智力迟钝，使学习兴趣受到打击。我校学生课后从事（自愿选择的）课外小组的创造性劳动，包括做游戏、参观、散步、徒步行军、阅读文艺和科普书籍（也是自愿选择），进行文艺娱乐活动等。而且这些活动 90%以上的时间都在户外开展。

我校长日班的学生也不坐在那里啃课本，他们的家庭作业一早在家就已做完。长日班减轻了家庭教育的负担，但不能取代它。一般来说，什么都不可能取代家庭。孩子平日不经常同父母进行精神交流的教育是不正常的教育，如同不经常关心子女的家长生活一样畸形。

通过若干年对众多孩子身体发育和智力发展的观察，我们得出结论：人在成年时的健康状况在很大程度上取决于他在童年、少年和青年早期充分的营养和合理的作息制度结合得如何。我们着重指出，充足、健康的饮食要和劳动、休息（睡眠）、空气及经常的、合理的身体锻炼相结合。饮食不仅要有充足的热量，而且还要包含丰富易吸收的食物（牛奶、黄油、糖等）以及在机体组织中起重要作用的各种营养成分（特别是蛋白质和维生素）。

牛奶和糖，特别是水果中的糖分，在孩子的营养中具有特别重要的意义。早晨起床后，孩子喝一杯牛奶（凉的），吃面包抹黄油——我们通过经常向家长解释其意义达到这一目标。各家都持有我们分发的照顾了孩子个人特点的有关正常合理营养的手册。家长们都为孩子的营养储备各种食物（特别是各家都储存水果干，以保证孩子能在冬季摄入果糖）。

做完家庭作业后（去学校前）要好好吃早餐。两节课间 30 分钟休息时，学校食堂给每位孩子提供一杯牛奶，课后则提供抹黄油的面包、茶或牛奶（供给需要加强营养的孩子）。任何时候都不能让孩子产生饥肠辘辘之感。从学校回家后吃午餐，饭后散步或在户外进行轻微的劳动。

做体操和沐浴对增进健康具有重要作用。除了在家起床后要做早操外，在学校上课前还要做操，目的是专门训练孩子们的仪态。30 分钟课间休息前，老师带领学生做体育活动操（各个年龄段专用的整套操）。池塘边开辟有几个浴场。

我们希望，遵守制度成为自我教育（尤其是劳逸结合、脑力和体力劳动交替进行和坚持起床后做个人早操等）的一项内容。我们在关于自我教育的谈话中，总会阐述严格遵守作息制度的德育意义。学生逐步确立把自律视为美德的观点，需要全校人员遵守的一系列全校性制度准则，例如入睡前一小时停止所有课外活动，对此也有促进作用。我们希望晚上孩子们能够沉浸在家庭的氛围中。

三、劳动是增强体质的手段

体力劳动在培养完美的体魄中发挥着与运动同等重要的作用。人不经受正常的疲劳，就不可能充分感受到休息的愉悦。

人体在许多劳动过程中的协调优美动作可以同体操相媲美。这类劳动（如手工割草、用砖砌墙）的动作，就动态美的表现力来讲，都不比体操逊色。年轻人很乐意干这种体力活，在集体中更是如此。同运动相比，这类劳动甚至还有它的优越之处：其中有更多的细微差异可以显示体力、技巧与技能多种多样的结合。青年男女为这种劳动任务做准备时的喜悦堪比准备过节时的心情。每逢暑假，高年级学生都要去手工割几天草。草场上的这项劳动连同旷郊露宿、野外炊事都有着妙不可言的美。学生热衷于植树、芽接果木和遮盖保护葡萄小树度过严冬等手工劳动。高年级学生每年都参加生产用房和文化生活用房建筑的手工砌砖劳动。

上学期间从事这种劳动的同学都有一些特点：他们身体发育良好，体型美观、匀称和谐，善于根据动作目的使用体力。他们身体发育的突出特点是：身材匀称、体态端正、动作优美、体魄强壮。他们在各种体力劳动中寻求美，力求使劳动过程完美。

我们在谈论劳动的快乐时，要知道这种情感首先来自劳动的美。人在劳动中也在创造自身的美。

从进校的最初日子起，我校学生就从事体力劳动：或在生物室，或在工作间，或在教学实验园地。即使 7 岁的幼儿也有事可做：照管果树和葡萄，培育秧苗，收集观赏树木和果树的种子，为粮食作物和经济作物选种等。

低年级和中年级学生的户外劳动时间每天达两三个小时。

暑期，少先队员们在少先队独立夏令营里度过两三周，在那里既可以劳动，也能休息（孩子们每天劳动2～3小时），主要任务是照管水域旁的防护林带。他们在早晚空气清新、天气凉爽的时候劳动，食宿都在户外进行。

高年级学生夏天至少在野外生活并劳动三四周（割晒干草，收割粮食）。

冬季天气不太寒冷（零下15摄氏度以上）的时节，高年级学生在户外劳动10～12天。在这些日子里，他们不仅在户外劳动，而且在户外吃饭、休息，度过闲暇时光，只有在夜里才回到室内。我们让孩子从学龄初期就开始参加这种劳动，这对于呼吸系统和血液循环系统的发育，对于新陈代谢的增强都有重大的意义。在营养良好的情况下，这种劳动能增进机体的所有功能，强化神经系统。神经细胞，特别是脑细胞的营养会增强，睡眠的恢复作用会提高，这是锻炼身体的极好手段。春季，当白天时间变长的时候，许多高年级学生在园子里的凉亭下做家庭作业。即使是冬季，遇到好天气时，他们也置身于户外的新鲜空气中看书。

伤风感冒在我校已经很少见了。我们掌握有26名同学身体发育情况的资料，这些学生在入学的头两三年中常患感冒，其中4人患有非开放性的肺结核。得益于专门为他们制订的作息制度，特别是由于昼夜都在靠近茂密树木、空气新鲜的地方度过，加上日光浴和水浴及高热量的营养，他们的肺部情况大大好转，各方面的结核病症完全消失。

目前，我们对带有肺病征候及一般身体虚弱的孩子采取一种特殊的治疗方式。首先，为这些孩子（一般都是学龄初期儿童，即将进入青年早期的人中已经没有生病的病例了）制订完全合乎要求的、含有丰富动物性维生素的饮食。坚持让他们冬季开通风窗睡眠，夏季则完全在户外睡眠。从6月到9月间，他们有3个月住在野外，饮食良好，晒太阳和游泳。不用任何药物，孩子们也会变得身体健壮、生机勃勃。

保障一个孩子在童年就健壮起来，使他不致在身体虚弱、精神萎靡的状况下进入青年期——这意味着给予他充分的生活乐趣。

户外劳动对于那些神经过度兴奋的——易激动的、不安宁的孩子具有良好的影响。某些孩子来到学校时就有神经系统功能失调的现象，这是由家庭教育不当，多数情况下是娇生惯养导致的。我校的重要任务就是消除这些失调和不足的现象。我们这里有 27 名孩子的资料，他们进校时都有明显的神经官能病症。这些孩子中的绝大多数不能正常学习。他们的治疗方案中最重要的措施就是在安静环境中进行户外劳动，更多的不是对体力，而是对集中注意力和细心操作（如用柳条或其他材料制作各种小工艺品）的要求。芽接果树可以起到很大的巩固作用。凡是神经质的、易激动的孩子，我们都特意教他们进行芽接。孩子们在从事此类劳动时，可以忘记周围的一切，从而使他的神经系统不发生病态刺激。

四、课堂上的体育和运动

只有整个教育教学工作都贯穿对学生健康的关怀时，体育运动才能在他们的全面发展中起到一定的作用。

我们努力使体操练习变为一种享受，变为机体的需求。人从事运动不应当只是为了在竞赛中取得好成绩，而是为了培养自己完美的体魄。

我校体育课在操场上进行，遇到坏天气时则在体育馆中进行。操场和体育馆都设有田径、球类、攀登及其他练习所必需的器械和设备。学校选定田径和体操作为体育活动的主要项目。此外，八至十年级还有器械练习。这些活动项目的目的是培养运动美感、力量、协调性、灵巧性和耐力。在体育课上讲授动作时，我们注重审美的完善，注重美感。体态美的自我培养是促使学生坚持每天做早操的动力之一。

所有学生经过体检后划分为三组：基本组、预备组和特殊组。各组都按照单独的大纲分别进行教学，而且在教学中我们着重关注的不是那些能在比赛中达到纪录标准的学生，而是那些身体虚弱的孩子（即特殊组）。对这些体弱的孩子有时要按不同年龄组分别为男女生编排成套的矫形体操。我们力求使更多的孩子进入少年时代时能从特殊组转入预备组，进而升入基本组。那些因个别器官的功能性病症或因患病而导致身体虚弱的孩子都可以达到这个目标。

对于心脏和血液循环系统、中枢和末梢神经系统有器质性缺陷的孩子，要给予特别关注，在医生的参与下，为他们编排成套体操，促使他们逐渐增强体质。这种练习根据孩子的健康状况随时更换。

我们尽力使学生确信，规律性的锻炼不仅可以使身体变得健美，使动作变得协调，而且可以培养性格，锻炼意志。

在进行跑步、滑雪、游泳等练习时，我们高度重视审美满足感。在运动项目的比赛中，我们的规则是：主要比的是动作的漂亮、优雅、协调，而把速度作为次要因素。我们不仅展示美，并且创造美和体魄的完美，也就是说我们在争取达到体育的主要目标。总之，我们认为以动作快慢作为评价成绩的唯一标准是不可取的，那样会滋长不健康的狂热性和虚荣心。在那种比赛中没有美，缺乏审美标准，尤其没有考虑到真正的群众性和个人能力。不能把运动从全体的体育锻炼手段变为个人争夺成绩的手段，不能把儿童划分为有运动才能的和无运动才能的，不能用通过投机取巧而猎取学校虚名的做法煽动不健康的狂热性。

只有当运动成为每个人都喜爱的活动时，它才能成为教育的手段之一。

五、体育与空余时间和休息问题

休息既可以是闲散的，也可以是积极的活动。从闲散这个词最好的含义来看，它作为紧张劳动（脑力劳动或体力劳动）后的松弛是必不可少的。但是在人生中的任何一分钟都应当获取精神财富。对于善于休息的人来说，甚至观赏自然界和艺术品也是创造的过程。表面上好像是在闲着，而实际上在进行积极的脑力劳动和体力劳动，这才是真正的休息。我们不安地看待孩子们在许多少先队夏令营中把自己当作疗养者的那种情景：休息被人们视为，人在通常情况下本应该靠自己的力量来满足的那些需求，最大限度地由别人代劳。

对于学生来说，休息不仅是促进健康和增强体力的手段，而且是促进精神力量的一种手段。从童年起培养积极休息的习惯是我们的教育方针的重要原则之一。我们认为，各类活动的恰当交替是休息；满足审美需求的劳动是休息；创造性地、积极地欣赏大自然的美也是休息。在这种做法下，孩子日常总有休息的机会，这对他们身心的正常发展具有很大的意义。所以，休息的空闲时间来自课堂和课前脑力劳动的恰当安排，来自整个劳动制度的合理制订，尤其是把强度最大的脑力活动放在前半天。①

在少先队独立夏令营中，孩子们度假时并没有成人为他们的休息"服务"。度假队员实行自我服务的办法，把休息和力所能及的劳动相结合。例如，有些队伍在果园里安置营地，孩子们在休假期间照管果木和收摘水果。另一些队伍在森林里扎营，孩子们便负责护林、采集植物标本、储备种子。

旅行行军是一种很好的休息方式，这种活动能锻炼体力，培养道德观念和审美观点。学生可以尽情欣赏丰富多彩的自然景色，这种劳逸结合的方式效果显著。

我校学生从八九岁开始参加旅行行军。刚开始，他们在老师和高年级学生的带领下在原野和森林里沿第聂伯河开展一两天的行军。学生年龄越大，

---

① 课堂上很闲散，在应当开展脑力劳动的时候缺乏脑力劳动——这是缺乏空闲时间的主要原因。只有当一个人感受到劳动的滋味，劳动成为他的人生需求，他才能真正地珍惜空闲时间，享受休息。学生们能这样看待劳动，就会追求积极的休息方式——阅读文艺作品，在户外劳动。

行军的里程也随之加长。共青团员们可以开展三四天的行军，行程达 100～150 公里。行军途中，孩子们自己做饭，夜宿自行搭帐篷。

我们拟订了行军必须掌握的技能清单（在没有太阳和星辰的情况下辨别方向，不用火柴取火，在雨中点燃篝火，搭盖窝棚等）。行军前要提出教育目的：在行军中了解一些知识。每次行军都是丰富学生精神世界的某种新兴趣和推动力量，是对这一兴趣的一次激发，一个开端。这种兴趣或是智力方面的，或是劳动方面的，或是社会方面的，或是审美方面的。孩子们可以了解本地区过去某件有意义的事。四年级学生在一次行军中与伟大卫国战争的参与者——第聂伯河战役的英雄们"见面"。学生们还同当初参与解放乌克兰的法西斯占领区的战士，如今的俄罗斯、白俄罗斯、格鲁吉亚、乌兹别克斯坦、亚美尼亚等地的工人和集体农庄庄员建立了通信联系。孩子们建立了一个家乡历史陈列角，收集了丰富的资料，其中包括战争年代的照片，曾在敌占区秘密出版的地下小报等珍贵文物。学生们将其精心收藏，对它开展考察研究。

在一次寻找自然宝藏的行军中，孩子们找到了铁矿。从此他们便开始了对家乡自然资源的深入考察。

当人在利用别人创造的文化财富进行休息时，这是他精神生活中最复杂的时刻。我们认为，教育的技巧在于让学生在学习和体力劳动之外的空余时间，充分获得生动的、触动思想的以及有深刻的道德、理性和审美意义的感受。休息时刻的精神情趣越丰富，课堂上的脑力劳动对孩子的吸引力就越大，他对艺术作品美的感受也越深刻。

休息时刻思想和情感的丰富与否取决于活动的性质。这时的智力生活应当不同于学习。当学生朗读一本书，向同学们做报告，排练剧中角色和在课余艺术小组活动的时候，他感到自己在为集体创造某种财富。在必学课业之外的空余时间积极满足精神上多方面的需求，是充实心灵力量、助长乐观情绪和振奋精神的富有活力的源泉。如果学生在遵循心愿进行脑力劳动的过程中感到，好像发掘了自己新的力量和才能的话，甚至这种脑力劳动也会成为休息。我们学校高年级有一个化学科学学科小组。少年化学家们做一些有趣的实验，揭示认识大自然更多奥秘的前景（其中化学物质对染色体有影响的实验引发了学生的极大兴趣）。这种活动往往是很紧张的活动，但它带来的不是疲倦，而是学习之余的休息。

学生在休息中充实了自己的精神世界，在自己身上创造了新的价值，从而也教育了自己。

第四章　德育

只有当对真理和概念的知识能深刻地反映在一个人的精神世界里，成为他的个人观点，能激发深沉的情感，同他的意志结合起来，并体现在他的行为举止及待人待己的态度中时，才能谈得上道德信念。

一、公民基础——道德教育的基本环节

在道德教育的实际工作中，我们的教育队伍首先着眼于形成个人的思想核心——公民的观点、信念、情感、品德、行为及言行一致。高度的共产主义思想教育纲领体现在共产主义建设者的道德准则中，这些准则是人类道德文明的最高成就。但在我们看来，受到共产主义思想的鼓舞是教育素养的入门，同时也是教育素养的高超技巧。

用马克思的话来说，共产主义思想应当成为"不撕裂自己的心就不能从

其中挣脱出来的枷锁"。① 我校认为，培养道德最微妙的奥秘之一是共产主义思想、公民思想寓于儿童和少年敏感心灵的热情迸发和渴望之中，寓于他们的行为之中，寓于集体的互相联系之中，寓于老师同孩子们、孩子同孩子之间千丝万缕的联系之中。

克鲁普斯卡娅写道："在孩子看来，思想离不开人。他们接受他们尊敬的老师的教导同他们接受他们蔑视的陌生人的话，其态度是截然不同的。"②

这也是我们把我们同学生的关系具有十分鲜明的道德、公民精神这一点看作尤为重要的教育原则的原因。

从儿童刚刚开始懂事就开展道德教育，也就是说，他们早在还无法理解共产主义理想是人类道德文明的顶峰这一真理之前，就要接触道德教育。我们正是在儿童幼小时，他们心灵易受到情感影响的时候，向他们展示全人类的道德准则，传授最基本的道德。我们力求把全人类的道德基础贯穿在公民的积极性和自觉行动之中。不是简单地知道什么是好，什么是不好，而是为了祖国的繁荣昌盛，为了共产主义事业积极行动。

我们认为，让年轻人掌握全人类的道德准则是形成个人道德修养非常重要的阶段。我们通过培养孩子遵守起码的道德原则的习惯，做到使每一个孩子都能幸福地生活和劳动，培养他们基本的公民动机和对集体、对社会利益的初步关心。因此把讲解和劝导、说服和激发行动结合起来尤为重要。只有在积极的行动显示出明显的社会行为性质的情况下，全人类的道德准则才会变成人的个人良知。教导儿童在社会中、在人群中生活——意味着教导他们

---

① K. 马克思写道："我们坚信，真正危险的不是实际尝试，而是社会主义思想的理论夯实。如果理论尝试泛滥且变得危险时，那么可以用炮火来回应。前置我们的思想的理念会挟制我们的信念，并限制我们的良心。这就会变成不可挣脱的桎梏，面对这样的心魔，人只能从属之，无法战胜。"（《马克思恩格斯选集》，第2版，莫斯科，政治书籍出版社，第1卷，第118页）

② H. K. 克鲁普斯卡娅：《教育全集》十卷，莫斯科，俄罗斯苏维埃联邦社会主义共和国苏联教育科学院出版社，1957～1963年，第3卷，第265～266页。

如何开展社会行为，也就是教导他们处世待人。

我们把哪些人类道德准则作为起码的道德素养、作为基本的公民精神传授给孩子们呢？

1. 你生活在人群之中。不要忘记，你的每一个行为、每一个愿望都会影响周围的人。你要知道，在你想做的和可以做的事之间是有界限的。要审视自己的行为，问问自己所做的事是不是在损害别人和对别人不利？做什么事都要有益于你周围的人。

我们在阐释这条道德教导时，要以实例说明，在人们中间应该如何为人：当你想要做什么事情的时候，想一想，按照自己想法做了会不会使别人不愉快。譬如，林荫道旁盛开着玫瑰花，你想去摘一朵花。要想想，如果满足每位同学的这种愿望，将会发生什么？盛开鲜花的玫瑰丛将会变成一簇秃枝。

儿童的心灵极易感受这种告诫，他们会因为为他人做了好事，内心感到极大的喜悦。如果为这种道德教导辅之以为他人做好事的动机的话，那么这些孩童幼小的心灵里就会确立起抑制欲望和任性的内在精神力量，而这对于形成公民的端正作风极为重要。那些自幼就只顾自己不顾别人，只知按自己的愿望行事而把集体利益置之度外的人，长大后就会成为自私自利的人、个人主义者。学会掌控个人欲望这一基本准则乃是道德行为这一识字课本的第一页的第一行。儿童难以理解道德的响亮而华丽的辞藻，要少使用这种辞藻，多关心人道行为的磨炼和优良习惯的培养。

2. 你在享受别人创造的财富。别人给了你幸福的童年，你要以德报德。

当孩子理解他是这个社会的公民，因此，他要承担很大的义务这些概念之前，就应当学会以德报德。要使他的良心不允许他只做物质财富和快乐的享受者。所以，我们对我们的孩子说："在宁静的黎明前的时刻，当你还在酣睡的时候，挤奶员早已在畜牧场工作，为你们准备新鲜的、营养丰富的牛奶。炊事员已点燃了学校厨房的炉灶，为你们准备美味的早餐。矿工们下矿井，在井底挖掘煤炭，为的是让你们在教室里感到暖和。拖拉机手冒着严寒驾驶拖拉机到田野运去喂给奶牛的饲料，你们喝的就是这些牛产的奶。你们的父母上班工作，为的是你们有衣服鞋袜穿，为的是你们能够享受明媚的阳光和蔚蓝的晴空。他们把一切财富毫不吝惜地给你们，也期望从你们这里得到善报。"

我们教导孩子如何为他人做好事。我们说："这是畜牧场工作人员休息的地方。孩子们，咱们在这儿栽种一些玫瑰花和丁香树，让这里变得美丽，为我们的妈妈和姐姐们带来快乐。"于是孩子们开始栽种花木，照料它们，这些劳动给孩子们带来了无限的快乐，因为这里充满了高尚的情感。

孩子们做完一件好事后再去做第二件、第三件，我们就这样引导他们沿着道德修养的阶梯一步步前进。而孩子们因为能为人们做好事而感到由衷的喜悦。我还要再重复一遍，只有当人在童年时多次体验过这种情感后，这种情感才会在心灵里生根发芽。

3. 生活里的一切幸福和欢乐都是由劳动创造的。不劳动，就不能正直地生活。人民教导说："不劳动者不得食。要牢记这一格言。懒汉、寄生虫——犹如吞噬勤劳的工蜂所造蜂蜜的雄蜂。学习是你的首要劳动。去上学，就是去工作。"

为了培养孩子们养成牢固的劳动习惯，真正热爱劳动这个第一公民义务，我校营造了不容忍懒惰、懈怠、闲散、做事马虎等恶习的气氛。小懒汉——这是懒惰、寄生生活等恶习的顽固祸根，社会上不能有这样的小懒汉出现。孩子只有在集体中过着充满劳动乐趣的生活，才能理解不劳动就不能生存的真理，而这样的快乐是任何其他东西都无法与之相比的。当一个人付出劳力，做他应该做的事，而不是随心所欲行事时，他由此体验到的快乐最后会促使他为公共利益的需要行事。我校的孩子在七八岁时就开始种果树和葡萄园，把荒地开辟成鲜花盛开的园地，这样他们到十二三岁时就能看到亲手建成的果园了——这就是劳动之乐的源泉。这样的话，他们从小就感受到自己是一名劳动者。对于每个处于少年和青年早期的学生来说，自己的劳动成果就像一面镜子一样照见自己,折射出自己的技能、意志、思想和顽强精神,因而他们的心灵会坚定这种认识:不劳动就不能生活。向人们传递勤劳的品质,在思想上树立爱劳动的精神,这是一个深度个别化的教育过程。因此,我们希望,每个学生在童年时期就能在劳动中体现自己的心灵力量,为他独立完成的工作而自豪:这是我种的树,这是我为实验室做的活动机器模型。如果在童年做不到这点的话,那么到少年和青年早期再开始这种教育就要困难千百倍了。基本的道德都是在童年学到的。

4. 做一个善良的、富有同情心的人。帮助弱者、无自卫能力者和患难的同志。不损害人。尊敬、爱戴父母——是他们给了你生命,抚育你,他们希望你成为一个诚实的公民,成为心地善良、心灵纯洁的人。

培养每个人的善良、诚挚、同情心、助人精神及对一切有生之物和美好事物的关切之情等品质,是学校教育的基本目标。学校教育要由此入手。薄情会产生冷漠,冷漠会产生自私自利,而自私自利则是残酷无情之源。为了防止薄情的滋生,我们培养孩子们学会真诚地关怀、惦念、怜惜一切有生之物和美好的事物——树木、花朵、鸟禽。如果一个孩子深切地关心在隆冬严寒时无处栖身的小山雀,并设法保护它免遭灾难,会保护小树过冬,那么这个孩子待人也绝不会冷酷无情。相反,假若小小的年纪就毫无怜悯之心地破坏和消灭有生之物和美好的事物,那么他就可能成为欺侮身边亲人的小霸王……而生活中这类小霸王也不乏其人。例如,一个7岁的男孩正准备去上学,但怎么也系不好鞋带,就生气地把鞋带揪断,扔开鞋。他想让母亲惊慌、担心,以致哭起来……而闹到母亲流泪时,他却感到轻松愉快。这正是所谓的"无恶意的"霸道行径,要对之进行巧妙的、灵敏的但毫不留情的斗争。要让孩子领悟,让别人难过是极大的罪恶。如果孩子们的内心关怀一切有生命的和美好的事物的命运,那他就不会产生有人因为他而内心痛苦他却自我欣喜的情绪了。

我们努力使每个孩子关心花草树木和鸟兽,关心鱼缸中的鱼儿。这种关心能磨炼孩子们真挚的同情心，激发他们做好事的愿望。我们激励孩子们关心人，首先关心母亲、祖母、父亲和祖父。在第一天上学的课上，我们给年幼的一年级学生讲述他们的父母有时如何艰难，他们的祖父母又走过了多么艰难的生活道路。随即，孩子们当天就在宅子旁的园地里为父母、祖父母各栽种一棵苹果树。孩子以后便精心照管这些幼树（当然，要时常提醒他，乃至手把手地教他）。当有朝一日，果树结了果子，孩子就把果子送给他的亲人（这一行为也要教，要多次提醒）。如果此时能成为孩子们一生中最快乐的时刻，这就意味着您已经把道德价值观灌输到孩子的心灵深处了。我们不相信，道德的恶习都是思想意识中的资本主义残余。凡是缺乏真正教育的地方都会出现这种恶习，那里的孩子或被当成宠儿被多方纵容迁就，或者相反，犹如野草一般，没人照管，既没人教他们做好事，也没人教他们做坏事。要不断地教导他们做好事，从而防止坏事的发生。

5. 对邪恶不能置之不理，要同邪恶、欺骗和不正义现象做斗争。决不可向那些企图靠别人生活、损害别人、危害社会的人妥协。

我们认为，培养公民的不妥协精神和同邪恶和非正义现象做斗争的积极性是一项重要的教育任务。不能允许儿童对于浪费、懒惰、懈怠、惨无人道的现象采取沉默观望的态度。但是鉴于不良现象往往发生在成年人身上，因此，这项教育工作要讲究方式，要深思熟虑。

学校设有少先队监督岗，负责保护绿化植物。这是公民教育的基地之一。假若孩子们发现大人毁坏或者哪怕只是损伤树木，对这种不良行为的斗争就不能只是说说而已。这种破坏行为若得不到惩处，孩子们就会为之伤心难过。因此，我们让舆论迫使犯错的人劳动，以补偿损失。当孩子们看到正义胜利的时候，他就会以更大的热情积极地为社会劳动。如果一个孩子因为看到生活中的坏事而愤愤不平，并讲出他的义愤之情，这是好现象。但是他自己也应当做好事，以实际行动巩固生活中的善良。否则，他可能变成一个不为善良和真理的胜利做出任何行动的空喊家、夸夸其谈的人、蛊惑家和"揭露家"。

　　以上便是初步的道德素养，孩子具备这些素养就能确切理解善与恶，荣与辱，正义与非正义的实质。除了这些最基本的真理，我们也逐步向学生们阐释诸如热爱祖国，为祖国的自由、荣誉、独立、伟大和强盛而斗争的英雄主义，坚韧不拔，英勇顽强等道德价值观。教育工作的技巧和艺术就在于用鲜明的榜样把这些道德价值观展现给青少年，以触动他们的心灵，引导他们的思想，激励他们追求道德最高标准的志向。有一句拉丁语名言是这样说的："言语固可教人，而榜样更具魅力。"我们希望道德财富的世界能吸引孩子。我们进行教育谈话时，总要引用一些最能充分展示心灵美、伟大、英勇、忠于人民及理想的行为实例。

　　学校的任务是在先辈们世世代代创造、争取和获得的道德价值观的基础上，建立切合实际的、具有高度思想性和公民精神的集体道德关系。道德价值应当成为每个学生的个人精神财富。只有通过鲜明的形象将道德思想展现在学生的智慧和心灵面前，激发他们深刻的道德美感，才能达到这一目标。正因为如此，当我们同学生进行谈话，把我们社会及全人类的道德价值观传递到学生的认知和心灵中时，总要选用这样一些事例、场景和人与人的相互关系，这些实例展示了人们为了共同幸福而创造的伟大和美好，从而引起了孩子们的赞美和钦佩。

　　我们编辑了一部独特的道德价值观文选，里面记述了千百件那些忠于祖国、忠于劳动人民理想和个人信念的人们建立功勋的事迹。这部文选是我们多年劳动的成果，它包含了从古至今人类所创造的道德价值观，但主要篇幅则反映了我国人民在革命年代、在国内战争时期、在伟大的卫国战争时期为了从剥削者手中解放祖国，为了祖国的自由独立而进行的英勇斗争。文选中有不少记述了劳动人民的光辉篇章，向年轻一代介绍他们的英雄事迹尤为重要，这样可使年轻人确信这样的观点——人的宏伟业绩并非仅能在特殊情况下创造。我们将祖国优秀儿女们的生活和斗争经历作为榜样教育我们的学生，培养他们成为真正的公民。

我们努力培养学生成为将为人民劳动视为光荣、尊严和自豪的人们。我们向每一届青少年学生介绍道德价值观文选中关于优秀建筑电焊工、两次荣获"社会主义劳动英雄"称号的阿列克谢·乌列索夫事迹的篇章。他一生曾参加若干城市的建设工作。我们希望每位青年都能深刻铭记他写给我们学生的信中的这样几句话："一生中只要领略一回你是世上的一个创造者的幸福，就是值得的；只要看到你盖的楼房平地而起并住进了人，你建的发电站安装的第一台机组产生了电流，或者你挖的运河已延展在大地上，孩子们走进了你修建的幼儿园，就是值得的。对我来讲，这种感受是任何奖励和赞誉都无法与之相比的。"

文选中有一篇文章介绍了我国著名的畜牧学家斯坦尼斯拉夫·伊万诺维奇·施泰曼。他的人生道路使我们的学生赞美和惊叹不已：在苏维埃政权初期，他是住在卡拉瓦耶沃村的一个雇农放牛娃，从来没有读过书，他的童年生活是艰苦的。但是他成了一名博士，培育出了奶牛新品种。在我们看来，这位来自人民的学者所说的话和给青年的希望是巨大的道德财富，我们尽力将之传授给每一位青年。他说："我一生大部分时间是在畜牧场和牛犊舍度过的。但是当我回顾自己走过的人生道路和工作时，我觉得我如同一个探险家，不止一次地在不为人知的路途上跋涉；我多次感到自己是一名登山运动员，在向巍巍高峰攀登。"

我们的道德价值观文选中有几十页篇幅记述的是一些像阿列克谢·米列西耶夫一样的人物，他们克服了严重病痛，表现出顽强英勇的精神，在劳动、智力和美学创造领域取得了卓越的成就。这些英雄人物的生平事迹是形成这样一种信念的强有力的、不可替代的手段，即道德意识、精神力量——这是公民精神的核心。它也是对那些软弱、意志不坚定、毅力不强或纯属懒惰的人的一种独特的精神刺激，是激发良知和促使他们进行初步自我教育的手段。

我们促使青少年思考这些英雄人物的遭遇，同他们比一比自己在克服困难时的毅力和顽强精神。有一篇选文介绍了乌克兰的伊万·莫尔达夫斯基。他在前线失去了双手和左腿，但他没有丧失意志：他念完了中学，进入学院，成为一名农学家，他现在在敖德萨州工作。[①]

格里格里·兹米延科失去了双脚，但他找到了重新回到劳动者行列的勇气。他现在是哈尔科夫州彼得罗巴甫洛夫斯克乡的一名拖拉机手。[②]

罗斯托夫州卡尔金农业机器站的拖拉机手德米特里·克鲁日林在抢救一名儿童时失去了双手，但他找到了重新回到劳动岗位的精神力量：重新回到拖拉机站工作，正像他在写给我们学生的信中所说的那样，用他自己的双手修理拖拉机。[③]

亚速海钢厂的工程师瓦西里·沃罗帕耶夫为抢救一名青年工人免于残疾，自己失去了视力。双目失明的工程师仍坚持在自己的战斗岗位上，他写完学位论文并通过了答辩。[④]

"我无法想象不为人民的幸福和不为共产主义斗争的生活。"——我们把沃罗帕耶夫工程师来信中的这句话写在他的画像下面，把画像挂在了七年级学生维克多的课桌旁的墙上。按某些教师的说法，维克多是一个"不可救药的懒汉"。正如我们通常所预期的那样，维克多的生活发生了转变，这也是我们向一个软弱的、缺乏意志的、往往因在家里被娇惯而无所事事的学生展现内心坚定、勇敢等道德价值观时期待发生的事。这个少年确实能够控制自己了：他制订了严格的作息制度，没有完成当天规定的作业之前，强迫自己不离开课桌。

我们向学生介绍这些英雄人物的坚强毅力时，激发了集体对英雄事迹的赞美，大家受到鼓舞，而那些懒汉们则会觉得自己十分丢脸，感到十分羞愧，

---

①　参见《改变》，1961 年，第八期。
②　参见《消息报》，1961 年 6 月 25 日。
③　学校同克鲁日林保持系统性的联系。
④　参见《真理报》，1960 年 10 月 19 日。

尽管教师的讲述中并不直接提到他，但实际上整个故事都是直接针对他讲的。要尽可能少地直接指责学生的懒惰、懈怠及不道德行为，因为比起正面榜样的教育影响，这些指责效果甚微。

我们常常以"那些为祖国服务的公民榜样"为主题举办共青团青年晚会。晚会的题目就是"学做真正的公民"。

道德的、公民精神的、思想的财富是永恒的、无法取代的教育手段。同时，基于公民榜样和精神价值观的教育也是青少年们进行自我教育的行之有效的手段。年轻一代领会公民的勇敢精神和对祖国的义务后，他就会学着以高度的道德行为标准来衡量自己，用社会眼光来观察自己，并能深思熟虑地严格分析自己的行为。但是，这一手段的效力完全取决于青年的思想和情感同积极的社会活动结合得如何，取决于他在怎样的公民事业中彰显一名爱国主义者、一名为共产主义思想而斗争的战士的身份。

二、从道德概念到道德信念的途径

弗·伊·列宁教导说："学校应当教会青年基本知识，培养他们树立共产主义的观点……"[1]掌握自然知识和社会知识，认识周围世界的现象和规律性，仅仅是教育的开始。接下来，形成个人的道德信念还需要一个长期的复杂过程。个人道德信念是道德教育的最终成果，是反映一个人的精神面貌及其品行中的思想和行为一致、言论和行为一致的主要标志。

只有当对真理和概念的知识能深刻地反映在一个人的精神世界里，成为他的个人观点，能激发深沉的情感，同他的意志结合起来，并体现在他的行为举止及待人待己的态度中时，才能谈得上道德信念。道德信念是个人的能动力量，是对坚持真理、证明自己观点的正确性并为此随时准备做出任何牺

---

[1] 《В. И. 列宁全集》，1963年，第41卷，第313页。

牲的一种热忱期望。信念不只是指人知道些什么，而首先是指他如何把这些知识变为行动。

从孩子上学的第一天起，我们就尽力培养他们的个人观点，并使观点变为同个人名誉一样神圣珍贵的东西。我们希望集体的全部生活和劳动，能使多方面的关系及他们的种种兴趣都具有思想意义和公民性意义，能引起他们对一个人所见、所知、所为的个人态度。学生对任何一种乍看起来似乎与他并无直接关系的事情和现象，都会深切地当作个人的事情去感受：任何违反道德原则的行为都会使他感到不安、担忧和关切，如同他的人格受到伤害一般。

道德信念是道德发展的目标和顶峰，为达成这一目标要做到道德习惯和道德意识的统一。实践证明，要在童年和少年早期建立道德信念的坚实基础，使孩子在这一时期所见、所做和观察的一切都具有鲜明的、显而易见的道德含义，这样他才能分辨善与恶，光荣与耻辱，正义与非正义。我们希望，善良、荣誉、正义把快乐带给孩子，而丑恶、耻辱、非正义则使他不快、忧虑乃至痛苦。

情感是道德信念、原则性和精神力量的核心和血肉。没有情感，道德就会变成枯燥无味的空话，只会培养出伪君子。形象地说，正是由于这个原因，从道德概念到道德信念的道路是以行为、习惯为起点的，而这些行为和习惯充满深切的情感，体现出孩子对他所做之事和周围发生的事情的个人态度。只有我为他人做好事而自己不受益，却能不止一次地体验到快乐，我才会在有人做坏事而于我毫无损害的情况下，把它当作个人的不幸来感受和体验——达到行为和思想的一致，这是我们在教育工作中遵循的原则。

我校学生是在高尚的道德行为已成为习惯的氛围中生活的（这对幼年学生来说尤其重要）。我们总是教导孩子做一些事，从而在道德实质上培养孩子对待公民义务的个人态度，激发他为社会做好事的意愿和对坏事不妥协的斗争精神。

校园里有几百棵果树。自儿童一入学起，我们就提醒他们：如果你看到树上有树枝折断了，你要小心地把它缠扎起来，并把断口处糊好；如果接得好而且及时，断枝就会长好，小树的伤口就会痊愈。我们教导他们如何操作，但这只是事情的一个方面，主要是要让孩子在看到有树木被毁坏时感到心痛。我们通过培养孩子热情地追求生活的美，同破坏和徒劳混日子的现象做斗争来达到这个目的。假如我们随后发现，孩子发现有折断的树枝时能跑回教室或者家里去找小绳，或者当他自己不会用绳子缠扎时，会带着不安的心情向老师或高年级同学报告风把树枝吹断的事，我们认为我们的目的就已经达到了，对他来说，小树已成为有生命的、应该被保护的事物。

这些行为逐渐便成为习惯。青少年已经无须再思考要缠扎断枝，要培土以保护因暴雨冲刷而暴露在外的树根，要帮助手提重箱的老人；遇到这类涉及他人或社会的事，他们已无法漠然置之和视而不见，不能不自然相助了。随着时间的推移，童年时伴随着做好事而反复体验过的快乐之情会转化为高尚的道德意识。此时人做好事不是因为想听到什么赞扬（在道德教育中，赞扬是一种十分微妙而又并非毫无危害的手段），而是因为如果他对之漠然置之的话，他会为此感到内疚。

我们认为，在许多情况下，培养高尚道德习惯基础的那些初步行为反映了人对待物的态度，而这些物包含人的劳动，体现技艺和勤劳精神，因而它也包含人的道德品质。通过物观察对待劳动的态度，而通过劳动再看对待人和社会的情感态度，这是形成道德习惯的极其重要的一个条件。从学生入校的第一天起，我们就教育学生习惯于这样一些行为：

如果你看到在玫瑰丛或桃树根周围，或者在刚刚移栽的小苹果树或葡萄秧下，土壤已经干裂，就把它们刨松散，到傍晚再浇水；

在路上拾到被人丢弃的金属碎块，就把它捡回学校，放到特定的地方；每一克金属就是机器的一个小小的组成部分；

不论在楼道里还是在教室里看到地上有纸屑，都把它捡起来扔进垃圾箱；

做完活之后归还工具（车刀、凿子、工具刀、刨子）时，应检查一下是否需要磨一磨；如果需要，就要磨好；要记住，你交还的工具（或者锹、耙子、喷壶等器具）的状态要比你借走时的更完好；

归还给图书馆的书要比借走的时候更完好；时刻记着，书中凝聚了众人的劳动；

当你发现交给你操纵或者使用的机械出了毛病，即刻请高年级同学帮助修好；如果你自己会修，请自己动手。

这些行为的道德意义在于，它能够表现对劳动的尊重，而通过劳动则表现对人这个创造者品格的尊重。这些行为并不单单是制度上的要求，而是形成一种信念——把自己的劳动、自己的责任推给别人是不道德的行为的生活课堂。每当孩子遵循社会要求做出某一行为时，都要认识这层意义，但是认识转化为信念并不是靠行为的频繁重复完成的。人的意识不是电子计算机的储存器。只有在行为给孩子带来正义感，激动人心，使他产生心灵上的快乐和兴奋，振作他的精神的情况下，认识才能转化为信念。

信念的形成过程要求儿童首先自觉地对待自己的愿望，也就是支配自己的愿望。我们校园里并非无意地栽种了这么多玫瑰花：有时孩子想摘一朵花，可是这样做会危害别人的想法就会制止他。这种想法会逐渐消失，但是厌恶坏事的情感却能永远保留下来。对于孩子们来说，花可不可以摘的问题已经无须思考了，他们甚至都不会产生这种问题。道德习惯的实质在于人的行为被良心的呼唤支配，而这种呼唤的主调则是情感。道德修养并不是保留在记忆中的一堆知识，而是凝结在心灵的深刻感受和领悟。

多年的教育工作经验告诉我们，到少年和青年时期才教学生爱护花草树木这些令人喜爱的事物，教他们自觉地给玫瑰花丛松土，教他们在把书还到图书馆之前把破损的书皮修好等，为时已晚（也很难进行再教育）。如果在童年或少年早期，他们没有形成牢固的道德习惯，没有产生能激发道德行为的思想，这种思想没有在他们的心中留下印象，那么即使他们懂得这样做的社会必要性，他们也不会这样做。到了少年晚期和青年早期，反映青少年对待物及通过物对待人的态度的那些道德习惯只能处于巩固阶段，这是顺利开展道德教育的非常重要的条件。只有在童年和少年早期时形成的道德修养的基本习惯，才能助力学生在青少年时期解决道德教育中比较复杂的难题（树立生活理想的信念，认识科学世界观的一些重要真理等）。

在形成反映对待物和通过物对待人的态度的那些道德习惯的过程中，儿童就会形成关于善和恶，光荣与耻辱，正义与非正义，义务，幸福，自尊等的初步概念，但这仅仅是培养道德品质的开端。激发人去做一些体现了待人待己、对待社会利益的直爽态度的行为，则是这一过程的更高阶段。这些行为的目的是，让他们认识到：自己的行为应当符合周围人的利益，我的幸福不能给别人带来痛苦和不幸。教导人如何在人群中生活的行为好比是道德修养的基础，今后的一切都要建立在这一基础上。能否以鲜明的情感去感受作为这些行为基础的种种道德观念、真理、准则和原则，取决于学校集体是否有丰富的精神生活。现在我们看一下，如何在行为的基础上形成尊重人们利益的道德信念。我们教育孩子：

对于一个人、一种行为、一个现象、一件事情，直接说出自己的想法，任何时候都不要猜想别人期待你说什么。这种企图会使你成为一个伪君子、阿谀奉承者，以致最终成为一个卑鄙的人。

当你目睹不公正、欺骗、损害人的尊严诸如此类的事情时，你心中气不过，想干预，主持正义……可是另一种声音提醒你，别参与，这不关你的事。要知道，这是一种胆怯的声音。要按照第一种想法去做，情感、良知的召唤是最崇高的。如果对丑恶、非正义和欺侮现象抱冷漠和无所谓的态度，你会成为一个漠然、冷酷无情的人。

假若你没有事先单独和同学谈过他的缺点，没有设法说服他承认其不正确行为，就不要在集体面前批评他。如果你说服他认识到了自己的缺点，那么也没有必要进行批评，批评就会变成无用的空话。

假若你听到了对于某人、某种行为、某件事的议论，不要鹦鹉学舌，人云亦云，要对你听到的加以思考。事事都要有自己的意见和看法。如果你确信别人讲的是对的，那就要支持并捍卫他的想法。

不要忘记今天你应当完成的工作（功课，在教学工厂、教学实验园地、活动小组里的工作等）。每天当你醒来时，你首先要想到今天要完成的劳动任务。永远不要把今天要做的事推迟到明天。明天是懒惰和懈怠之母。今天多做一些明天要完成的事，哪怕少一点也好，从而使自己安心，要使这种思想成为你的生活准则。

要靠自己的努力获取知识，利用同学的劳动成果是不光彩的。不独立完成学习作业是走向寄生生活的第一步。

一天结束后，你要想一想：你为别人的快乐和幸福做了些什么，你为自己的进步——这也是与人为乐的一方面——做了些什么。假若你没有任何作为，意味着你白白浪费了一天，那你明天就要加倍努力，弥补今天的损失。

在工作室或工厂里，你可以看到你要仿照做的样品——零件、模型、工具等。无论样品多么完美，都要努力做得更好。要知道，劳动的技艺和产品的完美是无止境的。

如果你的好朋友在学习和劳动中落后了，你要帮助他克服困难赶上去。如果你不关心他的落后情况，说明你是个冷漠无情的人。在精神上给予朋友的温暖、善意、关怀、挂念、爱抚越多，生活的快乐也就越多。

不要把自己的劳动推给父母。要用实际行动尊重父母的劳动，关心他们的休息。你学习好、劳动好，就是父母的快乐。要为父母带来这种快乐，不要让他们伤心，不要让父母把最好的一切都给你。

要尊重妇女。对待妇女的态度是道德修养的一面镜子。爱一个姑娘意味着首先要让她快乐，意味着创造快乐。如果你看到有人欺侮妇女，你要上前制止，保护她。

如何在实际工作中激发学生如此作为？他们产生道义感和道德思想的源泉何在？怎样做才能使他们产生并巩固信念呢？

我们向学生介绍人类道德价值观文选中关于为争取真理的胜利、为争取人民的自由而斗争的英勇高尚战士们的篇章。英雄们的形象在学生们的心里燃起强烈的愿望，他们立志要成为这样勇敢的人。这种感受和情感就是信念产生的萌芽。但是要使这种思想真正支配人的灵魂，就必须使他们感受到自己的高大和美好。孩子如同站在各种思想影响的十字路口，在生活中，他也会感受到坏事或看到罪恶的场景。而对孩子们来讲，值得他学习的那些英雄人物的壮美的道德行为犹如灿烂的光辉，照亮了他周围的一切。这样，站在生活门槛的年轻人就能投入到同丑恶做斗争的行动中了。在许多情况下，会发生冲突，这是必然的，因为信念是在思想斗争中产生的。让年幼的人察觉和感受到丑恶，使他在反对丑恶的斗争中获胜，从而相信我们的社会中善良和正义总会胜利，这一点尤为重要。

少先队员们有一次帮助庄员们往卡车中装运玉米穗种子。他们挑选最大的玉米果穗装运。工作队队长忽然建议："孩子们，咱们随便往车厢底层装些就行，把最好的放在最上面，尽快完成任务。"可是劳动前，孩子们刚刚才怀着激动的心情，屏住呼吸聆听了亚历山大·乌里扬诺夫的英雄事迹。因而孩子们脑中产生了疑问："为什么要这么做？为什么要欺骗人？"于是他们很生气地把全部情况告诉了老师。这是他们为维护正义进行的第一次斗争，这件事在孩子们幼小的心灵中留下了深刻的印象。

儿童保护自然委员会的小队和小组，经常到农田、森林、牧场和池塘边巡视，看看有没有人损害"绿色的朋友"，有没有出现森林和果木的病虫害，有没有捕鱼者在鱼产卵的禁渔时期到池塘偷钓。他们的巡查常常富有成效：及时制止了某些破坏行为，查明了事情真相。

　　我们不允许孩子们看到犯罪行为时只是用道德标准去评论一番。如果一个孩子清楚理解他眼前发生的是坏事，但只是记住肇事者，然后把他看到的一切讲给年长者听（即使他们能够分辨是非和归咎责任），他将成长为一个对所有人和所有事情都漠不关心的人。在他看来，什么都要服从于毫不动情的理性判断及随之而来的慎重斟酌。当丑恶现象就摆在眼前，他却要考虑——他是否该愤慨？这样他只能学会伪善。

　　这样的人是可怕的：在他的一生中会出现千百次变节行为，这些行为之所以可怕，是因为初看来，它们所涉及的似乎都是一些无足轻重的事。看到一个流氓欺侮一个姑娘时，他并非总是从旁而过视而不见，他也会停下来看一看，甚至对警察和义务治安员的不作为表示愤慨，但自己不予干预。这正是一种可耻的变节行为，其根源就在于儿童时期养成了不得罪人、漠不关心的态度。

　　儿童精神生活的特点是，对于影响他情感的各种现象有很强的敏感性。他对一个人给另一个人造成的痛苦和伤害尤其敏感。每位教师常常都会听到小孩子报告关于他的同学或高年级学生犯过失的事。这些报告中最常提到的是某某同学欺负了某人。告状的人是在向老师倾诉愤怒，他暂时还没有能力做出更多的行动。认真聆听这些小孩子的控诉很重要。要知道，即使是在欺负了他本人的情况下，他也并不要求老师惩罚犯错的人。他只是希望老师能理解和分担他的苦楚和愤怒的心情。在大人们看来，他们所说的委屈往往并不是什么大事，但要知道，孩子有他自己的标准，有他自己衡量善与恶的尺度。我们不仅要俯就孩子们关注的世界，而且要深入他们的思想，体验他们的情感，为他的不安激动。我们不鼓励孩子告状，但要记得当孩子前来述说他的不悦情绪时，他很少把自己的行为看作告状。他寻求的是，自己的感受能在另一个人的心中得到反响。

　　不冷落孩子满腔的热烈激情，不刺伤他们敏感的心灵，不让孩子变得冷漠无情，这一点极为重要。当我们和孩子一起恼怒，共同愤慨，分担他们的不悦之情时，就是在培养他们强烈的道德情感。我们教导他们寻找这种情感的积极出路——不仅对丑恶表示愤慨，而且亲自同丑恶做斗争；不仅找别人来评理，而且自己亲自主持正义。重要的是，在每个具体事件中，为孩子提出行动的具体建议。

儿童利己主义的根源就是情感教育的欠缺。当孩子面对丑恶时，他会感到自己无能为力，无法应付。而哪里有无能为力的情绪，哪里就会产生孤立无援的感觉。如果小孩能满腔热情地对待他人，那么当他和邪恶斗争时，就不会思考自己是在孤军奋战。

我们希望孩子逐渐树立这样的信念：为社会做好事、做有益的事和有用的事是道德高尚的表现，而只考虑自己则是可耻的行为。极为重要的是，要让揭示这种思想本质的行为充满道德情感，要让孩子们对可耻行为持不容忍的态度。

我校9～10岁的孩子就能在有益于社会的活动中获得初步的道德情感经验：他目睹自己为社会劳动的初步成果，如栽培的葡萄藤幼苗，并从中获得快乐。早期体验这种情感是形成道德信念极为重要的条件。当孩子没有为别人做任何事的时候，这种情感使他感到很不坦然。进入少年时期时，学生就能看到自己长期做公益劳动的成果了：荒地变成果园，贫瘠的土地变成肥沃的良田。到青年早期，学生就已经拥有道德财富——他用自己的劳动美化了大地，并由此产生快乐感。这种感情就是真正的爱国主义和社会义务意识的源泉。

我们认为，在掌握知识的过程中，学生独立劳动的道德意义十分重要。我们尽力做到让学生在学习中体验自尊感。从开始学习之初，我们就激发学生从获取知识中感受快乐。对成绩的情感评价于是成为智力劳动的重要特征。师生追求一个共同的智力目标——发现、认识真理，克服困难。当学生看到老师会因他的成功而高兴，也会因他的失败而伤心时，这些情感会感染学生，使他从自己的经验中体验到通过自己的努力获取知识的那种劳动会带来愉悦感。获取知识的方式有两种：一种是轻松的、无忧无虑的，但不会带来因克服种种障碍而感受到的快乐；一种则是困难的，需经过艰苦努力，但会带来创造的快乐。我们鼓励孩子自觉地选择后者。学生能否做出这样的选择，取决于老师能否鲜明地向孩子揭示劳动的目的——不仅要把事情做成，还要确立自己的道德品格，证明自己的才干和能力。孩子做出的正确抉择越多，他就越能深刻地体会到，是否完成学习任务，坚持到底还是半途而废，是关系到个人荣誉和品格的大事。向学生阐明学习劳动的意义，是教师发挥创造力的一个巨大领域。我们很多的作业形式都具有让学生感受劳动者的荣誉感的明显用意。

在算术课上，我们通常给孩子们布置几种不同的、要求独立完成的习题；每种习题的难度各有不同，学生可以任意选做。孩子对这种自由选择很敏感，他们把它看作体现个人优势的机会，这样脑力劳动就具有了生动活泼的、有趣的竞赛性质。

我们给学生布置的作业由两部分组成：一部分是必做的；另一部分是附加的，可以自由选做，以满足希望多做作业的同学的意愿。附加部分和必做部分有密切的联系。独立劳动便具有了这样的德育意义：学生自愿去做能考验他的意志从而吸引他的事。选择走比较困难的道路的意愿渐渐会变成道德习惯。道德修养，正是那些已成为品行的情感的捍卫者的道德习惯；一个有教养的人，他的良心呼唤甚至不允许他产生抄袭同学作业的念头，就像要赤身裸体出现在大庭广众之下一样，他不会做出此等事。

特定的行动方针就此形成，其特点就是本质上不容忍欺骗、不诚实和不付出辛苦就获得成功的妄想。只有把道德信念建立在牢固的道德习惯的基础上，每个学生才有可能都树立这种行为方针。

激励人做出好的行为的那些道德习惯，就是初步的道德修养。如同一个有文化的人读单词时不必思考每个字母的含义一样，一个有道德修养的人做出高尚行为时，也无须对行为实质所反映的思想进行逻辑论证。但是如同读一个词不能不认识字母一样，道德信念也离不开行为，离不开道德习惯。

一个人道德修养的特征在于：信念成为他生活中一种独立的精神力量，不断激发他做出新的道德行为。能否确立这种独立性取决于集体生活和个人生活的内容是什么。一个人在一天、一小时内展示的精神力量对于他的人生所起的作用，可能比他未展示的几年岁月所起的作用还大得多。学校的任务就是让信念尽早变为学生独立的精神力量。精神生活的这一阶段是道德成熟期。大部分学生在少年和青年早期进入这一时期，我们在下面会详细谈谈这个时期学生道德发展的情况。

三、道德成熟时期如何发展和巩固信念

人只有理解、发掘和获取了思想，并为了思想的胜利倾注了自己的精神力量后，思想才能变为坚定的信念。思想和道德信念的形成是一个积极过程，在这个过程中，受教育者并不是教育的消极对象，而是追求内心坚定信念的积极斗士。一个人在青少年时期的道德面貌取决于他的活动、行为和行为的世界观倾向性。我们希望青少年把自己的经历投入到具有重大社会意义的事情上。为了理想，人应当尽可能多做一些事，生活中的劳动和工作应当成为他达到崇高目的的手段，而不是终极目标。

青年对于分配给他的每一件事和他完成的每个行为的道德意义非常敏感。假若你只告诉学生在深秋乍寒时节收甜菜，而不讲清楚为什么要为此付出辛苦，他们就会对此漠不关心，不愿去做。他们一向关心眼前劳动的道德意义。如果他们发现，他们不得不付出的紧张劳动是由于某些人的懈怠失职和经营不善所致，那么这种劳动就会失去教育价值。只有经历了相当程度的道德锻炼的集体，才可以组织学生从事就其性质来说是补救由于某些人的懒惰和懈怠所致的恶果的劳动。在这种情况下，劳动的目的不只是完成一定量的劳动，也是对丑恶、懒惰、懈怠、冷漠和个人主义进行的思想斗争。只有这样，克

服困难的胜利感才能在学生心目中得到提高。如果青年们在劳动中意识不到自己是同丑恶做斗争的斗士和这场斗争的胜利者，那就千万不要让他们去参加那种旨在补救某些人过失的劳动。

向学生阐明劳动的道德意义之所以特别重要，是因为许多劳动过程具有单一的特点，过程本身不易引起兴趣，而且还需克服许多困难。我们竭力使学生从思想上很好地认识劳动的意义，知道为什么要劳动，使得他们在劳动后信念不仅不会动摇，而且相反，变得更加坚定。

我们引导学生通过饱含纯洁情感的高尚行为树立一种信念，即人通过自己的劳动可以改变地球和自己，造福人民的平凡的日常劳动就是青年们所追求的爱国主义的功勋。我们希望这种信念成为激发学生从事高尚行为的内在力量，成为他们个人行为的神圣不可侵犯的准则。

我们的学生在青少年时期就受到具有象征性意义的劳动的鼓舞：这种劳动成为重大社会思想的物质体现，成为实现这种思想的实际例证。

几年前，我们在沟边斜坡的荒地上开辟了一块葡萄园。刚开始劳动时，学生就发现荒地的土质是肥沃的黑土。坡地朝南，阳光充足，春汛和降雨时节蓄水条件也很好。这一切都说明，此地是大自然赐给我们的一块种植葡萄的优选之地。我们在三分之一公顷的土地上栽种了葡萄藤苗。我们一年在此地只干四五天的活，仅凭有限的劳动，大自然却给了我们丰厚的回报：每100平方米收获4公担多的葡萄。

秋天，当我们的葡萄园里一串串琥珀般的葡萄成熟时，近旁的几公顷坡地却呈现枯草蓬杂、一片荒芜的景象，不堪入目。如果这里都种上葡萄藤苗，那么全村居民每人每年就可以收获100公斤葡萄。葡萄意味着健康、美好和生活愉悦。每人每天如果吃三把葡萄，他就可以比一般人活得久。而要把这块坡地开辟成一片葡萄园，并不需要任何花费。只要每个16～60岁的有劳动能力的人每年仅仅干4天的农活就够了。这看起来似乎很容易，但暂时做不到。虽然人手是现成的，但并非所有人都做好了开发自然财富的精神准备。

126

我们为人们缺乏积极创造幸福这种精神而深感难过（这是我们学生的话）。在我们这片小小的葡萄园，我们收摘的这 120 公担葡萄就是我们理想的体现。8月底9月初，我们邀请许多带着小孩的母亲、老年人和体弱多病的人来我们这里，请他们吃葡萄。我们试图说服每一位来的人，对他们反复讲："只要勤于动手，土地是慷慨的。"

我们为什么而奋斗？为的是人民的幸福。对我们来说，共产主义首先是人人都幸福、快乐。我们奋斗，并不是为了每个人把幸福放入个人的小天地中，用高高的围墙把它圈起来，养只家犬看守，而是为了和大家一起去创造、去争取，在共同的劳动中寻求幸福。葡萄园旁是我们的苗圃，那里培育着数以百计的葡萄藤苗。令人高兴的是，有许多庄员找我们提供葡萄藤苗，人们已经在欣赏那串串果实了。可是令人遗憾的是，有个别庄员种葡萄是为了赚钱，这让我们有些丧气。另一些情况却十分令人高兴：有三户庄员，打通了他们的篱笆，种植了一个集体葡萄园，他们共同管理草木，从而创造共同的快乐。另有两户庄员，在他们宅邸旁的共同地界上栽上了梨树和苹果树。我们感到很高兴，正是这些不属于任何人的果木给大家带来了最大的快乐。

共产主义道德、共产主义信念并不意味着放弃个人利益和遵行禁欲主义。马克思①描述的那种极其丰富的物质财富，都是为了个人幸福而创造的。然而美满的幸福并不只在于由人们创造并为其享用的物质财富，也在于精神创造，当人们倾心于这种创造时，就可以树立自己的道德品格和公民美名。我们认为，最重要的教育任务就是培养青少年形成一个信念：生活的意义在于

---

① 显而易见，苏霍姆林斯基所指的是马克思在《哥达纲领批判》（1875 年）中的论点："在共产主义社会高级阶段，在迫使个人奴隶般地服从分工的情形已经消失，从而脑力劳动和体力劳动的对立也随之消失之后；当劳动已经不仅仅是谋生的手段，而且本身成了生活的第一需要之后；在随着个人的全面发展，他们的生产力也增长起来，而集体财富的一切源泉都充分涌流之后，只有在那时，才能完全超出资产阶级权利的狭隘视角，社会才能在自己的旗帜上写上：各尽所能，按需分配！"（《马克思恩格斯选集》，第 2 版，莫斯科，政治书籍出版社，第 19 卷，第 20 页）

精神创造。

如何在实践中完成这个任务呢？在我们看来，这是教育过程中最复杂、最精细的领域之一。它之所以复杂而精细，是因为每个人都生活在一定的具体环境中，每个人都处在不同的、有时是相互矛盾的思想影响之下。教育的技巧在于，使人在为个人丰富的精神生活努力创造时，通过他的活动、行为、品行，通过他与人们的相互关系和生活的冲突来表达愿望。这种愿望从何而来？它来源于为人们进行创造的快乐感受，而这种感受从为崇高思想所鼓舞的劳动中产生。人在青少年时期能每天从这个源泉中不断地汲取新的力量，这一点极为重要。如果存在这种源泉，那您的学生就不会是一个消极的教育对象，而是一个为自己培育信念的积极斗士。信念并不是脱离具体的、活生生的人而存在的抽象真理。信念是脉搏的跳动和智慧的火焰；只有当一个人为自身树立信念，因而在社会中确立自我时，信念才会变为现实。

学生根纳季从小就喜欢技术。他家里有母亲、外祖母和妹妹，生活困难。母亲是一位不识字的年轻妇女，外祖母常常带他去教堂，给他讲一些雷公打雷和巫婆捉鬼的有趣故事。我们从不对孩子讲："不要相信你外婆讲的故事，她在欺骗你。"这是家庭精神生活中一个极其微妙的问题，对此要持慎重态度。让他边在学校掌握知识，边把科学、知识和文化之光带到家里，并受到这种思想的激励，把在民间传播文化作为他的人生目标：我们便是朝这个方向引导孩子的。他在上二年级时教会了妈妈和外祖母识字。他在四年级学习时，我们帮他建造了一座小小的风力发电站。于是这个偏僻农村的农舍里点起了电灯。后来根纳季又组装了一台收音机（这一切发生在本村尚未电气化的很早之前，在发射第一颗人造地球卫星的 12 年前，可以想见，当邻居们来到他母亲的农舍看到电灯的光亮，听到从收音机的小匣子里播放出优美的音乐时，会感到多么有趣）。

这个孩子的心灵焕发出传播知识、科学和智慧之光的强烈热情。他成为一名少年启蒙教育者。他的家中形成了一个独特的教育中心——自然科学知识俱乐部。晚上总是有许多庄员聚集在这里。根纳季给他们讲解各种科学知识，展示各种机械模型（许多模型是在学校制作的）。他总是在证实些什么，使人确信某种科学道理。他看到种种愚昧和迷信现象时总是不平静的。有一次在一个严寒的冬天，天空出现了一个幻日，一位 90 岁的邻居老人便对根纳季说："看见上帝显灵了吗？这是向你说明，不管人怎样相信智慧的力量，不管他讲了些什么道理，他是无法知晓一切的。你能证明不是这么回事吗？"

这位青年倾注了他的全部激情去设法动摇、改变人们不可知论的观念。他给老人做实验，演示光学反射的"奇景"，使他们惊讶不已。不久，村里又有了第一台电视机，这是根纳季自己装配的。

毕业后，根纳季在附近的一个工厂当了一名电工。像以前一样，他举办的自然科学知识俱乐部照常活动。此时俱乐部已经分成了老年组、中年组和青年组。青年人在这里学习无线电技术，装配收音机。老年人的兴趣则很广泛——从海洋深处的生物到宇宙飞船。根纳季向他们介绍各类科学技术成就，用幻灯机放映各种图片、照片和图解。他为中年人组织了一个电工技术学习小组。村里还有人不会使用电动机，不会把它安装在各种加工机械上，这使他感到不安。原来一字不识的妈妈已通过了技术工人资格考试，现在当上了变电站的值班员。

卢那察尔斯基说过，共产主义个性是具有鲜明表现力的个性。[1] 他这句话具有英明的预见性，预见了当代人个性形成过程的特点。培养这种鲜明的个性，也就意味着每个人通过他的热情、个人追求、所倾心的事业和激情将高尚的道德信念展示出来。只要我们教育得当，每个人都能发挥出他特有的才能，只要我们教育者能够引导人们从事最崇高的创造事业——为人们带来快乐，人的个性就能在每个活动领域都达到完美的程度。激发人们为了思想、原则、信念而生活的志向特别重要，要知道如果没有思想的激励，没有对生

---

[1] 卢那察尔斯基写道："只有由鲜明的个体构成的多样性社会才是拥有丰富文化性的社会。"（参见《A. B. 卢那察尔斯基关于教育》，莫斯科，教育出版社 1976 年版，第 306 页）

活意义的认识和感受，一个人就无法发掘自己的才能。人们无法直接寻觅和发现才能，而是靠信念和行动在人身上产生和形成才能。

几年前，我校有一个叫瓦西里的学生。在学校他曾是一个缺乏热情的学生。但我们发现，他对年纪小的孩子特别爱护、热诚、和善，他喜欢和孩子们一起玩并给他们制作玩具。孩子们来寻求他的帮助时，他总是感到很高兴。我们帮他在他家的宅邸旁开辟了一个幼儿游戏场。瓦西里还栽种了葡萄和果树。全街的孩子都愿意到这里来玩。他们津津有味地听瓦西里讲童话、说故事。瓦西里教孩子们如何照看果树，显示出一个园艺家的才能。

孩子们都把这个友好的集体和小果园称作"乐园"。孩子们经常急不可耐地等待瓦西里放学回家，并到他家花园来。后来，瓦西里在九年级学习时，还为他的小朋友在他家的一个旧柴草棚里设了一个讲故事的角落。

随着秋天来临，乐园里的活动简直成了欢乐的节日。每个人晚上都可以带着礼物回去送给妈妈和不能来这里玩的弟弟妹妹。

瓦西里早已长大成人。他成了家，有了两个孩子。他现在是一名拖拉机手。而乐园依旧如故，他和早前少年时代一样，继续给新一代的小朋友带来幸福和快乐。乐园里一如既往，从早春到晚秋，依旧有孩子们的欢声笑语传出。瓦西里还为小朋友们修建了淋浴室和运动场。到了休假日，他就带着小伙伴们到森林里去玩。如今，他们去众人花力气挖的森林洞穴里玩耍，这里已经成为他们讲故事的园地。

只有当信念成为一个人的行动和行为的核心时，它才能在人身上得到鲜明的体现。

犹如犁头因天天耕地会脱锈而光洁如镜，当一个人劳动并努力克服困难、不骄不躁时，他的心灵也会闪闪发光。困难、障碍和不幸是信念的试金石。一个人在青少年时期如何对待困难，决定着他精神上的坚定性和对原则的忠诚性。

社会主义现实使青年一代免受人在剥削制度下所要遭受的那些艰难困苦。

但这并不意味着社会主义、共产主义的生活就没有困难、冲突和不幸。在创造性劳动中，在为造福人民、征服自然而进行的斗争中就包含磨炼精神所必需的困难。谁能以自己的光和热去温暖别人，谁能在造福社会的斗争中寻得个人幸福，谁就会一心向往有非凡作为的前景。在这一劳动中，人的品德发展会提升至更高阶段。向青年男女展示这种精神向上的高尚性，是形成信念的一个重要方面。

我们的学生无论完成什么工作，我们向他们传递的思想始终是：不论在这项工作中还是在任何其他工作中，创造力都能得到更大的发挥，都有更广阔的天地。一个人任何时候都不可能说："我已达到顶峰了。"就拿种植小麦来说，我们种植的小麦一个麦穗上有55～60个麦粒，但还可以培植出有上百个麦粒的麦穗。在实践中从来没有人用插条的办法培育梨树树苗和苹果树树苗，如果运用智慧和技巧，也能把苹果树枝插活，并且照顾它长大，这将非常有趣。通常在土质好、肥料足、管理好的情况下，每公顷地最多能产40公担小麦。但如果充分发挥作物本身的潜力，每公顷可收获90～100公担小麦，甚至达到150公担（我们暂时还在进行小面积实验）。本地的粮食作物通常是一年一收，但也可能达到一年两收，甚至更多。

凡是一切有困难但是可以做到的事，青年都会被其不寻常性、创造性和认知上的浪漫所吸引。在劳动中他们总希望走无人走过的路。我们的教育工作体系中专门安排了以形成和发展信念为目的的劳动任务。完成这些任务需要花费较长的时间，因为信念巩固与否需要经过时间的考验。我们估计学生从少年早期做起，到青年早期才能完成我们安排的劳动任务。

1960年，我们制订了每公顷产量90～100公担的小麦高产计划，吸引了一批学生参与。为了让孩子更深刻地体验战胜困难的感受，我们为这项实验选取了一块土质贫瘠的黏土地做试验田，这就要求把这块地改造成肥沃的高产土壤。这样一场不轻松的劳动旨在激发学生们对大自然发起豪迈的挑战：大自然毁坏了的，我们要重新再造，就像在北方原始森林区建造一座水力发电站或制造一架新的机器一样令人神往。

我们开始干起来：挖山沟里淤积的肥沃淤泥，把它运到这片黏土地里，为了使这块毫无生气的黏土地更快地恢复生机，我们还施加了有机肥料，为有益微生物提供良好的生长环境。这一切做起来是很困难的。但要知道，任何一桩严肃的事情，不付出努力是不可能做成的。我们的精神支持是，我们在创造新事物，犹如打开通向未来的窗口：既然能造出 0.1 公顷的高产沃土，就能造出成千上万公顷这样的土地。

半年后，我们在试验田里播种了能为土壤增加含氮量的作物，再把土地重翻一遍，又掺了淤泥。这样反复做了 3 年，而且每年秋天都对土壤成分进行分析，以确定是否可以种植冬小麦。但每次都发现缺少某些成分，我们便千方百计地寻找肥料，加以补充。完成的工作越多，克服新困难的决心就越大，因为经验告诉我们：今天的困难将是明天的快乐。每个人每次从有明确目标的劳动中感受到的快乐，犹如滴滴细流汇集成一个源泉，滋养了我们必达目的的信念。假若您想要借助困难去锻炼意志，加强信念，就要把这些困难用无形的纽带同某项重大工作联系起来，这项工作需要花费大量精力和时间，并且要求达成精神和思想上的集体统一。

当例行分析说明土壤已经符合要求后，我们就集中几天时间到田里去：我们从千千万万个麦穗中挑选最饱满——说明它抗旱力最强（那一年是旱年）——的一些，随之，脱粒后进行筛选，去除了那些发育不全的小粒。

播种前，我们又施了有机肥，以促进有益微生物的活动。我们没有使用无间隙的播种方式，而是使用点播的方式，株距较大，使得每株作物都有生长空间和较大的供养面积。冬天我们还采取了防雪措施。

禾苗长得很壮实，我们又追施肥料，每次下雨后都松土。这样每一束比一般的多长了四五倍的麦穗，每穗比一般的多了一倍麦粒，每个麦粒又比一般的重了一倍，我们为此感到高兴。收获的那天像过节一样：0.1 公顷的土地上收了 10.5 公担小麦（每公顷单产合 105 公担）。这样的产量前所未见。

1965 年，我们达到了每公顷合 137 公担的产量。可是我们的学生对此并不感到满足，他们又树立了一公顷产 150 公担的目标。每个人，不论大人还是孩子都对此津津乐道，不久，在集体农庄和国营农场一望无际的田野里就会培育出像我们这块小试验田一样高产量的麦粒。麦粒会像稻粒那样大，那样有分量。

信念的培养离不开劳动，劳动使得自己在道德和意志上的努力表露出来。只有当人通过劳动证实一些什么，确立已成为他心灵中不可分割的一部分的某种思想时，劳动才能成为形成思想信念的强有力手段。因而人应当在成果中看到他所珍视的真理和原则的生动体现。

劳动是一个多方面的概念。一个人的精力和体力不仅可以贯注在他创造的物质财富中，也可以贯注在其他人身上。当一个人理解了这种劳动的道德意义时，他的道德修养就会达到更高的阶段，因为一个人在教育别人时，同时也在真正地教育自己。

我校集体非常关心的一个问题是建立一种道德关系，从中劳动能够促进鲜明个性的形成。我们希望每个青少年在学校集体中都有自己的教育对象——一个小同学，关怀他，同他的进步和失败喜忧与共。这时，教育的技巧就在于帮助大同学找出他和他的小伙伴的共同爱好。

我们激发了六年级女学生奥利娅对 6 岁小女孩瓦利娅的关怀之情。瓦利娅的父亲曾对女儿犯下严重罪行，因而被判处长期监禁。小女孩的心灵遭受了严重的创伤，她不再相信善良，也不爱母亲了，她身边一个亲人都没有。就这样，12 岁的奥利娅做了瓦利娅的朋友。

她们两人友谊的建立过程并不容易。瓦利娅很长时间都不信任奥利娅。奥利娅经常去找瓦利娅，给她带玩具（她们住得很近）。后来瓦利娅上学后，奥利娅又在她家里布置了一个故事角——用硬纸板剪刻并绘制了各种童话人物，还给她送来一些有趣的儿童读物放在书架上。奥利娅的同情心和关怀唤起了瓦利娅对人们的信任。一连好几年，直到奥利娅毕业，她一直在培养瓦利娅对图书的爱好。于是我们把她们的友谊称为"读书友谊"。奥利娅常用在农庄赚的钱购买许多书,这些图书已成为她们两个人的共同财富。

当一个人在劳动中受到了教育,当他感觉他所有的善良和美德也传递给他人,使这个人变为他亲近和喜欢的人时,这就是道德信念的形成过程。

四、社会导向——信念形成过程中最重要的因素之一

道德信念的深刻与巩固,在很大程度上取决于学生在道德教育过程中如何形成个人的思想和社会导向。这种导向的形成就是知识向信念转变、过渡的过程。

社会导向的形成究竟是怎么回事?这方面的教育实践有哪些?

对道德价值观本质的认识和理解乃是形成思想信念的基础。这些知识的源泉就是前面提到过的那部人类道德价值观文选。这部文选记录了许多曾为劳动人民的利益进行不懈斗争的杰出人物的生平事迹,他们展示了对人民和祖国的忠诚,表现出了大无畏的英雄主义、英勇顽强的坚定性、对自己信念的坚贞不屈的精神,以及为了崇高思想——自由、理智的胜利、人民的友谊——而准备接受任何考验,乃至献出自己的生命。我校全体教师付出巨大的劳动,力求在文选中尽可能充分地反映人类道德价值观。这部文选的内容实质上就是形成社会、阶级导向的大纲。文选收录了整个人类进步的道德财富中最光彩的部分。

文选介绍了马列主义奠基人、国际共产主义运动的卓越活动家、列宁的战友、苏共杰出活动家及伟大的十月社会主义革命、国内战争和伟大卫国战争中的传奇式英雄等人物的生平及他们为社会主义和共产主义进行斗争的事迹。文选中还收集了有关空想社会主义者、人文主义启蒙者、革命民主主义者及伟大科学家、作家、诗人、画家、作曲家等人物的资料。

我们的道德价值观文选中,在教育方面最光彩、最有力的是记述为共产

主义思想献出生命的那些英雄人物的篇章。这些英雄有的在革命和国内战争年代为无产阶级的胜利而献身，有的在同反革命和外国侵略者的武装斗争中为祖国的自由和独立献身，有的为社会主义和伟大的共产主义理想而献身。

我校少先队和共青团组织在编辑和在教育中使用这部文选方面做了许多工作。例如在近 5 年内，少先队员和共青团员们就编选了《红心似火的人们》专栏。它包括了从共产主义诞生至今的众多共产党员可歌可泣的事迹。青少年们怀着巨大的热情从报纸杂志上挑了许多有关优秀人物的文章，其中有：伊万·巴布什金、费利克斯·捷尔任斯基、雅科夫·斯维尔德洛夫、阿尔乔姆、谢尔盖·拉佐、尼古拉·鲍曼、谢尔盖·基洛夫、奥列克·敦季奇、斯捷潘·绍米扬、尼古拉·奥斯特洛夫斯基、卡莫（原名捷尔－彼得罗相）、穆萨·扎里尔、尼古拉·加斯捷洛等。

我们常常举办共青团青年晚会和少先队晨间活动，主题为学习共产党员们的生平和斗争事迹。那些忠于共产主义信念的真正的人，那些准备为共产主义而献身的共产党员的英雄气概鼓舞、激励着青少年，赢得了他们的敬佩。1965～1968 年间，共青团员和年龄较大的少先队员们补充了许多动人的、有关卫国战争年代和和平建设时期的共产党员们英雄事迹的新材料。共青团员和少先队员们将这些材料称为"火一般"的篇章。这一说法不仅在转义，就是在直义上也名副其实。其中有一篇文章记述斯大林格勒战役的英雄米哈伊尔·帕尼卡科的故事。他手中的燃烧瓶已经着火，顷刻间他周身都燃起熊熊烈火，但他还能鼓起全身力量扑向法西斯的坦克，用自己的躯体烧毁它。还有一篇文章介绍了年轻的共产党员弗拉基米尔·卡尔尼丘克的事迹。在战火燃起的第一天早上，为抢救苏军家属和子女，他燃着周身烈火无所畏惧地迎向法西斯的坦克，他把自己的外衣浸透汽油，点燃后扔向坦克，自己也带着滚滚烈焰扑向车底，坦克爆炸了，妇女和孩子们都得救了。另有一篇文章是介绍心似烈火的英雄拖拉机手尼古拉·格里博夫和弗拉基米尔·柯丘什可夫的。为抢救几千公顷小麦免受火灾，他们英勇地同烈火搏斗，战胜了火灾，他们却因烧伤而牺牲。①

　　学校图书馆和阅览室里有许多有关英雄人物的书籍，学生们在生活中应当以他们为榜样：其中有一些专供小学生阅读，而另一些则是为中高年级学生准备的。学生独立阅读并思考书中内容，这已是思想导向的开端。纪念少年英雄的队日活动也可以归入此列。通过这种队日活动，学生不仅可以了解人类道德价值观的内容，而且可以感受到它的魅力。队员们聚会时的审美情境激发了英雄主义的悲壮情感。每次纪念英雄的队日活动，都要刊出宣传专栏，直接针对队员们的思想和情感发出号召，号召每个队员深入思考生活。这种针对心灵和情感的号召是一种展现高尚道德精神的手段。响应号召可以为队日增添隆重的气氛。

　　例如，为纪念巴夫利克·莫罗佐夫，在队日前向孩子们发出这样的号召：

　　　　少年朋友们，敌人杀害巴夫利克·莫罗佐夫，是因为他讲出了真理。当你面对这位永远堪称少先队员光辉榜样的同龄少年时要想一想，你如何履行自己的庄严誓言？你是否能遵循良知行事？欺骗和邪恶是否总能在你的心里激起愤怒？要知道，你手中握着改造世界的最强大的武器——列宁主义真理。

　　参加队日活动的年长同志——共青团员、共产党员和伟大卫国战争参加者的发言中也响应了这个号召。少先队员们表演了节目：朗诵了纪念巴夫利克·莫罗佐夫的诗歌，演唱了赞颂英雄的歌曲。

　　这种队日活动的教育目的是让孩子在思想上产生共鸣。他们在会上听到、了解到和想到的一切，都会在他们的意识中留下深刻的印象，激发他们对英雄事迹的敬佩之情，召唤他们学习英雄榜样。这种情感是迈向社会导向的重

---

① 　参见《消息报》，1962 年 9 月 25 日。

要的一步。当生活要求年轻的公民表达他的态度时，这种情感就会提示他如何做。不要强迫孩子们在会上马上讲，他在生活中如遇到某种情况将采取什么行动。他只要有了这份情感，自然会采取正确的行动。不要教孩子空讲漂亮的言辞，也不要让他们在没有任何需要付出精神力量的具体情况下表露强烈的感情。如果孩子们按照指定的意思去表露感情，他们就会成为喜好吹嘘、不讲原则、只善辞令的空谈家，也就是说最终成为冷漠无情的人。比如在成年人的隆重集会上，我们不要让少先队员们讲一些他们不太清楚而且没有亲身感受的话。孩子们只需要讲触动了他们的事，而不是讲大人想要借他们的口所要讲的事。

在校 10 年间，每个学生都能听到道德价值观文选中的那些英雄人物的鲜明而有说服力的生活和斗争事迹。我们非常重视这些故事的针对性：贯穿其中的思想主线是道德义务和荣誉的统一；我们努力通过一些鲜明的事实说明，一个有义务感的人才是一个真正完美的人。

在获取道德价值知识的同时，还有一个形成思想导向的比较复杂的过程——也就是知识变化、过渡和转化为信念的过程。信念是经过反复理解，并已成为人的主观世界有机组成部分的知识。那么反复理解知识是什么意思呢？意思是能看到自己的活动，即向自己的集体和社会奉献的劳动、行动和行为的道德意义。

只有在激烈的争论和不同意见的交锋中才能对道德价值的知识进行反复理解。六至八年级各班少先队中队常常举行讨论会——队日，而共青团员们则有共青团——青年讨论俱乐部。经验证明，假若逐步地、循序渐进地向儿童和青少年们阐释人类道德价值的意义，假若学生专心去干的劳动具有道德思想基础，那么学生中不可避免地会产生各种不同的、往往是完全相反的意见。例如，七年级少先队中队提出了这样一个讨论题："为什么人在未成为英雄之前，谁也看不出他身上有什么特别之处？又为什么当他成为英雄之后，人们才会从他的生活中发现不平凡的英雄事迹？"

队委会向全体少先队员提出建议：

"大家都思考这个问题，我们准备就这个问题开展一次讨论会——队日活动。请大家把自己的问题写下来，书面提交队委会。"

一周后，队委会收到了几十张问题便条。队委会将问题都公布出来并发出如下号召：

队委会收到了这样一些问题，希望大家都来思考：

和平时期能成为英雄吗？

共产主义社会建成后，英雄主义将如何体现？

英雄们的身上有哪些大众特点，有哪些是不寻常的、罕见的？

一个人的行为会没有丝毫缺点吗？

我打碎了温室里的一块玻璃，一直不敢承认此事。后来我告诉了父亲，父亲说我是胆小鬼。如果我当时就承认，并把这事告诉同学们，这难道就能被称为勇敢吗？

如果天天都是这一套——上课、做练习、测验，大概无法培养自己的勇敢顽强的精神。那么如何做才能锻炼自己的品格呢？

在我们这个时代，哪些个性品质被认为是最坏的？

在我们的同乡中，有谁能称得上是出色人物？

社会主义劳动英雄身上最美好的品质是什么？

师生之间能建立友谊吗？

老师问我，是谁把墨水弄在了墙上？如果我说出来是谁弄的，有人会说我出卖同学，我该怎么办？

我想当诗人。到了共产主义时代，一个诗人该歌颂什么，反对什么？

通常会有许多其他中队的少先队员和共青团员们来参加这种讨论会。某位老师或其他长者也会参加，他应当能辨清那些大胆的、尖锐的、有时是轻率而且往往是自相矛盾的意见，并能决定：是继续深入争论，让少年们带着新的问题和思考回去，还是提出明确的意见，援引恰当的生活实例，向参加讨论的人论证出正确的见解。

会议主持者多半是由大家推选的、善于听取各种意见的少先队员（少年会细心发掘同学的这项特长）。

在这种会议上，每个参加者争着要讲的，更多的并不是对同学所提出的某一问题的回答，而是自己的问题、想法和疑问。少年期和青年早期都是好学、好问、探求真理永无止境的年龄段，因此每一种观点、每一个论断都会引起许多新的"为什么？"争论一掀起，就会引起思想上的连锁反应，甚至发展得迅猛而又突然，以致任何时候都无法预见下一个环节将是什么。在我们所讲的这次讨论会上，少先队员们说出了这样一些想法：

当一个人还未做出英雄行为前，他和别人一样，没有什么特别之处。但是这能说明在一定的环境下，每个人都能成为英雄吗？不能。因为在同一种条件下，一个人会成为英雄，而另一个人则是怕死鬼。那么，究竟为什么一个人未立功之前，从他身上看不出任何英雄气概呢？大概是因为英雄气概只有在斗争中或者在紧张激烈的活动中才能显现出来。和平时期会产生英雄吗？当代，一个人如何展现其精神力量？要知道，我们所熟知的英雄和优秀人物都是斗士。巴夫利克·莫罗佐夫同富农做斗争。别佳·克利帕在布列斯特城堡同法西斯侵略者做斗争。托菲克·顾谢伊诺夫在抢救溺水儿童，同自然界的自发力量做斗争时牺牲。约翰·布朗为黑奴的解放而斗争。为把祖国的旗帜高高升起，南森在遥远的地方进行斗争。库力宾为维护俄罗斯思想的荣誉和其创造性、敏锐性而斗争。我们想成为真正优秀的人才，就要进行斗争。那么应当争取和反对什么？例如，为提高作物的产量，达到比祖辈所收的高六七倍的产量，我们的同乡马可·奥泽尔内奋斗了一生。也就是说，他发现并找到了使他成为一个幸福的人的用武之地和道路。

我们每个人如何寻找和发现属于自己的那片斗争天地呢？这就是人生的主要问题。就拿我们培植果树和葡萄苗木来说，不能只是单纯地培植，而要进行斗争。那么如何把这种劳动变为斗争？也许我们认为是平常的而且往往是枯燥无味的那些劳动——上课、做练习、测验等，也应当把它变为一种斗争。这些道理我们还不太懂，需要长者帮助我们弄明白……

我有什么优缺点？例如，我打碎了温室的一块玻璃，怕说出来……为什么怕，连我自己也不知道。父亲说我是胆小鬼。那么如果特意为了让别人说我勇敢，就去承认错误，难道这样就好吗？是啊，同学们就是会这样想的。有哪里不大对，但问题在哪里，我也不知道……大概不应当赞扬这种"坦率"，就像我们有时做的那样……

一个人可能完全没有缺点吗？不可能，不可能有那样完美无缺的人。我们学校也没有一个人是没有缺点的。那么我们如何才能成为优秀的人？如何弄清自己身上的优缺点？大概要经常求教于那些卓越的人物，阅读有关他们的事迹的材料，思考他们生活中点点滴滴的特点。最主要的是学会斗争（又回到原来讨论的那个问题上了——在我们这个时代，可能有什么斗争）……

这里我们只记述了少年们的主要思路，省略了许多实证和论证。

这种激烈的争论正是对知识的重新认识，是知识向信念过渡、转化的过程。正是在这种紧张的时刻，儿童信任的、有威信的长辈代表的话语具有很大的作用。在这次讨论会上，一位老共产党员、国内战争参加者，向孩子们说了一番话，讲述了在国家还很困难的艰苦年代，最早的共青团员们如何掀起针对文盲现象的斗争，以及年轻人如何在斗争中锻炼自己。他说："你们不是在寻找哪里有斗争的天地吗？要知道，你们的学习就是斗争。这是为了让我们的国家变得更先进，为了让我们拥有比任何地方都多的有智慧、有学识的人才而进行的斗争。"

向列宁学习的号召在少年心灵中引起热烈的反响。这里应当特别注意的是，当少年重新理解关于道德价值的知识时，当他在辩论中形成自己的道德导向时，他们的心灵对于号召、对于生活中某一问题实质的解释都非常敏感。我们应当善于选择时机，使教师和老同志的话语，形象地说，就像播下去的种子，落在准备好的道德土壤上。这种土壤就是热烈的讨论，是各种不同意见的碰撞，是对众人关注的生活问题的答案所做的好奇的、有时是痛苦的探索。然而，如果整个道德教育体系未能打造好土壤，那么学生对教师的教导就会置若罔闻。

在青年早期，形成社会性生活导向具有特别重大的意义。青年对生活信念的坚定性取决于他们对人类道德价值观反复再认识的深度。我们尽力使每个男女青年都能从优秀人物的生活中寻找他们所关心的有关个人生活道路的答案。

青年早期对道德知识的再认识，会变成他们对一些重大问题的思考，诸如人类生存的意义，英雄主义和勇敢精神的本质，公与私的和谐，知识和道德，自我教育的实质和途径等。同少年时期一样，青年们也在对道德问题的争论中寻得真理。但如果说少先队的讨论会犹如洪流倾泻一般，每个答案和真理又会引起许多新问题的话，青年们的讨论会却是另一番景象。他们的发言也很热烈，但正像一个女生所说的那样，青年男女总是瞄准真理，不左顾右盼。他们总是把讨论主题限定在某个问题的范围内。如果说少先队员一旦确信了某种思想的真理性，就会惊叹而又兴奋地停歇下来，接着就会立刻引用这种思想，向那些还未说清的、仍有疑问的问题进军（这是一个 15 岁少先队员的用语），那么共青团员好像在有意怀疑那些看来似乎早已证明了的问题。他们之所以否定，是为了更深入地确定他们所尊崇的真理的正确性。年轻人这种好否定的倾向和执拗性、无所畏惧等特点，都对青年人的心灵发展起到了有益的推动作用。

我校的共青团——青年辩论俱乐部在建立青年的道德关系中起着很重要的作用，辩论题目常常就是从集体的道德关系中产生的。

十年级一个班曾开展关于勇敢精神的辩论。一部分人认为，只有个别人才能成为勇敢的人，认为今天我们生活在忘我劳动的时代，而勇敢精神则必须在斗争中产生。只有在无限忠于自己的责任，也就是说，为了思想而准备献出生命的情况下，人才能表现出勇敢精神。而对于在机床旁、在田间、在畜牧场工作的人来说，何时何地需要这样做呢？另一部分同学则相信，在任何情况下人都有可能表现出勇敢精神。

这样，问题的焦点就很清楚了。团员们便决定通过关于勇敢精神的讨论来解决问题。讨论从两种对立观点的争论开始。17 岁的共青团员谢尔盖非常崇敬那些宁愿遭受迫害、苦难甚至献出生命而不肯背弃真理的科学家、思想家和诗人。谢尔盖讲道：

当乔尔丹诺·布鲁诺被押赴刑场时，街上聚集了成千上万的人，都想看看这个"恶魔附体"的人。人们往他身上吐唾沫，撕扯他带有花纹的死刑囚衣。面对这些宗教狂热分子和居民们仇恨的目光，他表现得多么坚定、勇敢啊！

使我感到不安的是：如今，我们是否还有尚未揭示并得到公认，因而需要去捍卫、去论证的真理？在我们的社会是否还有反对这些真理的敌对势力？当谢切诺夫说，没有什么灵魂，只有中枢神经系统在支配机体的所有过程时，人们都斥责他离经叛道，并要挟他，若仍坚持他的思想，将要处以流放。但他没有放弃自己的思想，而且最终取得了胜利。穆萨·扎里尔在临刑前夕轻蔑而又愤怒地斥责了刽子手们。塔尔斯·谢普琴科为维护思想信念，同当时认为似乎不可战胜的势力进行了斗争。

我敬仰那些为了信念而献出生命的人物。我希望成为他们那样的人。

可是如何在我们这个时代展现英勇精神呢？我羡慕那些有幸经历过需要展示精神力量的境况的人们。不管怎么说，在我们社会有幸做出英勇事迹的人只是极少数。有时能听到人们说，要敢于讲真话，例如当着全体同学的面，指出同学的缺点。我觉得这种教导很可笑。结果会是这样：譬如，我看到盖卡抽烟，这当然是缺点——好了，那么就让我体验一下精神力量，在会上讲出这件不体面的事……难道通过这样一些小事就能锻炼勇敢精神吗？恐怕不是这样的，绝对不是。大概正因为是这样，没有人在会上批评别的同学。请给我们指出一条正确的道路……

请你们讲讲，应当如何以勇敢精神之火点燃自己的心灵？不是所有的人都能成为像塔尔斯·谢普琴科、托马斯·康帕内拉、亚历山大·乌里扬诺夫、穆萨·扎里尔那样的人。可是每个人都想身后在世上留下痕迹，不是那种微风一吹就会被沙土埋没的轻微痕迹，而是一条深深的鸿沟。那么如何才能成为一个勇敢的人呢？常言道：生活处处有用武之地……也许，我们只是不会识别需要拿出勇气的时刻？

从这篇发言中可以看出青年人的矛盾心理——这是对真理的热忱探求。同学们在听谢尔盖的发言时，时而表现出热情激动的赞同，时而又以玩笑似的刻薄话语加以反驳。他的话触动了那些焦急不安地寻找生活真谛的青年人的心。如果这些青年不相信在我们的社会中每个人面前都有一条通向勇敢生活的阳关大道的话，他们就无法生活在这个世界上（这是一名女共青团员的话）。

两年前，13岁的薇拉被拒绝加入共青团后，大哭了几个小时，如今15岁的她同谢尔盖（大概也同她自己）争辩道：

按照你的说法，生活越幸福，思想就越少？怎么会是这样？如果你说的话是对的，那就意味着到了共产主义阶段就再也没有勇敢的人了，因为没有斗争的对象了……或者，如果人们忘记了战争，忘记了艰难困苦，那就是说，人们将变得不能吃苦？这是不可能的！在共产主义社会里斗争目标和性质将会不同，而且衡量勇敢精神的标准大概也会不同。

我设想，奥列格·杜季奇、谢尔盖·拉佐、亚历山大·拉吉舍夫、烈霞·乌克兰卡、裴多菲·山陀尔、赫里斯托·博泰夫、加里波第等人就生活在我们这个时代啊。难道他们会安闲度日、无所事事吗？（插话：拉吉舍夫之所以成为拉吉舍夫，正是由于他没有生活在我们这个时代。）我们这个时代，勇敢的人何止千万！可能正是由于这一点，勇敢就不显得那么突出。

不久前我读了一本关于一位哈萨克农庄庄员察冈纳克·别尔西耶夫的事迹的书。他在一公顷的土地上收获了 201 公担的黍。他去世后，没有人达到这样高的产量。这件事可以和图尔·海耶达尔渡洋旅行的事迹相媲美，是对大自然的无畏挑战。而你，谢尔盖，却毫无信心地说：去哪找值得为此斗争的思想？这种思想就在我们身边，在我们身上，处处都有。

现如今年景最好时，小麦产量是每公顷 40 公担，而这对共产主义来说，显然太低，应该达到三倍于此的产量。这就是奋斗目标：向大自然挑战，证明你是一个真正的人。

我们农庄每年都有一公顷多的肥沃土地被雨水冲毁。如果只是坐着冥思苦想，担忧到了共产主义没有可斗争的，那么连共产主义也不会到来：20 年后，全部田地就会被冲得沟壑遍野。所以新的目标来了：制止大自然的破坏作用，不让一滴水从田里白白流失。科学会告诉你如何治理，但是要实地完成它，还必须有勇于奋斗的精神。

还有一个奋斗目标：第聂伯河的一条支流有片非常肥沃的河滩地，这样的土地每公顷本可以生产 50 公担的小麦，但是此地已变成杂草丛生的荒滩。与其在那里冥思苦想什么是勇敢的精神，不如到拖拉机队实干一番，翻耕 20 公顷河滩地，证明一下你究竟是什么样的人……

有人站起来和薇拉争辩，提醒她不要教育别人，而是讲讲她自己能做什么。吉娜尤其不同意这种对勇敢的简单理解。吉娜说：

> 只要给人机器和肥料，他就能提高土壤肥力，控制土地侵蚀，把荒滩变为良田，这能说是勇敢吗？如今，每个工人、每个庄员都在利用科学成就。当他们还只有锄头和木犁的时候，他只能编造一些关于能够力拔大树的巨人的神话。这些传奇巨人被当时连雷电都惧怕的人想象得多么强大无敌！难道我们可以把一个挖掘机手称为勇士吗？勇敢并不是科学和人类经验所赋予你的那些东西，而是发自个人心灵深处的某种力量。假若一个人把不可能的事变为可能的——这才算是真的勇敢。

大家聚精会神地听取了她的发言，发言同样引起了热烈的争论和不同意见，意见可以归纳如下：薇拉说：

> 也就是说，劳动中无法产生勇敢精神？（吉娜在发言中没有直截了当地说过，但年轻人的天性就是这样，他要在反驳对手的论断中寻找漏洞。）也就是说，只有在航空事业初期，飞机还不大可靠的时候，飞行员的飞行才是勇敢行为？那么说如今，当失事风险已经几乎不存在时，在云层以上的高空从莫斯科飞往哈瓦那，是不是就像开电车一样？不可能是这样的。无论多么复杂的机器，主要还是靠人的智慧和意志。离开了人，什么样的机器也只不过是一堆金属。那么，怎样才能在平凡的劳动中成为勇敢的人呢？总不能大家都去当飞行员吧！希望永远照耀着康帕内拉、尤尼克斯·伏契克、皮埃尔·居里和玛利亚·居里夫妇、卓娅·科斯莫捷米扬斯卡娅、穆萨·扎里尔、尼科斯·别洛扬尼斯等这些光辉

名字的那团火焰，也能在我们的心里燃起火花。真正的幸福在于斗争。虽然我们还不是十分清楚，要成为一个幸福的人，应当做什么和怎么去做，但是我们强烈地感到……

在一阵紧张的沉默后，薇拉又接着说：

应当为理想而斗争。如果你热爱自己做的事，那么对你来讲，护田林中的那些幼小树苗也会变得像古老公园里的林荫大道一样。关键是要热爱事业。吉娜说得对，勇敢是发自人的心灵深处的力量。我读了一本记述波兰医生和教育家亚奴什·科尔恰克事迹的书。他既给儿童治病，又是他们的教师。最后，也是为儿童牺牲的。他和他照管的那些孤儿一起被遣送到法西斯的特列布林卡集中营。尽管他本人可以得到赦免，但是他为了孩子们宁愿去死。直到最后时刻，他一直惦念着那些孤儿，想方设法不让他们知道他们即将面临多么可怕的命运。他是一个有理想的人。我就希望成为这样的人。我谈到了三个可以为之奋斗的目标。也许，我还没有这样强大的力量去做这种斗争，但我愿意为此奋斗。我要给自己定一个小小的目标：不管活多少年，每年都种 10 棵果树，亲自照看它们。我算了一下：如果每个人一生种 10 棵果树，我们的国家就将变成一个百花盛开的果园。我要做的事情并非所有人都能做到。也许可以说我的劳动还带有一点勇敢精神呢？

辩论到此结束了，但是在辩论后的阅读中，在对人生的思考中，仍将继续涉及个人生活态度的形成。争论和讨论的意义在于可以反复再认识道德知识，使青年人不是从旁观者的角度看待关于真理的各种对立观点，而是亲自投身于这场思想斗争。斗争吸引了他的理智和感情，使他不能无动于衷。

近两年来，我们举办的讨论会题目有：

　　"为信念而生活意味着什么?""什么是真理?""谁是我们生活的榜样?""从亚历山大·乌里扬诺夫到穆萨·扎里尔""珍惜自己的荣誉""以火热的心照亮了通往共产主义道路的人们""什么是功勋?""和平时期能否建立功勋?""为什么我们的社会中还有懒汉和寄生虫?""我们的生活目的是什么?""人们在生活和斗争中能不犯错误吗?""什么叫人与人之间以诚相待?""怎样才能在身后给人们留下自己的痕迹?""什么是原则性?""怎样进行自我教育?"

　　社会导向的形成是培养人的道德成熟性和思想坚定性的极其重要的条件。今天还在学习的青年,明天就要踏上独立劳动的道路,他将会受到各种各样的思想影响。因此,如果他没有坚定牢固的道德信念,如果他在青少年时期没有形成明确的思想观点,那么他随时会碰到像卢那察尔斯基提到过的那些危险:有时是各种思想轮番侵蚀你的个性——因而我们面前便出现一个随风而变的人;有时则是这些思想影响兼收并蓄于一人之身——他就成为一位折中主义者①。

　　坚定的思想和鲜明的政治方向之所以必不可少,是为了保护人免受消极思想的影响,而首先是为了让人成为一名为共产主义理想而奋斗的战士。

五、敏感性和同情心的培养

　　最敏锐的道德情操的培养,即人的义务感、敏感性和同情心的形成,在

---

　　①　分析高尔基的《克里姆·萨姆金的一生》,卢那察尔斯基关注俄罗斯知识分子中萨姆金习气的蔓延问题。这一类型的知识分子为"超党派",处于各种思想和流派的十字路口。因为他自身空虚,所以各类思想自然地就渗入他的思想中。有时这些思想挨个控制他,那么他就是一个善变者。有时各种思想同时汇集于一身,他就成为折中主义者。[《卢那察尔斯基全集》(共8卷),莫斯科,艺术文学出版社1964年版,第2卷,第191页]

道德教育中起着巨大作用。奉行"人和人是朋友、同志和兄弟"的原则，要求每个人从幼年起就学会关注别人的精神世界，使每个人的个人幸福来源于极其亲密的个人关系中的纯洁、美好、高尚的道德。

人道主义的入门教育就是要让孩子在精神上给予别人温暖时，自己也能从中感受到快乐。经验证明，在教育工作中，需要细心琢磨的这个领域里主要的是让孩子能感受别人的痛苦、忧伤和不幸，并和需要同情与帮助的人共忧患。

在孩子年幼时期进行这方面的教育工作最为有利，小孩子对别人的痛苦反应特别敏锐。因为生活中常有不幸、忧伤和苦难，一个善于思考和感觉敏锐的教师就要把这一切讲给孩子听，在他们的想象中勾画出鲜明的情景，对他们的情感施加影响。

我们经常给孩子们讲那些需要同情、关注和帮助的人们的遭遇。有一次，我给一年级学生讲了7岁的米沙因病卧床两年不能上学的事。孩子们听后立刻就要去探望这个小朋友。第一次探望就在孩子们心中留下了深刻的印象。他们给米沙讲了学校的情况，赠送给他玩具、图片，第二天又给他送去识字匣。在此之后，对每个孩子来说，看望米沙就变得不是一种义务，而是精神需要，是发自内心的责任。每个人想看望米沙时就直接去。米沙学会了识字和阅读。孩子们还在教学工厂里为他做了一张小桌子用于写字。每个学生，不只有一年级学生，还有高年级学生都来帮助米沙，关心他的成绩。米沙也总想做点什么来感谢同学，他显示出很好的绘画才能，于是他就画了许多图片送给大家。

到了夏天，米沙的病床搬到了户外的树荫下，他可以整天都置身于新鲜空气中。孩子们帮助他进行日光浴治疗。他们在米沙床前的草地上做各种游戏，讲故事，表演民间童话改编的戏剧。原来米沙还是一个出色的朗诵家，他还给大家朗诵诗歌和童话。

一年后，孩子们又和米沙一起度过了一个夏天。米沙在学习上并没有落后，他升入了三年级，身体也强壮起来，他那瘫痪的双腿，用孩子们的话来说，"苏醒了"。当米沙站立起来迈出几步时，每个小朋友就像感受到自己的幸福一样为他感到高兴。有几个月时间，孩子们一直用小车接送米沙上学。到了春天，米沙走路有了显著进步，而当开学第一天的时候，他自己步行来到了学校。他的身体一年比一年好。中学毕业后，他去机械制造厂当了一名钳工。

对同学们的关怀照顾在孩子们的精神生活中起了很大的作用。他们每个人都感受到，自己为一个重新回到生活的人献出了个人的力量。凡是和米沙结为好友并帮助过他的同学，都培养起了善良、温存的品质。

人的苦恼是多方面的，而且各有不同。重要的是，要让孩子学会给别人带来快乐，这样他们自己也能体会到别人的苦恼，并找到进行最愉快的创造性劳动的道路——人道主义。

我还给一年级的学生讲过一位老游击队员安德烈·斯捷潘诺维奇的遭遇。伟大的卫国战争时期，法西斯歹徒杀害了他的妻子，把他两个年幼的儿子（一个2岁、一个4岁）遭送到德国，并在当地的报纸刊登消息，说两个孩子将受到雅利安精神的教育，将成为共产主义的敌人。战争结束后，安德烈·斯捷潘诺维奇开始寻找自己的儿子，但是始终未能找到。他一直无法忘却这一巨大的悲痛。他在一个国营农场当电工，总是沉默寡言，不愿和人们交往。对这样的人需要给予特殊的帮助，要怀着深切的同情心委婉地深入这个因悲惨遭遇而遭受精神创伤的人的情感世界，这种人对一丝一毫的虚假做作都十分敏感。我们努力在孩子们的心灵中激发这种情感，使得他们的关怀和帮助不触痛他的精神创伤，而是带去温暖的抚慰，给予他快乐。我们把安德烈·斯捷潘诺维奇住宅周围的杂草都清除干净，栽上了苹果树。他很长时间都没有理睬我们，我们很忧伤。但是后来，他开始走出自己的房子，我们发现，他是那么爱听孩子们说话的声音。之后他向我们要了几棵葡萄藤苗，我们因此感到极大的愉悦。

安德烈·斯捷潘诺维奇种上了葡萄，他请我们到他家里去做客，请我们吃苹果。

大家热烈地攀谈起来，安德烈·斯捷潘诺维奇向孩子们询问了学校的活动，孩子们还讲述他们的游戏活动和森林游览经历，还向他透露了自己的秘密，讲出了他们在树林里密藏玩具武器的小洞穴，讲出了池塘边上有狗鱼漫游的那片神秘幽静的地方。

周日，安德烈·斯捷潘诺维奇带领孩子们去森林里游玩，这是一个难忘的日子。他引人入胜地讲述大自然，指给孩子们看，哪里是兔子窝，哪里是狐狸洞和松鼠洞，哪里是拦河坝旁的麝鼠栖息处。

貌似他多年来一直都盼望着有人到他这里来，真正同情他的遭遇，却只字都不触动他的悲痛。安德烈·斯捷潘诺维奇不再是一个孤独的人，他那几乎消失的和人们交往的需求又恢复了。每逢周日他都和孩子们一起到森林、河边、湖畔、草原去，孩子们总能获得新的感受和未知的知识。春假和暑假期间他们还登上过一个岛，在岛上找到一处僻静的地方，架锅做饭，采集各种标本。在长达 10 年的友好相处中，谁也没有违背大家相约许下的诺言：从来没有人提及安德烈·斯捷潘诺维奇在游击队的往事，也没有人要求他讲述战争年代的严酷岁月。孩子们现在都已长大成人，他们同安德烈·斯捷潘诺维奇的友谊也更加牢固了。

互相感到快慰的、充满快乐的友谊岁月，培养了孩子们对人的精神世界的敏锐性和对人的需求。凡是有了这种需求的人，凭着一种不可捉摸的情感就会找到那些需要予以帮助的人。我们的四年级学生就曾找到过这样的人。有一次，他们在从森林回家的途中，看到一位老人。天气很热，老人也走在回家路上。孩子们就帮助老人拿衣服。孩子们的敏感心灵使他们发现老人有心事。女生们说："他遇到了很大的不幸。"他们从父母那里听说，这位老人是退休医生，今年 70 岁，不久前才从邻村迁来。几个月前，他安葬了自己的老伴。这对老夫妻在一起生活了近 50 年，为了避开容易勾起他念亲伤情的一切，他离开了自己原来的住处。现在每逢星期天，他都拿着自己在温室里培植的鲜花到墓地看望逝去的妻子。

孩子们察觉到，这位老人需要关怀和友情。有一次星期六，孩子们给老医生送去一束玫瑰花，老人非常感动。孩子们希望老人同意带着他们一起去邻村，但是老人拒绝了。他们只好陪他走到树林边，在那里等老人回村。从那天开始，每逢星期天孩子们都去陪送老人，风雨无阻，从未间断。

后来，孩子们开始帮助老人照料花朵，老人也向孩子们传授了自己养花的秘诀。他很高兴孩子们喜欢花。他向孩子们传达了对于美的赞叹，教他们感知花的最细微的色彩。

孩子们总想带给彼得·阿法纳西耶维奇（人们都这样称呼这位老医生）一些快乐。当孩子们打听到他老伴的生日后，他们就在生日的前一天送去一束鲜花，放在他妻子墓前。这使老人十分感动。随后，他就想方设法对孩子们表达他的感激之情。到了春天，他就在学校苗圃帮助培植唐菖蒲和丁香花。照看这些花木也给孩子们带来了新的快乐。他们每人都在自家的宅地旁栽种了各种鲜花（个别学生还盖了温室），从此花卉便进入了各家的精神生活。薇拉的父母感情不和睦，常常拌嘴。薇拉就在窗边的花坛上种下鲜花，用鲜花组成了父亲和母亲名字的两个首字母，这使她的父母感触颇深。于是，她父母不再发生口角，全家和睦相处。

两年后，老医生去世了，孩子们十分难过。他们把他安葬在他老伴的墓旁。他们的墓上常常有人送上一束束鲜花。青年人没有忘记这位老人，是他向他们展示了人性的美和善。

我们认为，这种人道主义是道德教育极其重要的因素。我们培养的是学生的善良情感，我们根据多年经验可以肯定地说，感情的培养不是局部的狭隘任务，而是一个人道德面貌形成过程的本质所在。

20年来，我一直在观察学生如何感知、认识和再认识构成社会道德价值观的道德观念、真理、准则。观察证明，孩子们对教师在阐发道德价值观实质时的言语的敏感程度、思想反应和个人态度，取决于他们的积极情感的发展程度。凡是积极情感没有得到发展的同学，就会对老师的言语无动于衷。一个学生如果能把别人的痛苦、不幸和忧伤放在心上，如果多次体验过帮助别人的热情，而且把热情付诸行动，那么教师的话对他来说就是号召，他会欣然接受，哪怕教师只字未提，他也会如此作为。

我们深信，情感的敏锐性和情操的素养犹如一种动力，促使学生思考道德教导和规劝的实质。苏联学者们的研究早已证明，大脑皮层的活动刺激神经中枢——兴奋中心。巴甫洛夫写道："大脑皮层活动的主要冲动来自皮层下中枢。如果排除这些情绪，那么大脑皮层就失去了力量来源。"[1] 研究人的高级神经活动的科学，不仅可以帮助解释儿童灵魂最深处的所发生的一切活动，而且可以把它引向正确教育所需的方向。

在学生精神世界中最复杂的那些过程中，首要的就是个人信念和个人观点的形成过程，就是把真理转化为有血有肉的具体行为和行动的过程。毫无疑问，这个过程在很大程度上取决于情感教育和积极情感的形成。培养人道主义情感是确立道德修养最重要的方面之一。

没有同情心，就不可能有仁爱精神。爱全人类容易，爱一个人难。帮助一个人比宣称"我爱自己的人民"要困难得多。

每个走向生活道路的人不仅应当是一个出色的劳动能手、巧匠、物质财富的生产者，也应当是一个怀有真挚热情的、富有同情心的人。一百多年前别林斯基的话永远不会失去其意义："我们会成为木匠，会成为钳工，会成为工厂主，但会不会成为一个人还是一个问题。"[2]

将即将迈入人生道路的学生培养成一个真正的人，这恰恰是最重要和最困难的问题所在。生活在建设共产主义时代的人，如果不为他人做好事就无

---

① 《巴甫洛夫的周三：生理学谈话的记录和速记》，莫斯科，苏联科学院出版社 1953 年版，第一卷，第 268 页。

② 《В. Г. 别林斯基全集》，莫斯科，苏联科学院出版社，1953 年版，第 47 页。

法生存。

六、培养诚实和荣誉感

一些教师认为，对孩子们谈论游手好闲的人、不劳而获者、盗窃者等是不恰当的行为。我们从根本上不赞同这一观点。我们认为，在孩子周围营造这种思想上的无菌环境只会使孩子的心灵畸形发展。

不要粉饰和掩盖现实。孩子不能在和好友谈心时和在家里讲的是一套，而在会议上和在公共场合讲的却是另一套。不能让孩子做违背良心和口是心非的事。不能让孩子形成一种错误的观念，认为虚伪似乎是必不可少的。

粉饰生活会产生认知上的教条主义，束缚人的思想，会引发怀疑主义，使人不相信崇高的共产主义目标和原则，就会使人在为共产主义进行的斗争中丧失斗志。

我们告诫教育工作者：切忌虚假的高尚目标遮掩下的欺骗、心灵的"双重化"、两种"真理"（一种用于日常生活，另一种则用于会议发言、先进报道和墙报）；切忌口是心非、弄虚作假、冷漠。如果学校教学实验园地里的作物刚刚发芽，而少先队会上这时就已有人开始高谈阔论种植经验，而孩子们却不为之愤慨的话，那么我们认为这样的学校的教育工作是失败的。

要让青年们坚信共产主义思想，像珍惜个人荣誉那样珍惜共产主义信念，我们就应当诚恳坦率地对他们讲真话，并教导他们只讲真话。我们努力营造校内正义、诚实的氛围，对邪恶、不诚实、欺骗、虚伪、哄骗等不良行为持不妥协的态度。我们要为学生树立一种信念：在唯一的真理——共产主义思想的真理面前人人平等，从普通庄员到部长都一样。这种真理像镜子一样，能够反映出所有生活现象和每个人的道德面貌。学生对共产主义伦理的崇高原则同人们的日常活动和行为的联系的认知越鲜明、越深入，他就会越尖锐、越集中地注视自己的内心世界，就会越严格地要求自己。如果他认为，唯一的真理——共产主义思想的真理，形象地说，能够像风一样吹拂生活中的每一个细节、每一件事，那么就有助于培养纯洁和富有同情心的良知。

这项工作要从儿童日常接触的最细小、最平常的事情做起。我们不允许抹平、粉饰和掩盖集体生活中的问题。例如，学生和成年人一同劳动时，如果他们发现浪费现象和偷盗公共财产的行为，我们就尽力调整好集体中的相互关系，以积极行动培养学生对这种不良现象持毫不妥协、毫不容忍的态度。

按照我们学校的生活方式，学生随处都可以接触集体所有的财产。我们使学生养成正确使用这些财产的习惯。如果学生需要新的练习本，他可以从集体储藏柜里取。如果他对某本书感兴趣，他可以从班级或走廊的图书陈列橱里拿，就地翻阅或带回家阅读都行。当他在阅读时，他会想到，别的同学也希望读一读，也在等着使用。一些有趣的书在低年级学生中手手相传，直到大家都读过，才能在书架上看到这本书。

在共享物质财富以满足集体精神需求的环境中，不诚实、不道德的行为会立刻受到大家的谴责。如果有人损坏了大家喜爱的书或者把它占为己有，孩子们就会自行找到犯错者，他会感受大家的气愤和不满。只有在这种情况下，处罚才会发挥作用：集体对犯错误的孩子给予限制他使用某些精神财富的处分。

共同管理那些能满足集体精神需求的财富的方式在中年级，尤其在高年级发挥着很大的作用。通过个人对待集体利益的态度，可以考验和培养一个人诚实和正直的品质。在课余时间，我校每位同学无须请示任何人就可以随意拿取个人所需的音乐唱片或阅览室里的书籍。物理教室的台案上摆着各种仪器，学生可随时使用。我校学生爱惜物质财富，尊重集体利益，这是我们从孩子入学的第一天起就开始培养某些道德习惯的成果。

真实、诚实和不容忍弄虚作假的精神也贯穿在学生的劳动中。从孩子幼年起我们就向他们灌输这样一种思想：劳动成果，特别是农业劳动成果，不仅要靠人的力量，也要依靠大自然的力量。只有用你的双手、智慧和创造力做出的成果才是你的功劳，不能把大自然所赋予的也归功于自己。遵循这些原则就能树立起不容忍浮夸蒙骗行为的精神。为了能客观地评价学生的努力、勤奋和用心程度，我们特意选择那种首先要克服许多困难才能完成的任务。在肥田沃土上种出好庄稼不算什么功劳。如果学生能把贫瘠的土地改造成高产良田，劳动成果体现了他的斗争和探索精神，他就会珍惜劳动果实。因此，这种情况时有发生：受到表扬的是那些产量相对不高的学生，而不是产量高的学生。

我们在低年级遵循一条原则：在学生的劳动成果（默写、作文、算题、练习）得不到肯定评价前，不给他打任何分数。学生逐渐明白，成绩要靠汗水取得。如果一个学生没有获得评分，就意味着，或者他还不能胜任工作（通过坚持不懈可以摆脱这种困境），或者他不愿意劳动（这就完全是另一种性质的问题了）。在绝大多数情况下，我们遇到的是第一种情况。任何人都不愿毫无成果地劳动。因此，每个孩子都尽力克服困难，他感受到了评价的道德意义并十分珍惜它。凡是从小学会靠自己的努力获取知识的孩子，从来都不会试图走安逸轻松的道路。

对行为做出公正的评价具有重大的教育意义，对高年级学生来说更是如此。在五分制评分制度①下，我们绝不会给那些在课堂上默不作声、对精神生活中的任何事情都无动于衷的学生评"优"（5分）。这种缺乏个性的行为是一种非常不好的现象。我们在评价时遵循以下依据：能进行自我教育，认真劳动（包括学习劳动和社会公益劳动），爱护并充实人民财产，诚实，尊重劳动人民，尊敬父母、老人和妇女，不容忍坏事，积极参与对低年级同学和学前儿童的教育活动，为他人做好事。

---

① 1970年，三等级制——"优秀""及格""不及格"代替五分制。（参见《普通中等学校章程和普通中等学校学生打分规程》——《苏联的国民教育、普通中等学校、1917～1973年文件集》，莫斯科，教育学出版社1974年版，第230页；《学校基本文件》，基辅，苏维埃学校出版社1973年版，第144～145页。

　　要让各个年龄段的孩子明白如何在实际行动中达到这些要求，这一点尤为重要。每个班集体都积极参加学期和学年的评定工作，这有助于学生加深对这些要求的理解。班集体自行对每个同学的评分给出结论：会参照他的劳动、学习和社会活动情况。评分由班主任在班会上发布，我校在评定时从未发生过师生集体间的意见分歧。一旦出现不同意见，则将问题交由校务委员会分析研究。在这种情况下，只有班集体代表及所争议的学生本人意见统一后才能确定评分。

　　我校学生对待懈怠和偷懒行为尤为严厉，毫不留情。我们从孩子们幼年起就给他们灌输这样的思想：剽窃别人的劳动成果（打小抄、抄袭）是极大的耻辱。这方面的任何毛病都不予宽恕。当你坐到课桌前，你就已经是一个劳动者，你要为自己的劳动对你的家庭、班集体和社会负责。凡是被揭发有偷懒、懈怠和欺骗行为的学生，我们都会在家长会上点名批评，并指出家长的过错。为了不使自己和家长难堪，学生都能独立完成各项任务。

　　如果教师队伍确信，某位毕业生能够顺利地在高校学习，我们就向高校开出由校务委员会和家长委员会主席签署的推荐信。信中介绍该名同学的兴趣、爱好和才能。推荐信要抄录在校务委员会的记录簿中。以后我们每年都要重新翻阅这些记录，检查我们对那些被推荐上大学的学生的能力、才干和特长的预估的准确程度。

　　我们在家长室的显著位置布置了一个很漂亮的陈列橱，名为"他们——家庭和学校的骄傲"。里面张贴着我校毕业生——如今的教师、工程师、医生、农艺师、畜牧师们的照片。这里还有经统计已考入大学的学生人数（每年及时更新）和大学毕业的人数（按专业分类列出）。这也是我们向家长汇报的内容之一。

　　让学生自由发表想法，不顾忌会遭到大声呵斥，反而会希望得到耐心的解释和帮助，这是培养学生正直诚实精神的一个重要条件。

　　青年人总是敏锐地留心周围世界发生的一切，他们对生活实际是否符合共产主义理想和原则这一点极为敏感。言论与行动极微小的不一致也会引发许多问题。对这些疑问不能采取回避的态度，不能把它们看成思想谬误或是在吹毛求疵。这些问题源于最善良的动机，我们作为教师，向同学们展现崇高的共产主义思想，确立其真实性和正义性。

青年男女们总是带着烦扰他们和使他们不安的问题去参加共青团——青年俱乐部召开的讨论会。年轻人所关心的问题都会得到答案，不会"议而不决"。我们力求做到让那些带着自己的疑问和想法向集体和老同志请教的青年男女都能带着对共产主义思想的正确的信念离去。他们并不总能依靠自己的力量消除疑问，所以必须要有生活阅历丰富的长辈参加讨论。我们这些长辈在回答他们的问题，和他们一起讨论时，都会设法让他们自己找出一些鲜明的事例来证明共产主义真理是不可战胜的，并说明一个真正的人的使命不是消极地旁观，而是积极地为真理和正义斗争，克服困难。

讨论会随着大家关注的问题的成熟进行。按照共青团委会决定的日期，学校邀请高年级同学、教师和参加过十月革命和伟大卫国战争的老共产党员来校参加讨论会。会议通常由团委书记主持，由他宣布要讨论的问题，接着共青团员们便开始发言，讲出他们的意见和疑问；然后老同志发言，帮助他们找到答案，消除疑问。

青年男女总是怀着十分激动的心情聆听那些老共产党员的英雄事迹，他们宁愿牺牲自己的生命也坚决不对自己所坚持的信念的正义性产生怀疑。青年们在发言中说：坚定英勇地坚持真理，蔑视一切威胁，这是一个真正的共产党员最重要的品质。

七、培养青年男女相互关系的道德美感

我们认为，培养纯洁、高尚的道德审美关系——友谊、同志关系、互爱，是学校的重要任务。

个别青年的行为之所以粗鲁、庸俗、恬不知耻，其根源首先在家庭里，其次在于学校及少先队和共青团组织缺乏对情操的培养，人与人之间缺乏情义，关系冷漠。只有爱情被变节行为、兽性的无耻行为或贪图物质享受的行为玷污了的家庭，才会培养出恬不知耻的人和庸俗、无耻的好色之徒。青年人犯罪的原因之一是父母的漠不关心和冷酷无情使他们满怀空虚地进入生活。我校老师就了解两个"意外的"孩子——奥利娅和亚历山大的不幸身世。他们没有父亲，也没有享受过母亲的温暖和爱抚，天天从母亲那里听到的只是他们真是造孽的责骂。当他们略微懂事后，他们只想到，世界上有那么两个人，只给了他们生命，而没有给予他们幸福。这是两个卑鄙的人，而像这样的人还有很多，没有爱，只有狡诈和欺骗。这样的"生活哲理"从小就侵蚀着奥利娅和亚历山大的思想。他们就这样带着怀疑、戒心和对人们不信任的性格来到我校，开始了他们的学习生活。

我们需要在一个人在具备创造新生命的能力前尽早预防这种不良现象的发生。我们认为，最细致的教育任务之一是让青年严肃、心怀纯洁地对待新生命，像期待幸福的节日一样等待新生命的降生；要让每个孩子头脑里产生的第一个想法是：我能给父母带来快乐，没有我他们就不能生活，他们的快乐也是我的幸福；父母给予我幸福，我应当永远感激他们。形象地说，爱是人类高尚气度之美的花朵，在产生性倾向前，人应当思考这朵花的纯洁美丽，培养自身的高尚情操。

为了使每个学生随着年龄的增长，将来能成为一个好丈夫、好妻子、好父亲、好母亲，我校开展了相关的品德教育，但这并不是对他们讲解两性关系问题，不是让他们知道暂时不该知道的事，而是要让他们的全部生活——他们的所见所闻、所作所为及他们的一切感受帮助他们确立信念，认识到生活中最宝贵的是人；最高贵的品德、荣誉和道德精神是造福人类，为他人创造美，同时也使自己成为美好和善良的人。与道德审美态度相关的那些不幸乃至真正悲剧的祸根，恰恰就是个别年轻人在爱情中只看到索取，而看不到给予他人幸福和快乐的义务。真正的爱情，特别是男子对女子、小伙子对姑娘的爱，是精神力量的巨大耗费，是为建立幸福而进行的创造。

在青年人尚未产生追求异性的需求前，要教会他多给予少索取，以满腔热情待人，并由此获得快乐。给他人以快乐，要比给班里送一盆花或者做一个兔笼要复杂得多。触动心灵的高尚行为是十分微妙的事情，这里具体体现着心灵的动态，体现着意向。只是为了博得赞誉而做好事最为糟糕。如果一个孩子从小就养成了只是为了博得夸奖而做好事的恶习，那么他必将成为待人冷漠、计较利害、无情无义的自私的人。我们记得，一个12岁的男孩子常常帮助一位孤寡老太太，为此受到少先队辅导员的表扬。然而过了一段时间我们才知道，他常常向辅导员汇报完他给老大妈打水的事之后，回到家里就把沾满污泥的脏鞋和脏外衣扔在地板上，让他患病的奶奶整晚为他洗刷……我们花费了很多时间才帮助他认识到，这种行为是不体面的。幸好这个孩子当时只有12岁，全班又能团结一致，这才起了作用。

对纯洁美好爱情的品德准备要从牢固地培养儿童心灵中的善良情感做起，从培养他对自己所敬爱人的真挚热忱和无限关心的情感做起。孩子年龄越小，越容易激发他的善良情感，引导他做好事。年幼的儿童愿意在行为中表露心灵，他们的情感就蕴含在他表达对他人态度的行为中。

20年来，我们对每一届一年级学生都会讲述一个人对另一个人忠贞不渝的感人肺腑的故事。两个年轻人结婚了，可是3个月后，妻子得了两腿瘫痪的重病。丈夫23年如一日一直照料瘫痪的妻子，拉车去给她看病。他相信，妻子一定会康复。果然，他的妻子能走路了，后来还生了一个儿子。

我们还会讲述我们的朋友老医生彼得·阿法纳西耶维奇，那位每周都去邻村给妻子墓前送花的老人的故事。这些故事深深地触动着孩子们敏感的心灵。他们都体会到，人是最宝贵的财富。在此，我们要再重复一遍：这其中最主要的是情感；孩子们此时还不能深入思考一切，重要的是，要让他感受到人道之美。如果我们能借助这类充满丰富情感的动人故事，让男孩子能做到当得知同学生病而不能上学时就会眼里泛出泪花，那么他长大成人后，必将是个会体贴人、关心人的丈夫和父亲。他的良心不会允许他做出损害姑娘、妻子和母亲的事情。善良的情感是良心的头道防线。

通过讲述这些人道主义故事，我们在激发对他人痛苦的同情之心，也在铲除对自己的姑息之情这条滋生个人主义的祸根。善良的情感可以激发善良的举动，使孩子分担同学或者甚至完全不认识的人的忧伤、不幸和痛苦。孩子产生为别人创造快乐的愿望，因而也会很乐意把自己心灵的温暖献给那些他认为很需要精神支持的人（在成年人看来，这种支持往往是不易察觉的）。

7 岁的柯利亚和加丽娅满心欢喜地准备新年晚会：练习唱歌，准备服饰。加丽娅的妈妈给她做了一顶漂亮的帽子，把它浆硬。姑娘把帽子小心翼翼地放在硬纸盒里，带到了新年早场活动上。恰恰就在舞会开始前，不知是谁坐在了盒子上，把帽子弄皱了。这件事如若发生在大人身上，只是一件小事，但是对于一个小孩来说，是很大的不幸。柯利亚发现加丽娅无精打采地低着头站在一旁，旁边是压扁了的盒子。我们还没来得及过问，他就走到了姑娘身边，这个不会说安慰话的孩子眼里闪着泪花，拉着加丽娅的手，站好姿势，接着就双双起舞了。顷刻间，好像什么都未曾发生过。

有了真实而深切的感情，也就不需要任何语言了。柯利亚对小姑娘的同情犹如一束明亮的光，照亮了她的心：世上有一个能把我的苦恼当成自己苦恼的人。这样一来，加丽娅眼睛里闪烁的就不是懊恼的泪花，而是欣慰的欢快神情了。小姑娘在游玩，在跳舞，没有人发现她头上没戴那顶漂亮的帽子了。

在儿童的生活中有不少这类事例，真挚的感情如同童话中的神水一般，能驱散忧伤，减轻痛苦，使人重新快乐起来。用自己的情感温暖他人的心，与他人共患难，真诚地关怀、体贴他人，这就是高尚爱情的源泉，它会使青年人变成一个男子汉，一个可靠的丈夫，使姑娘成为温柔、忠贞而又坚强、严肃、不可轻易冒犯的女性。我们的儿童、青少年的生活中不再有任何不被人分担的悲伤、痛苦、委屈和苦恼，这是多么重要！为了使青少年小伙子把他们的心灵的温暖更多地给予姑娘，又是多么需要使人的本性在道德上更加完美。纯洁高尚的情感好比道德的精神动力。我们所创造的一切都是为人着想的。如果人不能给予他人幸福，那么任何物质财富和精神财富都不会给人带来幸福。

在已经消灭了一切经济和政治压迫根源的社会主义社会中，人道主义和对人的尊重，是从尊重妇女开始的。我们教导儿童认识到，女孩子、女青年和妇女身上能够体现最鲜明的人性美，因为女性是新生命的创造者。未来的男子汉在给予未来成年妇女心灵的温暖的同时，也在塑造他自身的精神美。这里我们还是要再次强调情感，让男孩子和男青年因给女孩子和姑娘带来愉快而感到愉悦，是尤为重要的。

每年一月的第一个星期日，我们会庆祝"女孩节"。在节日降临的日子里，生活充满兴奋的情绪：每个男生都在给自己的姐妹或女性朋友准备礼物。礼物要亲手制作，要付出劳动。男孩子们用细木工刀镂刻，用胶水粘贴，用针线缝制……他们制作的礼品多半都是胶合板做的童话故事人物、动物以及布娃娃、小匣子、图片等。为了庆祝这个节日，许多男生提前栽培鲜花或者届时能开花的树木。在隆冬时节培植雪花莲和铃兰，让丁香在一月开花，这比雕刻一件最巧妙的玩具困难得多。他们在温室里认真工作，精心保存菊花、铃兰、雪花莲等花卉的根，精细计算什么时候着手催育才能如期开花。而所有这一切都是为了让姑娘们开心。

在对男孩子和小伙子的教育中，我们非常重视家庭中道德情感关系的高尚和纯洁。我们希望儿子能像对待最敬爱的人那样对待自己的母亲。精心照管为母亲栽种的果树，这是每个男孩子、小伙子最关心的大事之一。许多男生还为母亲栽种葡萄。孩子们总是怀着激动的心情把亲手培育的苹果和葡萄献给母亲吃。过"母亲节"的时候，儿子还会送给妈妈一朵铃兰花。除此之外，孩子还赠给妈妈图片、刺绣品等礼物。年龄较大的孩子在这一天往往在练习本上写作文、诗歌，用图画加以装饰后送给妈妈（不采用那些过分奢华的册子）。

让这些未来的男子汉和丈夫努力发现姑娘们的精神美，让他们在欣赏这种美——在形成过程中也包含小伙子的点滴创造性——的过程中产生精神共性，产生对人的追求，也就是真正的爱情，这是对男性学生的教育重点。让青年男女之间既因共同兴趣也因共同感情而结合，这一点尤为重要。在所有吸引人、激发和鼓舞人的各类活动中，男孩身旁总有女孩，小伙子身边总有姑娘。男孩在把姑娘作为女性爱慕前，他已经对姑娘的人性美产生了景仰之情。

我校男女青年的生活中充满各类比拼创造性才能、精神美、意志和顽强精神的竞赛（当然，这种竞赛并不具有任何可见的形式，都是在暗中进行）。这种竞赛的方式可能是劳动，也可能是社会活动或艺术创作等。在这种竞赛中，姑娘们会因为她们的社会地位和劳动产生自豪感。姑娘们也和小伙子一样，在科技小组的活动中获得一些复杂的技能和技巧，努力在创造性劳动中胜过小伙子。

在合唱队、乐队和戏剧小组中，把男女青年结合在一起的不仅是共同爱好，还有共同情感。姑娘们往往在创造性活动中占上风，但小伙子们也不甘落后。这样你追我赶，激发姑娘们更加上进，彼此间的爱慕之情日趋高尚，青春年华闪耀出浪漫主义光彩。

在创造性劳动、文艺活动中，在发展智力需求的基础上进行的竞赛，能丰富姑娘们的智慧，创造精神财富，这也是创造美的不可或缺的元素。一个姑娘应该是聪明的、全面发展的人，她在各方面不仅不亚于男青年，而且要更胜一筹，这是姑娘引以为豪的基础。只有在青年时期创造了心灵美的财富，并在生活中以之相互奉献，两颗相爱的心才能永葆纯洁。我们希望每个学生在年轻时就获得多方面的精神财富，终身奉献他人。在创造新生命之前，爱情应当先教会人创造令全人类高尚的因素——智慧、美丽、创造性和技能。

　　在未对异性产生倾慕前，每个人都在喜爱的劳动中找到了生活的幸福，因而无须用爱情填补精神上的空虚。我们认为，当一个人的才华和天赋得到充分发挥，每个人都在某方面感到自己是具有高度创造才能的人时，他就具备了迎接道德纯洁的家庭生活的准备。当人燃起创造之火时，火光仿佛从内部照亮了他的面容、眼睛和一举一动，使外在美在内在的理智和智慧美的作用下更具神采，更显高尚。哪里有这种美，哪里就会有自豪感。在年轻姑娘身上创造这种美是多么重要啊！这种美是个人尊严的根源，是妇女不容侵犯、贞洁、自尊和庄重等这些促使男女之间的道德审美关系更加高尚的女性气质的根源。

　　没有个人的高尚品德，就没有广泛的全民优良素质。人不仅应当在为人民的幸福和祖国的伟大强盛而进行的斗争中成为他人的朋友、同志和兄弟，而且应当在建立个人幸福、在教育子女和在享受生活的快乐中也是如此。现在我们面前坐在课桌前，正在一笔一画用心描画字母的每个男孩和女孩，不只是未来物质财富和精神财富的创造者，也是明天的父亲和母亲。他们的心灵应当充满人类所拥有的一切最美好的东西。

第五章　智育

　　每位教师都应当成为学生智力的能干的、善于思考的培育者。只有在教师不把知识的积累和知识量的扩大视为教学过程的最终目的，而只是把它当成发展认知和创造力及喜好钻研的灵活思想的一种手段的情况下，智育才能在教育过程中实现。

一、智育的本质及其任务

　　智育（智力的培育）是共产主义教育体系的一个重要环节。它包括获取知识，形成科学世界观，发展认知和创造能力，开发脑力劳动方面的技能，培养对脑力劳动及对不断充实和在实践中运用科学知识的兴趣和需求。

　　智育是在获取科学知识的过程中实现的，但又不能仅仅归结为一定知识量的积累。只有当知识变为个人信念、个人的精神财富，从而影响他生活的思想方向，影响他的劳动、社会积极性及兴趣时，知识的获取和深化过程才能成为智育的要素。世界观的形成乃是智育的核心。

马克思写道："个人真正的精神财富完全取决于他的现实关系的财富。"①智育意味着利用社会的一切精神财富充实学生的头脑，这种充实乃是学校教育教学过程与社会生活的和谐结合。

马克思曾说，人的智慧总以种种无形的纽带同人民的机体联系着。② 人的智力形成过程汲取了人民的意识和心理，人民的信念和传统及其智力、道德、美学的文明。

教学是智育的极重要手段。教学过程中的智育成效取决于以下因素：学校全部的丰富的精神生活财富，教师的丰富的精神财富、宽广的眼界、渊博的学识和文化素养，教学大纲的内容、教学方法的性质，学生在校和在家的智力劳动的安排。

教学过程旨在实现智育的主要目的——发展智力。平克维奇写道："我们应当竭尽全力培养灵活的、活跃的思维，即反映生命运动的思维。"③ 就像人不识字就无法看书一样，没有智力的发展，没有灵活的、活跃的思维，智育就无法存在。

如何实现智育呢？任何时候也不能忘记马克思提到的那些现实关系的财富④。只有在学生置身于多方面的智力兴趣和需求的氛围中，在与周围人们的交往中充满求知精神的情况下，他才能得到智力培养。关心整个学校生活的智力财富是实现真正智育的决定性条件。

每位教师都应当成为学生智力的能干的、善于思考的培育者。只有在教师不把知识的积累和知识量的扩大视为教学过程的最终目的，而只是把它当

① 《马克思恩格斯选集》，第2版，莫斯科，政治书籍出版社，第3卷，第36页。
② 参见马克思《国际歌》，俄罗斯，《真理报》，1964年9月25日。马克思于1871年1月21日给齐格弗里德·迈耶的信中说道："思想运动正发生在俄罗斯，它见证了下层群众的人心激动。智慧永远以看不到的线与人民相连。"（《马克思恩格斯选集》，第2版，莫斯科，政治书籍出版社，第33卷，第147页）
③ А. П. 平克维奇《教育学绪论》，莫斯科，教育出版社1930年版，第58页。
④ 参见《马克思恩格斯选集》，第2版，莫斯科，政治书籍出版社，第3卷，第36页。

成发展认知和创造力及喜好钻研的灵活思想的一种手段的情况下，智育才能在教育过程中实现。师从此类教师的学生获取的知识只是一种工具，借助此工具他可以在认识周围世界的过程中自觉地迈出崭新的一步。在这种情况下，把已经掌握的知识方法运用于新的认识对象，就是学生的思维活动规律。之后他们就可以独立研究新的现象、过程和事件的因果关系了。因此，学习自然科目时的生产劳动、研究和实验，以及学习人文科目时的独立研究生活现象、钻研图书资料、尝试进行文艺创作，便成为最重要的智育因素。

人之所以需要接受智育，不仅是为了在劳动中运用知识，也是为了充实精神生活——善于珍惜文化艺术财富。我们不应当仅仅从在劳动中运用知识的角度看待教育内容。近些年一些文章流露出学校教学中的教育唯智化思想。不论过去还是将来，智育永远都是教育教学过程的一个主要环节。

二、智育与世界观

世界观不只是某一社会占统治地位的看待世界的观点体系或某一阶级的意识形态，也是体现人的思想、情感、意志和活动的个人主观状态。世界观是意识、观点、信念和行为的统一。

科学世界观的形成取决于学生理解科学基础知识中的主要和主导的科学思想的深度，这些思想包括：世界的物质性和可认识性，现象的相互联系和相互制约性；人类改造周围世界的可能性和必然规律性；社会现象，特别是诸如战争、革命及其他社会和经济的震荡和改造等现象的本质和原因的可认识性；一切剥削社会中压迫者和被压迫者利益的不可调和性；为摆脱剥削、摆脱社会和民族奴役而进行的斗争的崇高性；资本主义转变为社会主义的历史必然性；善恶观、正义与非正义观的阶级性和社会制约性；为祖国的自由和独立、为摆脱人对人的剥削而斗争的事业是崇高的；在共产主义社会里劳动将转变为人的自然需要等。

我们认为，世界观不仅要解释现象的本质，也要体现在实际活动和劳动中，这是一项重要的教育任务。学生在探究周围世界的事实和现象，认识自然规律，确信科学观点的真理性和正确性的同时，要力求证实、确立和捍卫某种东西。当脑力劳动触及了个人兴趣时，教学过程中的思维过程便会成为独立形成科学世界观的过程。科学世界观是思维、情感和意志的融合；当认识活动同时作为征服自然力和理解周围社会生活的一种斗争时，世界观也逐步形成。我校的智育体系中设置了旨在形成世界观的劳动作业。例如，学生在教学实验园地里劳动，证实土壤是微生物生命活动的特殊环境。对这一真理的证实只是向形成世界观的独立活动迈出的第一步。之后便是创造能保证高产的土壤。这一劳动恰恰展现了马克思提到的现实关系的财富①。世界观的形成和个人对周围现象的看法的形成，涉及学生精神生活的各个方面——思维、情感、意志、行为。就学龄早期的儿童来讲，他获得的知识和他的主观经验结合得十分紧密。思维和主观经验的融合和统一，在相当程度上会持续到学龄中期甚至晚期。

使学生的思维活动体现在他的实际活动中，这对于形成世界观尤为重要。有经验的教师并不把科学世界观的某一思想安排在教学大纲规定的某一章节或几个章节里讲解。他们努力将其多方面地呈现在个人活动中。当思想具有鲜明的感情色彩，即伴随惊奇感和发现真理后的快乐时，唯物主义思想才会变为儿童的个人观点。只有当儿童对表达和揭示思想的劳动持有个人态度时，他才可能对科学思想和唯物主义思想持有个人态度。

我们认为，脑力劳动的研究性质具有非常重要的意义：孩子们在进行观察、思考、分析、对比时会发现真理，或者会意识到，为了发现真理必须进行新的观察，必须阅读和开展实验。例如，我校学生在着手学习粮食和豆类作物的种子结构前，要先培育种子发芽，关注每个品种的特点，对其共性和

---

① 参照上一脚注。

特性进行初步观察。又如在学习内燃机前，每个学生要先拆卸和组装小型压缩式飞机发动机，开动它，考察它的结构和运转时发生的种种过程间的依从关系。于是，学生就产生很多问题。而这种探索本身激发的正面情绪就是儿童对待真理的个人态度的心理基础。

脑力劳动的研究性质的重要性，不仅仅体现在学生接触事物和现象的直观方面。在学生的思维过程中，已有的对于事物和现象的全部概括性思想（论断、定律、公式等）也吸引着他们。例如，物理课上讲授关于功率的科学概念时，教师便启发学生思考机器和动物做功的特点。此时思维客体已不仅仅是事物的直观方面，而是单位时间内完成工作量的能力这一概括性论断——这个论断是通过生活实践在学生意识里形成的。在运用这个论断时，他们也在考察他们未曾直接观察过的那些现象。

任何一个实验或一项实际工作的目的不仅是解释某种因果关系和联系，也在于推动学生表现出智力和意志上的积极性，促使他们在利用自然力量的道路上迈出哪怕微小的一步。培植出当地到处可见的树，这只是看到了世界现象现有的状态；而在北方培育葡萄结出果实，或种出两季小麦，这就不仅仅是认识大自然的过程，也是人支配不断发现的新的自然力的过程。在这种实验过程中，人对于现实的认识更加深刻了，与此同时，人也认识了自己，确信他不是听任自然自发力量摆布的玩物。那些能使思想转化为个人信念和观点的试验、实验、劳动，才是学生的现实关系财富的实质。每个学生在校期间都要完成几项支配自然力的劳动作业（如培育出两季粮食作物，通过施用特殊肥料加速植物成熟，通过育种获得耐寒的小麦品种，把几十平方米的贫瘠土壤变成肥沃的土壤，增加甜菜的糖分等）。这种劳动的重要意义不仅在于它能激发学生对科学的兴趣、钻研精神和求知欲，主要意义还在于，这是思维活动积极的世界观实质。学生在这类劳动中对真理持有关切的个人态度。

凡是在少年和青年早期完成过以形成世界观为明确目的的劳动任务的人，在成年期会具备这些特点：他们对自然和劳动的重要规律有自己的见解；他们的工作具有创造性，会通过自己的劳动证实和检验一些东西。例如，我校毕业生、年轻的农艺师维克多曾通过自己的实验证明了小麦种子的发芽能力与育种时在土壤中施加微量元素肥料的联系。根据他的提议，人们开始在育种地块的土壤里施加能加速种子成熟的微量元素肥料。

这种人好钻研，求知欲强，他们总试图弄清自然现象中复杂交错的因果关系；他们喜好体力劳动，并在体力劳动中尽量融入智力劳动元素（写观察日记，对若干年内劳动活动的成果进行比较等）。他们努力向一起劳动的同伴们说明：任何一种现象都是可认识的、可研究的。

教会儿童积极地看待世界，在劳动中恪守信念，是知识发挥教育作用的一个主要前提。我们认为，在积极活动中形成世界观信念是一项极其重要的教育任务。人不仅能认识周围世界，而且能以自己的智慧、创造力和劳动征服自然力和改造生活，这是激发人积极看待世界的主要信念之一。

许多证据都可以证明，这种思想是正确和合乎真理的。儿童往往津津有味地聆听以自己的发现和研究证实了智慧、思维和意志的伟大力量的杰出科学家的生平故事。他目睹了高年级同学在贫瘠的荒地上耕耘出肥沃的良田。教师向他展示了如何在无土壤的实验室里——在矿物肥料的水溶液中种出蔬菜。认识这一切还不是信念。积极看待世界，在于儿童不仅应当通过自己的劳动获得真理，而且应当理解它，感受发现和克服困难的喜悦。这样，他就会珍视和热爱真理。

孩子的年龄越小，他在劳动中的思维的情感色彩就越鲜明、越直率。这就是我们认为在学龄早期形成世界观信念具有特殊意义的原因所在。世界观信念的积极形成与认识自然界的初步规律是同时开始的。我们认为，智育过程和世界观形成过程的统一表现在：比如，在认识植物发育规律和有机物制造规律的同时，儿童也确信人既能影响土壤的生命过程，又能影响植物机体的生命过程。而且是通过亲自劳动和认识，儿童得以确立这些信念的。

我校学生通过自己的劳动证明了他们能做到：培植高产的粮食作物和经

济作物；获得比集体农庄常年收成高出数倍的小麦产量；获得比通常早熟 20
天的玉米品种；培育出蛋白含量比最好品种还高 2%～3% 的小麦；使苹果树
不是按常规在第六年、第七年结果，而是在第三年就结果；获得含油量比本
地最优良的品种还高 5% 的葵花子；使冬小麦能经受零下 30 摄氏度的严寒。

通过认识去证明，通过证明去认识，智育和世界观的统一恰恰就在思维
和劳动的统一中。儿童在自己的劳动成果中不仅看到物质价值，也看到自己
和自己的顽强精神及坚定意志。让孩子从幼年起就开始积极地看待世界，从
而带着牢固的世界观信念基础进入青年早期，这一点尤为重要。

学生的年龄越增长，他们的力量和潜力越大，他们的精神发展对与确立
世界观相关的活动的需求就越迫切。我们认为，那些考验、检验和锻炼青年
人精神力量的活动具有非常重要的意义。我们要积极引导年轻的力量，使之
不白白耗费，这一点尤为重要。

我们对共青团员说："在这 3 公顷的土地上从来没有出现过每公顷 12 公
担以上的粮食产量。但是，就像能工巧匠能把一块锈铁做成精巧的工具那样，
我们也可以把贫瘠的土地变为肥沃的良田。让我们为此奋斗吧。"青年男女们
投入这场战斗，并取得了胜利：种植的小麦产量达到每公顷 36 公担。要证明
人在世上并不是一粒微沙，这一崇高的目标在这场战斗中激励着他们。他们
创造了肥沃的土地。我们努力做到让每位同学都能在青年早期在这样的学校
为共同的事业和思想而奋斗。

三、科学世界观的形成过程与科学基础知识的掌握

科学世界观意味着人对所见、所认识、所做的事情采取积极的态度。只
有当人站在个人的生活立场上对待知识，当学到的知识在生活实践中得到反
映，并决定他的行为方向时，知识才会转化为世界观因素。人对所获得的知
识和从这些知识中得出的结论所采取的个人态度，就是信念。

　　教育性教学的最重要任务之一就是防止学生对获得的知识采取冷漠态度，认为知识内容与他毫无关系。培养科学世界观就意味着教师深入理解儿童的内心世界，善于对儿童的思维、对认识周围世界的过程和劳动进行合乎教育学的指导。只有当学习过程成为学生多方面智力生活的组成部分，当他的智力和意志力开始"表演"，当学习为他打开通向世界的窗户，他接触到许多有趣和吸引人的东西，当他通过书籍、自然和周围世界寻找他所关注的问题的答案时，知识才能成为形成科学世界观的因素。求知欲不仅是教学得法的结果，而且是科学世界观形成过程的本质。

　　儿童从入学之初就开始掌握科学知识。尽管在我们成年人看来，儿童在学习初期阶段掌握的知识范围是十分基本的，然而经验丰富的教师认为，正是这个阶段在形成科学世界观中占有特殊地位。正是在童年早期，学生初次面对周围世界的许多方面和现象，初次了解到许多事物，而儿童对知识采取什么态度，则取决于教师采用何种方法教导儿童对待周围世界及其奥秘和规律。

　　有经验的低年级教师总是力求使儿童在入学的最初阶段就成为知识掌握过程的积极参与者，使发现世界的过程给孩子们带来深入的、无与伦比的快乐、兴奋和高涨的情绪。这种精神状态乃是重要的求知欲的源泉。

　　孩子们一来到学校，教师就给他们介绍周围世界——生物界和无生物界的种种现象。教师带领孩子们去森林、田野、草地、河边。孩子们看到肥沃的田地和牧场，也看到沟坡上毫无生气的不毛黏土。这边葡萄园藤壮叶茂，硕果累累；而那边则是乱石遍地，一片荒芜，毫无生机。孩子们问，为什么不长东西呢？教师解释后，孩子们明白了现象间的因果关系，但这还不是世界观的形成——这只是根基、基础。在一个暖和的秋日，教师和孩子们一起来到土壤贫瘠的土地。孩子们清理了几平方米荒地，用筐子运来了肥土和肥料，挖了坑，为栽种植物准备好培养基，栽下了自己的第一株葡萄。理论知识和实践活动的联系就这样开始了，而最重要的教育任务则是无时无刻不保持这种联系。当孩子通过亲身经验认识到了知识的改造力量——看到在原来毫无生机的荒地上长出了翠绿的葡萄藤时，他便以积极的态度对待知识。他希望更多地了解：如何为栽培作物准备土壤，如何提高产量，如何预防植物遭受种种灾害。他觉得在劳动中运用知识更为有趣；他感到自豪，因为他凭借学到的知识为人们做了有益而美好的事情。

情感如同肥沃的土壤，知识的种子就播种在土壤里。种子萌发出幼芽：儿童在认识的同时做得越多，对劳动带来的快乐就体验得越深，他想知道的就越多，他的求知渴望、钻研精神、学习劲头也就越强烈。因此我们要保证这个幼年创造者的快乐感永不消逝，而且变得更为强烈，还要用源源不断的新劳动成果支持和滋养它，这一点尤为重要。从儿童进校的最初日子起，他掌握有关生物界、动植物界、具有生命现象的环境等知识的过程就开始了，同时他也在运用知识——这是形成科学世界观的最重要的条件。并且，劳动并不只是以实例展示他已经了解或正在了解的知识，劳动还为儿童揭示新的自然奥秘，肯定他作为积极发现者的作用。

学生在学习植物学、动物学、人体解剖学和生理学、一般生物学等自然科学的基础知识的过程中，不断加深对一些重要思想的理解，这些思想包括：周围世界存在有生物与无生物之间永不停息的相互作用；自然力把无生物改造成有生物，创造出有机物质——生命的源泉；有生物从无机界摄取制造有机物的原始材料，进行新陈代谢；人作为自然的一部分，不仅要观察、分析、认识这一复杂的过程，而且要大胆干预它，创造加强生命现象的有利条件，改变和创造有机体的生存环境。这些思想是世界观的重要基础。

为了使学生在意识上确立和加深探索周围世界奥秘的志向，我们安排自然科学基础知识的教学方式如下：日复一日地向同学展现新的细节，从而扩充他们关于世界本质的物质性的观念。学生在人工创造的环境中栽种葡萄，他们便获得了关于肥沃土壤和贫瘠土壤的最初概念，对他们来说，从这时起开始了认识有机界与无机界相互作用的新阶段。

孩子们在低年级理解了关于植物和土壤、关于生命过程、关于矿物肥和有机肥及关于劳动在为生命过程创造条件中的作用等方面的初步概念。然而理解概念只是儿童智力发展的一个方面。儿童应当边动手边思考，边思考边动手。只有在这种条件下，知识才会转化为信念，这也是儿童的天性所要求的：他们的智力活动在劳动中表现得最为明显；通过亲身劳动确立的概念能激发深刻的情感，而这种情感是人的行为最强大的推动力。

我校学生从低年级就开始在温室和教学实验园地里配制混合土壤，他们采用各种配合成分，试验各种矿物质和有机质对土壤肥力的影响。二、三、四年级的学生则在水溶液中培植绿油油的大麦和燕麦，从而确信，即使没有土壤也能创造出产生生命过程的条件。随着理论基础知识的不断扩充，学生揭示有生物与无生物相互作用的奥秘的劳动也日趋复杂。学生在五、六、七年级时就会创造有利于土壤中有益微生物发育的条件了；八、九、十年级的学生则能通过各种途径影响微生物的生化过程。在他们看来，土壤是一种产生复杂生命现象的环境；有了知识，人便可以按照自己的智慧和意志支配这些现象。

在掌握关于有机体的生命活动的知识的过程中，学生按照人类喜好的方向为发展和改善植物的特性创造条件。他们在生物课上了解了科学家的研究成果——通过育种培育出粮食作物和经济作物的新品种。于是，学生们把知识运用到劳动中：在教学实验园地和集体农庄的田地里试验改造土壤和培植农作物的不同方法。如孩子们用丛生法种植冬小麦，让每颗播在地里的种子占据充足的营养面积，而且行与行之间按照中耕法种植；植株分蘖情况良好，每株作物结出肥大麦穗的数量显然比用通常的播种法多很多。采用这种播种法所得的产量比用通常的条播法高两三倍。对学生们来说，这种劳动是一个小小的研究活动：他们分析研究土壤的成分，为有益微生物的生长创造适宜的生物化学条件。

高年级学生通过学习农业技术原理和生物化学原理，获取作为创造性劳动的世界观基础的种种知识，这些知识包括：植物的矿物营养，光合作用和呼吸作用，植物在发育各主要阶段新陈代谢的质的特点，生长发育的生理学原理及其控制方法，轮作制的生物学依据和种子繁殖的生理学原理，植物的育种方法，遗传、染色体和基因等。这些知识的获取和教学实验园地及集体农庄田地里的劳动紧密相连。

知识与劳动的结合使学生们坚信：与有机体的生命活动相联系及对提高劳动生产率起巨大作用的现象都有其物质基础；它们是可控的，但我们需要具备广博的知识。我校高年级学生拥有自己的教学实验园地，在这里开展的科研活动对形成科学世界观发挥着巨大作用。近十五年来，大家就一些具有重大的科学实践意义的问题进行了不间断的研究，这些问题包括：加速小麦、向日葵的生长和发育的化学方法和生物学方法、提升葵花子含油量的方法、刺激对增加土壤腐殖质有益的微生物的生命活动的方法、提升小麦中蛋白质含量的方法。我们将其称为科研工作，因为它被纳入了农业试验站的科研计划。

物理、化学、数学、天文等科目的讲授过程，为培养科学世界观提供了广泛的可能性。早在八年制学校的第一教学阶段，在观察物理和化学现象及认识其实质的过程中，学生就接触到了一些最重要的科学原理，在如物质的永恒性、不可创造性、不灭性，宇宙的无限性，运动、时间和空间的物质性，人的意识是物质发展的高级阶段等。学生们在诸如基本粒子、物质和能量、宇宙射线、宇宙的起源、电磁振动和电磁波、光的波动性和量子性、生命进程的生物化学基础等人们远远没有完全认识和充分研究的科学领域里，迈出了知识性的第一步。

经验丰富的物理、化学、数学、天文等科目的教师，会努力把这些方面的科学真理和自然规律的知识变成一种手段融入教学过程，成为解决创造性劳动课题的钥匙，成为洞察自然奥秘和进一步认识周围世界的钥匙。让研究和实验活动赋予认识过程深入钻研和紧张探求真理的性质，是达成这一目标的方法。学生在认识真理的同时，也在认识自己，并亲身体验和感受人的创造力，而这就是世界观的情感和理智基础。

例如，在八年制学校里，学生获得关于能的不同形态——机械能、热能、电能的概念。为了加深这些理论知识，他们设计制作能将一种形态的能变为另一种形态的能的活动模型。每个学生都力求在他的模型设计中加入自己的特色，以体现他的构思和劳动的独特性。凡是对这类劳动感兴趣的同学，不仅提高了对知识的兴趣，而且形成了知识和劳动相统一的个人看法：他们在电工技术、自动化技术、无线电技术等小组里设计各种模型、仪器和装备，在将一种形态的能转化为另一种形态的能的基础上开展过程复杂的活动。世界观的信念便融入行动中。凡经历过这个卓越的"劳动学校"的人都具有强烈的创造性需求：在自己的劳动活动中，他们试图为运用电能寻求新的可能。

儿童通过集体劳动迈入社会生活。我们希望学龄早期的儿童把具有社会意义的集体劳动看作个人的切身事情，使他们的理智和心灵由此被吸引。我校每一届学生都在年幼时期就为人们开辟新果园打下基础；到十一二岁时，他们就能目睹童年早期的劳动成果。他仿佛在心里回顾了自己经历的不长的生活道路，并由于为别人做好事而感到自豪。为人民进行创造而收获的快乐越深切，儿童对现实关系的认识就越丰富、鲜明，他对社会利益就越关心。到十四五岁时，每位少先队员便能怀着自豪的心情欣赏自己的肥沃土地，观赏他付出多年劳动才使贫瘠的不毛之地变为肥沃良田的那片园地。他深感愉快，他亲手开辟的葡萄园为人们带来了果实。他希望通过劳动为社会造福，因为他已为故乡的土地付出了很多努力。

那种能培养并加深智力、劳动和创造的兴趣，能激发掌握科学知识的愿望的环境，可以推动知识与劳动的结合。我们这里指的是广义的"环境"，它既包括教师队伍的智力生活的丰富，也包括学生集体的精神财富（知识、技能、经验）的交流，以及对儿童兴趣和爱好的鼓励。我们希望学生在求学时代把"学问真正深入到血肉里去"[①]。我们的教学实验园地是建立在科学基础

---

① 《В. И. 列宁全集》，1963年，第45卷，第391页。

上的劳动实验室。教师队伍对科学技术问题的兴趣越浓，教师就能越多地阅读、思考、交流智力财富，展现在学生面前的科学知识的视野就越广阔、深远。我校教师队伍力求熟悉当代科学动态。近四年来，我校教师在自然科学知识讲座上所做的报告题目如下：

《基本粒子科学的新进展》《量子发生器》《热能和化学能直接转化为电能的问题》《电磁场的物质性》《宇宙射线科学的新发现》《相对论及其在当代的进一步发展》《关于太阳系起源的天体演变说》《物质和能量》《土壤中的生物化学过程》《有机合成》《细胞内部过程》《遗传学成果》《宇宙中的生命》《维生素和植物杀菌素》《国民经济中的电子学》《何为仿生学》《史前文化的科学新资料与恩格斯的〈自然辩证法〉》。

教师科学知识的不断充实是使学生集体具有丰富的智力生活的重要条件，是教师对科学基础知识的讲授具有高度科学水平的前提。

在科学学科小组活动中，高年级学生钻研科学书刊，了解自然科学中的种种问题。组员们建立了专业图书室，面向同学们举办关于自然科学问题的系列讲座，这些讲座概括了世界观问题。近两年的讲座题目如下：

《自然界无机物到有机物的转化》《唯物主义生物学论生命的起源》《大脑——物质发展的高级阶段》《原子结构的现代观念》《电磁振动与电磁波》《光的波动性和量子性》《相对论的唯物主义本质》《超导性问题》《物质的等离子状态》《国民经济中的合成材料》《石油的来源》《宇宙空间的性质》《太阳系》《物质和反物质》。

作为科学学科小组成员的高年级学生，是老师培养学龄中期学生的世界观时的助手。他们给少先队员们朗读科普读物里的论文、故事和随笔，举办少先队科学技术晨间活动。共青团委员会和少先队大队委员会组织学生与农学家、工程师、医生、畜牧学家的会谈，这些从事脑力劳动的专家给学生们讲述各种科学技术问题。这些会谈能拓宽学生的眼界，促进他们职业方向的形成。

我们认为，阐明科学发展的历史道路，阐明唯物主义为反对唯心主义、无知和迷信及为争取理智的胜利而进行的斗争，对形成科学世界观具有重大意义。学生深刻地认识到：人类通向知识的道路曾是一条荆棘丛生、艰难辛苦的道路，许多学者在此表现了真正的英雄主义，他们作为为进步事业而斗争的忘我牺牲者被载入史册。科学斗士的传记在课堂教学中占有相当重要的地位。揭示科学领域的意识形态斗争的鲜明事例，使辩证唯物主义思想的正确性和人道性深入学生的意识，激发他们对待知识和文化的情感态度。学校举办一系列以"科学功勋英雄"为题的晚会和晨间活动。为理智的胜利而斗争，就是为劳动人民更加美好的未来而斗争，这个思想作为主线贯穿于晚会和晨间活动。近五年内，学校举办了一系列纪念乔尔丹诺·布鲁诺、伽利略、哥白尼、达尔文、科赫、皮埃尔·居里和玛丽亚·居里夫妇、罗巴切夫斯基、米丘林、巴甫洛夫、季米里亚捷夫、谢切诺夫、齐奥尔科夫斯基、泽林斯基、加马列亚、库尔恰托夫、巴尔金、科罗廖夫等著名科学家的晚会和晨间活动。

学习人文科目最重要的目的就是培养公民，培养坚定勇敢的爱国主义者，培养为共产主义理想而奋斗的战士。人应当通过学习历史、社会学和文学认识过去、现在和将来的社会发展规律，认识并热爱人类创造的精神财富。人类、人民和个人，他的内部精神世界、他的志向和快乐、他的期望和担忧，是极其丰富的多方面的认识领域；学生既认识影响人类发展的伟大事件，同时也认识作为个体的人的心灵、思想、情感和感受。认识对象的特点也决定了学习人文科目时知识转化为信念的特点。学生要想在这方面取得成功，就不能只是旁观者，而应当作为一个切身关心社会主义祖国的繁荣、维护和平、加深各国人民的友谊、确立人类相互关系的美、消灭当代仍在损害人的尊严的一切丑陋庸俗的东西的人，去接受和认识社会科学知识。个人对获取知识的态度，在这里发挥着极其重要的作用。

我校低年级教师和人文学科的教师们在阐述知识内容时，也向儿童灌输关心人类命运的思想，使祖国人民的过去、现在和将来的命运触动儿童的心灵。善于激发个人情感和切身关注对低年级学生来说特别重要，因为情感在这个年龄期，形象地说，就像一座高峰，儿童登上它就能看到周围世界。

例如，老师给二年级学生讲述遥远的过去的事件——农奴反对地主的斗争，孩子们眼前便出现一幅鲜明的画面：被剥削者的专横激怒了的农奴烧毁了地主的庄园，惩罚了监工刽子手。老师直接诉诸学生的意识："孩子们，这就是你们的祖辈奋起反抗奴役者的情景，你们可以为人民的英勇过往感到自豪。"

老师在给孩子们讲述国内战争和伟大卫国战争年代人民为争取祖国的自由独立、为摆脱剥削者的压榨而进行的斗争故事时，激发了孩子们更加深厚的情感。老师把孩子们领到村边，指给他们看国内战争年代曾发生悲惨事件的地方：白卫军在这里枪杀了一批农民，他们是红色游击队员，因受伤而落入敌人之手。学生们再走到河边，看到用石块堆砌起来的陵墓，这是苏军战士们的英雄功勋的无声见证，他们曾强行渡河捍卫我们这块故乡土地直到最后一口气。老师说："在伟大卫国战争年代捍卫祖国自由和独立的战士们的鲜血洒满了我们的每寸土地。他们献出了生命，为的是你们能自由地生活，为的是我们头顶永远阳光灿烂，为的是未来世世代代的人不遭受灾难、贫穷和非正义之苦。孩子们，你们要珍惜祖辈、曾祖辈为你们争得的成果。肥沃富饶的土地、金色的麦浪和繁茂的果园是对英雄们最好的缅怀。孩子们，切莫忘记你们的幸福生活应归功于谁。"

这些呼吁触动着儿童的心灵，激发了他们对捍卫祖国的自由独立和家庭幸福的人们的感激之情。而感激之情则是义务的源泉。

对祖国的义务、对为争取幸福和无忧无虑的童年而创造一切条件的人民的义务，是贯穿在谈及过去，特别是谈及现在和未来的全部课堂教学中的主线。教师们在一些课上专门讲述苏联人民的劳动。在学生面前展现出一幅千百万人民劳动功绩的图景，这时候，儿童不是旁观者，而是与劳动者紧密相连的社会生活的积极参与者。儿童对关于先辈们创造性劳动的观念越清晰，他愿意为祖国给予他的一切做出报答的感激之情就越深切。这就要求学生把学习和劳动结合起来。劳动能给孩子们带来公民自豪感，因为他们在童年和少年时期已将先辈们给予他们的——哪怕只是一部分，回报给了祖国。

无论学生在历史课、文学课、社会学课上学习什么内容，无论老师讲述的事件如何远离当代现实，其思想永远针对现实生活，永远针对全体人民深感关切的问题，这是我们教学中的教育原则之一。直接面对学生的精神世界，针对他的思想情感施教，其目的就在于唤起他对自己和家庭境遇的思考。

但是如何在学生的意识中把个人和社会结合起来呢？如何在学习遥远的过去发生的事件，学习决定人类命运的问题时，触动人的理智和心灵呢？

历史规律不以人的意志为转移，但创造历史的是活生生的人。所以凡是那些讲授具有重要世界观意义的课程的经验丰富的教师，总是念念不忘：面向青少年的理智和心灵揭示历史过程时，历史过程不只是客观规律，也是善与恶的斗争，是卷入了人们爱恨喜忧的斗争。我们希望展现在学生面前的历史进程是鲜明的，充满了人的激情、思想、情感的，活生生的人的冲突。如果学生在历史课上感受到了活生生的人的形象和有血有肉的思想，即便老师很少谈及思想，学生也能领会和感知到，思想是活生生的人为争取幸福而进行的激情斗争，他们就不会成为冷漠的"知识使用者"——他不会对某一历史事件的结局无动于衷，他会同情善良，憎恨邪恶。

当分析和理解当代最尖锐的问题时，历史的拟人化尤为重要。有经验的教师在揭露资本主义世界的矛盾时，不是让学生背诵众人皆知的真理，而是让他们亲自得出结论。通过把资本主义社会的剥削制度这一概念拟人化的方法，这些教师在学生的观念中建立活生生的人的形象。奴役这些人的并不是劳动本身，而是非人道的制度，在这种制度下，生产的主要目的不是人民的福利，而是资本家的暴利；有经验的历史教师，更重视学生对于资本主义社会中人类劳动被奴役的这些正确理解。

只有当学生对于事件、事实、现象及由此得出的结论持有纯属个人的态度，当他珍视某些思想并决心维护、捍卫它们，对另一些思想则表示出仇视和不妥协的态度时，历史进程的知识才能转化为信念。

我们力求把历史进程作为活生生的人们进行的炽热斗争加以揭示。如果离开了教师讲述杰出人物的生动有趣的故事，这项目标便无法完成。七至十年级学习期间，每个学生都能听到关于马列主义奠基人和杰出的革命活动家的谈话，这些革命活动家包括：捷尔任斯基、巴布什金、斯维尔德洛夫、台尔曼、季米特洛夫、卡莫（又名捷尔－彼得罗相）、伏契克、尼科斯·贝劳扬尼斯、加里波第、亚历山大·乌里扬诺夫、斯捷潘·哈尔图林、佩罗夫斯基、热里亚鲍夫等。每一堂课都是为建立公正的新世界而英勇斗争的历史的一页。这些人的生平和斗争犹如熊熊火炬，点燃着青少年的心中之火，激发着他们献身人类伟大理想的愿望。

文艺书籍是培养共产主义世界观的重要手段之一。我校老师秉持使文艺书籍成为"生活的教科书"（车尔尼雪夫斯基语）① 的目的，高度重视艺术形象所表现出的审美标准、思想政治标准和道德标准的统一。艺术形象体现的善良、荣誉和真理的标准，也作为美的标准吸引了同学们的关注，激励他们追求真实、纯朴和美丽的生活。每个学生在校期间所阅读的作品中的艺术形象，都体现了人类的道德财富。我校教师集体经过若干年编选出了一个阅读

① Н. Г. 车尔尼雪夫斯基在自己的论文《对现实的艺术审美态度》（1855 年）中强调：科学和艺术创作（以诗歌为例）是研究生活的初学者手册；其意义在于为阅读经典原著做准备，之后时不时地作为参考。科学不会隐藏这一因素，诗人在关于自己作品实质的简要评论中也不会隐藏。一种美学证明，艺术高于生活；艺术受自身崇高完美的供给……（《Н. Г. 车尔尼雪夫斯基选集，教育学作品》，莫斯科，俄罗斯苏维埃联邦社会主义共和国苏联教育科学院出版社 1953 年版，第 239、242 页）

书目，它涵盖了世界和俄罗斯及苏联各民族文学宝库中的作品。这些图书是我们智育、德育和美育的大纲。凡收入这个文库的著作，我校图书馆都备有足够数量的复本。此外，每个家庭还有自己的藏书。

文学课只是培养共产主义世界观的工作的开端。文学教师在学生心灵中激发了对荣誉和真善美理想的赞赏之情以及对假丑恶事物的憎恶感之后，便促使每位学生独立地阅读文艺作品，思考社会、道德和审美问题，思考人民和个人的未来。那些思想和艺术价值都堪称生活教科书的作品，便成为男女青年的必读书目。

四、知识的内容与智育

只有当人类最有价值的智力财富变为学生的财富时，真正的智育才能实现。学校的实际任务就是实现关于自然和劳动、关于人的机体和思维、关于社会和人的精神生活，关于艺术等科学的基础知识，在学生的智力发展上占据应有的地位这一目标。尽管地质学、矿物学、生物化学、天体演变学、心理学、修辞学、人种志学等学科未被列入教学计划，但不介绍这些科学的基础知识就无法实现真正的智育。

数学在科学基础知识中占据最重要的地位。这是普通学校唯一一门要从一年级学到最后一个年级的课程。从学习的开始阶段起，学习数学的概念和规律就是认识和掌握世界、发展意识的重要手段。数学在智育中具有特殊的作用。数学是一门具有世界观意义的科目，它既贯穿在研究自然的科学领域里，也贯穿在研究社会生活的科学领域中。数学思维不仅是对数与数、量与量、几何图形与几何图形间的数量、空间、函数关系等的理解，也是对客观世界所持的一种独特态度，是研究自然、社会生活、劳动、经济等方面的事实和现象的一种方法，也是分析现象间因果关系的一种手段。

我校教师从一年级起就教孩子们从数量及其关系背后、从抽象定理背后看到客观现实中各种事实和现象间的关系。一至四年级的孩子们解答他们在观察过程中，在考察现象和事物间的空间、函数、原因等关系的过程中自编的算题。直到学生们对数学算题的本源有了理解，老师才给他们布置现成的数学题。中年级和高年级的学生则按照亲手制作的形体编几何习题；根据劳动过程中所判明的依从关系编代数方程式。教学大纲中对这一切都不可能有详细规定，教师的创造性此时起到决定性作用。

数学思维对高效地学习各门功课来说必不可少；数学才能是在认识性和创造性劳动中起重大作用的那些品质的鲜明体现。学校的任务在于关心所有学生的数学才能的发展。数学教师要培养学生科学地表达思想的技能，教他们进行论证和从前提中得出结论。孩子们在学习数学的过程中掌握的思维技能，会给学习过程中的全部智力劳动及学习生物学、物理、化学、天文学时对自然现象进行观察的性质，留下深刻的烙印。在学习数学时发挥巨大作用的函数关系、变数等观念能发展辩证思维，从而使得在学习其他科目时易于理解种种因果关系。我校学生在分析自然现象时，特别是在开展跟力学学习相关的观察时，经常运用数学证明方法。在认识世界和进行劳动的过程中运用数学思维，是数学学习过程中理论联系实际的主要途径之一。学习化学、做实验作业时也采用数学证明方法。某些实验作业具有数学习题的性质。我校制订了数学、物理、化学等科目的创造性书面作业体系；主要在于让学生学会利用理论知识完成与设计和模型制作、与植物栽培学、与土壤学、与农业气象学相关的各种作业。我们认为，采用数学方法正确地选择达到劳动的最终目的的途径，比较各种途径的优劣，这一点很有意义。例如，学生编制图表和曲线图，据以推断哪种土壤施用哪种肥料最相宜。

我们认为，数学在培养首创精神、勤勉劳动的品质、认真精确的作风和批判性态度等方面具有重大意义。例如，每个数学教师都备有一套能用各种方法解算的习题，而方法的选择正是一种起教育作用的刺激因素。

从三、四年级起，我校就开始举办数学创造性晚会、数学竞赛及数学问答游戏会等活动。高年级学生在低、中年级的数学小组开展活动时做报告，出版数学杂志。教师对有数学思维天分的学生进行个别工作——谈话、上课。近18年来，我校毕业生中有59人获得高等数学教育，其中8人成为设计家，6人在研究部学习，5人获得学位，26人在科研院所的实验室工作，14人在中学教数学。

物理、化学、天文学知识的教育作用，取决于学习物质、实体、能量、运动的特性和规律时对物质世界与智慧的创造力和改造力相结合的思想阐发得有多深刻。对这种思想的领会，特别是在学习诸如物质的结构、放射性、原子能、基本粒子、热核反应、聚合物、人工合成蛋白、星体和行星系的起源、微观世界与宏观世界间的相互联系等问题时，能激发学生的求知欲。人越是努力深入知识的本源——物质和实体的结构、生命的起源、有机体中的生物化学过程，他对知识的兴趣就越浓厚。经验证明，如果学生在学习物理、天文学、化学的过程中能把智慧用于认识物质的奥秘，他们毕业时就会成为一个好钻研、爱学习的人，且在任何时候都不会停止自学，而会致力于提升劳动的智力水平，让自己的精神生活变得丰富多彩。物理、天文学、化学的教师有两套教学大纲：一套是讲授必修材料，另一套是使学生逐步接触更广泛的科学技术问题。这对自然科学科目来说尤为重要：这种知识必不可少，因为它不仅旨在理解周围世界，它们还是创造性劳动的手段，学校中学到的知识随处都会和未学知识在劳动中产生关联。

我们为必修大纲中的每个问题都创造了一个由非必修材料组成的智力背景。例如，在学习电流规律前，在学习过程中和学习后，学校会举办有趣的电工技术科技晚会和问答竞赛，旨在尽可能多地向同学们展示与运用物质的电性能相关的科学成就的画面。在学习元素的化学和物理特性时，我校举办一系列"元素漫话"讲座，通过有趣的形式向学生揭示物质结构的规律。由于教学大纲中没有地质学和矿物学知识，我们便举办此类科学的晚会、座谈会、读书会等活动。中高年级学生从中学到许多有关矿物起源的假说和理论及有关自然资源开发的知识。学生理解和思考的事实、现象和规律越多，对知识的兴趣就越自觉。那些材料吸引同学并不只是因为它有趣，而且是因为它有助于记忆必修材料。有经验的教师努力引导学生超越教学大纲的范围，旨在更好地掌握大纲。学生学习的范围超出教学大纲，他就能更加深入地理解世界观的概念。例如，他们对现代天体演化理论了解得越深入，就越能了解相对论的思想。

植物学、动物学、解剖学和生理学在智育中的作用，取决于生命作为物质运动的最高形式的本质、生命过程的物质性，更加取决于人能对生命过程施加积极影响等科学信念在学生的意识中扎根的深度。这些信念是青少年对待科学真理、知识及创造性劳动的个人态度的动因所在，是求知欲、钻研精神和坚信智慧力量的源泉所在。我们确信，对待劳动的态度，特别是农业生产中的劳动态度在很大程度上要根据孩子们在学生时代形成的对生命过程的物质基础的态度而定。

每一个对生物学感兴趣的孩子在学生时代都会做生物实验，这样做不仅是为了证实科学上众所周知的真理的正确性，而且形象地说，是为了能沿着人们刚刚涉猎的那条科学的小道迈出哪怕微小的一步。每一个热爱生物科学的学生都在教学实验园地有一块地块，用于开展实验活动。少年生物学家们探究土壤和植物的生命过程与人所创造和调节的环境的生化条件的依存关系。理解这一关系是激发学生对超纲问题的兴趣的动力。例如，许多学生开展加快植物的个别发育阶段的生命进程（如加速果实和蔬菜的成熟）的实验。这些试验激发他们深入研究种子、叶和根内部发生的生化过程的本质。

学校的实验是丰富智力劳动，是实现劳动和思维、分析相结合的不可替代的手段。我们认为，许多青少年开始抱有与深入了解动植物和土壤的生命奥秘相关的梦想，这是我们教育工作取得的成果。高年级学生研究的一些问题如下：提升粮食中的蛋白质含量；为能锁住土壤水分的微生物创造发育条件；牲畜饲料的生物化学制备法等。青少年对提升小麦中蛋白质含量的实验尤其感兴趣，开展此类试验的地块成为丰富智力生活的基地之一。

历史知识内容，应当为教师创造尽可能地多了解学生个人精神世界的机会。相对于学习其他任何课程，在学习历史的过程中，智力的发展更取决于学生理解的事实与现象的广度。多理解并不意味着多记忆和久记住。学习历史的智育成效相比学习其他科目，其依赖大脑已存储知识量的程度更低。为了使学生树立对于历史进程的科学唯物主义观点，并将观点转化为个人信念，这需要学生具备广阔的智力背景，这一点尤为重要。学生应当多思考，多理解，从而从意识中提取主要内容，在内心确立对过去、现在和将来及人类所关注的问题的个人情感道德态度。这一切都要求给学生介绍比历史教学大纲规定的更多的实际材料。

和其他任何科目相比，历史课非必修第二套大纲为智力和道德发展创造的背景要广阔得多。低年级儿童已经开始了解许多历史事件。我们为他们举办历史讲座：讲述人类在过去和现在反对社会邪恶的斗争，讲述有关人民反对压迫者的起义和战争的短小故事。讲述这些故事旨在影响他们的情感，表达一种思想——劳动人民从来不向社会上的不公正现象妥协，劳动人民争取解放的斗争中永远会诞生忠于人民的道德高尚的人。

我们开展一些以先进社会力量反对反动势力的斗争为主题的座谈和讲座。其中有一个"伟大的人道主义者——争取人类幸福的斗士"专题持续了5～6年。每位学生在10～11岁至16～17岁期间都会了解到一些伟大的人道主义者的生平：彼得拉克、但丁、薄伽丘、莱昂纳多·达·芬奇、米开朗琪罗、布鲁诺、伽利略、拉伯雷、蒙田、闵采尔、席勒、侯斯卡、哥白尼、约翰·保尔、托马斯·莫尔、莎士比亚、培根、温斯坦利、维维斯、塞万提斯、德西德里乌斯·伊拉斯谟、拉吉舍夫、赫尔岑、别林斯基、杜勃罗留波夫、车尔尼雪夫斯基、高尔基、谢甫琴科等。我们举办晚会和艺术作品片段的阅读会。这里需要特别强调的是，在作为社会科学的马克思主义形成前，社会主义思想的萌芽早已出现。

以"科学社会主义的先驱者""从古代到 20 世纪以来的人民起义""首批共产主义者""献身自由事业的一生"为题的一系列晚会和阅读会，都具有极大的教育意义。

人类的物质文明和精神文明问题在我校的课外活动中占有相当重要的地位。我们经常举办晚会，介绍非洲、古希腊、埃及、中国、印度、美洲印第安部族、拉丁美洲各国人民及西伯利亚各族人民的文化。

对本族语言的掌握决定着个人智力兴趣和审美兴趣的丰富和广泛程度。我们希望各科教师都能丰富孩子们的积极词汇，能教导他们正确地思考和运用内部语言，正确地用口语和书面用语表达自己的思想。我们引导孩子思考他们所见、所为和所观察的事物。追求清晰精确的思想的愿望会促使孩子们更准确、更正确地反映客观事实：他会努力更好地理解事物间与现象间的联系，认识自己在周围生活中的作用。教会学生正确地说话是教育工作的一个完整领域，集体的精神生活在许多方面都有赖于这部分的工作成效。

考虑到语言素养在我们的社会与劳动素养、与人的一般素养的联系日趋密切，我们认为掌握标准语的实用修辞法和锻炼个人风格具有很大意义。在这种目的的驱动下，我们鼓励学生不论在文学题材还是在自由（抽象）题材的文章风格上都下苦功夫。学生在文艺创作晚会上朗读自创的文章、故事、随笔和诗歌。由于我们十分重视学生表达思想和确切、生动地描述周围事物的能力，除文艺题材外，我们还给学生提供写表达自我思想、观点和见解的测验性作文的机会（题目可以是：《我对于走向独立生活的想法》《我的幸福观是什么》《人生中的社会和个人》《我们这一代对祖国和人民的责任》《人能不能成为理想中的人》）。

按高尔基的说法，文学使思想血肉丰满。[1] 主观因素在文学知识中尤其

---

[1]　A. M. 高尔基写道："文学的厉害之处在哪里？它赋予思想血肉，相较于哲学和科学，文学给予思想更大的直观性、确定性。"（A. M. 高尔基《俄罗斯文学史》，莫斯科，艺术文学出版社，1939 年，第 1 页）。

重要：艺术形式中体现的社会道德观念和审美原则，在个人精神世界信念和行为中的反映深度，在文学感受中起着特别重要的作用。文学感受和人的德育紧密相关。只有那些把艺术作品当作生活教科书和道德准则的人才真正地懂文学。因此，这两个因素具有重大意义：第一，正确地选择阅读和学习作品；第二，文学教师也应当是一名懂得并能体察学生道德发展正确途径的教育者。严格选择阅读作品是形成丰富的精神兴趣、个人需求和道德理想的重要前提。得益于这种选择，学生形成了关于人类精神生活的各个重要阶段的观念。

前面已经提到，我们把人类文化宝库中的作品的书目装饰成生动的艺术宣传画：一共两张，装饰有伟大作家的肖像（荷马、莎士比亚、普希金、谢甫琴科、歌德、雨果、德莱塞、伊拉塞克、密兹凯维奇、尼克索、鲁斯塔维利等）。前言是致青少年的话："男女青年们！展现在你们面前的是世界文学宝库中的不朽名著的书目。人类应当永远研读这些书簿。你们不仅应当读完，而且应当反复阅读，并从中寻找智慧和美，获取愉快和美学享受。"

我们认为，青少年时代读物的选择具有十分重要的意义，因此我们列出完整的书目，内容如下：

俄罗斯文学和苏联各民族文学：

《伊戈尔远征记》；鲁斯塔维利《虎皮武士》；《萨逊的大卫》（亚美尼亚史诗）；乌克兰叙事诗；《卡列维波埃格》（爱沙尼亚史诗）；冯维辛《纨绔少年》；拉吉舍夫《从彼得堡到莫斯科旅行记》；茹科夫斯基《斯维特兰娜》；克雷洛夫的寓言；格里鲍耶陀夫《智慧的痛苦》；普希金的抒情诗《叶甫盖尼·奥涅金》《青铜骑士》《波尔塔瓦》《鲁斯兰和柳德米拉》；莱蒙托夫《当代英雄》；柯尔佐夫《歌曲》；果戈理《狄康卡近乡夜话》《密尔格拉得》《死魂灵》《彼得堡故事》；别林斯基《致果戈理的一封信》；屠格涅夫《父与子》《罗亭》《贵族之家》《春潮》《猎人笔记》；

冈察洛夫《奥勃罗莫夫》；赫尔岑《谁之罪》；涅克拉索夫的抒情诗《谁在俄罗斯能过好日子》《铁路》；车尔尼雪夫斯基《怎么办》；杜勃罗留波夫《什么是奥勃罗莫夫性格》；萨尔蒂科夫-谢德林《戈罗夫廖夫老爷们》《一个城市的历史》和童话；奥斯特洛夫斯基《大雷雨》；丘特切夫的抒情诗；陀思妥耶夫斯基《罪与罚》；托尔斯泰《战争与和平》《安娜·卡列尼娜》《复活》《伊万·伊里奇之死》；谢甫琴科《科布扎歌手》；契诃夫《樱桃园》《三姐妹》《万尼亚舅舅》《草原》《在峡谷里》《第六病室》；柯罗连科《盲音乐家》《林啸》；内扎米《蕾莉与马杰农》；纳沃伊《法尔哈德和希琳》；弗兰科《鲍里斯拉夫在笑》；莱尼斯《吹吧，微风》；列霞·乌克兰因卡《森林之歌》；科秋宾斯基《法塔·摩根娜》；艾尼《贫农》；高尔基《在底层》《母亲》《童年》《在人间》；亚历山大·波洛克的诗歌；谢尔盖·叶赛宁的诗歌；库普林《莫洛赫》《决斗》；穆萨·扎里尔《歌曲》；肖洛霍夫《静静的顿河》《被开垦的处女地》《一个人的遭遇》；奥斯特洛夫斯基《钢铁是怎样炼成的》；法捷耶夫《青年近卫军》；阿列克谢·尼古拉耶维奇·托尔斯泰《苦难的历程》《阿埃莉塔》；拉齐斯《暴风雨》《渔夫之子》；普里什文《人间之春》；列昂诺夫《俄罗斯森林》；马雅科夫斯基《好!》；奥瓦涅斯·图曼尼扬的诗歌；贡恰尔《旗手》；考涅楚克《舰队的毁灭》；雅库布·柯拉斯的《在十字路口》；马卡连科《教育诗篇》；诺维科夫-普里博伊《对马岛》；谢尔盖耶夫-岑斯基的《塞瓦斯托波尔激战》；鲍里斯·波列伏依《真正的人》；苏莱曼·斯塔利斯基的诗集；江布尔·扎巴耶夫的诗集；加拉克季昂·塔比泽的诗集；盖达尔《远方国家》《天蓝色的碗》《鼓手的命运》；革拉特珂夫《童年的故事》；费定《不平凡的夏天》；西蒙诺夫《生者与死者》；奥勃鲁契夫《普鲁托尼亚》；叶夫列莫夫《仙女座星云》；别里雅耶夫《跳入虚无之中》；弗拉德科《宇宙寻求金羊毛的勇士》；阿克肖诺夫《同事》；别尔戈利茨《白天的星星》；邦达列夫《寂静》；尼林《冷酷》；索洛乌欣《弗拉基米尔乡间小路》；田德里亚科夫的《不受欢迎的人》；阿尔布佐夫的《塔尼娅》；斯穆尔《冰书》；阿利格尔《卓娅》；阿谢耶夫《蓝色的骠骑兵》；马尔增克亚维丘斯《血液与灰烬》；梅日斯莱基斯《人》。

外国文学：

荷马《伊里亚特》和《奥德赛》；埃斯库罗斯《被缚的普罗米修斯》；索福克勒斯的《俄狄浦斯王》《安提戈涅》；欧里庇得斯的《美狄亚》；阿里斯托芬的《骑士》；《罗摩衍那》（印度史诗）；《罗兰之歌》（法国史诗）；《尼伯龙根之歌》（古代德国史诗）；《卡列瓦拉》（芬兰史诗）；《埃达》（冰岛史诗）；爱尔兰史诗；菲尔岛西《夏赫纳迈》；但丁《神曲》；贝德耶《特利斯当和伊瑟》；拉伯雷《巨人传》；塞万提斯《堂·吉诃德》；莎士比亚《李尔王》《哈姆雷特》《奥赛罗》《罗密欧与朱丽叶》；彼得拉克《十四行诗》；莱辛《爱米丽雅·迦洛蒂》；洛普·德·维加《羊泉村》；高乃依《熙德》；拉封登的寓言集；莫里哀《伪君子》《悭吝人》《贵人迷》；密尔敦《失乐园》《复乐园》；笛福《鲁滨孙漂游记》；斯威夫特《格列佛游记》；歌德《浮士德》《少年维特之烦恼》；席勒《强盗》《阴谋与爱情》《威廉·退尔》《华伦斯坦》；乔治·桑《安托万先生之罪》；贝朗格《歌曲集》；沃尔特·司各特《艾凡赫》《惊婚记》；拜伦《恰尔德·哈洛尔德游记》《锡雍的囚徒》《唐·璜》；雨果《悲惨世界》《巴黎圣母院》《笑面人》《海上劳工》；司汤达《红与黑》《帕尔马修道院》；弗莱利格拉特诗集；维尔特诗集；巴尔扎克《高布赛克》《高老头》《驴皮记》《欧也妮·葛朗台》；狄更斯《匹克威克外传》《雾都孤儿》《大卫·科波菲尔》；萨克雷《名利场》；密茨凯维奇《塔杜施先生》；海涅《诗歌集》《德国》；易卜生《布朗德》《玩偶之家》《彼尔·京特》；梅切

尔林克《蓝鸟》；裴多菲《勇士雅诺士》；查理·德·考斯脱《蒂勒·乌伦什皮格勒》；伊拉塞克《古代捷克传说》；艾米涅斯库《皇帝与无产者》；福楼拜《情感教育》《包法利夫人》；艾仁·修《流浪的犹太人》；基诺西特·劳埃《火柱》；左拉《牙月》《崩溃》；莫泊桑《她的一生》《俊友》《菲菲小姐》；都德《达拉斯贡的达达兰》；格克托尔·马洛《无家》；马克·吐温《汤姆·索亚历险记》；安徒生的童话；比切·斯托夫人《汤姆叔叔的小屋》；沃尔特·惠特曼的诗集；库柏《金丝桃》《蹑迹追踪野兽的人》《最后的莫希干人》《拓荒者》《草原》；麦因·李德《无头骑士》《老练的小航海家》；儒勒·凡尔纳《十五岁的船长》《水下八万公里》《格兰特船长的女儿》；史蒂文森《金银岛》；克努特·哈姆生《盘》《胜利女神》；威尔斯《宇宙的斗争》；查理·彼罗的童话集；格林兄弟的童话集；威廉·豪夫的童话集；霍夫曼的童话集；罗宾德罗纳特·泰戈尔《沉船》；鲁迅《阿 Q 正传》；伏尼契《牛虻》；朗弗罗《哈雅瓦特之歌》；德莱赛《美国的悲剧》；亨利·曼《臣属》；法朗士《企鹅岛》；托马斯·曼《布登勃洛克一家》；高尔斯华绥的《弗赛特家族纪事》；尼克索《赤色分子莫尔顿》《季捷——人的孩子》；杰克·伦敦《马丁·伊登》《北方的奥蒂塞》；罗兰《约翰·克利斯朵夫》《哥拉·布勒尼翁》；巴比赛《火》；肖洛姆·阿莱赫姆《游星》；哈谢克《好兵帅克》；查佩克《母亲》《与蝾螈的战争》；普伊曼诺娃《玩火》；孚希特万格的《奥本海姆家族》《儿子们》《犹太战争》；安娜·西格斯《第七个十字架》《死者青春常在》；伏契克《绞刑架下的报告》；海明威《老人与海》；卓万尼奥里《斯巴达克斯》；路易·阿拉贡《加布里埃尔·别里的故事》；巴勃罗·聂鲁达的诗集；尼古拉斯·吉利恩的诗集；约翰尼斯·贝希尔的诗集；霍斯罗夫·鲁兹别赫的《托付给风暴的心》；诺利《维尔涅尔·霍利特的奇遇》；尤利安·杜维姆的诗集；列昂·克鲁奇科夫斯基《德国人》；勃·勃列赫特《来自谢祖安的善良人》；列马尔克《三个同志》；埃

克久佩里《人民的土地》；科尔杜埃尔《来自乔治亚的孩子》；斯坦贝克《烦恼的冬天》；塞林格《麦田里的守望者》。

我校绝大多数同学能够在青少年时期读完这些书。

艺术形象的影响力不仅取决于课堂讲授如何，也取决于集体精神生活的内容如何。如果集体的精神生活丰富多彩，学生善于真正地阅读，那么教师的创造性劳动就会有成效：教师在备课时，就考虑应当用哪些思想情感激励学生，启发他们思考什么。文学作品的学习从独立阅读原著开始。要在课堂上大声朗读宏大作品最精彩的片段和章节。

作为生活教科书的文学作品之所以能教人如何生活，是因为对艺术形象的感知能激发美感和道德感，二者处于紧密的统一中。朗读和聆听文艺作品是一种特殊的创造过程：学生在朗读文艺作品时，使语言充满发自内心的热烈情感，他或者赞赏美好事物、高尚情操、崇高道德，或者满怀愤慨和憎恨。正因为如此，我们认为，在课堂上或者在家朗读文艺作品是非常有意义的。不论朗读还是默读，都是从美学上和思想上感受艺术形象的重要步骤。教师不仅要教学生阅读，也要教导他们用心感受。学生在感受思想情感的细微差距时，也在接受这种陶冶情操的特殊教育。

我们认为，在分析代表人类高尚美德或卑劣恶德的不朽艺术形象的课堂上，朗读具有特别重要的意义，这类形象有：堂·吉诃德、哈姆雷特、奥赛罗、浮士德、恰尔德·哈洛尔德、蒂勒·乌伦什皮格勒、约翰·克利斯朵夫、马尔金·伊坚、答丢夫、罗密欧与朱丽叶、冉·阿让、高老头、牛虻、奥涅金、毕巧林、奥勃罗莫夫、巴维尔·弗拉索夫、格利高里·麦列霍夫、保尔·柯察金等。在同一堂课上，能体现艺术形象的美学意义和思想意义的最精彩、最富表现力的片段往往由几名同学朗读。感知过程和情感评价的过程极具个人性，因此要让每位同学都透彻领会作者的意图，并在自己的转述中体会作者原文的意思，这一点尤为重要。

青少年应当了解自己，了解自己的精神世界，锻炼自己的意志和性格，培养自己的记忆力。由于教学计划中没有心理学，我们便利用课外时间为14～17岁的学生就心理学问题做一系列讲座。我们学生靠自学，独立阅读有关思维与语言，有关情感、意志、性格、气质等方面的书籍，掌握了不少心理学知识。

外语在智育中占有相当重要的地位。我们的目标是让学生领会外语中的活语言，赋予所学词汇和词组以人民灌输其中的概念、情感和思想。我们认为，外语的教育作用在于让他国人民的语言活在儿童的思想中，让翻译并不成为领会所读和所听的外语的意思的唯一途径。所以我们希望学生通过日常交往和谈话来掌握词汇和词组。

我们如何逐步实现这一目标呢？孩子们从语法和句子中掌握词汇。五年级第一学期的外语学习（我校学习法语）专门针对口语。孩子们用法语讲述自己的见闻和行为，提出和回答问题，记忆谚语和俗语。一些无须翻译的语句便会慢慢巩固下来，在学生的意识中会留下语言的意味——词和词组的感情色彩。有才能的学生可以达到这个水平，所以我们力求达到这一目标是有依据的。七至十年级学生中的法语爱好者负责辅导一至四年级的课余外语小组。这是我校课外活动的一种有趣形式。

我们十分重视语言实践——不仅是听和说，写作也是如此。外语词汇应当深入思想情感，只有这样外语才能培养学生的智慧。我们希望培养孩子用外语阅读文艺作品的爱好，为此我校经常举办外语晚会，出版外语小报。学生与法国、民主德国、越南及讲法语的非洲国家的小朋友通信交往。

五、知识的掌握与智力发展

不论采用什么方法，只要能让学生掌握大纲规定的教材就算达到教学目的的看法是错误的。不能仅仅依据学生掌握的知识量来评价教学方法的效果。知识掌握的过程要保证学生最佳水平的普遍发展，而在教学过程中达到的普遍发展又反过来促进知识的顺利掌握，这是教学目的所在。我校用来评价教学方法效果的依据是，看这些方法在多大程度上促进了儿童的一般智力发展进程，看学习过程在多大程度上也成为智育、德育、思想教育和美育的过程。

许多教师都会有这样一个困惑：为什么在低年级学得很好，掌握知识不太费力的儿童，随着年级的上升，学习却变得越来越困难？为什么儿童已掌握和积累的知识似乎成为一种沉重的负担，使他越来越吃力？原因就在于掌握知识与智力发展之间常常脱节，教师往往把掌握一定数量的知识当作教学目的，没有把教学视为培养发达的智力的手段，而只有具备了这种发达的智力，学习才会随着新知识的不断掌握变得越来越容易。防止教学过程与智力发展脱节，这是我们眼中最重要的教学任务。

这份保障教学过程与智力发展统一的教育工作从研究儿童的发展入手。我校教师在未来的一年级新生入学前很早就开始了解他们。春夏两季，教师带孩子们去森林、田野、果园等处游览。冬天则让孩子们在专用房间里做游戏。在此期间，教师研究和弄清这些孩子的思维特点，激发他们的智力兴趣。

儿童的思想是在他对周围世界的态度中表现出来的。他对自己所见、所观察和所做的事物进行思考。我们学校为未来的一年级学生辟有几个活动角，这里的环境能激发他们的思维；我们则可以观察孩子如何认识世界，并预测他将来的学习情况，知道他可能在哪方面遇到困难。其中一个活动角栽有几十种植物——树木和果木丛，孩子们从春季到秋季不断观察这些植物的生长发育情况，产生很多"为什么"的问题；另一个活动角是设有几十台机器和机械活动模型的房间；第三个活动角有很多描绘动物及其生活习性的图片；第四个活动角陈列的则是反映世界各地人民生活的种种图片。

这种入学前的预备教育有助于考察、研究和弄清每个孩子的思维特点。教学过程是大脑的工作，为了对孩子智力发展的个人特点有所了解，我们应当提早（在孩子入学前）预见他大脑的这份工作，这是我们的出发点。大脑的工作具有不连续性，大脑瞬间离开一个念头，转向第二个、第三个念头，然后又回到第一个念头，等等。思维转换的速度取决于他认知对象的能力。

　　每个孩子都是按自己的方式进行转换的——有的十分迅速，有的十分迟缓。我们要加以研究，从而思考如何更好地培养这个或那个孩子的大脑——培养他把思想集中在一个对象上而瞬间又转向另一对象的能力。这是智力发展的重要过程。迅速转换思想的能力也就是机敏性，它决定发达大脑的品质。为了发展这种能力，我们先给学前儿童，然后给低中年级学生上思维课：让孩子们研究和思考周围世界的事物和现象。

　　我们称之为研究家的那些儿童在五六岁的时候就崭露头角了。他们研究果园和菜园里的各种植物。这些儿童三月就来到学校，而他们一年半后才开始学习。他们开始时每隔一两天来一次，之后每天都到学校温室或果园来。他们播种粮食作物（小麦、荞麦、大麦、黍）和果树（苹果、梨、桃、樱桃和欧洲甜樱桃）的种子及给葡萄和玫瑰插条，用专门为他们制作的唧筒浇灌这些作物。不久，粮食作物的嫩芽破土而出，接着果树也吐出枝芽，插条上长出嫩叶。

　　劳动成果越显著，孩子们的问题就越多：为什么有的植物第一年就能获得收成，而有的植物要等好几年？为什么桃树一个夏天就能长高一米，而小柞树只长出四片小叶子？为什么小麦穗长得不像黍穗？为什么西瓜子长在甜蜜的"贮藏室"里，而小麦却没有"贮藏室"？在紧张思考每个问题时，儿童的思想发生了千百次的瞬间转换，他从各方面考察、研究着认识对象。我校每届毕业生（四五十名学生）中就能涌现出两三名有才能的数学家。他们在中学就开始学习高等数学课程的教材并解答其中的习题。

　　如果教师引导最具才能的学生学习超纲知识，集体的智力生活就会变得丰富多彩，能力最差的学生也不致落后。我校物理教师按照"因材施教"的原则开展教学工作。他标出大纲教材每部分的理论问题，供最有才能的学生去钻研。这种材料的学习从课堂开始，延伸到课外活动中继续。例如在学习电学和原子分子理论时，最具才能的学生会碰到这样一些问题：

无电机发电；热核反应；等离子体的特性；等离子体物质的电磁状态；太阳系各行星的电磁场；电动液压的功效（苏联科学家尤特金的发明）；半导体在现代技术中的应用；物质的超导性；磁流体动力发电机；地球深层中的物理化学过程；物质与能量；当代科学已知的基本粒子；光与物质；真空问题；宇宙射线的来源；同步稳相加速器的构造；地球辐射带及其来源等。

教师在课堂上向学生介绍这些问题，激发他们对于课外活动和阅读的兴趣。在专门介绍科技新闻的陈列橱里，在阅览室、校图书馆里，在物理教室里，都摆有相应的科学书籍和小册子；科技问题成为交谈和争论的对象；争论中不仅产生真理，也带来智力的成熟。这是超纲的重要阶段。当教师确信条件已经成熟时，便要求较有才能的学生准备报告和专题论文，出科技小组墙报，编写书评；举办科技晚会和晨间活动，由学生做讲座；就某些问题开展课外小组活动。能力较弱的学生在丰富多彩的智力生活的氛围中除了听到和了解许多知识，也在思考；这些活动激发了他们专心投入智力劳动的兴趣。得益于那些不要求记住的知识，他们更加容易理解那些必须掌握的知识了。

使读书给学生带来智力上的愉悦，这一点十分重要。如果学生有兴趣阅读非必读书籍，那他也会有兴趣阅读教科书。这样，读书时他的关注点就不是阅读过程，而是阅读内容。为了让阅读尽早成为学生丰富的智力生活的源泉，教师必须向他们传授牢固的实际技能。儿童在小学就应当学会读写、思考、观察和表达思想。对于一个八年级的学生来说，如果作文只是抄录熟记的句子，而不是通过其表达自己的思想，那他就不可能成为一名成绩好的学生。我们努力让孩子们从五至七年级起抛开书写过程，把全部注意力集中在书写内容上。低年级和中年级的多数书面创造性作业，都是讲述他们所见、所做、所观察、所思考的事情。

出于兴趣而无须背诵的阅读可以防止学习负担过重。负担过重是一个相对概念。学生由于年龄特点而无法理解的材料对他来说是力所不及的事。由于集体和个人的智力生活的差异，在某一年龄段力所不及的材料的量也会千差万别。如果构成一个人学习基础的智力生活贫乏、狭窄，那么最微不足道的知识对他来说也是力所不及的。

我们希望学生经常阅读杂志和科普读物：他出于个人对书籍的兴趣而阅读的东西越多，他掌握科学基础知识就越容易，花费在家庭作业上的时间就越少。

在课外阅读的同时，我校学生还开展技术小组或青少年自然科学小组的活动，聆听高年级学生演讲，观察自然现象，做试验，开展其他课外自愿活动。参加这些活动的同学在学习上几乎不会遇到无法克服的困难：他阅读、写作、思考、观察的东西越多，他感到的学习负担就越轻。如果智力劳动具有单一性，学生只是单纯地记忆，负担过重的现象就会产生。消灭学业负担过重的现象不能靠机械性地缩减大纲规定的知识范围，而要依托学生智力生活的内容和性质，要靠丰富与学习相关的智力背景。在物理课上听到关于原子结构的讲解前，我校学生就已经读过有关基本粒子的一些引人入胜的、有趣的文章和介绍；尽管这些文章中还有很多他们不解的地方，但这不会削弱，而相反，会增强他们对课堂上所学教材的兴趣。在文学课上学习某篇文艺作品前，我们的学生早已读过这篇作品，主要的是他们已经产生了相应的道德和审美感受。我们希望学生们都从大纲要求之外的课外活动开始了解物理、化学、几何等科目的最复杂的问题。

我们希望每位同学都能找到吸引他理智和心灵的书籍，都有可以与之交谈思想和感受的年长朋友。比如某个学生表现出技术创作的爱好，那么他从低年级开始每年能从少先队组织、共青团委员会、校长、集体农庄委员会那里（以奖品或赠品的形式）获得相应的科普读物。待毕业时，他就有一套个人（家庭）藏书了。这些书籍充实了家庭精神生活的物质基础。

我们的科学学科小组——科学技术小组、科学数学小组、科学化学小组、科学生物小组、科学生化小组、科学物理小组、科学人种志学小组、科学天文小组等，是发展智力兴趣的一种重要形式。或许，"科学"这个术语在这里略有夸大之嫌，然而正是这个名称反映了高年级学生从事研究和试验这类创造性活动的特点。他们为自己在某种程度上找到了脑力劳动的科学方法而感到高兴，受到鼓舞。

参加这些小组的学生对远超出基础知识范围的问题感兴趣，这些知识是科学成就中的某种材料。例如，青年们在科学生化小组中研究土壤中的种种生物化学过程、粮食作物和经济作物的激生问题等。科学天文小组组员连续好几年钻研恒星形成的理论和宇宙射线的性质。

科学学科小组的活动形式呈现出活泼的多样化：生动有趣的事实报道、报告、专题文章等。设计和模型制作在科学技术小组的活动中占有重要地位。近5年来，自动化技术和无线电电子学小组成员装配了35台以无线电电子学为原理的设备。

每个科学学科小组的灵魂都是深切关注最新科学成就的教师。物理教师指导一个自动化技术和无线电电子学学科小组。他不仅是小组的指导者，他还和组员们一起活动，他在小组活动室也有自己的工位。

学生的智力深入到某一科学领域，得益于此，他掌握的知识会比大纲要求的多很多。深入的程度越大，他的智力兴趣就越广。不仅如此，我们还可以确信，让一些同学掌握某一领域的超纲知识，是丰富集体的智力生活和发展个人天资的必要条件。头脑聪明、智力发达的学生掌握的知识总能在一门或几门课程上超出教学大纲。各个科目的深入扎实的基础知识与对某一科目、某一方面知识的特殊兴趣的发展相结合，是人全面发展的重要条件。

由于个人的天资、才能和爱好、倾向不同，同一年龄、同一班级的学生在某一科目上掌握的知识量也不相同。对于那些不喜好某一科学领域的理论思维和实践活动，因而掌握这方面的教材相当吃力的学生来说，这一科目的教学大纲就是知识掌握的最大限度；而对于掌握超纲理论问题毫无困难，热爱理论思维和科研型脑力劳动的学生来说，教师会为他们确立广阔的知识面。正确判定每个孩子的能力、才能、天资和爱好，确定他能接受的难度，是教育教学过程的重要任务之一。

1966 年 11 月通过的苏共中央和苏联部长会议决议在智育工作上对教师提出了严格的要求。[1] 我们认为，改用新教学大纲的困难之处首先在于深入了解每个学生的思维和智力劳动的个性特点，并在教学中考虑这些因素。

六、培养学生的智能

善于观察，即"善于用我们的慧眼从事物的一切关系的中心观察它们的能力"[2]，是发达的智力的一个最重要的特点。智力发达的其他特点也与观察力密切相关，这些特点是：钻研精神，即对周围世界现象的积极态度，认识和求知的意向；系统性，即有目标地选择认识对象、概念、结论；容纳性，即善于记忆知识和理解智力财富；此外还有纪律性、灵活性、独立性、批判性等。

智能在掌握知识的过程中得到发展。但要考虑到"知识"这个广泛概念

---

① 这里指的是苏共中央和苏联部长会议于 1966 年 11 月 10 日提出的《关于进一步完善普通中等学校的措施》（参见《苏联的国民教育、普通中等学校、1917～1973 年文件集》，莫斯科，教育学出版社 1974 年版，第 219～224 页）。决议强调，在科技和社会飞速发展的条件下，学校的作用史无前例地得到提升，学校应当保障青年一代学生的全面发展，培养社会主义社会的合格建设者。决议指出，学校应当授予学生稳固的科学基础知识，培养他们高度的社会主义认知，为生活和自觉选择职业做好准备，向他们传授如何理解社会发展规律。这一指示的教育内容符合科技和文化要求。为深入了解知识，发展学生的多方面兴趣和能力，指示允许学校从七年级起开设选修课程；为九至十年级（十一年级）的个别科目配置深入学习的课程。苏共中央和苏联部长会议、苏联宪法、苏维埃社会主义共和国立法基础及其他加盟共和国的国民教育中对智育也提出要求：《关于青年学生完成普通中等教育和普通学校的进一步发展》（1972 年），苏共中央和苏联部长会议提出的《进一步完善乡村普通学校办学条件的措施》（1973 年）、《进一步完善对普通学校学生的教育教学工作及做好劳动的准备》（1977 年）。

② 乌申斯基写道："善于用我们的慧眼从事物的一切关系的中心观察它们的能力就是发达智力的显著标志。"（《乌申斯基文集》，俄罗斯苏维埃联邦社会主义共和国教育科学院出版社 1950 年版，第 8 卷，第 356 页）

的复杂性和多面性。我们认为，第一，知识是保存在记忆中的基本真理（事实、定理、数据、各种特性和依从关系、对比关系、定义等）。它们时刻被运用于生活中，若不善于对其加以利用，不善于在必要时从记忆中找出所需的东西，就无法继续学习、发展智力和进行智力劳动。第二，知识是对那些无须保存在记忆中的东西的理解能力，是对人类积累并保存在书籍中的无穷无尽的瑰宝的利用能力。

这是两个相互联系但有所区别的知识元素。就具体材料来说，实行不同方针尤为重要；我们应当永远记住那些不断用于解释新事实和新现象的手段，或形象地说，被当作思维工具的知识，尤其是要学会运用这些知识并经常运用，以免工具生锈或变成沉重的负担。我们希望学生牢固地记住那些必须记忆的事实、现象、定义等，并且是通过在获取新知识和进行创造性劳动时运用知识做到这一点的。每个教师在自己的课程体系中都有对于必须记忆的知识的应用途径。数学教师设计了一种教具，学生在解代数方程式时借助这种教具复习简乘公式，这时公式便被用来解答习题。

通过对大纲的分析，我们确定必须经常记住的基础知识范围（公式、定律、定理、测量法；正字法；物质、动植物的一般特性；地理术语、地理目标在地图上的位置，等等）。我们记忆这些知识的方式包括专门熟记和通过实践活动过程，即通过知识的使用和运用进行记忆。为识记乘法表，我们设有专门的数学匣，这是一种有趣的游戏。为识记地理目标和距离，我们采用的是按地图旅行的一整套游戏。我们配置教学实验园地里的植物，促使学生从照料一种植物转到照料另一种植物时要记忆某些重要特性。这一切都是为无意识熟记（科学已证明其意义）创造的条件。无意识熟记是减轻学习劳动的重要手段。无意识熟记的效果取决于学生在认识某个理论问题的过程中采用的智力劳动。[1] 例如，如果学生已经听过关于物质结构的有趣报告，读过这

---

① 参见 П. И. 津琴科《无意识熟记》，莫斯科，俄罗斯苏维埃联邦社会主义共和国教育科学院出版社 1961 年版，第 477、481、517、519 页。

方面的引人入胜的书，这就为他在课堂学习过程中无意识熟记相关的教学内容创造了条件。我们希望学生能够通过无意识熟记记忆这些概念（尤其是像国家、民族、运动、函数之类的抽象概念）。儿童不费专门熟记之力而记住的知识越多，他熟记那种不熟记就无法识记的知识就越容易。

科学在飞速发展，知识在不断积累，而人的记忆能是有限的。如今人的智力发展越来越取决于他是否善于在浩瀚的知识海洋中确定方向，是否善于利用书籍这个知识贮存库。教师不能要求学生永远记住所有科目的内容，这是无法做到的。我们教导学生在准备课堂答问、撰写作文时要利用书本。

我们要再次强调学生在每个学习阶段都永远牢记那些必记知识的重要性。我们认为，在低年级和中年级识记教材尤为重要。在学龄早期和中期奠定牢固的知识基础，这样到了学龄晚期，思维分析和运用知识就能成为获取新知识最重要的特点。例如，我们在低年级规定了正字法的最低限量，学生掌握它应达到无须再回忆语法规则的程度。我们认为，这一点的重大意义在于，可以使学生在书写单词和句子时达到某种自动化程度。到了高年级，学生在书写过程中无须考虑如何正确书写，而是把全部精力放在他所写的内容上，只有在这种条件下，他才能顺利进行学业。在低年级达到阅读技巧的自动化同样具有重要意义。只有学生在阅读过程中把精力集中在材料内容上，而不是在阅读过程上，他才算为中高年级的学习做好了准备。

无意识熟记是智力发展的一个极其重要的条件。它可以解放智力，推动思考，从而使思考深入到事实和现象的本质中。它也可以防止最可怕的弊病——呆读死记的发生。我校教师最忌讳死背不理解的东西。数学教师在开始讲一个新定理时，总是设法让学生理解作为定理本质的要素、事实、现象及规律间的内涵关系，让学生讲述他们是如何理解定理的（这时要用到图片和直观教具）。学生对定理的含义思考得越多，就越能熟记定理。建立在理解基础上的识记是最牢固的识记。

人文学科的教师们认为，不能让学生按教科书死记硬背，然后复述背熟了的内容，这样会束缚学生的智力，特别是当他接受某一依从性和规律性的最初概念时更是这样。为了预防机械性死记，教师在检查知识时从不向学生提出要求复述课文的问题。学生在回答教师的问题时，都会思考、对照、比较和解释。学生不是逐段逐节地死背，而是通过深入思考从教科书、补充读物等途径获取知识。例如，学生在复习某一历史时期的农民革命运动、起义和战争，这些材料有几十页，要一口气读完是不可能的，因而也是毫无意义的劳动。考虑到这一点，教师让学生思考这样一些问题："纵观我们所学的农民运动、起义和战争，哪些革命和反革命势力在互相对抗？在存在种种剥削制度的社会中，所有的农民运动均以失败告终，如何解释这种现象？农民都提出了哪些要求？他们的主要敌人是谁？"学生在复习时，就要进行研究、思索、比较和对照；他不是通篇不漏地阅读全部内容，而是从教材中寻找问题的答案。通过这种复习所作的回答就不是单调乏味的复述，而是激烈的争论和深入的思索。学生手持书本进行争论，引证史料来论证自己的想法。在这种提问方式下，借助课本作答要比不用书的背诵困难得多。

求知首先意味着善于运用知识，在学习不同科目时，这一技能的具体表现也不尽相同。

例如七年级某一次历史课上讲的是"荷兰资产阶级革命"，物理课上学习的题目是"热的计量单位——卡和千卡"。在这两种情况下无意识熟记都发挥着很大的作用：学生不以熟记为目标，对所学对象深入思考得越多，事实和现象及它们之间的相互联系的本质在学生记忆中的印象就越深。

然而，如果说学习物理教材时教学过程的最终目的是除了深入理解物理现象的本质外，还需要会应用牢牢识记的结论的话，那么学习荷兰资产阶级革命的最终目的就截然不同。智力的发展、对历史进程的理解及思想信念的形成——这一切取决于学生对涉及这一历史事件和其他历史事件的规律的本质的认识深度。如果说物理课上重要的是让学生把认知到的计量单位的概念只同热现象，而不同其他现象联系起来，而且牢固的知识恰好就表现为此，表现为善于运用结论的话，那么历史课上具有决定性意义的就是一些似乎远离该历史事件的规律，如：资本主义生产方式的因素起源于封建制度内部；为实现其阶级利益，成长中的资产阶级利用人民群众的不满情绪反对封建主义；手工工场劳动生产率的提高和剥削的加强等。教师通过生动的历史事件、历史细节以及有别于其他革命的荷兰革命的特点把这些规律揭示得越清楚，学生对于一般历史规律的认识就越深刻，通过专门熟记记忆的必要性就越小，对细节的记忆就越深。

关于历史进程的规律的知识，不通过专门熟记就能保存在记忆中。学生能够了解剥削制度下生产的改进会加剧剥削，如同他知道土壤中营养物质的积累会促进产量的提高，空气中的碳元素借助于阳光会在植物叶子里变成有机物等一样。

学生永远不会忘记物理课上学过的因果关系（物体的加热、热量的散发等），但是可能会忘记计量单位。为了加强记忆需要做专门的工作，这其中包括熟记和利用计量单位分析具体现象。后一类工作做得越多，花在熟记上的工夫就越少。

在学习荷兰资产阶级革命后，学生还会了解到许多资产阶级革命，他对于历史进程的规律的知识也会逐渐深化。对一般规律性知识的理解越深入，他对具体史实的理解就越清楚，虽然他并不会把牢记史实作为目标。

迫使学生在研究问题时观察、研究史实和现象的那类影响内部心理过程的方法，能促进智力的探索性、系统性、灵活性和独立性等品质的发展。最有效的方法是提出一些需要探讨的问题。例如历史课上在学习《俄国农奴制的衰败》这一节时，教师给同学提出以下问题：

如果当时沙皇政府仍不解放农奴，俄国会发生什么？哪些社会力量拥护解放农奴，哪些社会力量主张维护农奴制？为什么？如何根据对待解放农奴这个问题的态度得出某个社会集团在社会斗争中处于什么地位的结论？为什么 1861 年改革后俄国仍有农奴制的残余？这种保留对谁有利？为什么？哪些社会集团的阵地因 1861 年改革而得到加强？俄国工业的日后发展与改革的依从关系如何？如果不保留大地主土地所有制，俄国农业中的资本主义会沿着什么道路发展？这样农民的地位会发生什么变化？如果把俄国的农奴解放同其他国家如德国的废除农奴制加以比较，可得出什么结论？为什么改革后某些地主的经济开始衰落，其他地主的经济却迅速发展起来？你如何理解涅克拉索夫把 1861 年的改革比作"巨大锁链"的崩裂，而这条锁链崩裂后，"一端打了老爷，另一端打了庄稼汉"？① 既然改革没有提高农民的地位，为什么我们还说废除农奴制具有进步的作用？

要回答这些问题就必须广泛地引用史料，学生分析和对照的史实越多，他对每个需要探讨的问题就了解得越深。学生在思考问题时，头脑会诉诸其他他熟知的该领域的史实和现象。因此，教师需要掌握的知识要远比大纲要求的需要传授给学生的知识要多得多。那些不必记忆的相关联的和类似的史实和现象就像知识背景，衬托出必须熟记的基本知识，从而减小无意识熟记的难度。教师创造了探讨问题的情境，也就激发了思维积极性的最重要的动力——从已达到的知识和智力发展水平提高到新知识掌握过程中应达到的新水平。苏联教学论专家丹尼洛夫将这种相互关系称为矛盾。② 对智力发展的指导艺术，形象地说，在于确定已达到的水平和未达到的水平之间的距离，在于使战胜困难的过程建立在分析事实和现象的基础上。

对文艺作品的学习能为智力发展提供极大的可能。我们把掌握文艺作品

---

① 参见 H. A. 涅克拉索夫《谁在俄罗斯能过好日子》，莫斯科，艺术文学出版社 1975 年版，第 118 页。

② 参见 M. A. 丹尼洛夫《智育》——《苏联教育学》，1964 年，第 12 期，第 81 页。丹尼洛夫写道："教学和实践问题与知识的现有水平、技能，与学生智力发展的矛盾，是教学进程的推动力。"

的思想价值和审美价值这两个标准置于文学知识的首位。深刻的文学知识的基础，表现为对待审美财富、社会生活现象和人的精神世界的一种极度个人化的情感态度。这种情感态度是在对文艺作品的直接感知，即阅读的基础上培养起来的。我们认为，集体聆听的方式，即一名学生（将富有表现力的朗读技巧掌握得较好的学生）朗读，其余同学聆听的形式，具有很大的意义。学生应熟读并牢记文艺作品中最精彩的片段。把这些珍贵的财富保存在记忆中能丰富思想情感，使个人对待周围世界的情感态度更加高尚，也能减小思维的难度。如果一个学生不能背诵哈姆雷特和浮士德的独白，海涅和拜伦的诗歌片段，果戈理的《死魂灵》的片段（把俄罗斯比喻为飞驰的三套车的片段），普希金的《英明的奥列格之歌》《囚徒》《我记得那美妙的瞬间》《每当我在喧闹的大街闲逛》，柯利佐夫、尼基京、莱蒙托夫和涅克拉索夫、谢甫琴科和列霞·乌克兰因卡等人美妙的抒情诗，屠格涅夫、契诃夫、柯罗连科、普里什文等人的作品片段，那么他也无法得到智力、道德、审美和情感各方面的合乎要求的发展。我校严格遵循一条规则：学生在每个年级都要背熟一定量的课文。我校时常举办文艺作品朗诵晚会和晨会。这是一种特殊的竞赛，获奖者的奖品是书籍。在讨论会、集会、读者座谈会上，学生们在自己的发言中引用他们熟背的内容。

我校文学教师不允许学生在未读过原著的情况下就照教科书开始学习。只有在阅读原著的基础上，当他们的头脑中形成了对艺术形象的概念、对主人公和情节的情感道德态度后，教师才允许他们阅读教科书。如果学生试图按教科书背熟内容，那么他无法回答教师布置的作业中的任何一道题，阅读原著是回答问题的唯一途径。只有采用这样的学习方法，文学才能成为学生的生活教科书。

知识和技能的统一是发展智力的容量和灵活性的重要条件，这种统一也就是知识转换为技能，而且转化为技能的深度达到能无意识地运用知识的程度。有些科目的知识与技能密切融合在一起，并且首先表现为技能。首先涉及的是语法。掌握语法并不意味着在每个场合都引用语法规则。许多通文理的人早就忘了语法规则的确切表述，可是写起来并不出错。掌握语法意味着通过鲜活语言中的众多语例领会语法规则。如果学生不领会足够数量的语例，只是死记硬背语法规则，那他在某段时间内能记住它，但不可能真正掌握它，因而很快便会忘记。经验表明，语法规则的识记应当逐步进行，利用语法规则概括的鲜活语言的语例越多，无意识熟记就越持久。

这对低年级来讲尤为重要。低年级学生在许多课上要做练习，其目的就是分析鲜活语言中的实例：记录单词和句子，思考书写的规律性，比较新旧知识，完成创造性作业。学生通过新的语例多次理解规则（定义、结论）；这样的话，学生记忆规则的方式不是背诵，而是多次反复地思考和深思，运用规则说明语例和语言现象，把思想集中在它的本质上。让学生不通过专门的背诵就能牢记规则（定义、结论），是教学技巧的重要特征。我们不允许低年级学生死记规则，也不允许教师以询问规则表述法的方式检查知识。如果学生没掌握或没记住某一条规则（在不专门背诵的情况下），他就应当继续做练习和分析实例。这样做的目的是最终弄清规则的实质，对它进行深入的思索，从而在理解的基础上识记。不让儿童预先背诵规则和使他们理解教材同等重要。有时还需要让学生抛弃和忘掉脑中他未理解的那种表述法，一切重新开始——深入思考实例和现象的本质。如果学生在低年级能做好这项工作，到中年级和高年级他们就会自觉地识记概括性结论（规则、定理、公式、定义、结论）。在分析事实的基础上理解概括性结论之前，学生绝不背诵结论。

不费专门熟记功夫就能掌握知识的脑力劳动具有相当大的意义，指导这种脑力劳动，对于课程的结构和教师的备课都提出了一定的要求。我校低年级各门课及中年级的语法、算术、代数、几何、物理、化学等课程，均是为了获取、发展和加深新知识而实际应用知识的课程。要在这种水平上开展有成效的教学，教师需要系统性地准备每个主题、每个章节。使学生在课堂活动上需要时不时地回到事实和现象的分析上，以便更加深刻地理解各种概括性总结（规则、公式）。例如，在数学课上，学生都要做练习，这是理解简乘公式的必要手段。学生每次花几分钟完成练习。随着不断完成新练习，学生独立地运用之前在课堂上所学知识的能力越来越强。教师细心分析了学生的学习情况后，会给他们布置个性化的作业，以求首先让他们学会理解和思考。任何教学大纲都无法事先规定好什么时候做练习，做多少或做什么练习，只有了解了每位同学脑力劳动的能力、天分和特点，教师才能做出决定。

了解思想及其起源——周围世界的关系是进行积极的智力劳动的重要条件。哪里学生能在观察事物和现象的基础上掌握思考的能力，哪里学习就会成为一种劳动。我校教师就在观察过程中培养孩子们刚入校时对于现象、原因和结果及某一事物特点的最初观念。

我们给学生布置一些需要建立在观察基础上的特殊的思维作业。这不仅是一种学习教材的方法，也是发展智力、培养智能的方法。例如，孩子们观察秋天果园里发生的变化；判断某些现象的原因；思考这是怎么回事，会导致什么结果；结果又如何变成新现象的原因。孩子们就开始思考现象的原因，开始理解自然界的普遍联系，学着进行分析和综合，提出假设并通过实践检验它们了。例如，二年级学生在观察树叶变黄和凋落的现象时，思考了以下问题：为什么一些树木9月落叶，另一些树木10月落叶，而有些树木的叶子到春天才掉落？落叶的时间与某些树木春季发芽的时间有什么依从关系？思想和具体现象的关系越密切，学生能理解的现象就越多，观察力的发展就越深入。学生凡是学会了在自我劳动（例如，照料树木、制作活动模型）的观察过程中正确地思考，总会努力丰富劳动的智力内容。

中高年级的思考作业总与劳动相关联，劳动的结果取决于各种客观条件和原因（如季节、天气等）。比如，教师给七年级学生布置了这样一道思考题：加速种子的发芽能力和加速植物结果需要哪些条件？完成这一课题与学生施肥和利用化学物质处理种子等劳动相关。这既是劳动，又是对劳动过程和自然现象的考察。

如果思维和观察相互联系，学生就会形成特定的脑力劳动方式：努力思考现象中隐蔽的、乍看起来不可理解的那些方面。于是那些学生无法直接看到，但可以根据看到的事物和现象推断出来的规律便显露出来。学生由于在观察过程中探索种种因果关系，便逐渐了掌握抽象思维。凡能够边观察边思考的学生，便善于分析那些不直接作用于感官的事实和现象。

对观察结果进行思维分析的方法已纳入我校自然科学类各个科目，尤其是植物学、动物学、物理学的学习体系中。使用这种分析方法有双重目的：第一个是利用新事实说明已经掌握的规律，第二个是为学生做好学习新规律的准备。儿童在对即将学习的现象进行观察的过程中会产生种种问题。儿童以前不曾注意的事物和现象中的个别方面或特征，就会变成他不解的地方出现。学生产生的问题越多，现象中那些新的令人不解的方面就显现得越清晰，学习过程就在更大程度上变为积极的智力活动，对知识的需求就会越迫切。学生在课堂上有东西思考，便会积累相当多的关于事物和现象的概念，尤其重要的是会积累许多问题，因为没有问题就没有思考。

在学习新材料之前，教师会针对一堂课或几堂课，或课程的一部分时间布置观察作业。这样的话，学生如在完成四年级的课程后，可以在暑期观察那些即将在五年级学到的植物。他们把观察中产生的问题和观察材料都记录下来，并画素描画。

观察人与自然相互作用的劳动，观察操纵机器、机械、工艺过程，具有很大的意义。在学习力学定律前，学生观察拖拉机、播种机、中耕机、簸谷机及各类建筑机械设备的工作情况。

利用生动的观察资料学习新规律和自然现象，能推动学生认识和体验在智力上的努力及努力成果，从而形成关于脑力劳动品质的观念（即智力上的努力取决于人的意志力）。

智力的独立性和创造性的形成得益于学生在课堂上的智力劳动，即在初步感知知识的过程中，尤其是在发展和加深知识的过程中有研究因素。例如，学生在着手学习新的几何图形或几何体时，他们便绘制图形或制作反映各组成部分及其相互依从关系的图解模型。我们十分重视学生在获得关于现象、事件、规律的本质的初步概念后进行的研究活动。在绝大多数课堂上，我们都划出思考时间，供学生思考所学材料的各组成部分及各因素之间的依从关系，分析事实，解释因果关系。学生仿佛在深入探索教材：他们通过认识事物、现象、事实的各个方面，发现种种新的联系和依从关系；由此他们产生种种问题，这些问题反过来又激发学生深入钻研事物、现象、事实的本质。

确定以理解和思考材料为目的的作业的性质，提出为实现这一目的服务的独立作业的课题，这件事体现了高度的教育艺术。有经验的教师备课时会分析教材的内容，从中找出依从关系和联系，以便在讲解事实和现象的本质后，学生能找出教材中的新知识。为实现这一目标，教师在阐述、说明、讲解的过程中并不揭示所学材料的所有方面，以便学生能够进行独立研究。教育的技巧恰恰在于给学生留出空间以思考教材中的某一重要方面。

学生在化学课上学习"溶液"这一主题时，其中一节课的主题是讲解溶解时的热现象——在某种情况下温度降低，在另一些情况下热能释放。教师讲解教材时，把这个现象说成是两种过程——物理过程和化学过程的统一，是物质从一种形态向另一种形态的转化。在做以思考事实和现象为目的的实验作业前，教师提出一系列问题，要求学生用分子论解释。教师在讲解时特意没有阐述因果关系的这个方面。学生便在独立研究热现象时思考分子论和物质能量守恒定律。一些问题的设计通常要使答案能引发学生产生新的问题：为什么在一些情况下，溶解以降温为主，在另一些情况下以散热为主？这正是教师期待学生能提出的问题。于是学生开始考察各种物质的特性和本质。他们还利用补充资料和各类手册开展研究。

对事实、现象、规律及因果关系的本质的研究，是作用于内部心理过程的一种重要推动力。我们深信，"思考"是对于已获得初步概念的教材的思维研究，恰恰就是新教材学习过程的实质，即智力的积极心理机能。新教材学习过程中思考所占的比重越大，学生对于周围的所见、所闻、所观察和所做的一切，就越能采取深入思考的方式。学生越能边思考边研究，边研究边思考，对他来说，新知识的掌握就越是一件轻松的事情。

由于学生在中高年级独立学习大纲范围内的某些章节（主题），学生智力的探索性、独立性、灵活性、容纳性和创造性得以逐步形成。这种独立学习活动是任何东西都无法取代的一种智力培养的方式。学生从六、七年级起独立学习某些自然规律、动植物种类、文艺作品、公式、历史事件等。教师事先做好周密的准备，利用专设课开展此项工作。学生在学习经教师挑选后供其独立学习的教材时，需要运用之前已经掌握的知识。教师在给六、七年级的学生上这种需要独立掌握知识的课程时，就已经携带补充资料（科普书籍和杂志）进课堂了。学生的年龄越大，我们越重视补充资料及使用和查找资料的技能。我校图书馆设有摆放各门科目补充资料的专架。例如，物理资料分为若干部分，如力学、气体、液体、电学、光学、原子物理等。高年级学生上独立学习新教材的课程前，教师会给他们布置一定范围内的问题，让他们按照这些问题搜集资料。针对同一个问题可以搜集不同的资料。这项工作能培养学生独立思考的能力，教会他们查找书籍的技能。

在独立学习教材的数学课课前，教师给高年级学生布置若干道应用题，学生只有研究了有关定理和公式后才能解答题目。例如，在学习三角函数的某一节内容前，学生需要求出到当地某个不可达到点的距离（教师给每位学生单独布置作业）。

在学习数学、物理、化学时，独立编题和解题是培养智力创造性的手段之一。中高年级的编题在实践活动中进行，借助于技术创造性和提高劳动生产率的经验。编题和解题能够丰富智力劳动的内容（例如，学生根据土壤的化学分析资料编题）。

我们高度重视学生这种独立学习教材的学习方式：除了阅读科学文献，他们还要完成实验和实践作业。例如，八至十年级的学生在学习物理的过程中，独立地完成一些实验和实践作业；绘制和阅读表明机械力的大小与时间的依从关系的图表；确定力、质量、加速度之间的比例关系；将机械能转化为其他形式的能；确定固体的线性膨胀和体积膨胀系数；确定冰融化的单位热能；考察导线的并联；根据焦耳－楞次定律测定电流的热功当量；制作带有电磁继电器的电路；确定透镜的光力；探究光的干涉和衍射现象；探究光电效应；将光电池实际运用于光控继电器和光电阻；设计组装袖珍晶体管收音机。

每项作业都有配套的资料和各种手册。针对独立的实验作业，老师要做好周密的准备。

高年级学生在课堂上获得了独立学习材料的经验，他们逐渐转向自修——在家里、在图书馆里、在阅览室里、在专用教室里独立掌握理论材料和实际技能。每个教师的全年教程中都有一个自修题目（一个章节）。学生按照这个章节搜集参考书籍，确定实践作业的类型。学生以专题报告的形式阐明独立学习的成果，并在专设课即讨论课上宣读。学生不仅阐明他所学材料的内容，并说明他获取知识的途径。例如，十年级学生独立学习化学课的两个章节——《碳酸盐》和《硅的物理属性与化学属性》，物理课的《内燃发动机》章节，代数课的《通过各个部分找到对数》，文学课的托尔斯泰三部曲《苦难的历程》。

除列入大纲必修内容的教材外，教师还为某些学生布置高等学校才学习的一些主题和问题。例如，十年级学生在生物课上独立学习以下问题：农作物的植物细胞在不同生长期的活力；化学物质对甜菜、荞麦、向日葵的染色体的影响；超声波对粮食作物和经济作物的种子的影响；小麦种子的发芽能量。

每个学季，毕业班都有几天（这几天不安排课程）自修时间。对难度较大的章节，教师为高年级学生编写学习法建议。

学生能够牢固地记忆通过自修获得的知识，并在今后的学习和实践作业中积极自觉地运用这些知识。没有自修就谈不上对学生智能的培养。自修过程有助于形成个人的智力特点，锻炼出个人的脑力劳动风格。

孩子们根据自己的所见、所想、所感写作文，对于发展能力大有裨益。撰写作文是一般教育学的问题，学生的智力发展和精神生活的丰富都取决于这一问题的解决。

从孩子们开始在学校生活起，我们就教导他们思考所见的事物，讲述所想的内容。孩子们在观察自然现象时即景构思，完成写生性作文。例如，教师把学生带到河岸边，学生们观察太阳如何朝地平线降落，水面、田野、草地如何染上绚丽的色彩。教师帮助孩子们找出表达思想所需的词汇，帮助他们造句。一至四年级的每个年级，学生每年完成即景作文5～6篇；五至七年级7～8篇；八至十年级3～4篇。孩子们早在学前就开始准备口头作文了。书面作文从第一学年的第三学季开始。到五至七年级，教师开始给学生布置与所学的文艺作品主题相关的作文。学生们在作文中表达自己的思想，表达自己对待生活、对待人、对待周围世界的个人态度。有些作文则是对某些作家、艺术家、科学家等杰出人物所发表的见解的发挥和引申。学生们很乐意撰写为孩童的幻想提供广阔天地的作文，每年他们还会根据著名画家的画作写作文。

我们认为，撰写创造性作文对学生的智力发展具有非常重要的意义。一至十年级的学生的作文题目如下：

一年级：

学校的果园。校舍旁边的花。当太阳没入乌云的时候。一次森林游玩。晚霞。我们的池塘里有什么生物？春天的第一朵花。鸽子、燕子和麻雀如何飞翔？黄昏。鱼缸里的小鱼。

二年级：

夏天和秋天。蓝天鹤群。椋鸟南归。刺猬准备过冬。燕子筑巢。我们如何招来飞鸟？冬天太阳暖和的时候。森林积雪下还有生命。西瓜熟了。我们的葡萄园。粮食如何变成面包？大风前的日落。晴天前的日落。和煦的微风。寒风。春日暖阳。炎热的夏日。

三年级：

小麦如何抽穗？荞麦开花。日出。果园秋景。林中秋色。蜜蜂如何劳动？田野与草地（比较）。鸟类——我们的朋友。春天的花。夏天的花。秋天的花。冬天的花草世界（温室内）。初雪。傍晚黄昏。空中飘雪。橡树上的啄木鸟。彩虹。苹果树开花的时候。我们的桃林。鸟群从温暖的地方飞来。我的小狗。我的小猫。我的养鱼缸。按照舍万德罗诺娃的画作《在乡村图书馆》写作。春雨。晴日蓝天和雨前阴天。

四年级：

池塘与河流（比较）。初秋来了。阳光明媚的林间旷地。窗外寒风。池塘的第一块冰。树叶凋落。雏鸟从巢中掉落下来（暑期回忆）。暴风雨初来。冬日日出时的雪堆。"草木皆兵""种瓜得瓜，种豆得豆"（根据俗语写作）。假如我变成隐身人……（幻想）。什么是真理？如果我有一根魔杖……（幻想）。夜晚……麻雀一家。霜从何处掉下来？最美丽的和最丑陋的。现象、原因和结果（逻辑练习）。春汛。鹤飞到哪里去？夜晚降临。我的小树。根据瓦斯涅佐夫的画作《勇士们》写作文。我想成为什么样的人？

五年级：

童话《严寒老人》中的谁，为什么遭受惩罚？普希金在《死去公主的童话》中如何谴责邪恶和非正义？夏天的早晨（尼基京《清晨》读后感）。女主人给格拉西姆带来什么不幸（根据屠格涅夫的短篇小说《木木》写作）？朝霞和晚霞。窗外秋雨绵绵。树上挂满寒霜。第一缕阳光照亮了什么？绯红的晚霞。在草场上（暑假回忆）。深秋乍寒。候鸟飞往温暖地带。林中的夜晚。鹳鸟。现象、原因和结果（逻辑练习）。人活在世上为的是什么？透过水滴看世界。透过天蓝色玻璃看世界。根据列维坦的画作《三月》写作。根据萨夫拉索夫的画作《白嘴鸦归来》写作。"患难见知己"（根据谚语写作）。致外国同龄朋友的一封信（阅读文章或报纸简讯后）。让天空永远洁净——愿世界永无战争。

六年级：

壮士歌中的勇士伊利亚·穆罗梅茨保护的是谁，与什么人做斗争？杜布罗夫斯基吸引我的是什么（根据普希金的中篇小说《杜布罗夫斯基》作文）？人民忠实的儿子奥斯坦和叛徒安德烈（根据果戈理的中篇小说《塔拉斯·布尔巴》作文）。"太阳永远唤不醒懒汉""平放的石头流不过水。"（以谚语为题写作）。我们的榜样是谁（我的理想人物）？枯萎的叶子呈现什么颜色和色调？晚秋草原的变化。冬季林中。"初秋有段短暂但是美妙的季节……"（丘特切夫语）。春天的溪流。丁香丛林。根据库因吉的画作《乌克兰的傍晚》写作。根据佩罗夫的画作《三套车》写作。按照普里亚尼什尼科夫的画作《渔童》写作。根据巴克舍耶夫的画作《蔚蓝色的春天》写作。和平时期能表现出坚定和英勇精神吗？人生最珍贵的是什么？在我眼中谁是最凶恶、最坏的人？宇宙飞行的梦想。全世界劳动人民的孩子都是我的朋友。

七年级：

　　格里尼奥夫如何理解义务和荣誉，我们又是如何理解的（普希金的《上尉的女儿》读后感）？果戈理在戏剧《钦差大臣》中是如何刻画官吏们的迟钝呆板、愚昧无知、贪赃受贿的？涅克拉索夫在叙事诗《严寒大王红鼻子》中是如何描绘农民普罗克尔和达利娅的命运的？当代是否有变色龙（契诃夫的短篇小说《变色龙》读后感）？舞会上和舞会后的上校（根据托尔斯泰的短篇小说《舞会之后》写作）。苹果熟了的时候……晴和初秋的一天。森林里的冬天。秋天的草原。夜晚我们来到了第聂伯河上的一个城市。乍寒时节。"这就是北方，一面驱散乌云，一面乌云长啸，这就是冬美人自己来了"（普希金语）。"时节凄凉，景色迷人"（普希金语）。冬日晚霞。根据韦涅齐安诺夫的肖像画《带矢车菊的少女》写作。根据列宾的画作《纤夫》写作。根据马雅科夫斯基的画作《夜晚》写作。对为祖国的自由和独立牺牲的人们的感想（斯巴达克、冉·达克、裴多菲·山陀尔、伊凡·苏萨宁、亚历山大·马特洛索夫、卓娅·科斯莫捷米扬斯卡娅）。伟大卫国战争中牺牲的少先队员英雄的功勋。"纸里包不住火""趁热打铁"（以俗语为题写作）。为什么我们需要知识？当我们的首批宇航员登上火星时（科学幻想文）。堂·吉诃德是什么样的人（课外阅读作文）？希望战争永不发生。

八年级：

　　"没有母亲，就没有诗人，就没有英雄"（高尔基语）。"生而爬行的不会翱翔"（根据高尔基的《鹰之歌》写作）。"只有精神坚强者才能胜

214

利"（尼·奥斯特洛夫斯基语）。保尔·柯察金的形象中吸引和鼓舞我的是什么（尼·奥斯特洛夫斯基《钢铁是怎样炼成的》读后感）？青年近卫军战士们为了什么献出了生命（根据法捷耶夫的《青年近卫军》写作）？"没有目的的生活犹如没有舵的小船"（印度名言）。我的感想——为了信念献出生命的人们（乔尔丹诺·布鲁诺、亚历山大·乌里扬诺夫、尼古拉·基巴利契奇、谢尔盖·拉佐、尤里乌斯·伏契克、恩斯特·台尔曼）。卡希林老爷爷的历史（根据高尔基的《童年》写作）。肖洛霍夫的小说《一个人的遭遇》中苏联人的形象。"人的意志和劳动将创造奇迹般的奇迹"（涅克拉索夫语）。生活是为了像千年的橡树一样在世上留下深刻和明显的痕迹（穆萨·扎里尔语）。"智力和体力的萎靡源于无所事事"（皮萨列夫语）。彩虹。苹果树开花了。夏夜。深秋在林中的篝火旁。第聂伯河上的夏夜。春日。蓝天云雀。小草如何生长？伏尼契的长篇小说《牛虻》读后感。根据格拉巴里的画作《晴朗的二月天》写作。我想成为像谁那样的人（我的生活理想）？文艺作品中和现实生活中我最喜爱的英雄。

九年级：

《伊戈尔远征记》中的伊戈尔和斯维亚托斯拉夫的形象。地主婆的残忍、专横和无知（根据冯维辛的喜剧《纨绔少年》写作）。二百年前A.H.拉吉舍夫从彼得堡到莫斯科的旅行中看到些什么，旅行者在今天能看到什么？"真正的人和祖国的儿子是一个意思"（拉吉舍夫语）。恰茨基在祖国失望的原因（根据格里鲍耶陀夫的戏剧《智慧的痛苦》作文）。为什么奥涅金和毕巧林是不幸的人？成年人和我们。"我的朋友，我们要把心灵的美好的激情，都呈现给我们的祖国！（普希金语）"我们这个时代还会有乞乞科夫和普柳什金式的人吗（果戈理的《死魂灵》读后感）？我们这个时代还会碰到奥勃罗莫夫式的人物吗？黑暗王国下的一束阳光（奥斯特洛夫斯基的《大雷雨》读后感）。当代父与子之间的矛盾特征是什么（屠格涅夫的《父与子》读后感）？我关于"新人们"——车尔尼雪夫斯基的《怎么办》中的主人公的想法。国民辩护人——涅克拉索夫的史诗《谁在俄罗斯能过好日子》中的主人公为什么活着和斗争？为什么我们这个年代还有聪明绝顶的鲍鱼（谢德林的童话《聪明绝顶的鲍鱼》读后感）？"没有理想地活着的人最可怜"（屠格涅夫语）。"距离成为一个伟人最近的便是真理"（维克多·雨果语）。"真理最终会胜利，但我们应当果断站在真理这边"（尤里乌斯·伏契克语）。"一个人，就算他很伟岸，仍然很渺小"（高尔基语）。果园的秋天。草原上的土丘。冬日晴天。"如果无法取得战胜自己的小的胜利，那么任何大的胜利都不会实现"（列昂诺夫语）。古钢琴的灰烬敲打着我的胸（我对查理，德·考斯脱的小说《蒂勒·乌伦什皮格勒》的想法）。童年中值得纪念的一天。幸福是什么？根据库因吉的画作《桦树林》作文。杰克·伦敦——英勇精神的讴歌者。人类何时飞向星空（科学想象文）？在生活中我向谁学习（我的理想）？

十年级：

　　列夫·托尔斯泰小说《战争与和平》中的主人公是谁（关于人民和个人的思考）？樱桃园的灭亡是贵族的灭亡……看到花园灭亡，为何我们会忧伤（契诃夫《樱桃园》读后感）？浮士德眼中生命的意义是什么？利己主义者腊拉和为争取人民幸福的斗士丹柯（研究高尔基《伊则吉尔老婆子》后作文）。为什么聪明、有天分的人处在社会底层（研究高尔基的戏剧《在底层》后作文）？普通的俄罗斯妇女是如何成为革命者的（根据高尔基的长篇小说《母亲》中的尼洛夫娜的形象作文）？列宁是领袖和列宁是人（马雅科夫斯基的叙事诗《弗拉基米尔，伊里奇，列宁》）。谢苗,达维多夫和我们的集体农庄主席(研究肖洛霍夫《被开垦的处女地》后作文)。作家们的人生教会了我们什么——为人民幸福斗争的战士(拉吉舍夫、谢甫琴科、拜伦、车尔尼雪夫斯基、裴多菲·山陀尔、赫里斯托·博泰夫、高尔基、穆萨·扎里尔、尤里乌斯·伏契克)。"在战斗中认清英勇的人,在不幸中认清家庭和孩子,患难见真情"(印度名言)。"消灭寄生虫,赞扬劳动是历史的长期趋势"(杜勃罗留波夫语)。"我向您发誓,在这个世界上,我无论如何也不想拥有另一种历史和另一个故乡"(普希金语)。"从年轻时起就热爱荣誉"(根据谚语写作)。"没有比给予人们幸福更崇高和美好的事情了"(贝多芬语)。我的人生理想。我为了什么活着?我喜爱和憎恨的是什么?根据谢罗夫的画作《女孩和桃子写作》。根据约甘松的画作《审讯共产党员》写作。春天的融雪水滴。鸟群飞往温暖地带。丁香林中听莺歌。收割第一天。夏日草原。夏日拂晓。"人生下来不是为了拖着锁链,而是为了展开双翼在天空翱翔"(雨果语)——男女青年对人类命运的思考。"判断一个人不是根据他自己的表白或对自己的看法,而是根据他的行动"(列宁语)①。"任何游手好闲的公民都是窃贼"(卢梭语)。"俄罗斯可以没有我,我不能没有俄罗斯"(И. С. 屠格涅夫语)——劳动生活开始前的思考。

由于我们培养孩子们从小感受语言的美和芬芳,因此他们热爱写作文。低年级学生通常在大自然中,到语言的源头游览时构思作文。感受大自然的美,形象地说,犹如一条小溪,引导语言的美流进儿童的心灵。使用语言的创造活动便深入儿童的精神生活中,如同听音乐一样,成为他们精神的需求。儿童想把所见、所感和体验到的事物尽可能美而鲜明地展示出来。

---

① 1916年12月18日,В. И. 列宁在给 И. Д. 阿尔曼德的信中写道:"判断一个人的标准并不是根据他说了什么或者想什么,而是根据他的所作所为——要记住马克思主义的真理。"(《В. И. 列宁全集》,1963年,第49卷,第34页)

我们把刊登在我校手抄杂志《我们的创作》和《我们的思想》上的几篇作文抄录下来做例子。

当太阳没入乌云的时候
（一年级）

太阳光下是一片金色的田野。麦穗在游戏，花儿朝着蓝天微笑。太阳啊，你多么高兴，多么愉快！你在每一朵花上、每一根草上闪耀。可是一片乌云飘来，遮住了太阳，麦穗愁闷，花儿惊慌，草儿低下了头。田野也变成了灰色，天空阴沉沉的。好像有人给金色的田野盖上了灰色的毯子。啊，多么希望太阳快点从乌云中钻出来啊！我怀抱这样的希望，麦穗、花儿、草儿也这样盼望着。

蓝天中的鹤
（二年级）

草地上响起了春天的音乐。鸟儿在歌唱，溪水潺潺作响，鸭子嘎嘎欢闹。垂柳的细枝冒出嫩绿色，蜜蜂嗡嗡叫。树根旁还残留一些白雪。天空深蓝、洁净、晴朗。日落时，一群仙鹤出现在蓝天。银白色的鸟群边飞边叫。你们从哪里来，又飞向哪里？你们像是在游泳，蔚蓝色的波浪抚摸着你们。太阳下山了，它在向你们问候。在遥远的森林有一个蓝色的湖，有清澈的水、碧绿的岸。那里有你们巢穴，我要去那里，你们会给我一滴水，为我祝福。

黄　昏
（三年级）

太阳下山歇息了。田野渐渐暗下来。沟壑中出现朦胧。这是一位拄拐杖的白发小老头。他悄悄地走着，看向农舍。他用手指轻轻地敲窗户。

孩子们正躺下睡觉。

夜

（四年级）

熄灯了。我的两个洋娃娃倚在椅子靠背上打盹。小熊在桌子下面睡着了。锡制的小兵[①]也睡了。大家都入睡了。窗外是冬天。冰花的窗外能看到寒霜从树上洒落下来。风吹得路灯在电线杆上摇摆。影子在雪地上悄悄晃动。

当秋天来临的时候

（四年级）

我知道，当苹果散发出香味，就意味着秋天到了。夏天苹果没有香味，到秋天才有。太阳不烤人，暖洋洋地照耀着大地。果园里很寂静。集体农庄的院子里尽是麦垛。地已经翻耕过，长出了绿芽。从果园运来一筐筐芬芳的苹果。菜园里大家正在收摘红红的西红柿。

鹳鸟

（五年级）

很早很早以前，我刚出生的时候，就有一对鹳鸟在棚子上筑了巢。妈妈后来说：这是对你的祝福。每年都有两只白鹳从温暖的远方飞来。它们忙碌着，修整窝巢，孵化幼鹳。晚上太阳一下山，它们就立在巢旁，眺望远方，眺望远方的牧场和田野。它们仿佛在欣赏晚霞。黑暗笼罩大地的时候，鹳鸟就像将浅灰的颜色描画在暗灰色的天空中一样存在着。

---

① 指儿童玩具。

刈草场之夜

（六年级）

暑假我们是在刈草场度过的。白天帮忙晾晒干草，放牧牛犊，到森林拾柴火送到厨房。一到晚上，那可真叫好！在星空下点起一小堆篝火。格里戈里·菲利波维奇老爷爷讲述我们镇的遥远往事，讲述稀奇古怪的动植物，讲述他在舰队服役的故事。

然后我们爬到草垛上，躺在上面睡觉，但没有睡意。我们就谈起遥远的星际世界。我们都忘了我们周围是牧场、森林、草原，如同在星空旅行一样。那里是一颗小得几乎看不见的小星星，但那也是太阳，如同每天都照耀我们的炽热的大太阳。我们便向那颗遥远的星星飞去。我们周围有彗星、流星、星座。飞了8年我们终于接近了那颗星。它已不是无边宇宙中的小星点，而是一个巨大的炽热火球。

我们飞近了另一颗陌生的星球。它隐没在淡蓝色的烟雾中。我们的星际飞行器降落在绿色的丘陵间。处处都是耕作过的田地，还有明亮的楼房——这里竟然还有我们智慧的兄弟们生活着，是多么开心的事啊！

然而马嘶狗吠声打断了我们的美妙飞行。月亮已经升起，照耀着田野和森林，照耀着辽阔的湖面和我们的干草场。湖上笼罩着一片白色雾气。可能遥远的星球上真有美妙的奇景，然而任何地方都没有我们的地球美丽。

当我们的首批宇航员登上火星的时候……

（七年级）

盼望已久的日子终于来到了：我和两个朋友要开启火星飞行。银白色的飞船在阳光下闪耀。我们登上了船舱。地面震动起来——强大的原子发动机已经启动了。我们被紧紧地挤压在座椅上，随后变得轻松起来：我们在船舱里随意悬空飞行，从舷窗外能看到黑色背景上有一个巨大的天蓝色球体，那就是我们的家乡——地球。

飞船一天天地接近火星。它占据了舷窗所能看到的空间的三分之一。我们开启制动器，平稳地降落在火星上。我们的飞船停在一片广阔的平原上。土地是蓝色的，天空是暗紫色的，太阳散发的温暖很微弱。我们走出飞船。星球的表面都被浅蓝色的矮小灌木丛覆盖着，灌木上开着黑色的花。有些凹陷深处闪烁着冰晶。

四周一片寂静。我们发现远处地平线上是一片废墟。于是我们走进黑花丛中，看到坍塌的建筑物和毁坏的机器。这是一座死城。房屋上覆盖着灰烬，街上到处是焚毁了的汽车和直升机，房屋附近有一层薄薄的尘埃。我们走进一幢房子，房间宽敞，窗户很漂亮，墙上有浅浮雕和美丽的画。我们看到一些死尸，深感震惊。他们似乎全是同时死去的。每个人都是在做着某项工作时就遇难了……

这是一颗死行星。火星人由于原子辐射而死亡，他们进行了一场毁灭性战争。不止人，连植物也死了。幸存的只是一些盛开着黑花的浅蓝色灌木，像一块哀悼的大毯子覆盖着整个星体默哀。

我们十分震惊地返回地球。人类啊，接受火星人致死的教训吧！销毁核弹吧！如果战争爆发，我们也将毁灭。可怕的消息使地球人都为之震惊。各国人民都迫使自己的执政者销毁了核武器，于是永久的和平来临了。

春之声

（八年级）

大地从漫长的冬眠中苏醒过来。小草闪耀着青绿色的光彩，草地上弥漫着绿色烟雾。近来每晚我都倾听大自然的音乐。天色淡蓝，傍晚是温暖而寂静的，晚霞宛如初开的紫色玫瑰花。我在傍晚的寂静中细心聆听，听到草地在作响。在不远的什么地方，好像是在池塘边的垂柳旁，传出几乎听不到的声响，它沿着大地、绿色牧场、沟壑传播开来；柳条在微微颤动。这是什么在作响？可能是甘甜的汁液从桦树上滴落在明镜般的池塘水面上，犹如一口巨钟？或者，也许是鹤群从温暖的远方归来，在欢快地歌唱？

童年时期难忘的一天
（九年级）

我永远也忘不了这一天。大概三岁还是四岁的时候，爸爸到第聂伯河的沿河草场去运干草，我请求他带我去。日落之前我们已经到了草场。父亲卸了车，马儿便到湖边茂密的草地吃草去了。太阳下山了。一群候鸟飞过。什么东西在芦苇里沙沙作响。

父亲装满干草，套好车。天黑了，林中传来夜鸟的歌唱。

我们往回走，夜空繁星闪烁。我感到疲惫，便躺在干草上，星星仿佛离我近些了。不一会儿，我觉得自己不是躺在草车上，而是坐在穿行在蓝色波浪的船上。波浪轻轻地摇着船身，星星若隐若现。忽然间，一颗小星星颤动起来，分散开来——天空出现闪烁发光的点点星火。

波浪摇得我越发想睡觉。干草散发着清香，我闭上了眼睛。眼前出现一片阳光灿烂的草地，蜜蜂在嗡嗡叫，苜蓿开着花。一朵花好像是刚从天上掉下来的一颗小星星。

我醒了。很久想不起我在哪里。星星忽明忽暗，田野里传来蝈蝈的歌声。车子停了下来。我微欠起身子向田野望去，看见地平线上有一个很大的湖。

"这是火焰吗？"我问父亲。

"不，那是月光……"父亲回答。

我们又接着往前走，田野又变成无边无际的蓝色大海。

然后我在家里醒来了。妈妈把我抱在怀里——难道我还这么小？父亲在干草上铺上被褥。我记不起什么时候又睡着了。

由于寒冷我又醒了。天空变亮了,几颗稀疏的小星星在苹果树枝后面微弱地闪亮。不知什么地方绵羊在咩咩地叫。我又睡着了,梦见了河流、晴朗的天,水泛起层层波浪,真是游泳的好时光。

我又一次醒过来:太阳高高地升起在苹果树上空,晒在脸上热乎乎的。风吹着树叶沙沙作响。蔚蓝色的天空中漂浮着一朵朵白云。

这是多么漫长的一天啊!我永远也忘不了这一天。

七、智育与教学法问题

我们从多年的教学经验中汇总得出一个结论,普通教学法可分为两类:

第一类是使学生最初感知知识和技能的方法,包括:叙述、讲解、讲演、论述;解释概念、指导、谈话;为初步感知知识而做的独立阅读;演示、实例说明(电影、图解、图片、电视、示意图图表、样本、模塑品、模型);劳动过程和技能展示;独立观察和参观,独立掌握知识过程中的实践和实验作业;体操动作示范等。

第二类是理解、发展、加深知识的方法,包括:练习(口头练习、书面练习、技术练习);解释自然现象和事实及劳动和社会生活;讨论、书面创作(作文、专题报告、简评、编题、程序设计);制作教具和仪器,制图作业,实验室作业,实验(在教学实验园地、在集体农庄园地、在实验室、在专用教室);操纵机器、机械、仪器从而加深、发展和运用知识与技能;以实际劳动、完善技能、加深知识为目的的持续性劳动活动(在工厂、在教学实验园地、在集体农庄园地、在畜牧场)。

科目和教材内容的不同特点决定着每种方法的不同特点。讲演在文学课上有它的独特之处,而在物理课上又有不同。劳动过程或技能的展示取决于劳动与理论知识相联系的特点。学习自然知识时的观察与学习物理过程的观察，在接受知识的方式和脑力劳动的性质上都不尽相同。智育的成效取决于教学方法的创造性运用，取决于那些受具体情况制约、教学理论无法事先规定好的细节的多样化。实践之所以是理论的无穷源泉，是因为实践可以解释理论的多样性。

教学方法、课程结构及以课堂教材的教学和教育为目的的所有组织因素和教学因素，要与学生的全面发展这一任务相吻合，这构成了完全意义上的智育的一个重要条件。获取知识是为了将知识以某种形式运用于生活，使学生在道德、劳动、社会、审美等人与人的关系中遵循在教学过程中形成的信念。道德发展与智力发展的一致性就体现在这一点——知识运用的性质上。有经验的教师在备课时，总会思考传授的知识在学生脑中形成什么反应，并由此选择教学方法。

例如，五年级历史课上学生们学习希腊－波斯战争。在这种情况下，了解具体史实在观点和信念的形成方面发挥着巨大的作用。然而，学生的智力和道德的进一步发展及其精神面貌，不取决于他们对历史事件的细节的记忆的熟练程度。这些知识的应用是间接的：应用的不是每一件单独的具体史实的知识，而是对历史事件的思想和道义评价，这种评价表现为学生对周围世界的主观态度，表现为他的主观行动的性质。

有经验的教师会培养孩子们对希腊人民反抗外来入侵者的爱国斗争的终生的钦佩之感。通过分析史实，教师揭示教材的思想内容，旨在加深儿童热爱祖国的情感，使儿童不仅从现代的思想观点去认识史实，而且深化这种观点。出于这种考虑，教师在阐述教材的过程中列举一些孩子在教科书中无法找到的鲜明的史实。在讲授教材时，教师不会特意指出需要记忆的历史事件，也不会在课堂教学中采用有助于识记史实的手段（有时也需要采取此种手段）——无意识熟记的规律会发挥作用，因而教师引用的补充材料即生动的史实越多，学生就越能深刻地了解和识记主要内容和基本内容。教师引用了讲述斯巴达战士在保卫菲尔莫皮尔的战役中英勇奋战、不怕牺牲的精神作为补充材料，就是为了帮助学生形成对捍卫祖国的希腊人的英雄主义的鲜明观念。

历史的讲述应永远包含揭示政治和道德思想的丰富而鲜明的史实。比如，不同于数学的讲述，历史的讲述没有必要在最初认知教材时专门采取无意识熟记，这样会降低和削弱教材对意识和情感的思想影响。教师在历史课、文学课的讲述（或讲演）中引用的补充事例越多，学生对政治、道德、审美的思想的理解和感受就越深。哪里有对思想的情感认知，无意识熟记这一教师的得力助手就会在哪里发挥作用。

对孩子们来讲，保卫祖国的思想是亲切而宝贵的，他们希望表达自己的这种思想和情感。用道德和政治观点把史实阐释得越鲜明，讲述和谈话相结合的机会就越多。有经验的历史教师和语文教师一般会紧扣教材的教育目的使用谈话法。孩子们表述他们对于捍卫祖国的人们的英雄主义、大无畏精神、英勇精神的思想和情感；他们在意识中将重要的政治观点作为他们的个人信念确立起来。孩子们并非是消极的知识"需求者"，他们深度关切祖国捍卫者们的命运。谈话法在历史和文学课上发挥着特殊的作用：它能助力个人信念的形成。

这种历史课上没有采用为了熟记让学生独立阅读教科书的方法的必要性（如果教育教学目的有需要，也会采取此方式）。这类课上没有采用表格、图纸和绘制系统图的必要性，否则会降低课堂教学的思想目的性（在复习知识和将知识系统化时采用是合理的）。在分析作品的思想美学方面的文学课上，顺便重复大纲的其他部分，同样也是毫无意义的。

语法课的教学方法则取决于其他完全不同的条件。如果说学生主要通过某堂课的最初感知过程获得某部分历史知识，之后是发展和加深知识，那么对于语法课的某一章节的最初的知识感知就像之后许多次课程的大纲，在此基础上学生不断复习知识的本质，不断返回最初的认知。教学过程包括记忆过程，在这里表现为不断思考同类事例，这些事例都揭示了同一种结论——规则。这种了解旨在让学生记忆终生，达到他们虽然可能会忘记结论的表述，但从意识中通过了的、理解过的那许多实例却会帮助学生把结论的本质保留下来的程度。因此，家庭实践作业——阅读、反复做同一语法规则的练习等，在语法学习中具有重大意义。语法的掌握是应用已学知识的漫长过程。

在我校低中年级的语法课上采用的教学方法充分考虑到了理解语法规则的长期性和渐进性，语法规则的理解与练习、与独立解释鲜活语言的实例是结合在一起的。这就是我们在方法体系中特地强调解释事实和现象这个方法的原因。知识的加深与运用密切结合在一起，增强了无意识熟记的效果。要想记忆教材的效果更好，教师就要安排较长的学习教材的周期。如果教师试图在一节课或几堂课内讲完可以运用于生活中解释和分析现象的规则、定理或其他结论，想让学生能够一下子牢固地掌握，那就不仅会导致学生只能学到肤浅的知识，还会导致智能迟钝，束缚智慧的创造力。不会应用语法规则（学生知道语法规则，但一写就错）正是采用这种学习方法的后果。

在独立完成练习的过程中解释鲜活语言中的事实和现象，是我校语法课上采用的主要教学方法。通过解释事实和现象，学生逐渐理解语法结论（规则）的本质。针对每一条语法规则，教师制订了需要长期完成的系统练习，还为只有思考了更多语言实例后才能理解语法规则的学生设计了个别的补充作业。教师给这些学生分发一些文字卡片，卡片中包含许多合乎相应正字法的字词。

语文、数学、物理、化学各科教师，也就是说，凡是要利用所学的规则、定律、公式去掌握新规则、定律、公式的科目的教师，均认为对上述的实际运用是复习的重要方法。

教学方法对智力发展任务的适应决定了课程的结构及各个阶段的相互依赖关系。我校教师集体为低、中、高年级制订相应的课程结构。在课程结构安排方面，我们遵循以下几条原则：

1. 学生的实践作业应与知识的初步感知，与知识的加深、发展和运用相结合、相融合。因此，知识的巩固不是课程的一个阶段，它是一个长期的过程，不仅包括专门练习、实验作业及其他形式的独立作业，也包括新知识的掌握。

2. 知识的运用（采用多种方式）不仅是加深和发展知识，也是查明、检验和考查知识最重要和主要的途径。我们努力通过知识的运用来保证长期的反馈联系：教师获得关于学生如何思考及每个学生的学习效果如何等方面的情况。教师能否及时获得关于每个学生脑力劳动的情况，取决于教师是否正确地为他们选取了旨在运用知识的习题，是否考虑到学生的个人能力，尤其是脑力劳动的独立性和个别性。

3. 知识掌握过程的延续性和渐进性。假如大纲规定学习教材的某部分需用 3 课时，这绝不代表 3 课时后学生就能完全掌握知识。他们还需在长时间内逐渐发展和深化知识。知识的发展和深化是一个长期过程，上课、完成家庭作业、自修（如阅读资料、准备报告和专题报告等）都是知识发展和深化的方式。教师给学生安排需要长期完成的实践作业，这些作业是巩固、发展和深化知识所必需的。

建立在以上原则基础上的课程具有结构多样的特点。一至四年级绝大多数语法课和算术课的教学，都是从实际运用之前所学的知识开始的：学生在这一过程中不断加深对规则、规律、定义及其他结论的理解。例如，假若语法课的内容是无重音元音的正字法，那么教师从促进学生思考语法规则本质的教学方式中选取一种：学生或者抄写句子，并对句中带无重音元音的单词加以解释；或者从阅读课本中摘出一些带有这类词的句子；或者按其特点和特征把带有无重音元音的词进行分类；或者最后独立造带无重音元音的单词的句子。

无论采取哪种方式，实践作业都是把加深和检验知识结合在一起。教师对个别问题的回答不予评分。经验表明，这种评分会营造偶然碰运气的氛围。

在低中年级，教师会先进行一段时期的观察，再给学生的全部作业，如课堂作业、家庭作业和创造性作业等评分。教师有时一周后给一些同学的作业评分，有时要两周（这取决于学生的个人特点）。经验证明，知识的运用和实际使用在其发展和深化过程中表现得越明显，检验知识的机会就越多，而专门检验知识的必要性就越小。一至四年级教师编写了一套习题，小学生在解题时需要运用所学的长度、重量、容积、面积等知识。如果学生做题时忘记了什么，他需要自行查找他不知道的内容。

学生记忆和复习必须掌握和牢记的知识，不能脱离具体的实际技能，要在为达成某一目标而完成某件事情（如解题、完成创造性的书面作业、测量地形等）的过程中进行，这是我校低、中、高年级全部采用的十分重要的教学方法。数学教师编写了一套三角学习题，学生通过解答习题，无须背诵就能记住三角函数。

儿童在这一阶段应掌握的知识特点决定了低年级的课程结构。这一阶段的知识和技能有机地结合在一起。小学教学阶段的主要任务在于让孩子们学会阅读、书写、思考、观察和表达自己的思想。因此，语法、数学、言语培养等课程的结构的所有阶段都涵盖积极的劳动：孩子必须做些什么——书写、阅读、编题和解题、测量、观察自然现象和劳动操作、写作文等。为了保证今后学习能够顺利进行，儿童的书写应达到半自动化程度，也就是说，他应当把精力主要集中在理解自己所写的内容的含义上，集中在思考上，而不是在书写过程上。多年的经验告诉我们：要学会迅速、清晰、合乎语法地书写，让书写成为学习劳动的工具和手段而不是最终目的，学生在低年级阶段的书写就要不少于1400～1500页。为此他们需要进行专门针对书写技术和速度的练习。

在每节深化、发展和运用知识的课上，教师都为学生安排创造性作业。只有当学生学会了运用语言——写作文时，他才能算一个有文化的人。只有当学生自己学会了编习题（编方程式时创造性尤为重要），他才能顺利地学会解题。我校低年级教师举办特别的田野和森林旅行，旨在培养学生"设法发现习题"的能力。我们相信，假若一个算术最差、学得最吃力、最令人操心的学生开始编题，那就意味着他今后的算术学习之路会朝着顺利的方向发展。

　　教师的课堂语言、孩子们看到的直观形象（实物、图片等）和孩子们的实践活动三者相结合的作业，在低年级的课堂教学中占据重要的地位。教学的初级阶段为孩子们打开通向世界的第一个窗口；教师需要向他们解释、展示、说明，并教导他们如何做。我们高度重视解释，因为解释有助于学生形成观念；我们也重视概念的陈述和阐释及对读、写、劳动过程等活动的展示。大自然的旅行能丰富孩子们的词汇量，帮助他们掌握表达现象和特征的最细微的差异（如颜色、气味的细微差异）的各类词语。教师解释抽象概念的含义，每个低年级教师都积累了一套涵盖这类概念（诸如自然、有机物、物质等）的词汇，并不断通过新事例向孩子们解释这些概念。

　　我们认为，对于低年级来说，阅读技巧具有十分重要的意义，我们力求使学生在阅读时把主要精力集中在阅读内容上，而不是在阅读过程上。每节课上孩子们都聆听老师示范性的、充满情感的、富于表现力的朗读。然后他们自己朗读，不仅朗读教科书上指定的课文，而且朗读自己喜爱的书。多年的经验使我们得出一个结论：要学会富有表现力地、流畅地、自觉地阅读，要使阅读时不思考阅读过程而思考阅读内容，学生就要在低年级的学习时期至少花费 200 个小时在朗读上（包括在课上和在家），至少花费 2000 个小时在默读上。教师为此要做好时间上的安排。

　　进入中年级后，知识的理解、发展和深化在掌握新知识过程中的作用就更大了。讲述、描述和讲解中引入的关于独立学习的指导因素越来越多。作为独立的方法，指导开始占据更特殊的地位。我们认为，不论继续接受教育（特别是自修），还是准备参加劳动，中年级这个学习环节都具有特殊意义。中年级的陈述和低年级的不同之处在于，教师总是尽力激发少年阅读书籍的兴趣。六、七年级的学生已经将独立阅读作为初步接受知识的方式加以运用了：教师给孩子们布置个别章节（中等难度），供他们独立研究；阅读时结合其他独立劳动的方式（如在实验室和教学实验园地里做实验，进行观察，翻阅图解、模型、图表等补充资料）。

在语法、数学、物理和生物等课上，知识的运用是深入理解教材的一个重要的途径。获取知识的本质在于在理解理论教材的基础上使用技能，这一点尤为重要。每个中高年级教师在工作中都摸索出了一些把学习新教材与运用知识和技能结合起来的途径、方式和方法。语法教师在课堂上把写有专门挑选好的实际材料的单人卡片分发给学生，通过对卡片材料的分析，学生既可以加深对之前所学的知识的印象，又能弄清某些知识，从而学习新材料。植物教师将观察活的对象（秆、花、根）作为学习新纲或新科植物的开始。物理教师让学生思考他们曾观察的某一现象的本质，同时把分析不了解的新材料变为运用知识。历史教师从提出一个需要研究的问题开始授课，这些问题中有相当一部分是学生不明白的，但是运用之前所学的知识可以理解其实质。

在中高年级，引用预先观察自然现象和劳动过程中所得的材料（通常用于学生着手接受新知识的课堂教学开头）占有特殊地位。我们认为这种方法具有非常重要的意义。例如，在学习植物根部前，孩子们在较长的时间内观察不同植物的根部如何生长发育。又如，在学习机械运动的类型（物理）前，孩子们在技术修理站、筑路队、住宅建设工地、牲畜饲养场等地观察机器和机械的工作情况。教师希望学生思考现象间的因果关系，本着这一意图布置预先观察的任务。在课堂上运用这些观察结果，就是在揭示这些联系。对已知和未知的东西发现得越多，课堂上的智力劳动就越积极。

相对于低年级，旨在熟记和保存记忆的作业对中年级的意义更大。我们希望实践活动过程中的公式、符号、测量单位、各种物质的特点和特性及其他结论，既与加深、发展和运用知识相联系，也与劳动相联系。为了在一定程度上训练学生技能技巧的自动化，代数老师布置的习题和例题，让学生在解算时能在三四个小时内把简化乘法的全部公式都复习到。语法教师则给学生布置一套创造性的、视听结合的默写，使五至八年级的学生在完成默写时，能几次复习到最重要的正字规则。在此期间，他们并不需要花时间去复习规则的表述。教师备课时要有预见性，预见学生一学年的学习劳动，首先在时间上，其次在课堂和家庭作业之间做好安排。

每学年初，语文教师就制订五至八年级的学生每学年完成回忆语法规则和培养书写自动化的练习的次数。数学教师和物理教师每学年给学生布置在现场或在工厂、教学实验园地、实验室里完成的实践作业，学生在完成作业的同时，可以复习测量单位、公式、属性及其他结论。这类作业与体力劳动相结合。例如，设置玻璃温室、为果树挖壕沟和坑穴、开辟果树和观赏树木的苗圃等——这一切不仅具有生产劳动的目的，还有巩固有关测量体积和面积方面的知识和技能的目的。在校办化肥厂里，学生独立计算他们要配制的肥料的物质成分的百分比。在此劳动的学生不仅懂得生物学、化学，而且熟悉数学。他们随处都得口算各种物质成分的数量和百分比。我们相信，日常劳动驱使他计算百分比的人最了解百分比。

在中年级我们十分重视示范展示法，即劳动和工艺过程、机器和机械的操纵、教具和教学仪器的制作等示范。数学、物理、化学、生物、天文等科目的教师给学生示范如何使用仪器和教具，同时为每位学生独立调整仪器（有时拆卸和组装仪器）提供必要的时间。工厂和教学实验园地里的展示占有特殊地位。劳动过程的掌握始于示范展示，学生可以从示范中目睹熟练精湛的劳动范例。八年级学生在劳动课上开展操纵内燃机和电动机及使用测量仪器的专门实习课。教师为学生在一至八年级的学习期间规定制作直观教具和仪器的最低限额，他们需要在工作室、工厂和家庭工作角里制作这些教具和仪器。

我们还重视让中年级学生撰写已读书的书评、做带有设计性质的基本计算、撰写专题报告（在七、八年级开展）等创造性的脑力劳动方式。

中学高年级阶段的任务是让学生获得广泛的综合技术教育、脑力劳动和体力劳动的高度素养、扎实的实际技能和技巧，培养起他们对劳动和知识的热爱，为学生自觉选择职业做好准备。教学方法的特点、课程的结构和体系、课堂独立作业和自修的比重、实际运用知识的性质——这一切都与上述任务相适应。高年级全部教学方法的总特点是：较之低中年级教学阶段，新知识的获得和已学知识的运用更具独立性和自觉性，独立脑力劳动的方式方法更多样化，以及向同龄同学或年龄小的同学传授知识和技能（只有高年级学生才采取的做法）。高年级的理论知识和实际技能技巧的范围如此广泛，以至于如果知识的获取不能随时随地与知识的运用和传授、与独立探索和挖掘结合起来，高年级学生就无法顺利地进行学习。

我校高年级的首要教学方法具有如下脑力劳动特点：（1）利用以前获得的知识和技能"发掘"新知识，以此为目的独立分析事实、事物和现象；（2）独立锻炼运用课堂所获知识的能力，以此为目的培养、发展和深化必备的技能和技巧，以此为目的完成实践作业——练习、计算、习题等，装配机器和机械的活动模型等；（3）在自然环境中和实验室中研究现象和过程。

高年级教学方法的特点对教材内容和知识的应用特点的依从性更加明显。20 世纪 50 年代初，我校高年级形成了课堂的讲授－实验体系①，其主要特点为阐述（获取、总结）理论知识的方法与旨在深化、发展、弄清知识的实践作业方法实行多种方式的结合，教师在准备课程体系时就予以制订和安排。这里不可能有一成不变的课程结构，也找不到某种对所有科目或某一科目的所有章节都适用的万能方法。例如，文学、历史、数学或物理课的某一章节（某一主题）需要设置导言课，即学生为学习某一章节（某一主题）所包含的所有教材做准备的课，而在另一种情况下则没必要上导言课。

---

① 关于这一体系的概述，参见 B. A. 苏霍姆林斯基的《校长的工作方法》（乌克兰语），基辅，苏维埃学校出版社 1959 年版。该书的基础是 B. A. 苏霍姆林斯基的博士论文中的材料《校长是教育教学工作的领导者》（1955 年）及乌克兰苏维埃社会主义共和国中央国民教育领导人员职业进修学院开设的讲座内容。该书阐述了领导学校的主要原则、职业进修的工作、保证课堂效率的途径、教育学生的道德和劳动问题。

在课堂讲授－实验体系中，讲授法——历史、文学、地理及自然科学的讲授发挥着重要的作用。教师根据讲授内容及旨在理解、发展、深化知识的实践作业的比重，可划分一节、两节或几节课的时间上讲授课；其余时间（学习本主题、章节范围内的时间）则用于独立的实践作业。这里我要强调的是，这种实践作业的目的不仅在于深化和发展知识和锻炼技能技巧，而且在于获得新知识，为学习新材料做好准备。在某些情况下，讲授课要涉及主题的全部重要理论问题；在另一些情况下只涉及部分材料，给学生做个分析问题的示范，教会学生独立钻研理论问题。前一种讲授课多用于自然科学科目（尤其是物理和化学课），后一种则用于人文科目（尤其是文学课）。

我校教师尤其关注讲授课与随后的独立实践作业之间恰当的相互关系。讲授课为独立作业确定方向，它不仅阐发理论问题的内容，而且介绍进行研究、做实验和阅读资料的方法，这对于自然科学学科的基础知识具有特别重要的意义。实地展示独立作业的方法是有经验的物理教师和化学教师授课的重要组成部分。

数学讲授课具有该学科的独特特点。严格来说，我校的数学课堂教学中几乎没有纯粹的讲授课。有经验的数学教师，班上的学生一面听理论材料的阐述，一面思考笔记（理论体系和依从关系照例记录在草稿中），这种笔记就是理解讲授课上所提到的思考规律的作业。学生在完成作业时要运用原先获得的知识和技能。领会讲授内容就表现为深化和发展知识的独立作业。

人文学科，特别是历史讲授课的特点在于教材阐述的概括性。有经验的历史教师选择最重要、最根本的问题作为讲授内容，理解这些问题与形成科学世界观相联系。同时，教师还向同学提出一些需要他们在独立学习中钻研并弄清的问题。例如，在复习"19世纪的德国"这一主题时，学生独立研究"德国封建关系消灭的过程"这一问题。教师在概括性讲授中说明应如何独立研究问题和参阅哪些图书资料。

地理讲授课的特点是广泛利用能说明某一国家及一些国家的经济政治发

展条件的补充材料。

在文学讲授课中，我们十分重视艺术因素和情感审美因素。文学教师将分析艺术形象视为授课的核心，力求最充分地表达作者的表现手法。课堂上他们常常直接针对男女青年的思想和情感发出呼吁：教师启发学生深入思考某些社会现象，思考人与人之间的精神心理关系。教师还常常在文学课上进行艺术朗读。

教师采用讲授－实验方法，在开展新主题的教学时可以不从讲授开始，而从在课堂和在家同时进行的实践作业开始。在这种情况下，课堂教学结束的标志就是教师的讲授（或最优秀学生的专题报告）。这种做法适用于人文学科，尤其适用于文学的学习。文艺作品的学习在很多情况下都是从学习原著开始的。此时学生不仅反复阅读所学作品的最重要部分，而且就作品涉及的社会政治、道德及美学问题发表自己的想法、观点和见解。文学课的教学有时从讨论（辩论）开始。而生物、物理、化学教师在某些情况下，从推选某名优秀学生做专题报告开始新教材学习。这种报告概括了可以导入新教材学习的概念、定理、结论、规则、规律。

教师通过各种各样不同的方式和方法在实践作业之前或之后开展讲授课（或某个优秀同学的专题报告）——这些方式取决于教材的内容、知识的性质以及知识的运用方式。数学课就是解算习题和例题，自编习题，绘制图表，进行计算；在现场（或在工厂、专用教室和实验室里）开展实际测量作业；分析定理论证的各种形式，为程序控制模型编程；鉴定机器和机械的工作情况（如根据工作轴、减速器、工作装置的规定转速等）；分析统计资料和其他数据资料，确定规律和结论；制作能说明定理论证方法的模型；高年级学生对少年数学家——最有天分的低中年级学生进行辅导。

数学教师们力求使每个学生在解题时能独立劳动，领会教师讲课中或同学的报告中所阐述的理论性结论。教师一般设置四套不同的独立作业习题。头三套难度不同的习题以大纲的要求为出发点。第四套则包含某些超纲内容，是针对数学小组中能力较强的、有天分的学生设计的，旨在对他们进行个别培养。作业难度的差异可以引起学生的浓厚兴趣，显露他们的才能，激发他们的竞赛意识，还有助于教师在教学过程中考查和评价学生的知识。学生们力争用独特的方法解题，完成难度较大的习题。学生往往做完较容易的题后，又着手做较复杂的题，克服种种困难最后完成作业。完成几种难度的作业，能够培养学生的竞赛意识。校数学杂志刊登学生的最成功、最独特的习题解法。

在实践课程过程中，随着个别学生不断在某一主题上的知识不断发展和深化，教师在课堂上给两三名学生（有时给四五名学生）布置几种不同的、注有"考查"字样的作业。学生选择自己力所能及的进行解算。在某些情况下，除解题外，考查作业还包括编新习题（或图纸、示意图、计算、图表等内容）。全班教学还在进行，教师对个别学生进行知识考查。讲完一个大章节（主题）后，教师照例对全班学生的知识进行考查。那些已经获得评分的学生，教师从学过的章节（主题）中为他们挑选布置一些较难的作业，或者让他们独立开始下一章节的学习。

在学习数学、物理、化学、生物等科目的个别主题时，教师都会上一堂实际运用知识的课程，作为教学的结束阶段。课堂旨在教导学生在实际劳动中，在掌握机器操作技术中，在掌握新的知识中，在理论研究、实验活动、实验作业中独立运用知识。教师提醒学生预先做好上此类课的准备（这种准备有时纳入旨在加深知识的课程的实践作业）。教师常常给一组学生或个别学生布置测量、编写计算题及鉴定工艺过程等方面的作业。例如，在学习立体几何"圆柱体和圆锥体"的过程中，教师给学生布置以下作业：

（1）测量水塔的容积，计算压满水塔所需水的水量；（2）测定掘井（圆柱形井）时挖出的土方量；（3）测量钢筋水泥柱——为铁道电气化而建的、呈截头圆锥形的电线杆的体积，计算生产一千立方米这种杆子所需的水泥和钢材数量；（4）测量圆柱形油罐能容纳石油的体积和重量，确定石油从油罐里倒出后残存在油罐内壁上石油的损耗量；（5）计算用截锥形毛坯制作齿轮时的金属废料量；（6）计算精加工截锥形部件时金属屑的体积和重量；（7）计算精加工圆柱形部件时金属屑的体积和重量；（8）研究一种效果最佳的水槽结构（从冬季隔热的效果角度考虑），计算需要多少种不同的水槽保温材料。

学生选择完成一项或几项作业后，撰写报告。数学杂志会刊登最佳方案。

我们认为，把知识实际运用于农业生产的课程具有重要意义。例如，在学习"氮和磷"这一章节时，教师给学生布置的作业就与为某种土壤选择肥料配方、与研究土壤中积聚空气氮的细菌的生机活动相关。

实验活动在高年级占有重要地位。生物、化学、物理教师在学年伊始就确定在大纲的哪些章节中给学生布置实验性作业。

例如，在学习普遍生物学基础知识时，十年级学生针对下列问题开展实验：（1）化学元素和生物碱对甜菜染色体的影响；（2）用化学手段提高粮食作物种子的发芽能力；（3）维生素、植物杀菌素及抗生素对活跃动物机体生命过程的作用；（4）牛奶含脂率对饲料中蛋白质与碳水化合物比率的依从性；（5）将人造尿素转变为蛋白质。

学生完全独立学习新教材的课程在讲授－实验体系中占有特殊的地位。学生首先要独立研究各类资料，在完成实践作业的过程中，将资料阅读与现象研究结合在一起。

讲授－实验体系推动着学生亲自参与获取知识的过程。在此体系下，学生及其内部的精神世界就不单单是实施教学法的对象，而且是实施教学法的主要力量。

八、科学无神论教育

对青年一代进行科学无神论教育是共产主义建设时期苏维埃学校的重要

236

任务之一。列宁曾教导：与宗教做斗争，是"唯物主义的起码原则，因而也是马克思主义的起码原则"①。教师利用无神论精神教育青年时应当考虑到，人类把世界划分为现实世界和虚幻世界的宗教世界观已有多世纪的历史，它与社会的精神生活全部体系交织在一起，已深入家庭生活，深入人与人之间的道德审美关系和精神心理关系。我们不能忘记，绝大多数宗教信仰者是我们社会主义祖国诚实的、爱国的公民。此外对孩子们的无神论教育，也是反对某些家长的宗教信念的一种特殊斗争，需要与教育孩子们尊重父母、敬爱双亲和听从父母教导的工作同时进行。

这一切都要求教育者具有高度的敏感性、恰当的分寸和极大的耐心。存在于人们意识中长达数千年的东西不可能一下被清除干净。苏联共产党章程指导我们要依靠现代科学成就开展无神论教育。② 和教育过程的其他方面相比，科学无神论教育更不容许出现形式主义和空话。马克思在编辑《莱茵报》时，就绝不允许刊登大发空论的无神论文章。马克思曾奉劝编辑这种文章的作者们与其高喊响亮的词句，不如多同人们做一些有关科学、哲学的宣传。③青年一代的教育者们切不可忘记这一忠告，应当在科学知识的牢固基础上培养无神论信念。

刚入学的儿童还没有形成对周围世界的系统性观点、观念和概念。他的初步生活经验及情感和感受具有社会主义方向，是形成无神论信念的良好基础。但同时他的意识容易受谬误和错误解释现象的影响。儿童并不总能从成人那里获得对于周围世界疑问的正确回答。成人在解释自然和社会生活现象时的任何含糊不清，都为儿童接受宗教世界观和道德启迪的影响创造了有利条件，很多现象和规律儿童还无法理解。但是成人对儿童提出的、对于儿童

① 《В. И. 列宁全集》，1963 年，第 17 卷，第 418 页。
② 参见《苏联共产党章程》，莫斯科，政治书籍出版社 1961 年版，第 121～122 页。
③ 参见《马克思恩格斯选集》第 2 版，莫斯科，政治书籍出版社，第 27 卷，第 368～370 页。

形成科学世界观有一定作用的任何一个问题，都应当予以明白的、建立在无可争辩的科学依据上的回答。

有一天，一个十岁的男孩问教师："每个人在天上都有一颗自己的星星，如果人死了，那颗星星就熄灭了，这是真的吗？"向小孩子讲述天体存在的物理规律是没有意义的，他的意识还无法理解。教师只讲了一个事实：科学家们创造了仪器，借助这些仪器可以测量遥远的星星的温度；他们了解到，这些星星跟我们看到的太阳一样炽热，但是离地球很远。小孩子十分专注地聆听了教师的讲述。虽然许多东西他还不懂，但是他明白了：奶奶讲述的似乎活在星光中的"灵魂"的故事是不真实的。于是小男孩对阅读儿童科普读物产生了浓厚的兴趣，他的探索精神和求知欲得到不断的发展。

在学生处于少年和青年早期的五六年里，我们向他们讲述了研究微观世界和宏观世界的一些科学成就和科学发现。从原子是物质基本的、不可分割的粒子这一概念到得出反物质假设的实验资料，这些科学认识世界的阶段都把人类控制自然力的证据展示在学生面前。当孩子们在十三四岁时了解到关于磁场的初步的、基本的科学资料后，便对智慧、科学、知识的力量赞叹不已。他们对磁性和电磁性的实验开始着迷，在青年早期便了解了磁场的最新科学知识。能够证实液体和气体在磁场内和不在磁场内所呈现的状态完全不同的实验，对他们产生了深刻的影响。学生们激动地提出问题："磁场与地球上生命的产生是否有依从关系？"他们大胆设想：对磁场奥秘的深入研究可能会导致重大发现。

逐步揭示有关万有引力的科学真理，对学生的精神发展起到了同样的作用。有几次讲座的内容是有关银河系内相互作用规律的各种假说。学者推测，除万有引力定律外，银河系可能还有一种相互排斥的规律在起作用，这种推测引发了学生的极大兴趣。他们努力分析能说明这一推测的种种事实，阅读科学杂志。他们理解的每个规律都使他们激动不已，激发了他们为人类思想深度感到惊异的智力情感。他们产生了许多对有关世界观问题的疑问。他们的脑力劳动的特点是对所研究的现象采取研究和实验的态度；他们对理论性的结论和规律仿佛持怀疑态度，力图通过实验和观察检验他们所听和所读知识的正确性。当他们年轻时不得不与信仰宗教的人们争论时，他们总是引用科学资料论证唯物主义观点的真理性。

科学无神论教育的一个重要条件是小学阶段就在孩子们与大自然接触的基础上科学地解释周围世界的现象，使得他们从观察和积极活动中直接产生信念和观点。在积极认识世界的过程中，如果学生能用最重要的科学思想解释接触到的事实和现象，这些思想就会逐渐变为学生的个人信念。

世界的物质性及自然现象的相互关系和制约居于思想的首位。从开始认知生活起，儿童就对现象的因果联系感兴趣。"为什么小耗子打洞，而大狗不打洞？为什么小燕子会飞，大母鸡不会飞？为什么煤油能点燃，水却不能？为什么手上的伤口能长好，而皮鞋上的裂口不行？为什么太阳暖和，而月亮不暖和？为什么有夏天和冬天？为什么大南瓜长在细蔓上，而小梨长在粗枝上？为什么小木块能漂浮，而小铁块沉底？"我们从5~7岁儿童的口中记录下这些问题，它们反映了认识世界的一定阶段。儿童得到怎样的答案，关系到科学知识体系一定基础的确立，而这些科学知识决定着无神论信念的形成。

每种现象都有其自然的因果，而因果的根源在于自然现象间的相互联系。"燕子之所以会飞，是因为它若不能急速地飞行，就无法生存；会飞对它来说，就跟人会在地上行走一样。而母鸡不会飞，因为它的生活与大地和人有关；它的翅膀不适合飞翔……"使儿童认同和坚信以上观念在认识世界的这一阶段尤为重要。这样的回答可以把儿童的注意力引向认识现象间重要的相互联系，教导他们思考和观察。

7~10岁时，儿童提出的问题已涉及比较复杂的自然现象：为什么人会变老和死亡？我们周围的山河森林都是从哪里来的？下雨时这么多的水是从哪里来的？河流的水流到哪里去了？煤油从点亮的油灯里跑到哪里去了？小种子如何长成大树？大树是从哪里来的——树下的土地并没有减少？为什么蝌蚪和青蛙不一样？等等。为了使孩子们确信，某些事物和物质、某些特征或属性的出现和消失，都是物质的运动和变化，我们不仅向他们解释现象的本质，而且激发他们观察、做实验、进行探讨。例如，孩子们在三、四年级时就观察蛙、鸟、昆虫的发育和生活情况。这种观察有助于逐步培养他们对于因果联系的物质本质的信念。一位老奶奶对正在津津有味地观察昆虫蜕变现象的 11 岁小男孩说："危害果园和菜园的毛毛虫是上帝的惩罚。"小男孩问："这个上帝到底在哪儿？他把虫卵放在哪里？"奶奶诧异地说："什么虫卵？"小男孩回答："毛毛虫是从虫卵发育而来的，这是我亲眼所见。"为了证明自己说的是真的，他到果园找了一根附有单一蚕蛾卵"环"的树枝，指给奶奶看，并说："毛毛虫就是从这些卵里爬出来的。"小男孩把树枝放在靠近炉子的一个温暖角落，过了几个星期，他把毛毛虫拿给奶奶看。小孩原本并无破除奶奶迷信的意图，他只不过是对眼前发生现象的物质本质深信不疑而已。

我们认为，如果孩子对和迷信做斗争未做好准备，还没有确立建立在科学知识与生动的观察、实验相结合基础之上的唯物主义信念，我们就不能迫使孩子这样做。不能让儿童说漂亮的空话，如"宗教是迷信和无知的根源"等，不能往儿童的意识中强行灌输这类空话。儿童要通过力所能及的、理解得了的观察和实验确立真理。

深刻揭示关于宇宙、关于世界的物质统一性和无限性、关于宇宙的起源和发展等科学知识，在无神论教育中具有重要意义。除实际科学知识外，学生还获得适龄的关于宇宙的知识的历史性观念。学校组织一系列课程和讲座，介绍人类在不同历史发展阶段对地球、大陆、海洋、天体持有的观念。那些人类幼年时期的观念往往引起孩子们宽容的微笑。学龄前幼儿就已经知道喷气式飞机的超音速和人造地球卫星了，因此古人的关于晶莹的苍穹、苍穹中的窟窿及星光穿过这些窟窿射到地球上的观念，能够帮助孩子们理解，人类在其文化发展的早期对大自然是无能为力的。孩子因认识人类经历的道路而引起的自豪感越深，他们就越相信科学能进一步洞悉宇宙的深邃和物质的奥秘。学生参加的积极活动实践性地加强了他们坚信科学力量的信念。

关于当初人类曾付出多么昂贵的代价才取得、如今已成为显而易见的真理的故事，会对儿童产生巨大的影响。贯穿于这些故事中的有关科学观与宗教观不可调和的思想，可以培养学生对歪曲真理和违背自然的言行不容忍的精神。那些为理智的胜利曾经进行毫不妥协的斗争的战士们的形象，会成为儿童、青少年心中为真理而斗争的坚定英勇精神的楷模。对科学洞察宇宙奥秘的力量的认识，地球以外物质世界的统一而又多样化的宏大画面，其他星球可能存在理性的生命的设想——这一切都推动着学生的光明乐观的宇宙观的形成，提高他们的创造积极性和热情，增强他们同迷信做斗争的坚定性。

有些家庭硬要孩子相信所谓"世界末日""最后审判"等思想。与这类思想的影响做斗争并不像看上去那么容易。我们多年的观察表明，在这种情况下，如果学生的集体生活缺乏积极乐观的坚定目的性，那么不仅宗教观点，而且连某些唯物主义观点也会给想象力带来消极影响。

一个人正确地理解了科学真理，并不完全代表他形成了科学无神论。恩格斯把单纯否定宗教的无神论称之为反面宗教。[①] 真正的科学无神论不仅肯定唯物主义自然观的真理性，也肯定人类积极乐观的宇宙观，肯定人类对于生活目的和意义的认识。因此，贯穿于教学过程中的道德氛围具有特别重要的意义。在对涉及人本身——人的生与死、人的情感与体验的那些科学真理的认识过程中，集体和个人的道德生活背景的意义尤为重大。我们不能天真地认为，一旦青少年确信人体和我们的周围世界一样，均由化学元素构成，因此不存在任何"永生的灵魂"，我们便培养了他们抵御宗教理论的免疫力。

---

① 恩格斯在写给居于苏黎世的伯恩斯坦的信中说道："无神论表达的只有否定，我们40年前反对哲学家的时候这样说，但是无神论单只是作为对宗教的否定，它始终要谈到宗教，没有宗教，它本身也不存在了，因此它本身还是一种宗教。"（《马克思恩格斯选集》，第2版，莫斯科，政治书籍出版社，第36卷，第161页）

我再重申一次，一切都不是那么简单的。

许多世纪以来，生命过程的复杂性和神秘性，生命起源问题的无法用实验检验，人类对生命的高级表现——心理现象的无法解释，这一切都被传教士们当作得力的武器，用来在人们的意识中强化对超自然力的信仰。

使学生了解人类是大自然的一部分，他同其他高级生物一样，受制于同一些规律，但同时他与其他生物有质的区别，他拥有思维这个东西的特殊属性，这在无神论教育中具有重大意义。学生对此理解得越深，就越感到疑惑和不满足：难道人也是由无机界和有机界中常见的那些同样的化学元素构成的？这种思想蕴含在少年们提出的关于生命本质的如下问题中：为什么人会变老？在我们机体何处无生物可转变为生命细胞？如果一切都如此简单，那为什么不能人工造出生命细胞？目前无生命物质为何不能产生有生命的物质？或者也许有可能产生？

对这些问题做出正确回答只不过是科学无神论教育的开端。最终目的的达成，取决于科学知识在个人精神生活中反映得如何。只有科学真理知识与道德教育的无神论方向结合起来，知识才能推动人确立乐观的宇宙观，确立生活目的的高尚性。

揭示人文学科，特别是历史科学基础知识的科学无神论意义，不能仅仅借助于教师正确解释历史现象对社会生活物质条件的依赖性，以及正确阐明物质与精神的相互关系。有经验的教师把人是历史的创造者而不是客观规律的盲从工具这一思想作为主线贯穿于全部历史课程教学中，从而使学生确信，社会生活不受人的意志支配，而是依据客观规律发展。

我们认为，高年级学生筹办的自然科学知识晚会在科学无神论教育中具有很大的意义。参与晚会的不光是学生，还有集体农庄庄员和工人。学生们发表报告或小型报告，讲述科学成就和发现，讲述杰出科学家的生平和创造。尽管报告中很少提到宗教和上帝，但晚会仍然具有明确的无神论方向性。如果学生只是凭空发表一些否定宗教的刺耳言辞，信仰宗教的人就不会来参加我们的晚会了。我们向人民传播科学知识，由信教者自行思考真理在哪边——在科学一边，还是在宗教教理一边。

道德教育的无神论方向是科学无神论教育的组成部分。

神职人员认为，善良和公正在我国不依赖于社会主义社会促进个性发展的社会条件，而依赖于某些永不改变的原则——永恒的理性、上帝的旨意。这是一种微妙的、巧加掩饰的图谋，它企图使道德脱离人的行动，把人的道德理想变为脱离现实的幻想。宗教号召人成为善良者和公正者及一般的道德高尚者，并许以脱离尘世欢乐的世界的报偿，借此教导人冷漠地对待人世间最迫切的问题。这一情况使我们不得不深思，道德教育与道德行为的统一是何等重要。共产主义道德原则应当深入整个集体生活和学生与长者间的相互关系中。

道德教育的无神论方向何在呢？

首先在于个人精神生活的充实和个人幸福。

积极主义和乐趣感受与无神论密不可分。感受建设和创造的快乐，感受人的友谊和爱的快乐，这种心境不会允许宗教信念渗入儿童的意识，因为在儿童看来，比起激励他并唤起他积极行动的现实的高尚思想来，教导人忍受和顺从命运的宗教思想便是对人格的侮辱。人越珍视亲手创造的幸福，越不会相信作为"上帝的恩赐"而降临的虚幻幸福的臆造。

在校工作 33 年间，我目睹了 70 名男女青年的道德面貌的形成过程，他们在童年和少年时期曾在家里受到"神灵的威严"、命运不可抗拒、展望未来有罪等思想的影响。父母竭力教导子女按照"一切听从上帝安排"的原则生活。学校终于把这些孩子教育成为坚定不移的无神论者，这是由于学校营造的创造幸福的劳动气氛战胜了原来充斥在家庭中的消极的基督教的忍耐气氛。

为了彼岸的幸福而放弃和牺牲个人利益，这与共产主义道德格格不入。如果我们要求人克服现在的困难，经受种种艰难困苦，而许诺的福利和幸福只在遥遥无期的将来，那么这种共产主义理想是虚假的。科学世界观在与宗教斗争时获胜，正是因为对人来说，个人幸福是整个社会福利的一部分。今天青年人的个人幸福的一个最重要的条件是意识、感受、体验到自己的充分价值，体验到自己在社会中的地位、自己的创造力和才能及自己在创造性劳动中的成就。对于感受到这种幸福的人来说，诸如宿命论、无可幸免论、人的无能论等任何说教都是荒谬的。我们认为，使少年和青年时期的岁月等同于天赋和才能被焕发后带来的难忘的快乐感，等同于文化财富这一最高的快乐源泉被发现后的激动感，并永远留在儿童心中，这是道德教育的无神论方向所在。

童年和少年时代曾深受宗教教义和宗教道德影响的那 70 名学生，之所以获得个人幸福，其基础就在于他们在青少年时代精神发展达到了较高的阶段，在自己喜爱的事业中感受到了智慧力量的"闪耀"。因此，早在青少年时期他们就对自己的力量产生了信心，开始展望未来生活了。教师教导的这批同学具有共同的突出特点：对世上一切事情和创造性劳动都充满浓厚的兴趣，对悲观主义、颓废情绪，对脱离生活、与世隔绝的处世哲学采取毫不容忍的态度。这些人不仅自己不曾被传教士和假装虔信者左右，而且通过自己的精神面貌，特别是以展望未来的积极态度增强了其他意志薄弱者和不坚定者的精神力量。

他们当中的每个人都在多方面的创造性劳动中找到了自己的志向。他们在自己喜爱的事业中取得的成绩越大，就越能感知幸福，越能清楚地预见自己的未来，从而防止任何信心不足、决心不大、意志不坚定等现象的发生，而这些现象正是各种异端邪说乘虚而入的适宜土壤。

米哈伊尔的父母在生活道路上遭遇了许多痛苦的经历。父亲没有什么专业技能，把劳动视为上帝强加于人的重负。笼罩着家庭的毫无目的、生活空虚的气氛压迫着这个天性活泼、积极好动的男孩，使他深感苦恼。父母都在宗教中寻求安慰，家里经常能听到"上帝赐予某人和某些人幸福，但忘记了我们"的话语。米哈伊尔在学校毕业后曾回忆道："每当想起这个常给人带来痛苦、缺乏善心、不知怜悯人的上帝时，我就觉得可怕，我就设法尽快离开家回到学校来。"

我们尽力将米哈伊尔深入吸引到给他带来愉悦和充实的精神生活的劳动中。米哈伊尔饶有兴致地参加了技术小组的活动，在工厂结交了一个很能干的朋友。八年级结业时，米哈伊尔装配了一座构造独特的风力发电站，一年后又装配了一台发电机。创造的乐趣成为他乐观的宇宙观的源泉。老师们谈到他时说："米哈伊尔感受到了生活的乐趣。"

笼罩家庭的前途渺茫、悲观主义的氛围完全没有对米哈伊尔的精神世界产生影响了。相反，早在七、八年级学习期间，儿子就努力去影响父母的思想了。例如，他对父亲说，人应当劳动，人的幸福要靠自己，而不能靠什么超自然力量。渐渐地，儿子朝气蓬勃的生活志趣、个人幸福感和对未来的乐观主义信念便成为家庭生活中的一线光明。从学校毕业后，米哈伊尔参加了工作，他的成就对父母产生了巨大影响：他们开始更有信心地展望未来，更多地依靠自己的力量而不是命运，再也不谈论天命了。

我们要特别关注那些学习困难、尚未显露出创造性劳动的明显才能的少年儿童和青年男女的内部精神世界。如果对他们表示冷淡，他们就会感到孤独，就会由于认为自己不够格而深感苦恼，而这恰恰为宗教教义及其观点的传播营造了适宜的土壤。我校教师团队认为，让这些孩子的生活充满创造志趣是一项十分重要的教育任务。我们竭力发掘每个孩子身上的那股"活跃劲儿"，那颗创造灵感的火花。一个少年想不出惊人的事，做不出工程师或科学家能做成的事，但是他可以在乍一看最平凡的事情中，例如在植物栽培、果园照管、动物饲养中感受到创造的快乐。我们要努力让他享受这种快乐，感受作为一个创造者的骄傲。

道德教育的无神论方向的第二个表现是：相信自己的创造力，相信人的智慧、意志和坚定性。

踏入生活的人越是意识和感受到自己的意志和智慧是一种创造力，他对劝诫他听从消极命运的宗教教条的批判态度就越鲜明。感受自己力量的强大，形象地说，是人的自由思想的翅膀。我们希望每个学生在少年和青年早期就向自然挑战而取得劳动成果，并由此体验到自豪感。在大自然只允许长出一棵干瘪的弱穗的地方培植出两棵饱满的壮穗，使趋于枯萎的树木恢复生机，比通常早一年或两年结果——道德教育的无神论方向正是体现在这些劳动中。对于处在不同思想影响的交叉路口，经常在家里听到宗教训诫，并且胆怯懦弱、意志不坚、畏惧不前的孩子来说，这种劳动在他们生活中所起的作用尤为重大。

经验证明，得益于此类劳动，孩子们对人类创造力的信念会战胜消极冷漠的情绪。不仅如此，信仰无神论的孩子还会对信教的父母施加巨大的影响，他们不采用某种专门准备好的宣传方式（我们绝不强迫孩子们向母亲、奶奶、父亲做"无神论劝说"），而是通过自己对人类的智慧、意志、坚定性的信念施加影响。

道德教育的无神论方向的第三个表现是个人和集体的精神一致。

当一个人意识到他的思想和信念与集体一致，他的精神坚定性、信心和意志坚强性就会大大增强。集体的精神生活越丰富多彩，意识和意志受到不良思想影响的学生对集体的兴趣就越大。

集体的精神生活对此类学生的影响取决于能使学生从中得到激励、从中获得发展智力的精神力量的那些思想，取决于在劳动和智力交往过程中形成的信念。集体生活中显示出的世界观和道德问题越明显，集体成员的统一精神就越牢固，集体对个人精神世界的影响也越大。如果集体乐于阅读和争论世界观和道德问题，青少年关注的问题能得到经集体实践证明过的解答，那么就不会有人企图脱离自己的集体而去别处寻求精神需求和兴趣的满足。

出于这些原则，我们在学龄初期就竭力培养和强化学生的钻研精神，培养和增强学生对于周围世界、人的精神世界、人类文明的兴趣。同时我们重视使能激发智慧、确立信念的集体实践和行动成为儿童衡量真理的标准。为此我们与孩子们进行有关自然和社会的谈话，给他们阅读涉及道德问题的有趣书籍。到七、八年级，集体就已经开展涉及某些世界观和道德问题的争论，诸如世界的可知性，个人自由与个人对社会的义务，人在为共产主义思想而奋斗的斗争中表现出来的坚定性和大无畏精神等。教师在围绕以上问题谈话时，通常要提及人在集体中的劳动和行为。

八年级女孩奥利加，深受信教的父母亲的影响。他们给小女孩灌输这样的思想：人应当把自己的一切成就归功于上帝。而集体生活和劳动却向小女孩证明相反的事实：人在劳动中依靠自己的力量和顽强精神征服自然。奥利加兴致勃勃地参加同班同学开展的活动，参加一切培养创造力的工作。结果，父母未能在女儿思想中确立任何一条出自宗教意识形态和道德的原则。到10～11岁时，奥利加拒绝参加母亲和奶奶曾带她去参加的那些宗教活动。比起家庭兴趣，集体的精神志趣对她来说越来越亲切和重要。孩子跟母亲和奶奶避而不谈宗教；然而她的全部精神生活、兴趣爱好，与同学们的谈话——这一切都引起了亲人们的注意，无神论的新气象开始渗透至家庭生活。渐渐地，奥利加的母亲变得不再是虔诚的教徒，尽管她还照例参加宗教活动。

历史课上，教师在研究历史发展规律的过程中会阐明人类为了理智的胜利所做的斗争，但只凭上课不足以达到这一目标，教师必须进行一系列专门的教育性谈话，以阐明宗教和无神论的历史，阐述科学反对愚昧、迷信和黑暗势力的斗争。我校从四年级就开展这种建立在鲜明事例上的、以故事形式开展的对话。我们依次分析宗教的认识和社会根源，说明宗教信仰和宗教仪式产生的原因。随着讲述，学生的意识中逐渐形成一幅世界各国不同历史发展时期，人们所虔敬的教会及其神职人员犯下的违背人性的滔天罪行的可怕图景，建立在事实基础上的这一意识发挥着重大作用。这些事实促使学生形成一个信念：某些宗教的本质是反人道的，某些宗教道德是虚伪和伪善的。

阐明传教士们如何镇压正确解释自然和社会发展规律的事实，对学生的意识产生了强烈的影响。为了上帝，宗教法庭把伟大的科学家乔尔丹诺·布鲁诺置于木材垛上活活烧死，把伽利略长期关进监狱肆意折磨，割去唯物主义科学家托列齐奥的舌头，砍断托马斯·莫尔的双手双脚，以非人道的方式拷问和折磨托马斯·康帕内拉。殖民主义者以上帝的名义奴役各国人民，用火和剑摧毁城市和乡村，焚毁最伟大的文化珍品，而当代战争贩子则宣扬消灭地球上一切生灵的狂妄计划。这些事实的本质被揭露得越彻底，学生越深信：当时的宗教黑暗势力在为反人道的罪行，为奴役、暴力、杀人等可怕的意识形态辩护。

见证宗教为帝国主义分子毁坏城市、狂轰滥炸和平居民而祝福的事实，使学生极为愤慨。

宗教黑暗势力的故事对由于受家庭影响而扎下宗教道德根源的学生产生了极大的触动。他们的父母走错了路，指使儿子或女儿参加宗教活动是对儿女意志的强制，我们只在特殊的情况下才会和学生说这些话。我们首先向学生揭示某些宗教的反人道实质和不道德的客观事实。学生们通过事实亲自认识到：某些宗教充满污秽和无道德。这种情况下，家庭有时会发生冲突，学生通过克服困难，逐渐在精神和道德上坚强起来，从而摆脱宗教偏见的束缚。

系统的无神论教育谈话要求教师深思熟虑，发挥教育机智。教师不能把概括性结论和思想摆在学生面前，要让学生在意识中通过思索、考虑、对比逐渐获得，要使学生（和成年人）独立思考所讲述的事实，并亲自得出结论。这是特别重要的。

第六章 劳动教育

劳动教育的成功取决于以适当的方式配备物质基础，取决于向儿童提供适当的劳动活动项目，也取决于合理的教育工作的形式和方法。

一、劳动教育的原则

劳动教育是对年轻一代参加社会生产的实践训练，同时也是德育、智育和美育的重要因素。我校全体教师努力建立一种能够培养人的道德品格和智力品格的劳动教育体系。我们认为，教育的任务就是将劳动渗入人的精神生活、集体生活中，让热爱劳动在少年和青年早期时就已成为他的重要兴趣之一。

我们在劳动教育方面的工作遵循以下原则：

（一）劳动教育与全面发展（德育、智育、美育和体育）相结合

只有当劳动能丰富个人和集体的智力生活，能以多种内容充实智力兴趣和创造兴趣，能提升道德层次和美感时，它才能成为教育力量。

一个人的全面和谐发展、富有教养、精神充实、道德纯洁——只有当他

在德育、智育、美育和体育素养上，在劳动素养、劳动创造素养上达到较高阶段时，这一切才能实现。我们所讲的"劳动素养"的概念不只包含完善的实际技能和技巧，不只是在长者得当的指导下训练出的技艺，这只是劳动的一个方面；劳动素养的实质还包含劳动活动在一个人精神生活中的作用和地位，以及劳动创造中的充实的智力内容、丰富的道义和明确的公民目的性。劳动素养是指人在精神发展上达到的阶段——没有为了公民的福祉而劳动，生活就失去了意义，这时劳动使他的生活充满高尚道德的鼓舞力量，从精神上丰富了集体生活。

(二) 劳动中个性的发挥、显露和发展

只有当一个人认识到劳动中有比获得满足物质需求更重要的东西，即精神创造性及发掘自身才能和天资，此时劳动才能成为快乐的源泉。我们劳动教育的理想就在于使每个人在少年和青年早期就能领悟到劳动能使他的自然天赋更全面、更明显地发挥出来，会带给他精神创造的幸福。当分析一个学生对劳动生活的准备程度时，我们考虑的是：他能为社会做些什么，劳动能为他的精神生活赋予什么，他的能力和才华在劳动成绩中能发挥到什么程度。

(三) 劳动的崇高道德性及明确的社会公益目的性

我们力求借助对社会有益的愿望激励孩子劳动，所以让孩子们首先从事能创造全民财富的工作（如提高土壤肥力，栽培护田林、葡萄园、果园，参加经济和文化生活设施的建设如修路等）。造福社会和未来的这种劳动，便成为陶冶孩子们品德的学校。凡是在童年和少年时期非常关心社会利益的孩子，都会养成义务感和荣誉感。每遇到有关社会价值的事情时，他都不会无动于衷。

不宜过早让孩子参与有偿劳动，这可能会让孩子们养成自私贪婪的恶习。学生在用自己的劳动挣得第一份工资前，应当大量地经历为社会创造物质财富的无偿劳动的精神体验。按照我们集体的意愿，学生集体劳动报酬的收入应用于满足集体成员的物质和精神的需要。我们在学生的童年、少年和青年早期就向他们揭示生活最高尚的美，即用自己的劳动为社会服务。千百件事实——活生生的实例向我们证明：一个人在童年、少年和青年早期无偿为社会付出的劳动越多，他就会越关心看似与他个人没有直接关系的事情。

我们认为，劳动的崇高道德意义还在于一个人能在劳动的物质成果中体现他的智慧、技艺、对事业的无私热爱及把自己的经验传授给他人的意愿。我们希望孩子在自己的劳动中能感受和体验到自己的荣誉和自尊，能为自己取得的成绩而自豪。

(四) 尽早参加生产劳动

孩子在懂得劳动的社会意义前应当感受到，没有劳动就不能生活，劳动能带来快乐和充实的精神生活。我们希望儿童从年幼起就开始接触劳动。我们分析周围生产环境中的种种劳动过程，并从中找出某些具体而又清晰易懂的东西向孩子们揭示劳动的社会意义和创造性意义，并说明，他们是在参加为社会创造物质财富的活动。孩子便能体验到自豪感、荣誉感和尊严感，劳动也就自然而然地融入他的精神生活中了。

农业生产中的绝大多数劳动都可以变为纯儿童式的劳动。我校七八岁的孩子就开始从事有趣的、引人入胜的且具有重大社会意义的工作了。按照传统，有些工作完全由孩子们去做。例如，未来的一年级学生在学年开始前两个月就去采集树种；到了春天他们就完成第一件有重大社会意义的工作——在冲沟和沟壑上播种树籽；之后，他们照看幼树，这样就打造出防止土壤侵蚀的护田林带了。年龄最小的学生在本地集体农庄的田野上已经打造了几条强大的护田林带，10年间，这些护田林带防止遭受侵蚀的土壤面积达160公顷，由此保护下来的社会财富，及随后学生在学龄中期和晚期的劳动所带来的社会财富，是难以计算的：重新恢复耕作的每公顷土地将持续丰收多年。

　　7岁的孩子可以开辟苗圃，培育果树苗木；孩子在少年和青年早期的全部时间都可以从事果树管理。年纪小的孩子们乐意从事在某种程度上决定了高年级学生劳动成果的工作。学校分给孩子一块几十平方米贫瘠荒芜的小地块，他们用几年时间就把这块地改造成高肥力的土地。每逢收获季节，七八岁的孩子挑选最好的麦穗，将种子保留到春天，这种劳动最能激励孩子：要知道，高年级学生在春天将播种低年级孩子收集的这些种子，也就是说这些种子将决定试验田的产量。

　　我们的学生在八九岁时就培育小麦、向日葵、甜菜、玉米的杂交种子，或者结成小组、小队照管幼畜，为家畜储备饲料。这些最平凡的劳动由于与研究、实验、创造相结合，所以具有巨大的教育意义。

（五）劳动的多样化

　　孩子们习惯于相互交换、交替和结合着进行两三种操作方式和工作技巧不同且各具特点的劳动活动，这是他们固有的天性。同是一个孩子，他会饶有兴致地在教学实验园地或温室里栽培植物，照管动物，也同样会兴致勃勃地在少年技术家小组活动，或从事艺术创作。孩子们可以从活动的多样化和事情的新奇中获得满足。

　　同时从事两种或三种劳动的学生可以获得各种不同的技能和技巧。我校近4年的260名毕业生中，有102人曾在整个学习期间参加两个小组的活动，89人参加3个小组的活动，44人参加4个小组的活动，24人参加5个小组的活动；其中许多人怀着同样浓厚的兴趣既培植小麦、果树、葡萄，同时又设计装配收音机，制作机器和仪器的活动模型，学习操纵内燃发动机，在各种金属加工机床上做工。同时，许多人由于爱上另一种劳动，会从一个小组转入另一个小组。

　　学生在学龄晚期也会继续保持对多样化劳动的兴趣。比如，一个在少年机械师小组学习拖拉机的学生，同时也饶有兴致地在科学学科小组钻研电子学和生物化学。高年级学生的劳动多样化是培养他们自觉选择专业的极其重要的条件。

就像拒绝劳动单一化一样，我们绝不以任何方式把孩子固定在某一个小组或小队，他们在少年和青年早期的劳动越多样化，青年男女选择专业的自觉程度就越高，他们的个人倾向就越能充分发挥出来。

(六) 劳动的经常性和连续性

我们认为，切不可把劳动任务集中在一年的某个季节、月份或星期，只有持续不断地劳动才能丰富精神生活。孩子只有从事需要对之进行经常性思考和关注的长期劳动，劳动活动的创造性才会展现出来。

我们的少年园艺家用两三年时间培育果树苗木，这种劳动基于一些有趣的想法，即学生可以通过实验证实：在本地用什么方法把果木嫁接到野生树苗上最有效，果树种子什么时候下播最好，施什么肥最有效等。这些工作是名副其实的日常工作：学生不仅要在春夏季干活，在秋冬季也要劳作（如试验种子的各种层积贮藏法）。

少年育种家也常常从事这类长期劳动。孩子们用几年时间选育最能经受外界不良条件的作物，在各种条件下对其进行检验。

(七) 儿童劳动中带有成年人生产劳动的特征

不论在社会意义方面，还是在劳动过程的技艺方面，孩子们的劳动与成年人的生产劳动都要有尽可能多的共同因素。孩子的劳动越接近成年人的劳动，其教育作用就越大。

有一次，我们给一群7岁的孩子一件好玩的电动玩具；而给另一个集体的孩子一台小型电动钻床，但不是玩具钻床，用孩子们的话说，这是真正的钻床，可以用它在制作模型用的金属薄板上钻孔。结果如何呢？虽然玩具比钻床好玩，但孩子们对玩具的热情很快便冷却了；钻床的情况则不同：孩子们学会钻孔后，个个都争着用钻床做工。在成年人看来，这是游戏性的劳动，但对孩子们来说，则是真正有益、有用而且有趣的劳动。他们的钻床就跟他们曾参观过的工厂的机械车间里的钻床一模一样，孩子们对此感到十分高兴。

我们确信，绝不可阻碍孩子们的发展，他们应当尽早使用成年人的劳动工具。当然，供孩子们使用的机器、机械、工具必须符合年龄特点，符合学校卫生规则和安全技术条例。

孩子们操纵内燃发动机和电动机的劳动是最接近成年人的劳动。在孩子们看来，这才是真正的、严肃的工作。我们学校有几台小型动力机专供小学生们使用，上面安装有专门的辅助装置，以防发生不幸事件。在高年级同学的指导下，小学生们怀着极大的兴趣学习使用、拆卸和组装这些机器，学习保养技术。我校还配有一些低压电流发电机以及运用于劳动和自我服务的各种电器（如浇水用的水泵等）。

经验证明，为孩子们制造专用的机器和工具，使它尽可能充分地体现真正的技术，并服务于真正的劳动——这是十分重要的教育任务之一。

(八) 赋予劳动创造性，手脑并用

推动孩子进行体力劳动的最强大的动力之一，就是劳动的重大意义和手脑的结合。这种劳动的意义越重大，对从事最平凡工作的兴趣就越强烈。在劳动中掌握技能，进行试验研究和运用科学资料，孩子们将这一切视作道德品格而用心去认识和感受。

在包含众多单调的劳动过程的农业劳动中保证体力和智力的结合尤为重要。我们尽力赋予与作物栽培和家畜饲养相关的任何工作以创造性意图，实现这些意图的愿望会激发孩子的智力，促使他们思考、观察和研究自然现象。例如，培植甜菜中有许多单调无趣的劳动过程，但如果孩子们抱有研究目的的话（研究增加甜菜根部含糖量的方法），那么这一劳动也会具有创造性。

（九）劳动活动的内容、技能和技巧的衔接

我们试图待学生更成熟时，在更广泛的基础上对孩子们在学龄初期和中期所做的一切加以发展、深化和运用。

使少年时期的劳动能减轻到青年时期掌握新技能和新技巧的难度，这一点尤为重要。我们决不能让少年到十五六岁时才学习诸如金属穿孔、小麦播种、果树芽接等技能和技巧，他们在 10～11 岁时就应掌握这些技能和技巧，学生们掌握得越熟练，进入青年时期后他们的全面发展就越深入。

提早开始劳动活动使得我们的孩子在 10～12 岁时已经学会耕地，为播种粮食作物和经济作物做好准备；学会种植和收割作物；学会栽培果树；学会积肥、施肥，把贫瘠的土地变为肥沃的土壤；学会操纵内燃发动机，在车床和钻床上做工了。到 14～15 岁时，所有男女生都会驾驶拖拉机和汽车。如果他们在 10～12 岁时不学会操纵内燃发动机，就无法做到上述操作。到 16～17 岁时，我们的青年男女不仅会驾驶拖拉机，而且能驾驶拖拉机做耕地、播种、施肥等农活。这种技能不是职业化，也不是过早专业化，而是劳动的基本技能，在我国每个人都应掌握驾驶拖拉机的技能。由此可见，得益于劳动内容和技能技巧的衔接，我校的学生迈入青年早期时就已经掌握各种广泛的技能和技巧了。

（十）生产劳动的普遍性

无论学生在哪种智力活动和艺术活动方面表现出天赋和爱好，他都必须在少年和青年早期参加生产劳动。体力劳动，特别是不吸引人的苦活在我们这里具有普遍性，也就是说所有学生一起参加——积肥、施肥、消灭病虫害、为牲畜准备饲料、种植护田林带、建造饲养场等。一至四年级的每名学生一年要积 100～300 公斤土肥，五至七年级积 300～600 公斤土肥，八至十年级积 600～1200 公斤土肥。这种简单的劳动具有集体性，因此大家干得热火朝天。

(十一) 劳动活动的量力性

我们允许学生在任何劳动中产生正常的疲劳，但决不允许劳动导致体力和神经系统的过度疲劳。儿童劳动的适度不仅取决于孩子体力的负荷量的适度，还取决于脑力劳动和体力劳动的恰当交替，以及劳动活动种类的多样化。

我们认为，农业劳动（作物栽培、牲畜饲养等）和技术创造（机械设计、模型制造、金属加工等）交替进行具有十分重大的意义。得益于这种交替，原本在单一的情况下让孩子无法胜任因而感到疲惫不堪的劳动就会成为他们力所能及的劳动了。

经验也证明，当孩子们不是进行一些零散的劳动，而是基于有趣的计划开展连续活动时，他们的力量和能力就会大大增长。我们的观察可证明这一观点：有一次，我们为葡萄藤蔓做过冬的准备工作，一个班（28 人）都是 11 岁的孩子，他们用一个半小时的时间培土覆盖了 40 棵葡萄藤，这对他们来说是不轻的工作量，虽然劳动给孩子们带来正常的疲劳，但同时他们也得到了精神的满足，因为他们照管这些葡萄已有三年的时间。而把同样的工作分配给同样人数的另一个班的其他同学，结果则迥然不同：一个半小时后他们才勉强完成了一半的工作，而且十分疲惫，无法继续干下去。

孩子们的任何一次体力劳动都应当与其精神生活密切结合。

(十二) 劳动同多方面的精神生活的结合

人的生活不能只有劳动。只有当他同样享受到其他的快乐，享受文化珍品和精神财富——文学、音乐、绘画、运动和故土的旅游之乐时，劳动的快乐才能显现出来。这些精神财富提升和充实了人的高尚灵魂，从而使他更加深刻地理解和感受创造和创作的快乐。一个人在少年和青年早期接触的人类文化源泉越多，劳动就越能使人高尚。所以我们努力做到在任何时刻都不停止集体的多方面精神生活。尤其在夏季，当我们的学生连续几周都在田里从事紧张的劳动时，学校就举办一些文学和音乐晚会、科技晚会、集体朗诵等活动。

劳动教育的成功取决于以适当的方式配备物质基础，取决于向儿童提供适当的劳动活动项目，也取决于合理的教育工作的形式和方法。

二、劳动教育的物质基础（从教育学方面讲）

建立物质基础以保证孩子们早日投入劳动，保证劳动活动的多样性及劳动与工农业生产相联系，这是一个非常重要的教育学问题。

我们在前面已详细介绍过我校劳动教育的物质基础，讲述了工作间、工厂、专用教室、实验室、温室等。现在我们简单地从教育学方面谈谈这个问题。

所有物质基础的创设目的是让孩子们年幼时就掌握比较复杂的工具、装置和机械。学生在使用劳动技术设备前，要用手工工具完成一定的工作。学生只有在学会使用手锯，熟练地掌握它，并利用它完成考查作业，从而获取使用第一部儿童机械的权利后，才可以使用细木工电锯（圆盘形电锯，专供年幼的孩子使用）。男孩女孩都力求尽可能好地掌握手工劳动的技能和技巧，这是他们向操纵机器过渡的必经阶段。机械圆形锯可以把木头锯成方棱木条、木板、板条等可进一步加工的材料。这种机械的部件设计得可以让儿童根据材料的加工目的自主确立加工装置。电锯和圆形锯旁是儿童木材刨床，也配有防止发生不幸事故的安全装置。

与金属加工、机械设计和模型制造有关的劳动，也采用这种程序和刺激因素。小学生的工位都配有特制的儿童工具（供 7～10 岁的孩子使用）。此处还安装有高年级学生和教师制造的用于加工金属的车床和钻床，专供 8～10 岁的孩子使用。这些机床的设置解决了一个重要问题。真正吸引孩子们的正是这些缩小并稍加简化了的机床与工厂真正的机床完全相同这一点。为了获得在这些机床上工作的权利，孩子们耐心地掌握手工工具。以后，凡是在车床上取得工作成绩的人，就能获得在儿童铣床上和在工厂制造的旋床上工作的权利。

学龄中期和晚期的学生，只有在他为小型儿童机床做出一些比较复杂的零部件后，他才能获得在工厂制造的车床、钻床、铣床上完成复杂操作的权利。旁边便是少年设计师们的装配台案。一张桌上的工位配备的是较复杂的工具，另一个工位配备的工具则适用于不太复杂的工序。初学的少年技师与有经验的高年级同学共同劳动，向他们学习，争取获得使用更复杂的工具和操控机械的权利。

电气安装和无线电技术方面的物质基础和劳动创造之间也存在类似的依从性。只有亲手制作了 3 台可转动的发电机模型（每台模型都比前一台复杂一些），并能把它们与小型活动模型，诸如扬谷机、脱粒机等机械结合起来的人，才能被允许使用复杂的工具、机械、仪器和在儿童电站工作。只有能装配电子管收音机的人，才能获得装配晶体管收音机的权利。

在儿童电站工作的，是在高年级学生指导下的 10~12 岁的孩子：他们开启和关闭发动机，开动发电机，接通用电机械（如小锯、小型金属切削机床、机械细工锯等）。所有这些工作都很有趣，具有吸引力，但在儿童电站工作的每个人都盼望着能到教学电站（供中高年级学生使用）去工作——那里配置了几台内燃发动机和功率分别为 16 千瓦、4.5 千瓦、2 千瓦、0.5 千瓦的直流和交流发电机、变流器、蓄电池充电设备等。只有掌握了儿童电站发动机和发电机的基本保养技能的人才被允许去教学电站（学生们称之为"真正的电站"）工作。

孩子们耐心地学习技能，学会后就有权学习驾驶微型汽车（供 8~9 岁儿童使用）。学会驾驶微型汽车后，学生还想驾驶摩托车，然后驾驶真正的汽车。遵循劳动的合理逻辑、创造和利用物质基础的合理逻辑，使得七、八年级结业的所有学生都会操纵内燃发动机（固定式）、驾驶微型汽车和摩托车。

八年级结业的学生中大约有 75％会驾驶汽车和拖拉机。九至十年级的所有学生不仅会驾驶拖拉机，还会用它进行耕作。所有这一切，我再重申一次，并不是专业化，而是劳动的基础，是技术素养的基础。如今，掌握驾驶拖拉机和汽车的技能，就像会使用电炉一样，对每个人来说都是很平常的事。

只有实现劳动再生产，物质基础才能得到真正的丰富。教学实验园地、果园、葡萄园里的收获以及果树幼苗的培植，都是具有相当价值的物质财富。我们把其中一部分无偿赠送给集体农庄和家长；另一部分用来出售，利用这笔收入满足孩子们的文化需求（参观游览，购买乐器和文艺书籍等），同时用于进一步扩大物质基础：学校用所得资金购买电动机、无线电技术小组需要的器材、内燃发动机等。学生劳动不仅是为了学会工作，也是为了创造物质条件，进行更为复杂的、有丰富智力活动内容的劳动。学校依托这些资金建立了集体基金，旨在对生活困难的学生进行物质补助，这项基金由学校共青团委员会和少先队大队委员会管理。

三、学生劳动活动的种类及组织方面的教育学要求

为了合理地组织劳动教育和充分发挥劳动的教育作用，我们对劳动种类做如下的教育学分类：

1. **社会意义**。某些劳动的社会目的性很明显，另一些劳动则使有些孩子不太理解。不论栽植护田林和橡树林，用几年时间进行管理，还是每天在教室里扫地擦桌子，在这两种情况下学生完成的劳动都是社会必要劳动，都具有重大的教育意义。在第一种情况下，学生直接参与社会物质技术基础的创造；而在后一种情况下，劳动没有超出自我服务的范畴，因而无法像第一种劳动那样培养情感和信念。但同时，自我服务也有自身的优势：能够培养学生爱整洁的习惯，培养他们尊重平凡的劳动，尊重从事普通的、不引人注意的职业的人们的习惯。

我们力求让学生在生活中参与具有各种社会意义的劳动，从幼年开始就接触那些旨在创造和巩固社会物质技术基础的劳动，这对于培养劳动者的荣誉感和自豪感具有重大意义。同时我们也认为，任何一种劳动，无论它多么无趣和粗笨，都具有重大的意义。每位孩子从幼年起就应当意识到，他若不积肥，不往田里施肥，不在炎热的夏天和严寒的冬天紧张地劳动，他就不会创造任何物质财富，也必然不会创造任何精神财富，因而他也不会享受到生活的乐趣。

2. **教学目的和教育目的的相互关系（这里"教育目的"一词的概念是狭义的，指德育）。** 某些劳动的首要目的是掌握知识、技能、技巧，而另一些劳动追求的是纯粹的教育目的——形成道德概念、信念和习惯，丰富道德经验。尽管在掌握科学知识和劳动技能中也包含世界观信念的形成，因而学生在学习过程中也在受教育，但这种劳动过程本身最重要的目的仍然是学习、掌握、会做。

教学过程的劳动总是明显地反映认识性，如果学生清楚地了解这一点，那么劳动的目的就算达到了。除了上课和阅读的劳动外，诸如在教学实验园地里的实验、物理课和化学课上的实验室作业、地形测量活动、采集植物标本、收集收藏品等，都具有认识性。不能让所有劳动的最终目的仅限于认识世界，这一点尤为重要。我们学生所做的实验性劳动具有双重目的——认识和改造，在认识自然规律的同时，还要把哪怕一小块土地改造得更有生气、更美好。我们力求使学生在学习和掌握知识的同时，也创造物质财富（在工厂制造机械和工具，在试验田培育种子和果实）。

除与教学直接相关的劳动外，那些旨在培养人的道德品质，让每个学生享受到社会劳动的幸福和快乐，体验到公民自豪感的种种劳动，也发挥着重大作用。学生通过创造具有重要社会意义的物质财富达到教育目的。例如，我校学生加入少先队后要栽植一片柞树林，接着连续几年照管这片树木，待毕业时，他们便可目睹自己的可观的劳动成果：柞树林牢固地防止沟坡的侵蚀。我们通过这种方式使学生的劳动尽可能地超出学校的圈子和学校的利益，让每位同学感受到自己是社会生活的参与者。

3. **综合技术教育在智育、德育、体育、美育中的作用和地位。**学龄初期的儿童最容易理解劳动的审美目的和社会公益目的。他们在劳动过程及其物质成果的美感中确立自己的道德尊严，体验自豪感——在这一年龄段，美感是最丰富的道德情感的源泉之一。这就是为什么我校学龄初期儿童的大多数劳动具有十分明显的审美性质：孩子们在创造美。相应的劳动项目因此而来，如栽培和照管花卉；做些东西，其实用价值主要在于它的美，在于满足审美需求。孩子们努力把事情做精细，做漂亮，但事情的首要目的并不是审美，而是实验性目的或公益目的。我们利用孩子们对美的追求，努力实现劳动在思想上和智力上的丰富。孩子们所做的一切都应是美的。

有些劳动活动和长时间的劳动过程，它的内容就或在智育方面，或在德育方面，或在体育方面，或在综合技术教育方面发挥着重大作用。个性的全面发展取决于共产主义教育各个重要组成部分在劳动中的反映深度。

4. **脑力和体力的相互联系。**劳动教育最重要的准则之一就是脑力和体力劳动的结合。我们绝不让一部分学生制订和实现一些创造性计划（如设计装配活动模型），而让另一部分学生从事单调的体力劳动。任何一项计划都有体力劳动，往往这种体力劳动还是单调和艰苦的，应由执行创造性计划的人自己去干。体力劳动越简单单调，就越不能以此作为最终目的，而要把它作为达到最终目的，即实现创造性意图的一种手段，这一点尤为重要。我们认为，年轻一代投身劳动的心理准备的主要前提之一，就是青年人不能认为农田或畜牧场的简单劳动只是花费体力而已。通过手脑结合，我们努力将体力劳动打造为提升和完善精神的一个领域，由此吸引青年男女。学生在创造物质财富的同时，也在考察、试验、研究自然界规律，学习技术和工艺规则，完善工艺流程。凡有最粗笨、最单调的劳动的地方，如在畜牧场，高年级学生就在那里进行最有趣的研究工作——研究抗生素对动物机体生命活动的影响。

5. **劳动工具的性质**。作为劳动基础的技术手段和工艺过程越复杂，揭示个性的天赋和才能，培养高度的劳动素养的可能性就越大。为了训练青年人操纵复杂的技术工具（各种机器、机械和装置），我们让学生在学龄初期，特别是在学龄中期就进行较为复杂的生产活动，并向他们传授一些劳动技艺，以适应高速发展的科学技术。

除了使用手工劳动工具外，我校学龄初期的学生就已经使用机械工具，特别是电动工具（如细木工电锯）了。这就向孩子们提出了新要求，引导他们进入技术的世界。随着孩子年龄的增长，他的科学基础知识越深，将更加复杂的技术手段引入劳动过程就显得越发重要。我们教导孩子们从小就用机器技术的可能性的观点看待体力劳动。例如，如果给少先队员分配把若干公担的麦子从一处搬到另一处的任务，他们就必然会产生一个问题：能否用机械工具代替手工劳动？如果少年已有使用较为复杂的劳动技术手段的经验，此时他们就会考虑安装一台输送机。

劳动的技术手段越复杂，与手工劳动直接相关的技能和技巧就应当越精细和熟练，手工劳动的素养也就越高。我们在孩子学龄初期就培养他们手工劳动的高度素养。设计、安装、调整零件和部件，修理、调整零件和部件的相互关系——这些都是在校期间要进行的多方面创造性劳动。它不仅能提高手工劳动的素养，也能发展思维。使用复杂的劳动工具的技艺在很大程度上要依托手工技能和技巧的熟练程度。

6. **劳动活动的成果**。在一种情况下，学生当时可以目睹在劳动过程中创造的物质成果（如少年技术家小组的制品）。在另一种情况下，劳动是在为不远的将来获取物质成果做准备（如收割成熟的麦子、准备播种）。在第三种情况下，劳动只是在较遥远的未来获取物质成果的一种条件（如旨在提高土壤肥力的农林改良工程）。在第四种情况下则全无有形的物质成果，劳动只作为精神价值丰富生活（如帮助老人和病人）。

劳动的物质成果越可观，信念形成的可能性就越大，劳动过程中的情感就越深沉。使学生为获取未来的物质成果进行长期斗争，战胜困难，斗争的过程从而成为学生精神生活的一定阶段，这是我们为学生安排劳动活动的目的。除短期劳动任务外，集体劳动中还有需要连续从事数年的工作（如植树造林、照管葡萄园和果园）。

在某些情况下，人们自行分配物质成果；在另一些情况下，物质成果，就其性质来讲根本不可能作为消费品。这两种劳动都具有同样重要的教育意义。学生既创造具有个体消费品价值的东西（面包、蔬菜、肉、牛奶），也创造属于整个社会的财富（肥沃的土地、森林）。

7. **报酬**。年轻一代的劳动分两种——无偿劳动和有偿劳动。我们将我国社会发生的深刻变化作为指导方针，安排两种劳动的比例。劳动者从社会消费储备额中获得的生活福利越来越多，而且不以个人的劳动为转移。在孩子们的生活中，这种福利所占的比重比在成年人生活中的占比高出无数倍，因此这要求我们教育工作者承担很大的责任。学生们应当明白他们从社会享受到的免费福利的劳动价值。

但个人报酬和个人工资也发挥着很大的教育作用。中高年级学生夏日在集体农庄从事的劳动是有偿的，他们上交报酬，用于家庭开支，这是培养孩子对父母的义务感的一个重要条件。我们利用学校能采取的种种手段（谈话、讲座等），力求使毕业的孩子踏上独立的劳动生活道路后，将自己的部分工资上交父母。

四、劳动教学

一个人在少年和青年早期就应学会一些技能和技巧，以便将来自觉地选择职业，在劳动中发挥自己的天赋、才能和爱好。

我校学生通过两种途径获得自觉选择职业所需的技能和技巧：

1. **通过教学大纲规定的必修课程获取。** 低年级班有手工劳动；五至七年级学生在教学实验园地和工厂里劳动。八至十年级学生则进行与工农业生产基本知识的学习相结合的活动。必修课的劳动包括对各种材料（纸、硬纸板、蜡泥、黏土、树木、纺织品、金属、塑料）进行加工，耕地和照料植物，设计和制造模型，操纵机器和机械等。

普通学校的宗旨并不在于对学生进行职业训练。中学毕业后，学生应当只是了解生产的主要领域并掌握一些技能和技巧，以便自觉地选择职业。

低年级学生进行各种基础的手工材料加工活动，这是劳动教学的第一步，也是最重要的一步。在手工劳动课上获得的技能和技巧是形成和发展到中高年级必须掌握的更为复杂的技能和技巧的先决条件。使用细木工锯或剪纸，是为在虎钳上做工、用锉刀和车床加工金属、装配无线电收音机做准备。我们的孩子在一、二年级用切削金属的工具剪纸花、刻木制机器和机械模型及做人和动物的剪影。这种劳动能发展孩子的目测力、埋头苦干的精神，能培养美感。孩子们用麦秆编织小手提包、小钱包、椅子等玩具，用黏土和蜡泥捏人形和动物模型。

除了做一些最简单的材料加工活动外，低年级学生还学习设计和制作、组装和拆卸构筑物、机器和机械的模型（玩具）。劳动结合了游戏的元素，孩子们首先从使用软金属丝和塑料薄板设计和制作模型。孩子们用铁丝制作动物、野兽，然后再过渡到制作拖拉机、汽车、飞机、起重吊车、挖掘机、输送机的模型，用木头、金属、黏土和塑料构件、薄板、板块构筑房屋和经济建筑物的模型。随着对木料加工的熟悉，孩子们越来越多地使用胶合方法制作构件。在个别课上孩子们学习用制型纸制作人形和小动物模型。

孩子们从低年级开始掌握工具。我们认为，手工劳动使用的儿童工具具有很大的意义。中年级学生利用劳动课在钳工车间为小同学制作木工削刀和刻刀及裁剪纸张和硬纸板的刀具，还制作制砖机，小同学可以用它制作盖玩具房屋用的小型黏土砖块。儿童在劳动中都要使用小型凿子、斧子、锤子等。孩子们学习了材料加工后，逐渐过渡到制造一些物件和东西，制作的这些东西的完好取决于各个部件的完好和相互作用。计算准确、加工和装配精细、各个零部件能相互作用——小学阶段的这些劳动素养的品质对日后的劳动教学很重要。比如，四年级学生可以用弹簧和剪刀装配修剪小树枝的工具。

生活中的一些技能和技巧（如在不复杂的车床上工作的技能）已从职业性变为通用性，成为劳动的基本技能。所以我们在低年级大纲中补充了用车床加工木材和金属的内容。孩子们在小型机床上用木材和软合金车小轴和螺栓。

低年级学生通过在教学实验园地里的劳动掌握农业方面的创造性劳动所需的技能和技巧。他们不是做辅助性的次要农活，而是有始有终地完成一些对他们的年龄来说比较复杂的劳动任务，并获得物质成果。从一年级起，孩子们就开始在小地块上做改良土壤、提高肥力、看管树木、种植粮食作物和经济作物等系统性的农业劳动，完成一项用一年，完成另一项需要四年，完成再一项需要七八年。每个孩子在小学期间就能种植高产量的作物：他们在一般只能收获一穗的地方有两穗的收成，领会到大自然的赠予要依靠人的智慧、意志和创造性。个人的劳动经验对于这一信念的形成具有很大的意义。学校给每位二年级学生分配一平方米的土地，他要在这块土地上种植出 500 克小麦（合每公顷 50 公担）。三、四年级学生种植的产量更高——每平方米 600～700 克小麦（合每公顷 60～70 公担）。孩子们静心照料每株作物，珍惜每粒粮食。

待小学毕业时，每个学生可培植出树龄达三四年的树苗（这项工作从入校的第一个秋季或春季开始）。此外，学生在入学的第一个秋季就栽植一棵果树。待他们小学毕业时，果树就已经开始结果了。

五至八年级的学生在工厂和教学实验园地里劳动，旨在进一步发展技能和技巧，加强劳动的公益性和生产性，在发展天赋、倾向和才能的基础上增强兴趣的差异。学生掌握钳工、车工、电气安装工的技能和技巧，及照料动植物的技能和技巧。经验证明，八年级是开始学习生产基础知识的合适时机（我校学生在八年级学习内燃发动机，最常见的工作机器的运转原理、电气安装等）。

到中年级，劳动的教育因素与生产因素结合得更多了。学生不仅要学会，而且要做出有益、有用的东西——这是劳动教育的主要原则之一。五至八年级的学生在工厂和工作室里制作教学仪器和教具，制作活动模型、工具、机械劳动工具、工艺过程用的设备。每个班集体或学生小组在工厂里制作较为复杂的机械劳动工具——车床、钻床或铣床，土壤加工和作物管理的工具等。

这种劳动都具有综合技术的明确方向，有助于个性的全面发展。学生在少年时期就熟悉生产的一般原理，掌握一系列具体劳动领域通用的技能和技巧。

我们很重视制作数学、物理、化学的直观教具，制作在教学实验园地和工厂里使用的最普通、最简单的工具和力学、电学方面不复杂的仪器和直观教具等。无论技术如何发展，技术思想达到多高的水平，掌握技术基础知识，即学习内燃发动机、涡轮机、条锯和圆锯等都是攀登科学思想和劳动素养顶峰的必经之路。就像缺乏基础知识就无法接近科学前沿一样，不会使用简单的工具、仪器和机械就无法掌握复杂的技术，无法培养起高度的劳动素养。

每位学生在五至八年级学习期间都要在教学实验园地里完成以下个人任务：种植粮食作物和经济作物（3～10 种），将培植的果树品种嫁接到 25 种野生果树上，培植果树苗木，建立苗圃，提高土壤肥力。每一项任务都具有实验性和研究性的明确目的。例如，个别学生从事种子和肥料质量的研究。这样一来，实验园地里的劳动和自然生物室里的劳动就结合起来了。对农业生产感兴趣的儿童和少年负责的地块比较大（20～100 平方米），由于运用科学成就，特别是化学成就，他们在这些地块上种植出的作物的产量比集体农庄的高一倍、两倍甚至三倍。

女孩子和男孩子一样，都要掌握从事技术高度发达条件下的劳动所必备的技能，不过女孩子可以选择体力强度较小，对精确度、设计创造性和技巧要求较高的劳动任务。倘若男孩子们制作大型金属车床，那么女孩子们就制作自动装置或根据自动化原理运转的模型。

八至十年级的劳动教学由理论课和用来掌握技能和技巧的劳动构成。理论课的主题有：我国生产领域的总体特征，工农业生产主要领域的基本特点，能源评述，发动机和工作机器构造和工作的一般原理，内燃发动机和电动机的构造及其在工作机器上的应用，化学工艺在最常见劳动领域中的应用。

通过实践活动，学生掌握具有各种综合技术性质的、可用于各生产领域的技能和技巧。八年级学生学习固定式内燃发动机及工作机器和机械，学习电气安装和发电机。九、十年级学生学习拖拉机、汽车、联合收割机，继续学习电工，学习含电子学和自动化技术成分的无线电技术，掌握在车床、钻床和铣床上工作的技能。技能的掌握与设计和制模、与修理机器和机械、与制作钳工和测量工具等活动紧密结合。八至十年级的全体学生学习作物栽培和畜牧学的理论课，在夏季专门抽出时间进行针对性实习。作物栽培和畜牧学的实习通常与使用拖拉机同时进行。十年级学生还学习农业化学理论课（共18课时），并完成这一科目的实践工作。

总之，高年级的劳动教学建立在广泛的综合技术基础上；理论密切联系实际；生产基础知识理论课与数学、物理、化学、生物课之间有深刻的内在联系。由于存在这种联系，高年级劳动教学课保持在每周3课时就足矣。农业化学理论课之所以不超过18课时，是因为课程教学是建立在积极运用学习无机化学和有机化学时已获得的知识的基础之上的。

乍一看，似乎高年级的生产基础知识的学习加重了学生们的负担：既要学习发动机、发电机、拖拉机、汽车，又要学习电工学和无线电技术，还要学习作物栽培和牲畜饲养。假如孩子们不是在低年级，特别是在中年级就已经在小组学习了机器和机械，假如他们没有掌握在金属加工机床上工作的技能，没有兴致勃勃地搞过实验的话，这些负担对于他们来说的确过于繁重。假如五至八年级的每名学生不曾在技术小组亲手做过发电机、无线电收音机的话，就不可能在很短的时间内（各用36课时）学完电工学和无线电技术。较早地参加生产劳动能助力实现综合技术教育，并为高年级学生广泛地掌握综合技术方面的技能和技巧创造条件。

由于所获得的知识和技能具有综合技术的性质，每位高年级学生便有了选择最能显示自己的才能和倾向的专业的机会。同时还应当指出，除了必修的劳动教学课业及必学的知识和技能外，学校还举办自愿参与的活动——课外小组活动和科学学科小组活动等，在这里每个人都可以从事喜爱的事情，既可以阅读资料，也可以劳动。如果缺乏这方面的智力生活和劳动生活，高年级卓有成效的综合技术教育和劳动教学就无从谈起。

我们不会将高年级的劳动教学变成墨守成规的工匠活动。在劳动过程中、在对劳动的观察中和亲身体验中学到的理论知识发挥着主导作用。理论的概括建立在学生在实践中接触的劳动细节上。例如，我们利用在操纵内燃机和电动机过程中获得的实际经验说明动力技术的作用。我们有意让学生在参观活动时关注最能体现各主要生产领域特点的技术和劳动过程。当学生述说他们参观的所见时，他们便能分析出机器和机械、劳动和工艺过程的主要的典型特点。

学生要解决具有这样意义的综合技术课题，即在实践中发现可以揭示生产方面的某个原理或机器技术方面的某一特点和特征的现象和过程。例如：（1）指出包含机器或机械部件对物质起粉碎和磨碎作用的生产过程，解释物质和最终产品的特点如何取决于作用于物质的工具的结构特点；（2）需要给用于装卸甜菜的拖拉机配备什么装置？

解决综合技术性课题会加深学生对科学与技术的兴趣，培养劳动素养。

八、九年级结课后，学生要赴校办工厂、工作间、实验室、教学实验园地、机械修配站的车间及集体农庄的拖拉机队进行为期三四周的夏日实习。完成九年级学业且拖拉机课考查合格的学生，在此期间要轮班当拖拉机手在拖拉机上工作。集体农庄的每位机械师都配备一名学生，担任轮班拖拉机手，一天工作6小时。轮班拖拉机手又配有一名助手，由八年级结课并在小组里掌握了驾驶拖拉机技术的学生担任。学生们要做翻地、中耕、行间作业、收割粮食作物和经济作物、储备青贮饲料、净种、播种、施肥等农活。

电工实习包括安装线路，给电动机和加热器接线，制作小功率、小电压的交流和直流发电机等作业。这种工作要求精细操作，精确计算，因而这也是加深知识和技能的好方法。每一位八年级结课的学生要向学校物理室提交一个电动机活动模型，作为考查成绩。十年级结课的学生要做一台用于活动模型的发电机。学生们还维修拖拉机、汽车、自动联合收割机、净谷机、电力挤奶器以及其他机器的电气装置。每个高年级学生都要去安装水泵和畜牧场供水系统的工作队工作几天。

每个学生在八至十年级的学习期间要制作简易的电测试仪器模型和电力驱动的劳动机械工具（水泵、研磨设备等）。这一切不是专业化，而是劳动的基础技能。用列宁的话说，没有电学知识，就无法建成共产主义。[①]

每个学生在八至十年级的学习期间，都要装配一台电子管收音机和一台晶体管收音机，这是必须完成的任务。对无线电技术和电子学感兴趣的青年男女，则要独立掌握更广泛的知识和技能，教师还要定期给他们上课。他们要制造以自动化原理为基础的仪器。

在青年早期掌握某些技能和技巧，热爱某种劳动，对培养志向起着一定的作用，但不是对决定专业预先做出最后的选择。在青年早期获得的广泛的综合技术知识和技能及劳动素养是一种精神财富。它不仅激发求知的渴望，而且激励好学的钻研精神，得益于这些财富，毕业生可以选择最能发挥他的才能和天资的生活道路：一些人到大学深造；另一些人学习专业知识，然后到工农业生产部门工作。我校毕业生的情况可以参考以下数据：

---

① 在第八届全俄苏维埃代表大会（1920 年 12 月 22～29 日）上，列宁在 22 日的《全俄中央执行委员会和人民委员会关于对内和对外政策的报告》中提出以下形势："共产主义就是苏维埃政权加全国电气化""当下我们应当让每个建造的电站都变成教育的真正支点，电站真正地从事对大众的电力教育""让每个工厂、每个电站都变成教育的源泉，如果电站和强大的技术设备能密集覆盖全俄，那么我们的社会主义生产建设就会成为即将出现的共产主义在欧亚地区的范例"。（《В. И. 列宁全集》，1963 年，第 41 卷，第 159、160、161 页）

1949～1966 年，我校毕业生共计 712 人，其中有 278 人完成学院和大学的高等教育，按科系划分如下：工科系 94 人、医科系 45 人、农业系 49 人、师范类 53 人、其他科系 37 人。目前就读于高校的有 183 人，其中工科系 60 人、医科系 22 人、师范类 38 人、农业系 36 人、其他类 27 人。具有中等教育程度的在工农业生产部门工作的毕业生，职业如下：具有较宽知识面的机械化专家 73 人，技师、机械师及高级技工 116 人，农业技术员、畜牧员 62 人；其中有 68 人在本地的农庄从事机械化专家、机械员、农业技术员、畜牧员的工作。

高年级学生（从七、八年级开始）还有机会学习教学大纲外的一些技能和技巧。例如，有的学生自愿学习电焊工作；有的学生自愿在学校教学实验园地里从事养蜂活动；春夏两季有些男生学习装配钢筋混凝土构件；女生则自愿钻研电动缝纫机，学习在缝纫机上工作。

高年级学生制作了 32 台程序控制机床（车床、铣床、刨床）。近三年（1965～1967 年）期间，高年级学生在自动化技术和无线电电子学小组里及在电工和无线电技术课上装配了 45 台电子计算器，运用于数学、物理、化学和语法课课堂上。高年级学生和五至八年级的学生一起为低年级学生制作了两辆微型汽车，装配了两座儿童电站，制作了 40 多套儿童工具。此外，还为小学生制作了耕地、播种、收割用的机械，如中耕机、播种机、脱粒机、扬谷机、割草机等，所有这些机械均由电动机带动。

普通中学毕业后，有 42 人接受了中等专业教育（函授和住校），其中学习技术和农学专业的有 26 人，医学专业 6 人，师范专业 5 人，其他专业 5 人。

本乡众多生产和文化部门都有我校毕业生的身影，这令我校全体教师引以为豪。集体农庄总农艺师维克多·谢尔宾、区集体农庄生产管理处的总工程师阿纳托利·马卡连柯均为我校的毕业生；医院里有三名医生均是我校毕业生；集体农庄机械工作队中有十余人也是我校的毕业生。

2. 培养学生进行劳动活动的第二条途径就是学生自愿选择符合自己天赋、兴趣、倾向的劳动。必修教学大纲无法照顾到多种多样的个人特点。孩子在学龄初期不仅要学习手工劳动课堂上全班都要做的东西，经常还想做一点自己的东西。他们不满足于本班同学达到的技能和技巧的熟练程度，他们希望掌握得更精细，而且这种愿望会随着年龄逐步增强。生活要求有课外的劳动教学。

我校通过小组活动开展此类教学。我校每年都有 40～45 个小组开展活动（在不同年份随着孩子们的个人爱好和兴趣的不同，小组数量有所变化）。某些小组只有学龄初期的孩子在活动；另一些小组成员包括学龄初期和中期的孩子；第三类小组中只有高年级学生；第四类小组中既有高年级学生，也有学龄中期的孩子。这些都是根据技能和技巧的复杂程度、孩子们的劳动与成人劳动的接近程度、劳动过程中理论的丰富程度而定的。

总之，当孩子迈进我校校门，便会感受到身处各种创造性劳动的氛围中。每位学生都在某个技术小组或农业小组里劳动。绝大多数的孩子都饶有兴致地参加两三种与技术、与作物栽培有关的劳动。学龄初期的孩子同少年一起，有时同男女青年一起在小组里劳动，这一点具有重要的教育意义。

所有的或几乎所有的孩子在头两三年都会参加某些技术和农业小组，这好比是孩子在从事更复杂的劳动前的一个阶段。例如，所有七八岁的男女孩都怀着极大的兴趣参加少年细木工小组的活动（使用细木工锯）和少年花卉栽培家小组的活动。同时，这些孩子还参加别的小组，诸如少年钳工设计师小组、少年无线电技师小组的活动。之后，一部分学生继续喜爱细木工和栽培花卉的活动，而绝大多数学生根据自己的兴趣和爱好而转到别的小组。

1967 年我校一至八年级的所有学生曾在下列小组活动：

一至六年级的两个少年钳工设计师小组、三至四年级的三个少年钳工设计师小组、四至六年级的三个少年钳工设计师小组、一至三年级的两个少年建筑家小组、三至八年级的一个少年建筑家小组、一至二年级的四个少年细木工小组、三至四年级的三个少年细木工小组、三至八年级的两个少年车工小组、一至四年级的一个少年机械师小组、五至六年级的一个少年机械师小组、六至七年级的一个少年机械师小组、七至八年级的两个少年机械师小组、三至五年级的两个少年电工小组、五至八年级的两个少年电工小组、五至六年级和七至八年级的少年细木工小组、一至五年级的一个少年无线电技师小组、四至六年级的一个少年无线电技师小组、五至八年级的两个少年无线电技师小组、四至十年级的两个自动化技术和无线电电子学小组、一至四年级的一个少年园艺家和林业家小组、五至八年级的一个少年园艺家和林业家小组、一至四年级的一个少年畜牧家小组、五至八年级的一个少年畜牧家小组、一至四年级的一个少年育种家小组、四至五年级的一个少年育种家小组、五至六年级的一个少年育种家小组、六至八年级的两个少年育种家小组、一至二年级的三个少年园艺家小组、三至四年级的两个少年园艺家小组、五至六年级的一个少年园艺家小组、六至八年级的一个少年园艺家小组、一至四年级的一个少年养蜂家小组、五至八年级的一个少年养蜂家小组、三至五年级的一个少年土壤学家小组、五至八年级的一个少年土壤学家小组、一至四年级的一个少年植物爱好者小组、三至五年级的一个少年植物爱好者小组、五至八年级的一个少年植物爱好者小组、一至十年级的一个少年航空模型家小组。

在技术性小组里，孩子们最感兴趣的是：钳工设计师小组、车工小组、电工小组、机械师小组和无线电技师小组。学生的年龄越大，需要精确细致地加工、进行磨合和调整的劳动就越吸引他们。孩子们在少年钳工设计师小组和少年电工小组制造机器和机械模型。一至四年级学生对在小型车床上做工尤其感兴趣。上课时，所有孩子在这种机床上做工，而那些自幼就向往技术性创造的孩子则可以在小组里提高水平。

在少年机械师小组里，学生先从操纵、拆卸和装配小型内燃发动机这种最简单的活动开始做起（起初是压缩器式，然后是汽化器式）；继而过渡到学习固定式发动机，然后是摩托车和拖拉机。学校配备了 50 多台内燃发动机供小组活动使用。

孩子们在少年细木工小组里开始使用手锯，然后使用电动细木工锯；最初用手工工具刨、钻、凿，然后用刨床、万能钻床和铣床加工。少年细木工们制作直尺、圆规、量角器、角规等教学用具及木制模型（房子、桥梁及其他建筑物）。

孩子们在少年无线电技师小组的活动从制作矿石无线电收音机开始，然后装配电子管收音机，最后是晶体管收音机。

少年畜牧家起初照管小兔，逐渐过渡到照管牛犊和牛羊。

在少年育种家小组里，孩子们培育粮食作物和经济作物，培植树苗。每个少年育种家小组都要为生物课提供一种分发材料。

少年花卉家们为学校培植花卉，为家长培植花卉秧苗。

孩子们在少年土壤学家小组里研究土壤生命及其质量。

每逢夏天，少年植物爱好者要去远足，收集各种有趣的树种及粮食作物和经济作物的种子。

小组的各种指导工作由八至十年级的能力较强的学生担任，个别小组，如自动化技术和无线电电子学小组由高年级学生和老师共同负责指导。老师要同指导儿童小组的高年级学生进行交谈和辅导：推荐开展实践活动的程序，讲解如何带领小组进行活动，如何将劳动与阅读相结合等。

儿童技术小组的目的是引导孩子们渐渐进入有关机械学、电工学、无线电技术、自动化、电子学的技术创造世界。我们认为，机械学对教育幼龄学生具有很大的意义。对孩子们来说，机械学就是创造思想的中心。少年钳工设计师不仅用活动模型复制真机器和机械，而且想出动力机与工作机的新组合、活动模型中各种部件的新组合。例如，少年设计家装配扬谷机的活动模型时，将装配独特的几台输送机与扬谷机连接起来，输送机将未扬的谷物输送进去，并将扬净的谷物输送到专用仓库（模型中是一个箱子）里，进行分装（用小纸袋），这一切都依靠巧妙的机械结构进行。在另一个小组里，孩子们则组装了一台由内燃发动机作动力的小型割草机。四至八年级的少年钳工设计师小组成员组装了一条半自动线，可将木方锯成制作各种模型所需的薄板条。

少年机械师小组中最小的孩子（7～10岁）学习小型压缩器式发动机，然后过渡到学习汽化器式发动机；10～12岁的孩子学习驾驶微型汽车，然后是摩托车。一个分小组中能力较强的学龄中期学生则学习驾驶拖拉机。

在少年育种家小组里，孩子们进行有趣的、引人入胜的实验。孩子们花几年时间对冬小麦的特性进行研究，就培育出相当于一般产量3倍的冬小麦。少年育种家们还培植了比一般品种含油量高的向日葵、比一般块茎含糖量高的甜菜。15年来，少年育种学家小组先后进行了多次培育春小麦的有趣实验，这种春小麦的特点是具有较高的蛋白质含量。少年育种家们每年要精选具有抗寒性能的冬小麦种子。

不论在技术小组里，还是在农业小组里，技能和技巧的获得都与有趣的构思和创造密不可分。例如，在少年无线电技师小组里，孩子们每个学季都要装配可用无线电远程遥控的装置。

机械的制造，特别是那些用于创造新的物质财富的生产工具的制造，是儿童劳动的一个高级的、具有高度教育价值的阶段。正因为如此，我们才如此重视金属加工机床的制造。这种工作就是对技艺的考试。谁经受住这个考试，谁就能体验到喜悦感和自豪感。

创造性劳动能提升自我，使个人的道德面貌变得高尚。早在学龄初期，孩子就能看到自己首批的可观的劳动成果——树苗、护田林及在不毛之地上造出的小块沃土等，并把它们转交给集体，奉献给社会。少年作物栽培家和蔬菜栽培家把在教学实验园地里培植出来的玉米、马铃薯、白菜、西红柿的种子交给集体农庄庄员。

在一个小组获得的技能和技巧，是孩子过渡到另一个小组，即从较容易的劳动过渡到较复杂的劳动、从使用简单工具和机械过渡到使用较复杂的机器的准备。没有前一阶段的准备，他们就无法进入所向往的下一阶段。所以他们便竭尽全力地掌握技能和技巧，以便获得过渡的权利。例如，学生只有在几次拆卸和组装并擦洗了小型压缩器式发动机后，才能获批学习汽化器式发动机。

得益于小组的多方面的劳动，每位同学在升入八年级时就已经掌握了广泛的技能和技巧，同时也找到了自己喜欢的事情。念完八年级的学生掌握的技巧如下：使用钳工工具和金属加工机床进行金属加工、在车床上加工木材、使用木材制作不太复杂的用具（框架、圆凳、直尺、圆规等）、用现成的部件装配机器和机械模型、为这些模型加工金属零件、制作加工木材和金属时用的工具、组装金属加工机床、安装线路、装配电气仪表和电动机的部件、组装无线电收音机、耕地、播种、管理和收割庄稼、照管牲畜、驾驶汽车和拖拉机、嫁接果树、培植葡萄和各种果树等。掌握这些技能是高年级学生不需花费很多时间就能掌握比较复杂的技能和技巧的一个重要条件。

高年级的小组活动更加深刻地反映学生将丰富的智力活动和手脑并用的技巧运用于劳动的愿望。高年级学生的劳动和智力兴趣的差异化日趋明显，每个学生会深入特定的知识领域。将选择性的科学兴趣与高度的劳动素养结合起来，这一点尤为重要。

科学学科小组将我校的高年级学生结合在一起。我们并不顾忌此处的"科学"一词包含某种夸张之意。国家需要成千上万的科学家，而通往科学家的道路应当从青年早期的劳动开始。索博列夫院士的建议是：要尽早开始自己的科学活动，即使在十五六岁时还不具备足够的知识和经验，还不能认清自己的愿望和志向，那也无妨。要知道，科学生活不一定从独立创造开始，也可以从研究人类创造的那些东西开始。要从这一年龄段开始培养自己对科学知识的渴求、好学精神和对科学的热爱之情。[①]

爱好物理和技术创造的高年级学生在科学技术小组里活动。他们对理论方面和实践方面的问题都感兴趣。我们的小组成员钻研的理论问题相当广泛，如基本粒子世界、热核反应、热直接转化为电、量子动力发电机、半导体和超声波在技术中的应用、电力液压效应等。学生们不仅力求弄懂和领会科学成就，还希望积极地去行动。例如，我们的小组成员设计并制造了能实现自动开关水泵的自来水管道模型，按此模型在校内安装了自来水管道。他们制作了3台程序控制车床，用此车床为上发条的儿童玩具加工零件。他们设计了计量谷物种子的仪器（按谷物颗粒的大小和重量分等级），还有脱粒机、扬谷机、割草机及锻造炉等机械。他们帮助集体农庄的机械师给修理厂制作了钻床和车床。

自动化技术和无线电电子学小组的学生设计了颗粒状物质自动计量器、5部电子计算机械、铅笔自动售货机、制造卡普纶零件用的电熔炉，装配了数学课所需的7部教学和考试装置，装备了语音教室。

我们利用化学、生物学，特别是生物化学的成就，培养学生的劳动素养，如：我们向学生阐明土壤中存在的生化过程，阐明动物饲养中使用抗生素和生长物质的目的，教导他们如何借助巴氏芽孢酸菌（把空气中的氮与饲料中的碳水化合物化合成蛋白质），把营养匮乏的饲料变为富有营养的饲料，讲解用化学方法除杂草的原理和技术等。科学成就的实际应用引发了高年级学生的极大兴趣。他们明白，劳动和科学在这里结合得最紧密。科学化学小组、科学生物小组、科学生物化学小组的活动是为有高度素养的农业劳动做好心理准备的重要手段。

在科学化学小组里，我校学生研究对粮食作物秸秆进行化学和生物化学

---

① C. Л. 索博列夫：《青年与科学》——《青年的技术》，1961年第9期，第10页。

加工的方法。他们现在不仅知道可以给秸秆中的低蛋白物质补充蛋白质，从而将低营养的物质转变为有价值的牲畜饲料，而且能掌握这种工作技术。

在生物化学小组里，学生研究土壤的生机。在校办化肥厂，他们研究土壤的微生物区系，开展创造有利于有益细菌生命活动的培养基的实验。他们得以了解到：土壤里生活着数十种菌类——一种菌类能刺激生长，另一种能加速果实成熟，第三种能加强抗寒性。学生通过为有益菌类创造营养环境的方法使实验畦的产量提升至原来的 3 倍、5 倍，有时甚至可达 10 倍。青霉属的某些菌种（如特异青霉、产黄青霉、皮落青霉），能加速黏土变为黑土的过程。组员们在研究室研究出配制这种菌类培养基的工艺，目前还从小块实验畦推广到大块试验田进行实验。

此外，学生们参考苏联科学家亚历山大罗夫①的著作，培养靠硅酸盐生活的细菌。这些细菌破坏硅酸盐后，从中摄取灰分元素，并与空气中的氮结合创造出蛋白质这种富有营养的植物培养基。

自然界中有许多这样的物质和微生物，它们的存在能够加速硅酸盐菌的生命活动。化学肥料和微生物肥料配合，可以丰富土壤的养分。组员们在肥料厂试验各种化学化合物和有机物对细菌生命活动的影响。繁重的体力劳动并没有使学生止步不前；要知道，这些劳动并不是最终目的，而是实现计划目标的一种手段。

在科学生物小组中，高年级学生研究植物界的生命过程，实验题目包括：加速植物的生长，提高水果和蔬菜的维生素含量、小麦的蛋白质含量和甜菜的糖分含量。小组劳动使学生得出一个结论：籽种的优良品质乃是植物机体生命活动最重要的根源之一。精选强壮的、生长能量大的谷物籽粒作种子，妥善保管种子，促进植物的生长能量和抵御病害及不良外界条件的自我保护能力——以上均是组员们的实验题目。

----

① 参照 B. Г. 亚历山大罗夫的《植物解剖学》，莫斯科，高等学校出版社 1966 年版。

除高年级学生外，一些青年工人、集体农庄庄员和我校的往届毕业生也参与各科学学科小组的活动。这是拉近我校与集体农庄的关系，提高我校在农庄庄员中的威信的重要方式。

五、学生将科学技术进步作为劳动方针

我们力求使学生的劳动有创造性，将科学技术运用于生产。青年发明家、生产合理化建议者的创造才能的培养取决于他们的技术素养和善于在任何工作中深入本质的本领的发展。如果学生在学龄初期就学会操纵内燃发动机，在机床上加工金属零件，他的发展就会加快好几年：到十七八岁时就能达到有经验的工人具备的技术素养水平了。

我们力求使孩子的思想不仅停留在头脑里，而且形象地说，表现在指尖上。作为儿童创造的最高阶段，发明活动是培养技术素养最有效的途径。仿照真正的机器制造活动模型只是创造的初步阶段。让孩子想出、创造出各种活动模型的新组合，编制新机组，发掘机械的新用途，这一点很重要。例如，学生制作了汽轮机模型，可带动一台小功率发电机，而这台发电机又为活动模型提供电能。孩子们饶有兴致地将扬谷机模型、机械锯、分离机等连接到发电机上。这已是创造，但孩子们想做的还有更多，他们已不满足于单纯的运转；他们还想让机器对某种东西进行加工。于是他们产生一个想法：改变机械锯的构造，使它能够用于抛光。学生在改装模型的过程中，又产生一个想法：把锯和木材车床连接在一部机械中。几个小集体之间开展起创造竞赛，每个集体都千方百计地把自己的模型做得更好。

随着对与操纵机器、加工金属、设计安装相关的种种技能的掌握程度的提高，体力劳动的范围也不断扩大，这些技能不仅得到应用，而且得到了发展和提高。十四五岁的学生便可以学到与操纵机器、设计机械和制作模型相关的一系列技能。少年集体便会颇有兴味地进行发明活动和创造性运用知识

的劳动。例如，念完七、八年级的学生建造了一座绿色实验室——实验工作中心。他们的生产劳动同时又是创造性课题：把一些重体力劳动过程机械化，用钢筋混凝土板块代替木材。在物理教师的指导下，学生们装配了一台搅拌水泥浆的机械，建造了一台起重机，用来提升水泥浆、砖瓦和板块，架起了输送机，安装了锯床。尽管所有这些机械比起通常的建筑机械要小得多，但其工作原理与通常的机器毫无差别。

我们从这项劳动中可以看到生产性目的和创造活动及劳动过程本身的完善。学生们不仅建成了房子，而且创造了一种对他们来说是新的劳动。他们亲身体验到，用几十公斤铁和几米长的钢索，加上电动机和滑轮就可以制作一台起重机，不仅可以用它在工地上提升重物，还可以用它装汽车、搬运石头和木材。而用几块金属薄板就能制成混凝土搅拌机。他们随处都能认识到，组装、磨配、善于使用电能等就是劳动技术素养的本质。

我们希望学生在简单的农业劳动中不断寻找应用机器装备、电能及化学的新可能性。经验证明，人只有在少年和青年时期通过自己的努力用机器或机械替代过手工劳动，不是以加重体力负担为代价，而是靠运用科学知识多收获几公担粮食的情况下，才有可能培养他对劳动的热爱之情，也就是对劳动生活的心理准备。让教学实验园地、温室、果园、自然生物室、养蜂场、绿色实验室——所有这一切都成为培养技术素养的学校，这一点尤为重要。

原先浇灌温室和实验园地里的植物采用的是人工方式。当学生们学会从使用机器和机械的观点观察每个劳动过程后便想到：供水和浇灌能否实现机械化？于是学生们铺设了一条从水井到实验园地和温室的管道，安装了水泵。虽然这项工作相当繁重，但它能减轻未来的劳动，所以是一项有趣和鼓舞人心的工作。照管植物不能光依靠体力，还要依靠思考。我们在解放学生繁重的、单调的体力劳动时，总是想方设法把学生的注意力和行动集中到更精巧的工作上，比如：在培育蔬菜和花卉秧苗及葡萄幼苗中使用手工浇灌时，体力劳动在照料植物中占主要地位；而一旦浇灌退居到次要地位，孩子们就思考如何改善土壤成分以加快植物的某些器官和整体的发展，如何保证空气的经常性湿度，用什么方法实现根外追肥等问题。他们产生一种新的想法：用人工雨代替逐株浇灌。他们在温室高处架设了一排排微孔管道，通过控制管道里的水流造雨。高年级学生开展水电离化。电离水使温室的条件接近夏季雷雨天的自然条件（在温室中甚至会闻到有股臭氧的气味）。因此植物的发育和新陈代谢得到增强，土壤中的有益微生物也旺盛地生长。

教师和学生创造了疏松土壤表层的机械装置，在装置中配置了小型内燃发动机和旋转犁，它可以铲削土壤表层并使之移位，必要时还可以按照需要的深度松土。学生可在不同的场合通过调节机器（学生将其称为机械耙锄）实现开沟培垅的目的。这项小小的发明唤起了创造的意识，启发人们寻求小型机械化的新可能性，这不仅是工程师、设计师，而且是每位工人都应当努力创造的东西。一个新想法又吸引了学生——如何在果树剪枝上和给植物追肥的溶液配制上应用电能。所有这些创造意图的实现就是从学生在技术小组里着手思考如何将手工劳动工具变为机械工具开始的。

经验证明，培养高度的技术素养和技术思维就要将生产目的、劳动的物质成果同实验（对于学校来说，首先指的是设计新机械和机组）结合起来，这对于高年级学生的教育工作尤为重要。

九年级学生在集体农庄的打谷场上净谷，打谷场实现了机械化：有两台扬谷机依靠电力工作。然而为了给两台机器供粮，需要 20 名青年男女提着桶运送粮食。学生们就思考如何实现手工劳动机械化的问题。他们安装了两台输送机，一台输送未扬的谷物，另一条则把净谷输送至粮库。这项工作的性质便截然不同了。如果说实施机械化之前需要的是紧张的体力劳动才能确保机器不间断地工作，那么现在只需要关注机组和个别部件是否正常运转即可。在这项实质上是新的工作中，那些精通电工学和机械学的人，善于设计和把电动机这个万能能源同各种机组和机械结合使用的人，干得最为得心应手。男女青年再一次意识到，通过个人的努力，通过将机器同电动机或内燃发动机相结合的方式，农业生产中有数十种劳动过程都可以实现小型机械化。

男女青年在畜牧场劳动时注意到，运输厩肥需要耗费很大的体力。他们自己观察了集体农庄庄员早已习惯的周围环境后想到：需要清除的沾满牲畜粪便的垫圈麦秸为何一定要保持不便于运输的湿漉漉的烂絮状态？这项工作既繁重又不讨人喜欢，能不能把铺垫物改造成利于机械化清除的状态？于是他们产生一个念头：不再采用一般的麦秸，而是采用切碎的麦秸作为铺垫物，这样就便于运送机进行清理了。他们这样做后，发现这种状态的麦秸汲水更加均匀，施肥后能更快地变为腐殖质。

我们希望青年能在各个工作领域更加深入地使用机器设备，也就是说，不仅要扩大机械的应用范围，而且要在原有机械的基础上创造新机组和新装置。青年一代有决心去创造性地运用技术，从事群众性发明——这是技术进步的最重要的前提之一。随着技术的发展和完善，实现生产进步的助力者不仅是机器的创造者，也是使用机器做工的人。

现代农村已经没有千百年来人民脑海中的耕耘者和播种者的形象了。作物栽培能手和畜牧业能手首先都是好机械师。如果由于沿袭传统和因循守旧，许多地方的人们在畜牧场还使用铁锨和叉子，那么培养年轻一代参加农业劳动绝不意味着培养他们热爱铁锨和叉子。如果年轻一代没有用技术取代铁锨和叉子的愿望和技能，他们就不可能热爱农业劳动。所有集体农庄庄员都应当成为机械师，这是消灭城乡差距的主要途径。集体农庄每 1000 公顷的耕地上需要的机械化了的劳力不应超过 10 名，只有在这种条件下才能实现高生产率。很多农村的自然财富还处于未加利用的状态。人们总是设法从土地里索取更多的东西，而赋予土地的还太少。每个农庄都能产出成千上万吨优质的、可以被植物迅速吸收的有机肥料，这样至少能提高一倍的产量。每公顷耕地完全可以饲养一头奶牛。如果我们能做到这一点，国家的牛奶将会流成河。只有每个人从七八岁起就进入技术世界，并将运用科学成就视为智力发展的最重要特点，这些目标才能实现。

能否有效地利用机器，机械师的技术水平起决定性作用，这对于甜菜联合收割机和马铃薯联合收割机的高生产率尤为重要。根部的不同形态、土壤的不同密度、田地的地形——在调节联合收割机的过程中都应仔细考虑所有这些因素，驾驶这些机器要求机械师具备设计者的思维。我们力求在学生时期培养孩子们的这种思维。我们教导学生不仅从机器中取用设计者赋予它的一切，并且为其添加一些乍看起来好像不显著的改进、变化和装置，以确保机器能长期顺利地工作。我们通过举例来说明一下。

当学生们在甜菜播种机上工作时，机器能否顺利工作在很大程度上取决于田地地形、土壤特点和种子的质量。他们仔细观察了机器的工作情况后发现，在每一穴里精确地播种一定数量的籽种与土壤的湿度关系极大。如果不考虑播种地段当天的土壤湿度，不对下种机械进行调节，机器工作一小时后就会失去精确播种的效果，而这并不是制造上的缺陷。每一次应当按照籽种的湿度、土壤的成分和湿度调节播种机的下种机械同其他部件的相互作用。我校学生要学习在不同土壤里和在不同条件下使用播种机。学生们能根据理想的，也就是设计者预计的准确度操控机器工作。

使用像中耕机这样不复杂的机器也要采取创造性方式。我校学生通过观察得出结论，选择刀具（中耕机的铲子）时，不仅要看土壤及耕作性质，而且要考虑拖拉机的行驶速度。学生们学会了选择刀具，在提高速度的情况下，不仅能除掉杂草，还能给农作物培土，疏松行间和作物四周表土上结的硬壳。

我校农艺技术小组在集体农庄轮作田里耕作小块试验田已有 5 年，试验田面积为 0.1～0.5 公顷，他们在这里采用的都是在学校教学实验园地里测试过的良好的加工土壤和管理作物的方法。学生还在此开展先前在温室和绿色实验室里测试过，在学校教学实验园地里检验过的实验。这些实验与促进植物的生长和成熟、促进植物个别器官发育的化学激素、新陈代谢激素的应用有关。所有实验和研究的主要目的是获得比正常单位产量多几倍的产量。得益于施加化肥和微生物肥，正确耕作土壤，精选优质籽种，实验地块的产量如下（按公顷折算）：小麦达 60～70 公担、向日葵达 30～35 公担、甜菜达 650～700 公担。

我校学生还开展一些有趣的实验，旨在深入研究粮食作物的特性和化学科学成就对其产生的影响。例如，农艺技术科学小组连续几年采用中耕法种植春小麦。开沟下种，保证每一行都有很大的营养面积，行间土地都耕松，施加化学肥料和生长激素，结果长出大得罕见的麦穗——籽粒之大是原来的一倍半到两倍。我们深刻认识到，籽粒大是小麦的自然特性，只不过这一特性还未被完全开发出来。使用中耕法的产量为使用一般方法的五六倍。近期这些实验将直接运用于生产。将集体农庄生产中现有的机械改造得能运用于行间工作也并不难。

我再次强调，在我校的农艺技术科学小组里，学生和青年庄员机械师、农艺师们一起工作。经验证明，我校学生在集体农庄生产队里结合农业实习的这种与生产工作者的交流就是学校与生产联系的最佳组织形式。学生们应当深入生产队伍中去工作。

六、才能、爱好和志向的培养和发展

让人们在从事喜爱的劳动中感受到幸福——意味着帮助他在众多生活道路中找到最能发挥个人创造力和才能的道路。学校不应培养失败者，即没有确定个人志向的人。共产主义首先意味着个人才能、才干、天资的充分发挥。共产主义教育的实质在于发掘每个人身上的一经发挥就能给他带来创造的快乐的宝贵能力和干劲。学生生活中精神和智力的充实程度取决于他们每个人在多大程度上能恰当顺利地在集体中占据应有的地位，履行自己对社会的义务。

发挥个人创造力的领域是多方面的。一个人并非只有成为科学家、工程师或是一般脑力劳动者才能发挥其天赋和才能。在人居于首位的社会中，任何劳动都可以上升到创造性的高度。对于每个孩子来说，凡是能展现他作为创造者、诗人或画家的潜力的劳动，能使他为自己和集体的劳动成果感到自豪的劳动，都可以变成一种精神创造，我们对此给予充分肯定，因为这是我们教育的基本信念之一。因此，我校没有一个孩子对劳动持冷淡态度。培养每个孩子对劳动的积极兴趣，发掘其爱好和志向，确定个人的爱好——这也是个别教育工作的实质和真正的教育技巧所在。每个学生都能找到自己的志向，走上自己的人生道路。人与志向互不相干，个人的生活命运全靠运气，这种粗俗的见解从根本上就是错误的。志向需要培养，而培养志向的成效在很大程度上取决于劳动进入人的精神生活的深度及劳动与思维的结合程度。

我们的目标是将每位学生培养成为有个性的、对万物充满兴趣的人。如果一个全优学生对什么都不激动、不热爱，可以同样冷漠地学习数学公式和抒情诗、栽树和在机床上干活，我们对此要引起高度注意。在我们看来，他好像事事都很顺利，但其实这种现象很危险。我们认为，需要唤起他的兴趣，让他热爱某种事情，使他在离开学校时能有所爱之事，并为自己的技艺感到自豪。

刚进入一年级的孩子首先看到的就是这里的人都毫无例外地在做各种有趣的事情。每个学生都有自己喜爱的劳动角落，有自己喜爱的事，有在劳动方面可以作为榜样的年长的同学。绝大多数学生不仅在学习和掌握某些东西，而且在把自己的技能、技巧和知识传授给别的同学。一个人只有在把自己的知识、经验和技艺传授给别人时，他才受到了真正的教育。只有与别人产生了道德关系，关心精神财富的增长时，他才会感受到自己的创造力量和才能。志向和自我教育都由此产生。一个人只有在在劳动过程中开始在别人身上看到自己的美德，别人好像变成他的镜子时，人与人之间才会产生道德关系。志向的自我培养就建立在集体的道德关系上。

每个孩子的身上都蕴藏某些才能的素质。这些素质如同火药，需要火花来点燃它们。这种火花就是年长或同龄的同学对技艺倾注的精神和迷恋之情。

集体劳动不只是一个人对自然界、对周围世界的影响，也是心灵、感情、思想、感受、兴趣、爱好间的相互作用。

为激发和发展学生们对设计和装配的爱好，我们设有特殊的工作地点（供学龄初期和中期的学生使用），学生在这里用拆卸的部件和零件装配活动模型。学生在此完成难度不同的各种作业：低年级学生装配不复杂的起重机，少年装配钻床或车床，而高年级学生装配用于演示的程序控制车床。一个迷上了技术创造的学生来到这里，他什么都不会做。起初分配他做些不复杂的工作，然后是较复杂的工作。他很快就掌握了对他的年龄来说较复杂的知识和技能。形象地说，他心灵的火药遇上了火花——他和受劳动奋发了的同志们相遇了。而这种奋发精神就是个人倾向、才能和志向的最强大的培育力量。工具、机械、直观教具——如果没有创造性劳动的气氛做衬托，没有道德关系，那么所有这一切都是死的。

我们努力在每个集体中营造精神奋发的创造性劳动气氛。每 10 个男女孩子中就有三四个能在 10～11 岁时拆装和操纵小型内燃发动机。他们是未来有才能的机械师。每 100 个男女孩子中就有七八个能在 10～11 岁时通晓内燃发动机，这些男女孩子们的了解程度比那些无法被技术触动心灵而要在别的事情上找乐趣的十年级学生还深很多。这些天才少年中有一部分会成为有才干的设计师、发明家、工程师。我们希望这些天资较高的青少年在少年机械师小组里能成为学校的火种，点燃与他们并肩活动的同学和朋友们的心灵之火。没有他们，任何小组的工作都无法开展，任何独立的课外活动也无从谈起。这个火种，特别是对劳动的热爱之情，也正是诞生集体劳动中的道德关系的源头所在。我们认为，教育的一个最重要的任务就是点燃每一个孩子的心灵之火，让所有的天资和才能都得到充分的发挥，让最有才华和天资的学生成为教育者（只有在这种情况下，他们自己也才能受教育）。

劳动项目越精细，其中的智力基础越明显，自我教育、将个人精神财富传递给劳动集体中的其他同学，以及年长与年幼同学的亲密团结等因素也就越显重要。每个少年电工技师小组和无线电技师小组中都有一两名在专业上已达到精通熟练的程度，能够作为劳动榜样的同学。学生集体中只要有劳动激发的创造热情之火在燃烧，总会有这样有才干的儿童、少年和青年。多年的经验使我们深信，每个人数在30～35人的班里总有5～6名学生热爱电工技术和无线电技术的劳动；每100名同学中总有10～12名学生能在自动化和无线电电子学方面取得相当大的成就。在这种比较精细的创造中，高年级和低年级学生的亲密团结特别重要。所以，我校自动化技术和无线电电子学小组中既有学龄初期的学生也有学龄晚期的学生，这绝非偶然。

在无线电技术和电子学方面达到相当成就和技艺水平的高年级学生，负责辅导设在集体农庄庄员之家的庄员青年小组。男女青年们在这里装配收音机，研究电视机。

我校教师队伍高度关注孩子们艺术创造才能的发展，尤其是实用艺术方面的发展。学校有一个小陶器制作间，学生在那里用黏土制作各种器皿、动物和人的塑像。此处还有专门为低年级学生设立的工作角，他们可以根据自己的想象塑造东西，并为学校木偶剧团制作木偶。在艺术焙烧和锯刻小组里，孩子们将自己的幻想体现在画中和用胶合板刻制的形象中。绘画小组汇集了一批一年级至毕业班的爱好绘画的学生。学生们的音乐才能在合唱小组、民间乐器的儿童乐队和手风琴小组里得到发展。我们的孩子中无疑会有未来的演员、音乐家、作曲家。对这类学生中的某些人来说，艺术可能成为他的主要活动和专业。然而，无论是否如此，无论我们学生的未来专业是什么，我们认为，艺术都应当成为每个人的精神财富的长期源泉。

学生集体中总有一些儿童、少年和青年把土地上的劳动——种植粮食作物和经济作物、照看动物当作他们喜爱的工作。这些学生就是生物教师的第一助手。在教学实验园地、果园、温室、绿色实验室、集体农庄畜牧场、学校教学实验兔舍中，到处都有少年育种学家、土壤学家、畜牧家、植物爱好者从事他们所喜爱的劳动的角落。每个角落不仅有有趣的劳动，学生们还能在这里发现自然界的秘密和规律，热爱劳动的火花在这里迸发，体现了学生们出色的才干以及那些刚跨入校门的孩子们正在苏醒的钻研精神和求知欲。

那些有天赋、有才干的儿童、青少年，成为小组的领导者。个别小组由老师指导，只有老师成为能手，他才能成为领导者，老师的技术在学生面前表现得越明显，他就越有机会成为孩子们的朋友、同志，他的教育威望也就越高。

我们关心要使有才干和天赋的学生在学龄初期把自己的精神财富传授给同学，凡是在 10～11 岁就能在小车床上做工、装配活动发电机模型或收音机，将两三种果树嫁接到野生树苗上的儿童，到少年或青年早期就会成为儿童集体的领导者，这些团体是培养才能、倾向、志向的基地。这种领导是特殊的，首先他为他人树立了掌握技能的榜样，善于用劳动鼓舞人。每个有才干、有天赋的学生周围都有一群热爱同一种工作的孩子，他们对年长同学的所做之事感兴趣。每个有才干、有天赋的同学往往并没有想过要成为领导者，他只是埋头做自己的事情，起初并不了解身边工作的人。领导意识晚些才会出现。具有不同劳动锻炼程度及技能和技巧水平的孩子和少年开始自发地结合起来：二年级学生和八年级学生一起劳动，五年级学生向十年级学生学习。但是这种表面的自发性之后恰好成为真正的主动精神：对工作的热爱使孩子们结合在一起。

比如，11 名学生在从事喜爱的劳动的时刻聚集在一个工作间里。这是一群少年钳工设计师，他们的共同爱好就是装配电动活动模型。其中最有才干的是九年级学生谢尔盖，他和三个好友（一个七年级学生、一个八年级学生、一个十年级女生）装配自带自动信号系统、道岔、死岔线和备用线的电动铁路模型。在他们旁边工作的是两个七年级学生（一男一女）、一个八年级学生和一个五年级学生，他们装配电动起重机模型，有时也参与铁路模型的制作，而谢尔盖则帮助他们装配起重机。一个团体中仿佛有两个小集体：一个从事更复杂的工作，另一个从事更简单的工作。后一个集体的孩子们想同有经验的同学一起劳动；而有经验的同学总想处于领先地位，他们担心经验较少的同学会很快赶上他们，技能和技艺因而得到不断发展。

这个团体里还有三个学生——两个二年级学生和一个四年级学生（二年级学生中有一名女生）。他们也想做一些事，于是年长的同学就给他们分配工作：磨光制作车厢和道岔用的金属薄板，拆卸和清洗旧的、生锈的电动机零件。小同学们对此很满意。他们渐渐开始做复杂的工作。一个月后，四年级学生奥列格已经能帮助谢尔盖在金属薄板上钻孔。高年级学生已看出，奥列格很快就能具备在车床上工作的能力——他有扎实的功底，目测力强，能得心应手地使用工具（他使用细木工电锯做活，用旋床旋削木制零件和塑料零件已有一年半的时间）。

三个月后，铁路模型和起重机模型已做成。谢尔盖又把一个新模型——初轧机的图纸带到工作间来。这一模型中有自动化技术和电子学的成分（程序控制，监测加工零件的质量）。原来两个从事不同复杂程度的劳动的团队合二为一。但大家很快发现，制作起重机模型团队中的几名同学并不能完全胜任制造初轧机模型的工作。他们不想完成一些次要的任务，总想展示自己的某些技艺。于是他们便开始做电动机模型。一些二年级学生也加入他们，奥列格一边参与初轧机模型制作，一边也是电动机制作的最积极的参与者。这时，一名三年级女生和一名四年级男生也加入这一团队。

所有孩子就这样劳动着。这种以兴趣和爱好一致为基础的劳动可以推动每个人把工作做得更好。几乎每名同学都把自己的经验传授给同学，大家都竭力做到完美——人的志向体现在这一追求中。我们希望孩子们尽早开始放射灵感之光（形象的说法），我们将其视为照耀别人劳动道路的指路明灯。

当一个孩子越深刻地感受到他在教导别人时，他本人学习的欲望就越大。有的五、六年级学生已经能领导一个小集体——少年育种家小组。瓦利亚和柳达姐妹在念五、六年级时，就饶有兴致地同二至四年级的孩子们一起工作。他们培植出高产的蔬菜和马铃薯：在一平方米的土地上收获了 10 公斤多的马铃薯。由于他们自己也参加农业技术科学小组的活动，他们便从中受到鼓舞，也获得了知识，从而能够更好地从事这种劳动和指导小女孩们。姐妹二人想弄清土壤里发生的各种现象的实质，而这种愿望恰恰就是激发人的智力发展和技艺进入新阶段的刺激因素。这种感情、智力、道德和意志的力量交织在一起的复杂的精神过程，正是发掘天资、培养才能和确立志向的过程。

从孩子入校的第一天起，周围各种各样的劳动活动，犹如各种力量的磁铁吸引着罗盘灵敏的指针，给孩子指引道路。磁力越强，吸引孩子的劳动越有趣，孩子的劳动才能、倾向和志向的发展就越明显。

化学女教师在集体农庄畜牧场建立了实验室，学生们在此研究抗生素在动物机体发育中的作用。假如没有女教师作为榜样，没有她对劳动的热爱，畜牧场的劳动就不会引起少年畜牧家们的任何兴趣。对劳动主动精神的教育领导旨在让孩子感受身边存在被劳动激发的热情和对劳动的热爱。如果教师的劳动成为学生的表率，学生为之钦佩，那么教师就会成为学生爱戴的人。经验证明，没有学生会面对热爱劳动的老师或年长的同学彰显出的旺盛的创造精神仍持冷漠态度。如果我们发现孩子对什么都冷漠，对任何事都不感兴趣，我们就让他接近一位教师或高年级同学，对孩子的个别施教就从此开始。每位教师、校长、教导主任都需要教育两三名困难孩子，这些孩子往往生活在不顺遂的家庭环境中，得不到父母的爱抚。我们之所以能找到通往这些孩子心灵的道路，首先是因为我们是他们劳动中的朋友，我们和他们有着共同的意愿、目标和计划。

我们希望每个学生都能在自己热爱的工作上取得巨大的成就。取得成就的道路，一般要经过长期的摸索，学生要在各种工作中试验自己的力量，掌握多种技能，如果他在某方面的成就没有远远超出同龄人常见的程度，那就说明他还未找到适合自己的道路。很大的成就并不只是人人都能合格地、较好地乃至出色地做事。每个人就都能做出漂亮的尺子或装配一台电动机模型，只不过一个人需要多练习，另一个少练习。但是要使劳动成为喜爱和爱好，一个人就需要取得高出同龄所有学生所能达到的最高要求的成就，我们把这种成绩称为相当大的成就。我校六、七年级的全体学生都能顺利地把培植的果树品种的枝芽嫁接在野生果木上，出色地完成这项工作，在我们看来算不上相当大的成就。如果三、四年级尤其是二年级的学生能达到这一熟练程度，那就是相当大的成就了。这样的学生上六、七年级时就可以在小组进行育种和杂交实验，这一般是给毕业班中最优秀的毕业生布置的任务。到了毕业那年，他就能做微生物实验，研究土壤生命、化学物质对植物各器官发育的影响问题，所有这一切都是教学大纲外的内容。赶超同龄人与取得相当大的成就息息相关。当然，这并不意味着集体中的一两名成员领先，剩下的人都跟在后面。每个人都有自己喜爱的劳动，他们就算没有在各自方面取得相当大的成就，但也至少取得了颇有分量的成就。

许多低年级学生在劳动中已经取得了相当大的成就。一名一年级学生使用细木工锯的水平比四年级学生还要好；一名二年级学生造的小木房相当漂亮，获得了全校的赞赏；一名四年级学生将培植果木品种的枝芽嫁接到野果树上，长出的枝叶格外挺拔苗壮，以至于植物教师都在思考：他是如何做到的？一名二年级学生在协助搞发动机的少年们擦洗零件的过程中学会了拆装小发动机。然而，这些成就并不意味着孩子的所有天资得到了发挥，他的能力已经固定下来，他能够安排自己的未来。一段时间后，他可能在另一件事上取得比较大的成就。才能的发展是个灵活、变化的过程。在绝大多数情况下，人无法成为少年时代幻想成为的人。孩子需要付出特别的努力才能取得相当大的成就，登上小小的高峰。而一旦登上之后，他就会感到他所做之事那么多，同时又是那么少——因为从小小高峰上能够更清楚地看到更高的、暂时还无法攀登的峰顶。

我知道有 20 多个少年和几个学龄晚期的学生，很长时期内他们在任何一件事情上都未能取得成绩，其中有人显然是游手好闲者。不管他多么不情愿劳动，我们都让他从取得小成绩着手，然后取得相当大的成就。起初，针对毫不用心的游手好闲者和懒汉，我们让他在我们认为他能取得成果的地方劳动。

促使人劳动的最好方法就是师生一同劳动。几年来，我们教育了懒惰的、对一切漠不关心的伊戈尔。起初他甚至不愿学习驾驶摩托车——要知道，极少有人会对之无动于衷。我们只好牵着他的手，叫他去做我们盼咐的事情——把苹果树嫁接到野生果树上，移栽小树，并且几十次地重复完成这些工作。但劳动本身具有一种神奇的作用：一个人只要完成一定量的工作，见到成效，工作就会对他产生吸引力。伊戈尔爱上了园艺。

学生一旦取得相当大的成就，我们就引导他将精力集中在完成更复杂、更困难的工作上，这对于发挥天分和发展才能十分重要：不克服困难，天赋就会被埋没；天分、技艺、尽善尽美——首先是顽强的劳动，是克服困难。

几年前，四年级学生维佳同高年级学生在少年畜牧家小组里一同活动，他喜欢照料小牛犊。他目睹了高年级学生如何关心和保护干草中的营养物质。之后他接受了为牛犊制备几十公斤含维生素的干草的任务，他晾好的干草竟成了有价值的药用饲料。对于一个 12 岁的孩子来说，这是相当大的成就。维佳爱上了为小牛犊制备饲料的工作，随后又爱上了种植饲料的工作。到七年级时，他学会了如何增加粗饲料的蛋白质，他照看的奶牛的产奶量提高了。这个少年似乎会成为一个好畜牧家。然而这个男孩只是被这种工作吸引住了，还顾不上考虑未来。到高年级，维佳又迷上了抗生素。他同教师一起探索创造抗生素生命活动培养基的新方法，开展实验。中学毕业后，维佳考入大学。大学毕业后，他成了一名科学工作者。

我们尤其关注天资不明显、还未察觉劳动创造精神火花的学生的才能、倾向、志向的培养问题。这些平淡无奇、没有个性的学生不仅存在于平平常常的学生中间，也存在于优等生中间。我们坚信，每个人都可能在某件事上成为诗人、画家，所以我们竭力使学生把自己的全部力量集中在一点——在某种事情上做到精细入微。一次未能成功，我们就帮助他重新再来；第二次失败了，我们就帮助他从事情的另一方面入手。

一位少年对在温室里培植葡萄藤苗产生了兴趣。这种劳动要求具备高超的技艺：调配土壤混合物，把插条正确地插进土壤，选择光照好的地方，保证空气湿度适当，关注土壤中有益微生物的发育。第一次这个少年一无所获，他准备放弃，去做别的事情。但是我们明白，培植葡萄正是他应当努力的目标所在。我们指导他如何更好地配制土壤和追肥。这位少年又重新开始，并在工作中发现了新的东西，从而受到鼓舞继续前进。但第二次结果仍然不好，不知为何幼芽生长得很慢，枝条的长势也不好。我们在第一次和第二次的劳动过程中重新寻找被少年忽视的东西。我们又重新开始，由于个别技能达到了完善的水平，因此取得了一些好的成绩。这一事实成为激励他重复完成工作的推动力：既然结果比之前更好，那就说明他还能做得更好。少年一次又一次地重复这一工作，技艺和技能达到完美的地步，智力可以用来更加深入现象的本质。他开始思考所做之事，思考劳动成果与付出的努力和进行的探索间的相互关系。终于，他的植物长势超过了其他人。这就是他的成就。现在，少年乐于一次又一次地重复做这件事，正是因为这件事为他带来了成就。成功99%是靠劳动取得的。由于不突出、无个性的学生付出了坚持不懈的劳动，他们得以感受兴味，才能也得到发展。

我们认为，体力和智力劳动的结合对才能的发展具有重大的意义。一个人只有对所做的一切深思熟虑，他才能成为有才能、有才干的车工、机械师、植物栽培家、畜牧学家。我们希望对大自然、土地、动物有兴趣的人在童年、少年、青年早期从事最简单的、有时令人不愉快的劳动过程时，脑中也充满研究性的、实验性的思想。学校肥料厂的工作，很多时候需要使用铁锹和叉子，但这些劳动都是开展有趣的研究的开端。学生在此配制含有微量元素、具有特定效用的肥料。例如，一种肥料能使小麦提前5～7天成熟，另一种肥料能提前12天。

一个人只要经历一次劳动的全过程——从准备肥料到比基本农田提前一

周或两周收获成熟的庄稼，他就很难再脱离土地、肥料和植物。我校一些男女青少年在肥料厂进行创造性劳动达四五年之久。由于这种普通的体力劳动同时也是思考者的劳动，孩子身上就会渐渐显示有高度素养的农事才能。他们能"感受"土壤的生机，爱上植物。他们的体力劳动与实验室里的研究相结合，比如，学生在从事化学物质对植物有机体内新陈代谢强度的影响的实验时就是这样。从铁锹和叉子到显微镜，从化学试剂到腐殖沟——这是培养手脑协同工作的农民研究者、思想家的途径。目前，我们正在筹建少年土壤研究者站，孩子们在此可以从事喜爱的劳动——研究本地区、本州的土壤。

进行智力性劳动很难，开展体力型劳动却相当容易。体力和智力劳动相结合是培养那些最缺乏管教的、最懒散的、父母从未让其劳动的孩子的勤劳品质的决定性手段。针对这样的学生，我们先给他们分配一定量的体力劳动，让他们在劳动中逐渐看到某种（即使起初是无足轻重的）认识和征服自然力的手段。如当一个人将体力劳动视为达成社会和智力目的的手段时，这就说明他已克服懒惰，打通了培养勤劳品质的途径。

随着个人倾向、才能、志向的培养，我们创造劳动的社会分工。马克思写道："这种按一定比例分配社会劳动的必要性，绝不可能被社会生产的一定形式所取消，而可能改变的只是它的表现形式，这是不言而喻的。[①]"建立在高度的科学技术生产基础上的劳动分工有助于每个人自由地选择能够充分发挥个人才能的劳动。园艺家和建筑师、冶金学家和地质学家、育种学家和土壤学家等，在许多专业方面，物质财富的创造者将和创造精神价值的、在劳动中展示智力的思想家结合在一起。那时，用马克思的话来说，最平凡的工

---

① 《马克思恩格斯选集》，第 2 版，莫斯科，政治书籍出版社，第 32 卷，第 460～461页。

作也将成为"惊人的严肃和紧张的事情"①。

教育者的任务就是在集体中发现有才干的机械师、育种学家、设计师、数学理论家、矿藏勘探者、建筑工作者、冶金工作者,激发他们的天资,点燃每个人的创造火花。下面是我们的近期计划。

在实践活动和掌握理论知识方面,更加深入地引导学生从事喜爱的活动。例如,爱好植物栽培劳动的学生将学习更深层次的植物学课程,校图书馆为他们配备了相关书籍。在课堂上,教师提出更重大的课题,向学生提出更高的要求。我们在物理课程中补充了一些超纲章节,增加了一般大纲章节的补充材料以求达到深入学习的目的,供在机械化、电工、设计、装配和模型制造等方面的劳动有突出才能的学生学习。我校教师在课堂上(在不影响其他学生的情况下),特别是在课外的独立活动中开展超纲教学。我们希望学生把补充的理论教材和喜爱的劳动密切结合起来。

针对最具数学天资的学生,我们在三、四年级就教授代数基础课(由高年级爱好数学的学生按照课表安排为他们上课,而不是到六年级)。到九、十年级,他们将学习微积分,就跟个别孩子在九、十岁就能装配收音机一样。现在,我们就为少年数学家教室配置设备和直观教具,为具有数学天资的学生制订包含高等数学基础的大纲,目前已启用大纲:九、十年级的个别学生能够顺利地掌握无限小分析和微积分。

从三年级起,各年级课程表都加入了学生喜爱科目的课时(或许,我们称之为创造性课时)。此时(每周 1 课时,之后如果教学进程顺利,中年级分配 2 课时,高年级分配 3 课时)每位学生将学习、钻研他们感兴趣的问题。在喜爱科目的课程上,他们的脑力和体力劳动融为一体。每个学生上课的地

---

① 马克思在《经济学手稿(1857~1859)》中指出,和傅立叶的理解相对立,社会主义社会的劳动不会是娱乐消遣,于此强调:"真正自由的劳动,例如作曲家的劳动是惊人的严肃和紧张的事情。"(《马克思恩格斯选集》,第 2 版,莫斯科,政治书籍出版社,第 46 卷,第 2 章,第 110 页)

点取决于他的爱好的性质和劳动内容：一个人埋头书本，另一个人观察显微镜，第三个人用铁锹在实验园地里劳动，第四个人则在电工室或工作间里开车床或坐在装配台案旁。十年级学生和五年级学生一起劳动，而前面提到的劳动集体的组织者则到自己的小同学那边劳动。

下午的心爱劳动时间将变得更加丰富多彩。我们打造了一些新的心爱劳动的角落：开展最复杂工作的活动室是有趣的地方，因为较为复杂（针对儿童）的设计和装配方案以创造性课题的形式呈现，学生在开展课题前必须进行认真的思考。劳动中有意志上的努力，也有失败和失望，但这也是必经之路：真正的思想家、研究者正是这样锻炼出来的。我们建立了小型机械化工作室，高年级学生在此思考创造旨在减轻人类劳动的新机械和机组。

七、手工劳动在全面发展中的作用

无论机器技术和工艺过程多么复杂，在任何时候手工劳动依然是生产的最重要因素。"手工劳动"这个概念并不是"体力劳动"的同义词。有高度素养的手工劳动能体现出鲜明的创造性思维。劳动技术和工艺越复杂，在掌握技术前需具备的手工劳动的基本技能和技巧就越多。在生产自动化的条件下，调节、调试、调整、安装、技术检查、设备现代化所必备的技能和技巧的作用不断增长。得益于掌握手工劳动的技能，人们与操纵复杂机器和机械相关的技能才变得更加精细和熟练。长期从事手工劳动的人操纵机器时能达到零部件间相互作用得很平稳的效果，没有猛烈的冲撞。真正的巧匠的才能就体现在指尖上。

我们向低年级和中年级学生介绍机械设备时，十分重视这种特殊的手工劳动：在学习操纵机器前，学生要拆装机器的活动模型，领会零部件之间的相互作用，然后再过渡到拆装真机器。观察表明，经历手工劳动阶段后再操纵机器，人就会成为机器真正的主人——他不仅能有把握地操纵机器，而且能预防机器发生故障和受到损伤。

手工劳动的教育作用取决于一个人用手在做什么，如何做，以及劳动过程同做工者的思考进程结合得如何。我们十分重视在为了制造某种新东西而对材料进行加工改造的过程中显示出的劳动技能、计算能力及作用于材料的力度与动作的配合的准确性，这就是我们为何将机器设计和装配，土壤加工，树木的芽接、栽种和移栽等劳动置于如此重要的地位——在这些劳动过程中，人都得直接用手或用工具作用于劳动对象。同时，我们关注培养学生用右手而且用左手工作，两只手在劳动过程中相互配合的技能。这是劳动教育中的一个重要问题，可惜没有机会在此详谈。

手工劳动在发展抽象思维方面也发挥着很大的作用。诸如机器、机械、工艺过程、劳动生产率等概括性概念的形成取决于手工劳动的性质。对十二三岁学生拆装机械活动模型的劳动所做的观察表明，这种工作能帮助他们更加清楚地理解做工部件和零件对具有其他功能的部件和零件的依从关系，而这种理解反过来又对劳动活动产生有益的影响。例如，当孩子们学习小型压缩器式发动机的构造和原理时，他们三番五次进行拆装，以便弄清究竟是哪种因素阻碍了混合液的点燃：是结构上的缺陷和零件的毛病，还是混合燃料的配置不当。相较于直观的比较和对比，思维的分析逐渐占上风：孩子们不光通过直接观察，也采用逻辑推理的方法得出结论。观察表明，这种思维过程的活跃程度取决于劳动过程中直接感知与认识逻辑之间联系的紧密程度。学生只有在做工、用手作用于物体、进行设计和制造模型的长期过程中学习思考后，才能掌握思考劳动、对劳动过程进行思维式分析的技能。

思想上深入至需要完成的工作本质中的深度决定了思维的一些方面，例如智力实验（根据实际资料对思想的正确性进行逻辑检验）及想象和思维的协同活动。在不需要实践，完全可以用头脑思考和设想的情况下，一个没有具备将思维分析和实践紧密结合的能力的学生仍然要重复实践动作。在解决设计问题、修理和复原机器时，智力实验的能力具有极为重要的意义。此时，我们需要清楚地想象各部分的相互作用，以及在某种情况和状态下彼此的依赖关系。这种想象的清晰程度与劳动中手脑结合的密切程度紧密相连。有些少年能够根据拖拉机发动机工作的声音断定问题的性质，从而预先掌握和防止发生损坏的风险。

一个人一旦在实践和劳动中锻炼出了分析和综合的能力，他就会像解答习题那样对待劳动任务——先提出假设，然后通过思考和实践检验其正确性。这种人的可贵之处在于他们善于在当时的具体情况下找出问题和任务，这对于思考人的意志力如何对抗自然界的力量尤为重要。

在劳动过程中能实现和发挥构思的手工劳动能促进一些智力品质的发展，例如思维的批判性、灵活性、广度和活跃性以及对判断和结论做出批判性检验的能力。自幼双手和思维紧密结合的学生具有一个特点：善于通过劳动检验假设的正确性。孩子凭借自身和周围人的经验自幼就认识到，每种工作都有不同阶段的技艺。他的理想目标——高超的技艺，就是创造。从童年起，他就严格要求自己的劳动，永不满足于已取得的成绩。如果孩子希望重做已完成的工作，我们认为，这是教育工作的极大成功。

当人日复一日地完成同一项工作时，在评价其劳动的创造性时采取批判性态度尤为重要。优秀的农业生产者在为新的工作周期做准备时一定会分析研究上一周期的情况：当时如何整地，如何考虑作物的生长条件，如何准备播种用的籽种，等等。孩子们应当力争在学校形成对待劳动的这种态度。孩子们应当在年复一年的重复劳动中看到某些新东西。例如，学生连续几年种植同一种作物时，他们同时也进行育种工作——挑选具有同一价值特性的种子，播种在专辟的畦里。

我们希望学生在劳动时能对条件和环境做出一些改变——为计划增添细节，并展示达成目的的多个方法。为有意识地改变环境和创造新条件而开辟更广阔的天地——劳动的教育价值在很大程度上取决于这些教育要求。创造的起点是从劳动过程中产生新思想、发展新构思。如今我校正在筹建一间难事工作室，我们把创造的困难列为工作的首要目标——在完成工作的过程中，善于根据对工作成果的新要求、新的工艺条件，例如活动模型的新工作方式而随之改变。

农业生产中会出现某一时期似乎不需要人再做什么的情况：似乎可以坐等收获。即使在这种时期，有创造思想的人也会找到积极行动的可能性。我们希望学生在劳动过程中永远保持活跃的创造性思想。例如，当西红柿开始成熟结果时，孩子们就应当考虑如何提高西红柿的产量。

手脑并用的教育对于思考劳动的复杂过程、弄清种种情况和现象间相互关系的能力的培养尤为重要。

思想的广度首先取决于方案的创造者和工作的执行者、设计者和实现设计的巧匠如何能够融为一体。我们认为，才能较低、积极性较差的学生不应只在技术小组中充当一个单纯的执行者的角色，只负责执行那些积极性较高、才能较强的同学的想法。一个人只有执行自己构思的计划时，他的才能才会逐渐形成。

在劳动活动的一定阶段，使每位学生都产生或多或少对复杂的劳动过程（种植高产作物、制作机器的活动模型等）的计划，这一点尤为重要。起初这一计划具有一般化的特性，学生还未制订清晰的细节。在之后的劳动过程中，这一计划会越来越清楚，变得具体化。比如，在制作仿真机器模型的计划中一开始并没有关于构造细节的具体概念，只有关于结构和运转的一些主要原理的概念。将真机器的结构特点运用到模型上要求学生具备开阔的思维和对多种现象相互关系的理解能力。我们竭力培养试图制作活动模型的学生用手工工具做工的能力：这种技能有助于更深入地理解由手工劳动工具转化而来的零部件的结构和工作原理。学生对手工劳动工具掌握得越好，他越容易理解人的手工技艺向机器工作结构的转化过程。

为此，我校的各工作室和工作间普遍配备了各式各样的手工劳动工具。通过使用这些工具，学生就能了解在决定工具结构特点的同时，也对人的劳动产生深远影响的种种要素。例如，所有的切削工具都具有这些要素，如切削角度的大小、刀齿的形状和尺寸、间隙的大小及锯条的长度和厚度等。对这些要素的理解及在手工劳动中的巧妙考量对于发展思维和开阔眼界发挥着巨大的作用。

八、自我服务

自我服务是最简单的日常劳动，也是劳动教育的起点。不管日后从事何种生产劳动，自我服务都将成为每个人的义务和习惯。自我服务是培养人遵守纪律、培养人对别人的义务感的重要手段。从小自己动手满足个人需要的习惯能培养一个人尊敬父母、兄弟姐妹和同学的好习惯。自我服务能使劳动变为人人负担的平等的普遍义务。

只有一个人从童年起就养成厌恶肮脏邋遢的自然习惯，并将这种习惯变为看待周围环境的情感审美的灵敏性时，他才有可能产生对待劳动，即对待自我服务的自觉态度。

我们为孩子成长的每个阶段都规定了自我服务的义务范围，教导他们履行义务，以达到劳动的常态化，做到将自我服务视为毫无例外的所有人的义务。这里无须多加讲解，让孩子感受到，自我服务的劳动能将生活变得更美好、更愉悦、更快乐，这点尤为重要。没有这种感受，信念和自觉性也都无从谈起。

自我服务的内容首先是关注工作环境——教室、实验室、工厂的整洁美观。

把美化生活的劳动纳入自我服务之中尤为重要。我们使自我服务的一系列义务服从集体的审美需求——在校园创造美的环境（照看花草、开辟花坛等）。

在自我服务中，男生一般完成较繁重的劳动，这是培养尊重妇女的品质的重要条件。

九、劳动教育的方法同智育、德育、体育、美育等方法的联系

劳动教育的方法同智育、德育、体育、美育等方法密切相连，这种联系取决于劳动的目的。如果工厂或教学实验园地里的劳动目的是传授或加深技能和技巧，那么劳动教育的方法则近似于教学方法。如果劳动中置于首位的是道德因素——观点和信念的培养，那么劳动教育的方法就要具备影响道德情感的方法的特点。想要培养为社会福利而劳动的道德意念，光有熟练的技能和技巧，光有劳动习惯是不够的，人为何而劳动的思想要居于首位。在这种场合，关于如何理解自己的劳动在社会生活中的作用的情感和感受具有决定性意义。

在学生劳动活动的组织形式本身中及它们之间形成的关系中就蕴含着很大的教育可能性。在旨在发展精神力量的劳动中，技能和技巧不应成为最终目的，而应是达到社会目的、创造性目的的手段。我们把思想目的摆在劳动教育的第一位，但这并不意味着要无休止地和学生谈论劳动的社会经济目的。思想本身就贯穿于劳动过程中。我们竭力让学生在劳动技艺中、在为人民谋福利的创造中体会自己的尊严、荣誉和自豪感。劳动成为人的需求，意味着成为他的精神需求。我们尽力使学生在幼年就培养起情感审美的敏感性，能敏锐地感受他做了什么、做得怎样，别人对他的劳动有什么看法和评论，以及集体对他的劳动如何评价。只有当孩子感受到他为人们创造的美时，劳动才会融入他的精神生活中。只有在这种情况下，他才会感到好与坏的差别。每个孩子在校园里、果园里、自家的宅地旁都在创造某种美，在用自我劳动美化大地的一角之地。三年级结束时，学生就能欣赏到他们在入校第一年亲手栽植的、现已盛开的树木的美丽。每个班都有自己的丁香树丛或桃林，由该班的学生年复一年地负责照管。

十、树立榜样是劳动教育的方法

考虑到孩子具有模仿他喜欢的一切的爱好，我们要努力为他们在学校里经常树立有趣的、吸引人的劳动榜样。使老师和高年级学生的娴熟技艺和精巧劳动能够触动和激励每位学龄初期的孩子，使高年级学生的劳动和精神生活成为低年级学生的理想和向往目标。师生间、高低年级学生间共同的劳动喜好和精神情趣，以及他们的友爱团结和精神财富的交流——这一切都会在年轻的心灵里留下终生难以磨灭的印记。

一个孩子的精神面貌首先取决于在他生活起步的道路上的引导老师是什么样的人。

孩子们常常从教师口中听到关于道德的教导和告诫。而这一切在孩子心目中威信的高低取决于教师如何认识个人劳动的高尚性及多么热爱自己的劳动。教师的劳动榜样性并不仅仅是指教师会亲手做事情（虽然这一点也有重大的意义），而且指教师整个精神生活的构成状况，也指我们要再次着重指出的，教师在他和孩子们一起从事的某件可以给孩子们带来快乐的事中受到的鼓舞程度。

以同等程度吸引师生的劳动会对孩子们产生无法抵御的强烈影响。在这类劳动中，孩子会敞开心扉，成为教师的朋友和同志。我校低年级教师在第一学年的秋天就带领孩子们开辟培育花卉的小苗圃，到了春天，我们和孩子们一起移栽、照看这些花卉，一起植树，欣赏树木的美。教师们把果树的枝嫁接在野果树上，移栽树木和培植美丽的花坛，这些行为会对年幼的孩子产生巨大的影响，给他们留下深刻的印象。这一阶段的劳动教学就是师生的共同劳动。我们和孩子们在教学实验园地里劳动，也在工作室和工厂里工作，一起制作、装配机器和机械模型。同孩子们一起劳动是我们从事教育活动最快乐的时刻。

对学龄中期和晚期的学生来说，教师的劳动素养与所教授科目紧密相连的方面具有很大的教育影响。哪里的教师能满怀热情地研究乡土史，开展地方志活动，哪里的学生就喜爱历史；哪里的教师爱好解题，寻找机会将理论知识运用到实际中，哪里的学生就爱好数学；教师如果热爱大自然，生物学就会成为学生喜爱的科目。教师的劳动首先是他的知识和技能。

孩子们与其说在理解，不如说在感知老师知识的广度、深度及多面性。教师的某种个人爱好是影响学生的非常强大的手段。这种爱好既与教学科目相关，同时又引导孩子抵达远超教学大纲的世界。例如，某位语文教师的个人爱好是文学创作：他喜欢作诗、写小故事，不是为了发表，而是为了自己。孩子们常常在他家里聚会，跟随他一起到森林、河边、田野。他常给孩子们朗读自己的诗和故事，他的话语打动着孩子们的心，因为这些语言饱含着创造的激情。给孩子们留下不可磨灭的印象的不单是老师的话语，还有老师的个人魅力。孩子们都想效法老师，他们跃跃欲试，想要写诗和故事。

高年级或已毕业的年长同学热爱劳动的榜样，也对孩子们产生极大的影响。那种充满崇高性的劳动精神、着迷于创造的学生，就是学生集体中生机勃勃的自我教育的源泉。我们认为，对学生的劳动进行教育指导的关键在于不能让任何高涨的劳动激情、创造激情最后成为孤单的火种。学生和优秀生产劳动者——我校的毕业生们向孩子们传授自己的技艺和对劳动的热爱之情。我们对他们的精神世界十分了解，完全可以将教育孩子的任务托付给他们。

十一、练习是劳动教育的方法

练习的性质取决于劳动的目的，每一种练习中都有教学和教育两方面的因素。

教学因素在于通过劳动过程或操作方式的多次重复练出扎实的技能和高超的技巧。而这里的教育因素在于让学生将获得的技能和技巧成功地运用到公益性创造活动中，这会提升他的道德尊严，激发他的自豪感。

如果说学生已掌握技能和技巧就可以算作达到某种劳动追求的教学目的的话，这并不是教育过程的结束。例如，我校学生都能比较快地掌握果树嫁接技术。教会他们这方面的技术并不难，但从教育目的出发，我们希望他们连续几年从事嫁接工作，因为只有重复才有教育意义。

第一，练习的教育意义在于培养完成同一种劳动的作业或过程的习惯，以达到劳动的社会目的、创造目的、审美目的。对于许多劳动来说，人们需要在几周和几个月内天天重复做一件事，而且这种重复不仅是必要的和不可避免的，也是人在劳动中进行创造和全面发展的重要条件。为了认识劳动或自然界的某条重要规律，人有时需要上千次地完成同一劳动过程，而这一过程往往是单调的、令人厌倦的。我们培养孩子们为了达到重要的社会目的而反复完成同一劳动的习惯。比方说，让孩子们亲手挑选优质麦种，通过反复播种这些种子，提高谷物的蛋白质含量。

第二，我们不仅从学校和教学方面，而且从广阔的现实生活方面看待学生掌握的一些实际技能和技巧。如果说在学校获得高分数便是达到完美的话，那么现实生活中的完美是无止境的。当一个学生达到教学大纲要求的纯熟程度后，就会越过"学校的界限"，将生活的要求作为目标。我们要培养这类学生在完善个人技能和技巧上树立不断取得新成就的志向。这时，孩子的理想就是成为那些练就了万能巧手的人——被人们誉为行业艺术家的能人巧匠。我们希望每位学生不断完善最有助于发挥自己个性的技能和技巧。

第三，劳动成为习惯的程度越深，学生在重复熟知的过程和操作方式的过程中掌握新技能和技巧的可能性就越大。学生重复熟知的内容是为了掌握新的内容。这个规律在学龄晚期尤其具有重大意义，这时人已在自觉地为自己确定生活道路。

学会挑选播种用的种子并不难。如果学龄中期和晚期的学生的工作只限于完善不复杂的技能，这时工作就可能成为无趣和令人厌倦的事。当熟练的工作变为掌握新技能的手段时，就是另一回事了。例如，当学生在做强化种子生长能力的实验中，亲手或用机器挑选种子时，或者争着提高植物抗旱抗寒的能力时，情况就会是这样。

第四，重复从事同一种工作也具有美学目的。培养和照料花卉秧苗的劳动虽说单调，但很令人愉快，它能带来审美的满足感。让学生在从事能帮助完善技能和技巧的广泛的各类工作（如机器设计和模型制造）时，追求审美的完美，这一点尤为重要。

十二、集体劳动作业的完成

在教育方面，在学龄初期布置一些短期的劳动任务是十分有益的。我们开始从事的集体劳动，例如整理花坛的地块、种树的工作成果要明显地展现每个学生的努力程度。在这类劳动的过程中，孩子们会在没有任何竞赛动机的情况下开展竞赛，每个人都极力给集体的事业做出尽可能多的贡献。所以我们为他们选择可以自发产生竞赛的各种劳动。当我们以劳动的社会目的、创造目的、审美目的激励孩子时，对于每个孩子来说，个人定额的完成只是事情的一个方面，而且是完全不重要的一个方面。这样，大家都完成了定额，谁也不把它看成什么功劳。孩子们开始感觉到，个人对集体事业的贡献就是把自己的工作做得比别人更好。如果劳动经验能发展和加深每位孩子的这种情感的话，那么在集体劳动的过程中，孩子们就会给自己提出新的目标：把集体的事做得比原来构想的更好。例如，孩子们制作一个可以将热能转化为机械能的活动模型、创造性竞赛、极力以某种东西丰富自己劳动的愿望会激发出新的想法：把机械能转化为电能，将电动机产生的电能用在几种东西上。于是，模型机就会开动，电灯会发出光亮。

完成需要花费许多时间和精力的、超出本集体甚至超出本乡本区的劳动任务，在青少年的品德教育中起到很大的作用。他们在此类劳动中创造的财富对于增强社会的物质技术基础、改善人们的生活具有一定的意义。几所学校承担了在第聂伯河的克列明楚格水电站地区建造防护林带的义务，这项劳动在高年级学生的思想教育中发挥了很大的作用。他们不仅理解了，而且亲身体验了这项劳动的全民性和社会性目的。根本就谈不上有人对完成这样的工作会持漠不关心的态度。

十三、竞赛是发展创造才能的因素

在同一劳动中表现出良好才能的学生，在完成劳动任务时会比赛谁做得更好。比赛内容包括劳动的创造性、劳动技艺和劳动的美学完美。例如，在自动化技术和无线电电子学小组里，每位同学均制作同一种仪器——按照电子学原理工作的自动计数器。实现构思的原则对所有学生都一样，但从一开始，他们的劳动就具有了竞赛的性质。每位学生都想方设法找出一条自己独特的变构思为设计的途径，他们都在研究如何使设计复杂化，以扩大自动仪表的应用范围，如何把各零部件之间的相互作用复杂化。达到这些目的对每个学生来说都是个人荣誉，创造性思想便具有了道德情感色彩，这就成为激励学生阅读科学书籍的一种推动力量。集体充满丰富的智力生活，每个人不仅考虑自己的工作，而且考虑别人在想什么，并极力学习和吸取同学们的经验。

工作完成后便举办全校性展览。最好的作品会成为今后竞赛的风向标。组员们的目标是：赶超样板，争取更高的成绩。创造性劳动的新阶段便由此开始。不论刚刚完成作品的同学，还是新同学，都参与到竞赛中。产生新构思，开始对新方案进行探索，涌现出新的优胜者，然而这次胜利仍然不是最后的终点，而是竞赛的又一阶段。

少年无线电技师小组里也会掀起这样的竞赛，孩子们在活动模型的制作上展开竞赛；在少年育种小组中也是如此——我校每年秋季都举办最佳果树苗木的评比展览，这也是一个劳动节日。

劳动教育的这一方法的可贵之处在于，它为每位学生展现了取得相当大的成就，争夺冠军并在最符合个人素质、能力和才干的创造性劳动的领域成为胜利者的前景。

十四、劳动制度

劳动制度是为学生的全面发展提供条件的各类不同的劳动活动在教育上合理的秩序。正确的劳动制度的条件包括：脑力和体力劳动的结合和交替；由学生自由选择最符合个人天资和兴趣的劳动种类；拥有空闲时间乃是做这种选择的必要条件。

在考虑个人天资和兴趣的情况下，我们培养每位孩子倾心并习惯于某种他每日从事的体力劳动。在学龄初期是照管花卉或植物，饲养禽鸟，锯削和镂刻等；在学龄中晚期则是看管树木和葡萄藤蔓，机械模型制作和设计装配，养蜂，照管动物，沤制并施加有机肥，将贫瘠土壤变为沃土。我们的目标是让每位学生在童年、少年和青年早期都养成从事千百万工农正在从事的劳动的习惯。

第七章　美育

　　赋予学生的认识和创造活动以及他在多种活动中的精神需求的发展和满足以特定方向的审美教育，涵盖正在成长的学生的精神生活的一切领域。审美教育同人的思想面貌的形成、同儿童和青少年的审美和道德标准的形成密不可分。

一、美的认识与情操的培养

　　美是道德纯洁、精神丰富和体魄健全的有力源泉。美育最重要的任务是教会孩子从周围世界（大自然、艺术、人的关系）的美中看到精神的高尚、善良和真挚，并以此为基础确立自身的美。

　　人的智力的深入发展是丰富审美需求和审美情感的一个重要条件。因此，审美教育的目的是向孩子广泛介绍世界文化成就，介绍人类文化珍品。

　　我们从学校教育的最初日子起就教导孩子理解周围世界、大自然和社会关系中的美。感知和领会美是审美教育的基础和关键，是审美素养的核心，缺乏这一要素，情感对任何美的事物都会无动于衷。我们竭力把珍惜和爱护美的思想贯穿于学生精神生活的一切领域：他的脑力和体力劳动，他的创造、社会活动、道德审美态度、友谊和爱情。

我们教导孩子，人之所以脱离动物界成为有才能的人，不仅是因为他亲手制作了第一件劳动工具，也是因为他看到了开阔深远的蓝天、隐约闪烁的星辰、黎明和黄昏的瑰丽霞光、预兆风天的血红晚霞、一望无际的原野、晴空飞翔的雁群、清晨露珠映射的阳光、阴霾深秋的绵绵细雨、娇嫩幼苗和淡蓝色的铃兰——看到了并为之赞叹，并开始创造新的美。一旦能面对美发出惊叹，你的心灵也会绽放美。

人之所以是人，是因为他听到了树叶的飒飒低语和草虫的悦耳歌唱，春日小溪的潺潺流水和夏日碧空的百灵啼啭，雪花的沙沙飘落和窗外暴风雪的狂呼怒卷，水波的柔和拍击和深夜的肃穆寂静——人听到了，而且千百年都在倾听这音乐，学会欣赏它的美妙。

没有教师描述周围世界美的富有色彩和情感的话语，孩子们是无法认识美的。但是只有在孩子亲眼看到美的情况下，描绘美的话语才会对他产生审美影响。

对所见所闻的观察、倾听和体验犹如通向美的世界的第一扇窗口。所以，我们认为，教会孩子看到和感受美，待他具备这些能力后，则教导他终生保持心灵的赞美之情和善意，是一项重要的任务。

巡游美的世界——游览、远足、观察和研究自然现象等活动，在我们的美育中发挥着重要的作用。我们带领孩子们去田野、草地、池塘、河边、阴郁的树林或山谷、果园。我们需要把随处的美景展现在孩子们面前。我们在春夏秋冬各个季节都带领孩子们游览，让他们看到美是如何产生和展现的。孩子们观察大自然色彩的变幻，聆听大自然的音乐。从初秋到冬季来临，我们多次带孩子到同一地点赏景。他们每次都能观察到树叶色彩的新变化。这种色彩的变幻取决于我们到达森林的时间——早上、中午还是傍晚；取决于天气如何，阳光照射如何，风力如何。因此，每次游览美的世界都有奇妙的发现，如孩子们发现生长在空旷之地的，近旁没有其他树木紧密相邻的枫树和橡树，秋季时树叶的色彩变幻最为丰富。我们需要向孩子们解释这种现象，说明这种自然变化是怎么回事，我们告诉孩子们：阳光从各个方向照射树木，这样树叶的色彩就会发生变化。但也有个别橧树直到冬天也不落叶，它的树冠便会变得绚丽多彩。孩子们凝神伫立，对这一美景惊叹不已，感到迷惑不解，但经老师讲解，便心领神会了。

在风和日丽的初秋时节，我们让孩子们关注清新的空气、爽朗的天空和清澈的河水。悄然飘逸的银色蛛丝，苍茫暮色中飞鸣而过的南归雁群，乍寒清晨首次凝现的初霜——凡此种种，孩子们都应予以关注。让学生观赏几种越冬作物幼苗深浅不同的绿色：黑麦的绿和小麦的绿有所不同。孩子们高兴地观赏果园和葡萄园成熟的果实，欣赏翠绿的叶子映衬下的琥珀般的果穗，阳光照射下苹果树、梨树、李树上累累果实的斑斓色彩。在秋季的森林里，我们倾听禽鸟的啼鸣、落叶的沙沙声，窥视池塘里的鱼儿在平滑如镜的水面上泛起的层层涟漪。而只有教师用他的言语向孩子们揭示了周围世界的这一切的美时，孩子才会关注到，才会凝神观赏和洗耳倾听。

唯物主义美学以美的客观性为出发点。美来源于不依赖于我们的意识而存在的世界。但我们需要用理智和情感去认识这个世界。认识和确定美的活动就是多方面的精神生活，也就是从理智上和情感上对自然景致和现象、劳动及道德关系的感知。培养情感也离不开活动，而在活动中处于首要地位的依然是对周围世界的美从理智上和情感上进行积极感知。

孩子在我校生活的第一个秋季，要在森林、田野和草场上度过从清晨到夜晚的一整天。我们挑选一个晴朗暖和的日子，黎明前就抵达村外郊野。伫立凝望绚烂的朝霞，孩子们似乎从未发现天色竟如此美丽，竟有如此迷人的色彩变幻。斗转星移，新的一天来临，朝阳冉冉升起。我们倾听百鸟的苏醒，牧场羊群的咩咩叫，远方田野里拖拉机的轰鸣。我们到森林采集落叶，每个人都奋力寻找色彩最绚丽的叶子。我们在林间空地休息：生篝火，男生拾柴，女生架锅煮饭。

日落时分，我们观赏晚霞，观察星辰的闪现，田野、丘陵、牧场及远方地平线上山峦的色彩变化。我们在寂静的深夜倾听夜鸟的啼啭和草虫的鸣叫。孩子们将终生难忘这一天，每次回忆都会为对大自然美景的新感受增添更浓的情感色彩。

孩子们在学校生活的第一秋使我们深信：美乃是善良和热忱之母。孩子们在观赏挂满嫣红果实的一丛丛野蔷薇、残留着几片枯叶的匀称端正的苹果树和初受寒夜侵袭的颗颗西红柿时，这些景物会唤起他对一切有生之物的爱抚关切之情。在他看来，植物是活的东西，当冷风和严寒袭来时，它会冻得难受。孩子便想保护植物不受冻。

冬季则别有一番美景。孩子们欣赏枝头挂满花絮般积雪的树木，赞叹普希金所描绘的雪原上泛起的绯红色光华、一月傍晚的夜色和二月的暴风雪，倾听冬季禽鸟的鸣叫。我们不止一次地走出村外，迎接冬日的朝阳，观赏积雪色彩的变幻，倾听融雪滴水的清脆声响，欣赏屋檐下阳光照射着的晶莹闪光的冰柱。

到春天，孩子们可以看到万物苏醒：首批春天的花朵、初绽放的枝芽、新出土的嫩草、第一只蝴蝶、第一声蛙鸣、第一群家燕、第一响春雷——这一切都焕发着永恒的生命之美，进入孩子的精神生活。当树液开始流动时，我们一连几天带孩子们出门，从土岗上远眺原野的柳丛，看那些灰色枝条如何转眼间显露出一片青绿，几乎每日都在改变色彩。我们还欣赏地平线上隐现的淡蓝色的烟雾和原野上呈现蓝色的山峦。

对孩子们来说，果木盛开鲜花是真正的节日。我们清晨起来，来到校园和果园，欣赏身披雪白、粉红、橙黄色盛装的果树，静听蜜蜂嗡嗡飞舞。我们告诫孩子们："这些日子不能睡懒觉，要不然就会错过赏景时机。"于是孩子们总是日出前起床，为的是不错过第一道霞光照射挂满露珠的花朵的美妙时刻。孩子屏住气息凝神观赏。若不加以展示和讲述，孩子们自己是不容易留意到这样的美景的。

夏日里，孩子们赞赏滚滚麦浪之美。我们向孩子们展示，小麦如何灌浆成熟，向日葵如何开花，西红柿如何逐渐变红，甜瓜如何变黄。

审美素养的培育和情操的培养从感受和认识美开始。

孩子的心灵应当触及周围世界存在的以及人们为他人创造的一切美好事物，并由此变得高尚。我们三番五次地给孩子们朗读一些艺术作品，如果戈理的《狄康卡近乡夜话》、屠格涅夫的《猎人笔记》、柯罗连科的《盲音乐家》、契诃夫的《草原》、普里什文的短篇故事及普希金、莱蒙托夫、涅克拉索夫、谢甫琴科、列霞·乌克兰因卡、海涅、密兹凯维奇等作家的诗篇。我们认为，朗读赞美自然景色的文艺作品非常有意义。我们选择在跟艺术家描写的景致相近的环境中阅读作品。语言可以帮助儿童更深切地感受自然美的细微色彩，而大自然的美又如同在加深语言在儿童和青少年意识中的情感色彩，使他们更好地领略其中的韵味和芳香。我校为每个年级选择了在相应的自然环境中朗读的作品（或长篇著作的片段）。这种朗读可以培养学生对语言感情色彩的敏感性，有助于语言更加深入到孩子的精神世界中，成为他们的思维工具。

二、青少年时期的审美教育和个性的全面发展

赋予学生的认识和创造活动以及他在多种活动中的精神需求的发展和满足以特定方向的审美教育，涵盖正在成长的学生的精神生活的一切领域。审美教育同人的思想面貌的形成、同儿童和青少年的审美和道德标准的形成密不可分。

美是人类道德财富的源泉。詹姆斯·奥尔德里奇在对读者的一次演讲中

曾说，一个无耻之徒不可能同时又喜爱狄更斯①——这是互不相容的事。学校的任务就是在学生的童年、在神经系统幼年期将美打造为德育的有力手段，成为真正人性的源泉，因为在这时，孩子的心灵对于各种思想和形象——目睹、感知和思考的一切的情感色彩十分敏感。

在神经系统幼年期，直至7～8岁，及稍晚些，从7～8岁到10～11岁的少年时期，当智力、情感和意志还在继续形成时，让孩子感受、欣赏和赞叹美，为人工的绝妙创作和大自然的造化之美而惊叹，这一点尤为重要。在童年和少年时期对美的惊叹、赞美和崇爱——这是人性态度的基础，缺乏这一点，人的文明素养的真正培育和形成便难以想象。人的素养在情感素养上表现得最为精细微妙。确实，随着时间的推移，在学校里所学的许多东西难免会被遗忘，然而人的思想触及过的一切文化珍宝会留存在我们的心灵中，首先在情感和体验中留下痕迹。

从孩子进校的最初日子起，我们就为他们树立关于完美的社会人，关于他的思想、情操和感受中崇高庄严美的概念。我们赋予这种概念以血肉，以包含道德高尚的品行和英雄主义行动的生动实例。

在人性美的概念中，我们将心灵美——忠于信仰、人道主义和不与邪恶妥协摆在首位。我们不时地更新"人性美"陈列台上丰富多彩的布置。这里陈列了讲述人的生活、事迹和遭遇的短篇故事和特写。这些故事用儿童、青少年易懂的方式展现了道德理想和审美理想的一致。我们希望学生不仅阅读优秀人物的故事，而且向往优秀人物，将如何思考生活道路作为与他们亲切谈心的主题。

在人的品格中，内在心灵美首先强调有理想的生活——为信仰而生活和行动。我们并不认为旨在创造公共福利的行为是某种牺牲，而认为它是真正

---

① 苏霍姆林斯基引用詹姆斯·奥尔德里奇在《作家和社会道德》一文中的内容："有些当代知识分子喜欢说，狄更斯式的英国现在看起来是荒谬的。但25年前，在20世纪30年代，数几百万的英国人生活得一点都不比那些熟知狄更斯的人好，甚至还生活得更差……受到英国工党在政治问题上的举动的影响，他们开始变得厚颜无耻、自私，后来痛苦地失望。"（詹姆斯·奥尔德里奇《思想的争辩》，莫斯科，《真理报》，1964年，第7～8页）

的幸福和真正丰富的精神生活的源泉。

人类创造了的和我们如今仍在创造的一切精神财富都应当深入儿童、青少年男女的心灵中。

"人性美"的一个橱窗里展出了乌兹别克铁匠沙阿哈买德·沙马赫穆道夫的全家照，他在伟大卫国战争年代收养了来自 12 个民族家庭的 14 名孤儿。学生怀着十分激动的心情阅读了讲述这种非凡人性和热爱人民的事迹。这一橱窗里还摆出效仿亚历山大·马特洛索夫功勋的一些英雄人物的照片……

人性美深入孩子们的精神生活后，就会促使他们思考自己的行为。这样一来，思想、情感和集体的相互关系都会受到道德美的陶冶。

我们时刻关心着，期盼心灵美的榜样——人的高尚行为、为社会福利而劳动的榜样成为中高年级学生心中珍贵的、神圣的东西。让心灵美的人物激发年轻人的思想，促使他们考虑自己的前途，这一点尤为重要。

每位学生在少年早期都应当崇拜一个心灵美的人。

每位少年都应当阅读有关这种人物和人生境遇的书籍。青少年不仅敬仰那些举世闻名的杰出人物，也崇敬心灵美的普通人。年轻的心灵因而形成一种信念：人的英勇气概和品德美不仅体现在英雄业绩中，也能在平凡的日常劳动中得到体现。

美育与德育的联系体现在看待劳动的审美态度中。千百年来剥削制度的奴役歪曲了人们对于他们所创造的财富的观念：人只把他的私有物、占有物看作是自己的。私有感、占有感是当代人从过去继承的道德品格中最沉重的遗产之一。清除这一残余乃是道德理想和审美理想一致的重要条件。

在劳动教育和道德教育方面，我们竭力推动每位同学把自己最优秀的精神品质灌输到他创造的财富中，在劳动中把自己对象化，热爱劳动过程本身，感受创造之美。正因为如此，我们才如此重视个人的劳动爱好，才力求使每个青少年都有一个喜爱的劳动角落，让喜爱的劳动占据他的心灵。

审美教育同求知欲和好学精神的培养密切相关。进行探究性、实验性劳动的努力同时也能满足美好的、充满智性的劳动的审美需求。如果人在从事脑力劳动时拥有振奋的理智，在思考时感受到自己是在主宰大自然，那么他可以克服任何困难，失败也不会使他悲观失望。在劳动中手脑并用时，思想最易受到情感的鼓舞。所以，让学生受到探索和运用自然规律的体力劳动的鼓舞才显得尤为重要。

自然科目教学具有明确的美学目的，这对于确立唯物主义信念起着很大的作用。高尚感、英雄感和激情在人文科学教学上具有重大意义。当学生感受到为祖国服务之美和为人民幸福建立功勋之美时，他就会产生这些情感体验。人文科目的教师们力求把某一历史事件或社会生活现象阐释为先进社会力量为了人民更美好的未来所做的斗争，学生则从这种斗争中感受美。例如，在讲述温泉关保卫者的忘我牺牲精神、伊万·苏萨宁的功勋、尼古拉·加斯捷洛的英勇牺牲及伟大卫国战争年代千百万妇女和少年的忘我劳动等事例时，我们揭示人的精神世界中显示忠于信念和热爱祖国的品质。智力教育的美学目的在于在阐发人类历史经验中肯定现在和激发对未来的向往的那部分。我们对过去不仅要做出智力的、理性的评价，还要做出情感的评价，这一点尤为重要。按照马克思的说法①，我们希望发展和改善过去的什么，扬弃什么，在很大程度上取决于对历史经验所做的情感审美的评价。

美育与体育有着密切的联系。我们努力确立身体和谐发展的概念及劳动美、动作美和克服困难美的概念。每逢我校举办春季"美的节日"，都举行动作美比赛运动会。低年级学生向获胜者献上花束。

---

① 马克思在《路易·波拿巴的雾月十八日》中写道："人们自己创造自己的历史，但是他们并不是随心所欲地创造，并不是在他们自己选定的条件下创造，而是在直接碰到的、既定的、从过去继承下来的条件下创造。一切已死的先辈们的传统像梦魇一样纠缠着活人的头脑。当人们好像只是在忙于改造自己和周围的事物并创造前所未闻的事物时，恰好在这种革命危机时代，他们战战兢兢地请出亡灵来给他们以帮助，借用它们的名字、战斗口号和衣服，以便穿着这种久受崇敬的服装，用这种借来的语言，演出世界历史的新场面。"（《马克思恩格斯选集》，第2版，莫斯科，政治书籍出版社，第8卷，第119页）

学校的任务在于将美感和多世纪以来创造的美转变为每个人的心灵财富，转变为个人和人与人之间道德关系中的审美素养。

三、美育和美的创造

在审美素养的培养中，美的感受和美的创造间的相互联系具有很重要的意义。每位学生在童年、少年和青年早期都应当对各种形式的美发出赞叹。只有在这种情况下，他才会树立珍惜和关心美的态度，才会希望再三接触已唤起他的赞叹并在他的心灵上留下痕迹的对象——美的源泉。

审美教育既是认识过程也是情感过程。在这一过程中，概念、观念、判断，即所有思维的这一方面与体验和情感的另一方面紧密相连。审美教育的成效取决于向学生揭示的美的本质的深度。但是大自然、艺术作品及环境美对学生精神世界的影响不仅取决于客观世界的美，也取决于他的活动，取决于美如何融入他同周围人的关系中。美只有进入人的生活并作为精神世界的一部分，才会唤起美感。

每个人都能感受大自然的美、音乐旋律美和语言美。而这种感受有赖于他的积极行动，所谓积极行动是指可以感受、创造和评价美的劳动和创造、思想和情感。在大自然中被情感感受了的、并作为周围世界的美而体验过的东西越多，人在自己身上看到的美就越多，美，不论由他人创造的，还是原有的、非人工创造的，也就越能触动他。那些经常接触大自然并将其作为精神世界重要组成部分的儿童和少年，都会被文艺作品中对大自然的描写和绘画作品中的自然景致感动。

我们竭力使每位同学从幼年期就用精心爱护和细心关怀的态度对待每棵树、每丛玫瑰、每株花草和每只小鸟——一切有生命的和美好的事物。养成这种关怀爱护之心的习惯尤为重要。因此，我校每位学生都要照管本班"美之角"的花草。每个人都有自己的椋鸟巢或供山雀栖息的树洞，都爱护燕子的巢窝。美育的这一领域具有很强的个人的、个性化的性质。没有单独的个人情感，就没有审美素养。

与认识具有文学艺术价值的作品相关的美的创造具有很大的意义。

从审美角度认识文学、音乐和造型艺术作品，需要开展积极的活动。这种积极活动是对认识对象本身所具备的品质进行审美评价和深入领会。我们要使孩子们从幼年起就领略文艺作品的语言美，使得不论对大自然的描绘，还是对人物精神世界的刻画都能打动他。凡是在童年时期多次领略过语言美的学生总希望用话语表达自己内心深处的想法。多年的经验表明，凡是在童年时期受到优秀作家作品中语言美的较大影响的孩子，到少年和青年早期都很喜欢尝试文学创作——写诗、故事和随笔等。

孩子们常常在空闲时间聆听文艺作品的朗读，并有感情地朗诵。我校为低年级学生专门设有喜爱作品的朗读课。课上每位同学都朗读他自己最喜爱的、最打动他的作品——诗歌或中短篇作品片段。老师也会朗读自己最喜爱的作品。当然，光设置一节课是不够的，我们还举行喜爱作品的晨间活动。随后，我们举行主题为某一大型作品的晨间活动。

中高年级学生则朗读我国和外国的古典文学和现代文学的作品片段。

经验表明，对绘画作品（不论原作还是复制品）美的感知会激发儿童用颜色、线条和色调配合表达自己的思想感情和自己对周围世界态度的愿望。我们支持和培养这种愿望。孩子们都有自己的画册，许多人不光画单件物品或组合物品，而且在画中表达自己的情感。

学校常常举办孩子们的画展。如1964~1965学年举办了一至四年级的学生的这些主题画展：《暑假记忆》《我们的果园和葡萄园》《金色的秋天来临了》《冬》《宇宙飞行幻想》等。

肖洛霍夫的短篇小说《一个人的遭遇》给我校青年人留下了极其深刻的印象。他们在阅读这篇作品前就已了解法西斯占领时期我村一名无名英雄的悲壮事迹。

法西斯歹徒在一场劫掠后，把村民召集在一起得意地扬言，终于消灭了所有游击队员，其中最后一个已被活着俘获，这一点马上可以得到证实。的确，有一个叛徒替敌人说了话。几百名农民为此感到深切悲痛。就在此刻，从人群中走出一位青年，他走到法西斯军官面前，要求准许他对乡亲们讲几句话。法西斯军官同意了。青年便说："别相信法西斯的话，我就是游击队员。我们的人成百上千，我们现在斗争，今后还要斗争。我挺身而出，明知会死，但这是必要的牺牲。大家要坚信，只要人民在，为人民事业而斗争的战士——游击队就在。"

法西斯歹徒惊呆了，一时不知所措。青年当即被抓起来，就地枪杀。但是他的话语给群众增添了新的力量。

肖洛霍夫描绘的情景以全新的方式向我们的青年男女揭示了 25 年前发生在他们故乡的无名青年的英雄事迹。

三年级的小学生听老师为他们朗读波兰作家亨利克·显克微支的短篇小说《音乐迷杨科》时，常常会流泪。他们如同在亲身经历作家描述的事件；作家诉说的伤痛成为他们自己的伤痛；他们回忆过去常常忽视的日常生活中的小故事。他们会设身处地地设想自己是那个男孩子，思考自己若处于那种境地会怎么办。当然，苏维埃儿童无法想象早已消失的那种社会的生活情境，他们在想象中把自己的道德准则和审美标准用于那个可怕的世界。他们满腔义愤地谈论剥削人的地主；人人都坚定地表示，要和同学们一起严惩那个狠心的地主……

抒情诗特别能开阔人观察世界的视野。朗读普希金的诗《每当我在喧闹的大街闲逛》[①] 总能在青年人的观念中描绘一幅永恒不朽的生活画卷，形成世代相传的思想。当想到人总会死去，青春会衰老时，他们就会产生忧伤情绪，然而这种忧伤之情把生活和生活的欢乐衬托得更美：年轻人尽可能充分

---

① 参见《А. С. 普希金全集 10 卷》，第 4 版，列宁格勒，科学出版社 1977 年版，第 3 卷，第 13 页。

和深入地了解生活中同创造、同大自然永存的生命和人追求幸福的无尽激情相联系的一切。诗歌的语言能激发心中的高尚情操。有一次在读完这首诗后，有个青年提议说："咱们栽一棵橡树，让它活千百年。"我们种下一颗橡实，长出了一株橡树苗，如今已过去十年。幼树虽然只有一人高，但大家都称其为"千年树"。就这样，一届届的学生集体传递着关于永世不灭的生命夙愿的接力棒。

我们高度重视对绘画作品的欣赏。我们在低年级的阅读课和中高年级的文学课上进行欣赏。有时一幅复制画要欣赏几次——低中高年级都欣赏。第一次欣赏一般不进行涉及作品细节的详细讲解。学生通常先参与涉及自然或社会生活的某一现象的谈话，他们会对之产生特定的态度，在此之后学生才开始看复制画，或者在直接接触大自然后看画。

例如，我们带孩子们郊游时，在桦树林中一片沐浴着阳光的空地上休息。孩子们情不自禁地感受这里景色的美，一片葱绿映衬着洁白的树干，光线和色彩出神入化地变幻。挺拔的树木、湛蓝的天空、明媚的阳光、远方波光粼粼的小河、绿荫的草地、嗡嗡飞舞的蜜蜂——所有这一切拟人化的事物都进入了他们的精神世界。回来后，我们给他们看列维坦的作品《桦树林》的复制画，尽管观看时我们没有做任何讲解，但这对孩子们造成了很强烈的影响。孩子们好像在画家的天才作品中发现了自己。这幅画又唤起他们刚刚接触大自然时体验过的思想情感，不过这时产生的思想情感已是对往事的回忆，是想一次次再去接触大自然，感受和体验美的愿望了。

我校在中高年级举办以某幅绘画为主题的晚会和晨间活动。会上简单介绍画家的生平和创作道路，我们把主要注意力放在作品的形象上，竭力用色彩鲜明的语言描述作品的内容，评述画家独有的绘画风格特点。

为了向学生展示绘画作品的美，教师自身应具备相应的美学修养水平，不断充实自己的知识。我校每位教师都不断丰富个人收藏的名画家复制品的画册。教学人员常常进行造型艺术方面的课程学习。若干年间，他们也形成了针对绘画作品的谈话大纲。大纲中的每一次谈话都围绕一幅（有时是两三幅）杰出的俄罗斯、苏联和国外画家的作品展开。某些谈话的主题则是建筑和雕塑。

音乐是审美教育的有力手段。音乐是情感、感受和心绪细微变化的语言。能否敏锐地感受和领会音乐语言要看学生在童年和少年时期对民歌和作曲家作品的领略水平如何。我们将分配给孩子唱歌和学习音乐的一半以上的时间用来欣赏音乐作品。我们先教孩子懂得音乐旋律，然后欣赏一些简单的短小乐曲。每听一个作品前都有一个谈话，通过介绍，孩子们形成一个关于用音乐特殊手段表现的景色或体验的概念。

和感知绘画作品一样，此处我们也十分重视大自然的作用：我们教孩子们聆听大自然的音乐。例如在宁静的夏日傍晚，孩子们聚集在果园或池塘岸边。夕阳西下，树木、远方隐约可见的冈峦、伫立着西徐亚人古墓的辽阔原野色彩斑斓，瞬息万变。孩子们凝视四周景致，倾听万籁乐声。原来最寂静的夏夜也充满丰富多彩的声响。听过大自然的音乐后，孩子们接着听相应的民歌或作曲家作品的唱片。孩子们便产生反复欣赏描绘夏夜之美乐曲的愿望。在重复欣赏音乐作品的过程中，孩子的情感记忆得到发展，对旋律美的敏感性和感受得到增强。孩子们开始逐渐从曲调中领会音乐所表达的情感、感受、心境和体验。未接触音乐术语前，学生就掌握了形象的语言，这不仅对音乐教育，而且对情感的形成与发展都有很重要的意义。低年级学生越能理解和接受这种语言，在中高年级欣赏音乐时，这种语言越能发挥大的作用。

学会聆听和理解音乐是审美素养的基本标志之一，缺乏这一因素，完美的教育就无从谈起。音乐的作用领域始于言语作用领域的结束之处，不能用语言诉说的都能用音乐旋律表达，因为音乐会直接传达情绪和感受。鉴于此，应当指出，音乐乃是影响青年心灵的无可替代的手段。我们打造的音乐教育体系应当年复一年地向学生揭示音乐中反映的重大思想：人与人之间情同手足的友谊的思想（贝多芬第九交响曲），人同残酷命运搏斗的思想（柴可夫斯基第六交响曲），进步和理智力量反对法西斯黑暗势力的思想（肖斯塔科维奇第七交响曲）等。我们逐步引导孩子们理解这些思想。如上所述，孩子们开始时听一些简单的表现对美、善良和人性的赞美之情的作品，之后聆听较为复杂的作品。

为低中高各年级学生举办的音乐晚会都以聆听音乐为主。音乐教育大纲包括欣赏最有名的俄罗斯、苏联和外国作曲家的声乐、器乐和交响乐作品及歌剧片段（序曲、咏叹调）等。

每一次音乐晚会都是在音乐教育上迈出的一步，为了教会孩子们理解音乐，教师要介绍表达思想和情感的音乐手段。我们从初步讲解音乐联想和类比，介绍作曲家如何采用周围世界的声音开始，逐步过渡到分析音乐作品的思想。

美感之乐的体验是进行创作的最初动机。这在学生的文学经验中尤为明显。学生对于诗篇的美的感受越深，他使用语言表达自己思想和情感的需求就越强烈。此处，感受与创作不仅互相依存，而且往往融为统一的审美评价过程：实际上，创作在朗读诗作时就已经开始了。思想的表达总是借助于感受诗歌或音乐作品时联想到的具体可感知的形象，这乃是文学，特别是诗歌创作经验的一个突出特点。

近 10 年来，我读过 100 多篇流露惜别学校和同学的忧伤之情的诗。青年男女往往通过一些形象表达自己的情感，如在透明的烟雾中渐渐远离而变得模糊不清的古墓；明媚阳光照射下的矗立在池塘（或河边）的枯萎（或繁茂）的树木；辽阔无际的蔚蓝色天空中漂浮的云朵；日出（日落）；朝霞（或晚霞）；远方火车（或轮船）散开的一缕青烟等。在作者的情感记忆中，这样的某个形象同引发离愁别绪的忧伤之情联系在一起。

学生的审美感受越深刻细致，他就越关注自己的精神世界。很多人都记日记。日记中的记载是创作需求最鲜明的例证。我们应当发展这种需求。不只是作家，每一个有文化素养的人都应当用语言进行创作，用艺术形象体现自己的思想、情感和感受。这种能力越能得到发展，人的审美素养和一般文化素养就越高，情感就越细腻，感受就越深切，对新的艺术珍品的审美感受就越鲜明。所以我们非常重视作文这种书面的创造活动。

习作不仅是语言的发展，也是情感的自我培养。这项工作从孩子接触大自然做起。到美的世界游览时，我们向孩子们展现丰富的情感、体验和思想，它们都是由人民注入每个词语和世代精心相传的精神财富。当孩子们赞叹朝霞之美时，我们向他们解释"霞光"一词的情感色彩；当他们观赏群星闪烁时，我们解释"闪烁"一词的美。在夏日寂静的傍晚，我们在大自然的怀抱中进行以"日落""黄昏""寂静""草丛的簌簌之声""皎洁的月光"等词语为题的谈话。同样在这种环境中，我们吟诵描写大自然和展现人的内心世界的俄罗斯及世界诗作中的不朽篇章。

造型艺术和音乐方面的创作动机也有赖于对美的感知。为了发展孩子对自然的美感，我们鼓励他们用颜色和线条表达自己的情感。当孩子通过描绘山丘河流和田野森林表达自己的情感时，就是创造的开始。这种创造可以丰富精神生活。我校学生在游览和旅行行军时都携带画本和画笔，在对自然美感受特别强烈时将它画下来。在低年级和中年级的个别绘画课上，学生自行选题作画，描绘在他们心灵中留下深刻印象的事物。

学会在音乐中找到表达自己情感和体验的手段，这是审美素养和一般素养的标志。只有个别人能做到创作新的音乐作品，但是理解音乐、在精神交往中利用音乐宝库是人人都能做到的事。我们尽力使音乐成为每个人的必备物，使每个人都会演奏一种乐器。我们这里最普及的是演奏巴扬。我校很多学生都在课余时间拉琴并收集乐谱。学生可以在校内的空余时间去音乐室聆听他喜爱作品的录音带。

全体学生的美学发展水平越高，在艺术创作活动中表现出天赋的人发展才能的机会就越多。

四、周围环境和劳动在美育中的作用

我们十分重视为孩子们积累美学印象，并从这一点入手关心环境美。孩子跨入校门看到的一切、接触的一切都是美的。绿树葱葱的校园全景是美的；绿叶映衬着串串琥珀般果实的葡萄丛是美的；各个楼之间甬道两旁的排排蔷薇是美的；学校果园中的繁茂果木一年四季都是美的；盘绕着野葡萄蔓的学校正门门廊也是美的……

我们周围事物的审美价值不能同它们的经济价值等量齐观。我们希望孩子周围的一切在美学方面都是无价之物，也就是说，这些东西融入了他们大量的劳动、关注和激动之情。

对周围环境的审美感受是一种主观性活动，它取决于旨在对现实进行审美认识的积极活动。对孩子来讲，他亲手在黏土盆里从幼苗培植起来的花草尽管并无惹人注目的姿色，但也是无比珍贵的；在他亲手捏制的黏土花瓶面前，一个从商店买来的瓷花瓶也黯然失色。我们不能把这种情况理解为对能工巧匠创造的艺术品的轻视，这些艺术品仍具有巨大的教育作用。我们采取这种方式只不过是强调劳动在学生审美教育中的价值。

能激发愉快情绪的天然造化与人工创造的和谐能够实现环境美。我们竭力让学生在校园处处看到自然美，而且感受到，由于他的关心，这种美更为明显。

当孩子周围的东西都没有显得过于惹人瞩目而是处于似乎不易察觉的情况下，它们便可以和谐地构成环境的总体美学气氛。例如，在一个本可以展现果园景致的敞亮窗台上摆几盆大型花卉，和谐便会遭到破坏，这些花压抑了其他事物——其中也包括那片果园——的美学品质。而如果窗前只探出一小根树枝，而且在形态上同果园的树木及季节保持和谐（也可以是对比方式的和谐），那么不论这根小枝还是果园，甚至远方辽阔的田野给人的感受便都迥然不同。

只有当人劳动和创造美，美才会使他变得高尚。我们努力使人们愿意劳动不只是为了糊口，也是为了享受快乐。我们教导孩子进行创造，塑造美。让麦子旁边有菊花，向日葵旁边有玫瑰，马铃薯旁边有丁香竞相开放。每个年级在进校后的第一个秋天都要栽一株自己的玫瑰，并长期照管它。每个低年级集体都有自己的菊花：天寒时，孩子们便把花移到温室或生物角。各年级在校园开辟的美化角栽培着玫瑰、丁香、葡萄和桃树等花卉果木。关注美就是关注某种娇嫩柔弱而又无保护的有生之物，意识到倘若没有人照管，它便会死去。

孩子们的劳动既创造有用之物，同时又是美的创作。这种统一就是劳动的高尚力量，特别是大公无私的源泉所在；它也是对个人占有感这一旧日罪恶残余的预防剂。公益劳动中的审美创造的因素越鲜明，那些东西的美学评价——劳动成果与创造这些东西的人的道德评价的结合就越深。

孩子们的许多劳动（如锯削、焙烧、泥塑、刺绣等）实际上都是近似实用美术的创作。这类劳动在人的生活中保留得越久远，整个劳动活动中的美学因素就表现得越鲜明。

对劳动的美学评价是劳动者道德品格美的源泉所在。在教学实验园地、温室、教学工厂和工作室等处的劳动过程中，除工艺要求外，我们还对学生提出美的要求。分配给学生的任何劳动任务不仅具有物质生产意义，还具有培养美感的美学意义。

环境美素来带有清爽明亮和空旷深远之感。我校教室墙壁上布置的所有东西如同在扩展四壁，赋予房间以田野、森林和草场的辽阔意境。例如，学生看到墙壁上描绘的金色秋季的果园，自然会联想到墙外的真正果园。

我校学生的童年、少年和青年早期都和校园联系在一起。这里的一切都在培养学生对大自然和劳动的审美感受。校园里平展的草地旁是养蜂场，它使人想到从不停歇的、孜孜不倦的精心劳动。学生无论待在校园何处，面前总有果木——苹果、梨、樱桃、李子、杏等。不论在百花盛开的春天还是在枝叶繁茂的夏季，或是在清爽蓝天衬托着满挂色彩绚丽的硕果的中秋，它们都是美丽的。而在隆冬时节，当枝头凝结着冰霜或树冠披上洁白的盛装时，则另有一番美景。果园是天然美和人工美最美妙的结合。

校园中央紧挨着操场的是葡萄园，其外观之所以吸引人，既是由于攀缘在篱笆架钢丝上繁茂藤蔓和串串果穗（学生可欣赏果穗达三个月之久）的自然美，又特别是得益于劳动之美。孩子们创造了这种美并以此为生。他们在进校后的第一个秋季就栽下秧蔓，随后一直照管。兔舍、绿色实验室和厕所等建筑物都被攀缘在上面的葡萄藤蔓遮盖着。

养蜂场附近长满了蜜源植物。孩子们将蜂群的嗡鸣声称为蜜蜂的音乐，他们从早春到深秋都可以听到这样的音乐。清晨和傍晚的寂静时刻，他们和老师一起到这里欣赏大自然的音乐，在这里学习如何听懂音乐旋律。

校园里有几座野葡萄盘绕而成的绿色凉亭，茂密的叶蔓盘成了形同伞盖的栖身之所。春夏秋三季，大自然为这丛丛密叶更换色彩。色彩的变幻使学生赞叹不已，因而也成为观赏对象。学生在覆盖着绿色实验室墙壁的葡萄叶蔓上也能欣赏到色彩变幻的景象。

教学实验园地、温室和生物室的环境也具有审美性质。每个低中年级在园地都有各自的地块，用于种植粮食作物和经济作物。在配置作物时要考虑到每个年级的地块直至深秋都能保持常青。秋季的花卉一直盛开到寒冬来临，乃至有时在初雪覆盖下还有鲜花绽放。整个冬季温室里都有菊花、雪花莲、铃兰花开放。教学实验园地中辟有几小片苗圃，用于培育果树苗。这里的美犹如条条溪流分流全乡。

我们十分注重在教室、工作室、教学工厂里创造美的环境。每个班集体都设法使自己的教室具备某种独有的特色。每个班在黑板旁布置的植物体现了审美环境的独特性：有的教室里放置了一株柠檬树，有的教室是一盆玫瑰，还有的教室是一棵小松树。这些植物展现了整个房间环境美的格调。学生在每个窗台都摆放了一株使人联想到校园美景的小型花草。不要堆积绿植（窗户毕竟是为采光而设），而是要以天空为背景衬托茎叶的独特，这一点尤为重要。

学生在每个教室都布置了美术作品的复制品。随着具体情况的变化（季节、教育谈话的内容等），学生也会更换这些作品。个别年级还有自己的画廊——系列画作，文学教师借助这些元素进行艺术谈话。

教师的讲桌上摆放了一只黏土小花瓶，值日生每天都插入一枝鲜花或一根观赏植物的枝条（春秋季从教学实验园地、冬季从温室里摘取）。这些花木不仅与季节相符，而且表达了班集体的兴趣和集体当时的精神情趣的特性。

温室、绿色实验室和生物室不仅为各个教室培育花卉，而且从审美角度实现色彩搭配的绚丽和表现力。总之，花卉在培育审美素养中占有重要的地位。

师生们的衣着和仪表在审美教育中也发挥着相当大的作用。这里最重要的是素和雅。我们反对穿统一的学生装（如今的学生装，特别是女生装完全不可取，很不美观，难怪少先队员前不久在《少先队真理报》上向教育部要求换装）。① 我们力求使服装增强和突出孩子个人的审美特点。我们要求服装的设计具有培养审美感的因素，首先是衣料花色和衣服样式要符合学生的个人特点。衣着应当朴素雅致，不引人注目，不袒露身体，但又能暗示身体美（必要时要掩饰身体发育的某些缺陷）。衣料切忌鲜艳花哨。我们建议选取柔和的服装颜色，最好多用中间色。对于款式的主要要求是线条徐缓柔润，避免棱角突出生硬，衣着不可裹身过紧。

我们对发式也有相应的审美要求。不能要求男生都推光头。对发式的要求是：朴素大方、简单而雅致，且符合个人特点。班主任和老师们向青年男女讲解如何遵守这些要求，并说明什么是真正的优雅。他们特别注重从外表的优雅和内心的高尚、仪表的质朴和心灵的优美的一致上体现出完美。

我校这方面的教育工作效果相当显著。我们的学生，尤其是女青年的审美能力都很高。每位女青年都会自己做衣服。乌克兰民族服装元素在衣着中

---

① 俄罗斯苏维埃联邦社会主义共和国、乌克兰苏维埃社会主义共和国和其他加盟共和国的当代学生服装得到完善。

占有相当高的地位，它和现代服装的元素成功地结合在一起。

　　关于我们如何对来校的青年人进行教育和教学，就介绍到这里。我们的教育工作经验并不是固定的、常年不变的、僵化的东西。我们不断用新的创造性经验丰富这一工作，我们点点滴滴地细心汇集每位老师以主动精神创造的最有价值的一切。如今，我校全体人员遵照苏共二十三大关于必须大力改进中学工作的重要指示，付出新的努力，精心完善我们这所农村中学教育教学工作的所有环节。我们的教学目的和理想是，由我们发放通向未来生活通行证的青年男女的精神面貌应当达到我们党和政府的如下要求："学校应当向每个走向人生道路的人传授符合当下社会进步和科技进步的时代要求的、合格的普通教育，使青年一代形成共产主义世界观，培养学生的集体主义、爱国主义和社会主义国际主义精神，使青年做好为社会谋福利的劳动准备，锻炼坚决抵制资产阶级思想意识的任何表现的能力。"[1]

　　我们相信，各教学集体在借鉴我们的经验时，不会机械性地照搬细节。创造性地借鉴经验就是发展教育思想，也是形成自己的教育信念。只有这样的道路才有助于将我校的工作提高到生活所要求的水平。

---

　　[1]　苏共中央委员会、苏联最高苏维埃主席团和苏联部长会议向全苏教师代表大会的贺词，参见《全苏教师代表大会组织记录》，莫斯科，教育出版社1969年版，第15页。